· 经 典 润 泽 生 命 ·

古文观止

（清）吴楚材 （清）吴调侯◎选编

郭学敏◎评译

中国纺织出版社

内 容 提 要

《古文观止》是清代吴楚材、吴调侯叔侄编选的一部古代散文集。选文上起东周下至明末，以散文为主，杂以骈文，删繁就简，文学性强。“古文观止”意为所选的文章代表着古代文言散文的最高水平。这部书自清代康熙年间产生，就成为学塾当中流行的文学读本，为广大读书人所钟爱；后来流传至今，成为广泛流行的国学启蒙读本。

图书在版编目（CIP）数据

古文观止：插图版 /（清）吴楚材，（清）吴调侯选编；郭学敏评译．—北京：中国纺织出版社，2017.1（2024.1 重印）

（国学今读）

ISBN 978-7-5180-2902-0

Ⅰ．①古… Ⅱ．①吴… ②吴… ③郭… Ⅲ．①古典散文—散文集—中国 ②《古文观止》—译文 Ⅳ．① H194.1

中国版本图书馆 CIP 数据核字（2016）第 205012 号

责任编辑：李伟楠　　　　责任印制：储志伟

中国纺织出版社出版发行

地址：北京市朝阳区百子湾东里A407号楼　邮政编码：100124

销售电话：010—67004422　传真：010—87155801

http://www.c-textilep.com

E-mail:faxing@c-textilep.com

中国纺织出版社天猫旗舰店

官方微博 http://weibo.com/2119887771

北京兰星球彩色印刷有限公司　　　各地新华书店经销

2017年1月第1版　2024年1月第6次印刷

开本：710×1000　1/16　印张：20

字数：346千字　定价：59.80元

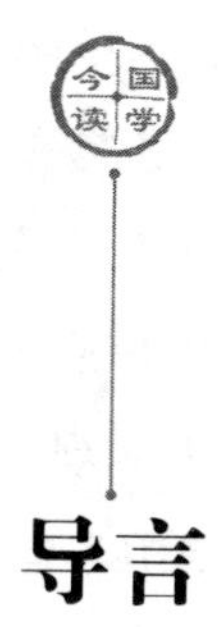

导言

《古文观止》为清初康熙年间吴楚材、吴调侯叔侄编选。两位都是精通文史的读书人，于康熙三十三年编选了这本古代散文选本。这本书本是讲授古文的教材，名为“观止”，是因为吴氏叔侄认为其中的古文是中国古代散文的精华之作，此书尽善尽美，故称“观止”。

《古文观止》上起东周，下迄明末，共 12 卷，共 222 篇文章，基本上能够较全面地展现中国古代散文发展的历程。收录的文章在题材和文体风格上较为丰富多样，散文为主，兼有骈文和韵文，有史传文、论述文也兼有山水游记、杂文小品等，展示我国古代散文的绚烂多姿、色彩纷呈。选择的篇目也难易相当，篇幅适中，便于理解和阅读，基本上囊括了各个朝代的散文精品，文质兼美，可读性强。此外，文章的选取重点突出，先秦散文是散文的源头，也是后世散文创作的典范，故而，占据了全书约三分之一的篇幅，汉文以《史记》为主，唐宋以“唐宋八大家”的文章为主。编者尽可能将各个时期的散文大家的代表作编录进来，传承千秋，施惠后人。本书是清代以来最流行的古代散文选本，是古时书塾的启蒙读本，对于中国传统文化的传承功不可没。

本《古文观止（插图版）》主要选录其中的精华编辑成书。意在面向大众，传承经典，普及文化。故而，在文章的注解和翻译上都本着平实浅易、清晰简明的原则，力求生动，妇孺可解，但又尽量不失其本来的文学美感和艺术特色。在选文上，更倾向于选择经典中的经典，旨在让读者感受品味中国古代散文长廊中最优美的景致。此外，本文还就选文的精彩之处进行赏析，让读者直接品味其深厚的韵味和情感，体会文章的妙处，欣赏文章中的妙语珠华和真知灼见。

在这个崇尚碎片阅读和浅阅读的时代里，传统的阅读越来越受到排斥。然而，传承文化，丰富个人的内涵和文学底蕴，仍然是个人发展中迫在眉睫之事。“读万卷书，行万里路”，看这本《古文观止》，不必行千里，却能上下千年，纵横古今，在优美的文章和充沛的情感中寻得内心的宁静，让奔跑的步伐停下来等等落后的灵魂。

当然，由于编者的水平有限，书中难免也存在着不足和纰漏，望广大读者见谅，并提出宝贵意见。

编著者

2016 年 5 月

目录

郑伯克段于鄢

【题解】

本文出自《左传》。《左传》又名《春秋左氏传》《左氏春秋》，是中国现存最早的一部编年体史书，记载了自鲁隐公元年（前722年）至鲁哀公二十七年（前468年）254年间的重要的历史事件，全面地展示了各诸侯国之间政治、军事、文化等方面的交流融合，为后世了解春秋争霸提供了珍贵且丰富的历史材料，是宝贵的史学著作;《左传》又具有极高的文学价值。人物刻画入木三分，事件描述详略得当，是中国古代散文的开山之作，对后世的散文创作产生了深远的影响。

本篇记载的是郑庄公家族内部的权势斗争。在周王朝日渐式微，周天子再难驾驭诸侯国的背景之下，郑国首先崛起。本文即记述了在称霸途中郑庄公是如何以逸待劳，平定政变的。

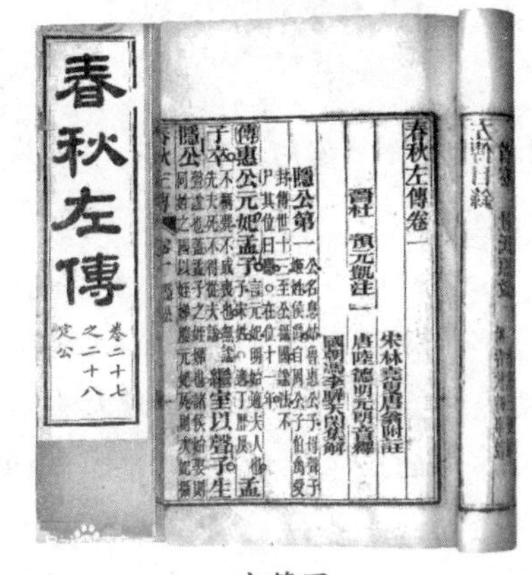

古籍图

初，郑武公娶于申①，曰武姜，生庄公及共（gōng）叔段。庄公寤（wù）生②，惊姜氏，故名曰寤生，遂恶（wù）之。爱共（gōng）叔段，欲立之。亟（qì）③请于武公，公弗（fú）④许。

①娶于申：从申国娶妻。申是国名，姜姓。②寤生：难产。③亟：屡次。④弗：不。

【译文】

当初，郑武公从申国娶了一位女子，名叫武姜，生下庄公和共叔段。庄公出生时难产，惊吓了姜氏，所以给他起名叫寤生，姜氏也因此厌恶他。姜氏喜爱共叔段，想要立他为太子。多次向武公请求，武公没有答应。

及庄公即位，为之请制①。公曰："制，岩邑②也，虢（guó）叔③死焉。他邑唯命。”请京④，使居之，谓之京城大叔。祭（zhài）仲曰：“都城过百雉⑤，国之害也。先王之制：大都不过参国之一，中五之一，小九之一。今京不度⑥，非制也，君将不堪。”公曰：“姜氏欲之，焉辟（bì）⑦害？”对曰：“姜氏何厌（yàn）⑧之有！不如早为之所，无使滋蔓，蔓难图也。蔓草犹不可除，况君之宠弟乎！”公曰：“多行不义必自毙，子姑待之。”

郑国酒器莲鹤方壶

①请制：请求封地。制，郑国地名，位于今河南省汜水附近。原为虢国属地。②岩邑：险要的城邑。③虢叔：虢国国君。④京：郑国地名，位于今河南荥阳东南。⑤都：普通的城邑。城：城墙。雉：古代城墙的计量单位，长三丈高一丈为一雉。⑥度：法度，这里指合乎法度。⑦辟：通“避”。⑧厌：通“餍”，满足。

【译文】

等到庄公即位，姜氏请求庄公将制邑作为共叔段的封地。庄公说：“制邑是个险要的城邑，虢国的国君就死在那里。其他的地方可以唯命是从。”姜氏于是求封京地，庄公同意让共叔段居住在那里，称为京城大叔。大夫祭仲说：“城墙超过三百丈的城邑，就会成为国家的祸患。先王定下的制度：大城不得超过国都的三分之一，中等城邑不得超过国都的五分之一，小城不得超过国都的九分之一。如今，京地的城墙不合法度，不符旧制，将来您会忍受不了的。”庄公说：“姜氏想要这样，哪里能够躲避这场祸患呢？”祭仲说：“姜氏哪里会有满足的时候呢！不如早作安排，不要让他的势力蔓延壮大，一旦扩大将很难对付。蔓草尚且难除，何况是您受宠的弟弟呢！”庄公说：“坏事做尽的下场就是自取灭亡。你姑且等着瞧吧。”

既而大叔命西鄙、北鄙①贰于己②。公子吕曰：“国不堪贰，君将若之何？欲与大叔，臣请事之；若弗与，则请除之。无生民心。”公曰：“无庸③，将自及。”大叔又收贰以为己邑，至于廪（lǐn）延④。子封曰：“可矣，厚将得众。”公曰：“不义不昵⑤，厚将崩。”

①鄙：边邑。②贰：从属二主。此处意为两地名义上属于庄公，实际上属于共叔段。③庸：用。④廪延：郑国地名，今河南延津北。⑤昵：意为亲近兄长。

【译文】

不久，京城大叔命令西部和北部的边邑表面上归属庄公，实际上依附自己。公子吕说："国家不能够忍受从属二主，您将怎么办？如果想要把国君的位子给他，那么臣请求去侍奉他；如果不想给他，那么臣请求除掉他。不要让民心不稳。"庄公说："不用，他将自取灭亡。"大叔又把两属的地方作为自己的边邑，势力范围拓展到廪延。子封说："可以动手了，他的势力雄厚就会得到更多的支持。"庄公说："于国不义，于兄不亲，势力越雄厚，崩溃得越快。"

左丘明塑像

大叔完聚[①]，缮甲兵[②]，具卒乘（shèng）[③]，将袭郑。夫人将启[④]之。公闻其期，曰："可矣！"命子封帅车二百乘以伐京。京叛大叔段，段入于鄢，公伐诸鄢。五月辛丑，大叔出奔共。

①完：巩固城墙。聚：聚集兵力。②缮：修缮、整治。甲：盔甲。兵：兵器。③具：准备。卒：士兵。乘：战车。④启：打开城门。

【译文】

大叔巩固城墙，聚集兵力，完善装备武器，征集士兵准备战车，将袭击郑国国都。姜氏将为他在内打开国都的城门。庄公知晓了袭击的日期，说："可以行动了。"庄公命令子封率领两百战车攻打京城。京城人背叛了共叔段，共叔段逃到了鄢邑。庄公又率众到鄢邑讨伐他。五月辛丑，共叔段逃出郑国投奔共国。

书[①]曰："郑伯克段于鄢。"段不弟（tì）[②]，故不言弟；如二君，故曰克；称郑伯，讥失教也；谓之郑志[③]，不言出奔，难[④]之也。

①书：这里指《春秋》上的记载。②弟：通"悌"，顺从兄长。③志：意图。④难：责备。

【译文】

《春秋》上写道："郑伯克段于鄢。"共叔段不顺从兄长，所以不说"弟"；如同两个君主作战，所以称"克"；称"郑伯"，是讥讽庄公对兄弟缺失教诲；称庄公有杀弟的意图，不说出奔，是责备庄公的意思。

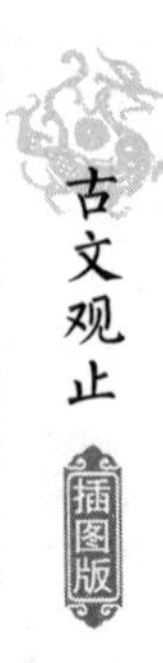

遂置姜氏于城颍，而誓之曰："不及黄泉，无相见也。"既而悔之。颍考叔为颍谷封人①，闻之，有献于公，公赐之食，食舍肉。公问之，对曰："小人有母，皆尝小人之食矣，未尝君之羹，请以遗（wèi）②之。"公曰："尔有母遗，繄（yī）③我独无！"颍考叔曰："敢问何谓也？"公语（yù）之故，且告之悔。对曰："君何患焉？若阙④地及泉，隧⑤而相见，其谁曰不然？"公从之。公入而赋："大隧之中，其乐也融融！"姜出而赋："大隧之外，其乐也泄泄（yì）⑥。"遂为母子如初。

郑庄公塑像

①颍考叔：郑国大夫。颍谷：郑国的边邑。封人：官职名，边境的地方官。②遗：赠予。③繄：句首的发语词。④阙：通"掘"，挖掘。⑤隧：挖隧道。⑥泄泄：快乐舒畅的样子。

【译文】

于是，庄公将姜氏放逐到颍城，并且发誓说："不到黄泉，不复相见。"不久，庄公就后悔了。颍城的地方官颍考叔听说了这件事后，向庄公献礼，庄公设宴款待，宴席上颍考叔将肉留下。庄公问他，他说："臣有母亲，尝遍了臣提供的饭食，但没有尝过国君的肉羹，请允许我留下拿给她。"庄公说："你有母亲，可以留食物给她，可是我却没有！"颍考叔问："请问您为什么这么说呢？"庄公告诉了他其中的原因，并告诉他自己的悔意。颍考叔说："您担心什么呢？如果挖地挖到泉水，在隧道中相见，还会有谁说不对吗？"庄公听从了他的建议。庄公进入隧道赋歌道："隧道之中，其乐融融。"姜氏从隧道出来，唱到："隧道之外，其乐无穷。"于是，母子和好如初。

君子曰："颍考叔，纯孝也，爱其母，施①及庄公。《诗》曰：'孝子不匮（kuì）②，永锡③尔类。'其是之谓乎？"

①施：延伸、拓展。②匮：缺乏，缺少。③锡：赐予。

【译文】

君子说："颍考叔的孝是纯粹的孝，敬爱他的母亲，又影响了庄公。"《诗经》说：'孝子是不会缺乏的，永远惠及同类的人。'大概说的就是颍考叔吧？"

【精彩赏析】

此篇行文不着褒贬，但读者可以从中感受到笔者的情感倾向。对于这些活跃在文字之中的千年前的风云人物，作者并不着其个人的情感色彩，如文中着笔不多的姜氏，我们可以从其“妇人之心”中看到一位母亲的偏执和爱子之心；如虽未直写共叔段的骄横自大，但是可见其狼子野心。值得一提的是，《左传》作为儒家的经典之一，其宣扬的“德”“礼”“仁”是寄寓在具体的史实当中的，本文中最后的“黄泉相见”，看似一场闹剧，实际上是对儒家的孝德的宣扬。一篇《郑伯克段于鄢》除了让后世记住了“多行不义必自毙”，还让后世之人看到了母慈子孝才是成就霸业的根基。

《周郑交质》

【题解】

这篇文章出自《左传》，主要反映了周王朝礼崩乐坏的背景下，诸侯国和周王朝之间的权势争斗。周郑交换人质，违背了君臣之礼；平王出尔反尔，失去了君王之信。本文旨在通过这一事实，来强调“礼”与“信”的重要性。

郑武公、庄公为平王卿士①。王贰于虢②，郑伯怨王。王曰：“无之。”故周郑交质③。王子狐④为质于郑，郑公子忽⑤为质于周。

郑氏三公塑像

①平王：周平王。卿士：执政大臣。②贰于虢：分权给西虢公。③交质：交换人质。④王子狐：周平王的儿子。⑤公子忽：郑庄公的儿子。

【译文】

郑武公和庄公都是周朝的辅政大臣。周平王想分权给虢公（以牵制郑伯），郑伯埋怨平王。平王说：“没有的事。”于是，周朝和郑国交换人质。平王的儿子王子狐到郑国做人质，郑伯的儿子公子忽到周朝做人质。

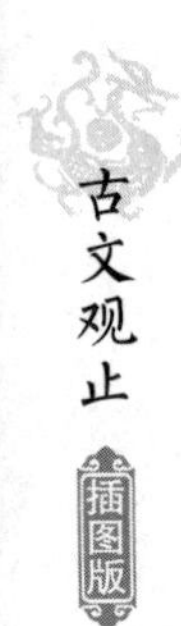

王崩，周人将畀（bì）[①]虢公政。四月，郑祭（zhài）足[②]帅师取温[③]之麦；秋，又取成周[④]之禾。周郑交恶（wù）[⑤]。

①畀：给予。②祭足：郑国大夫，祭仲。③温：周朝地名，今河南温县附近。④成周：周朝地名，今河南洛阳附近。⑤交恶：关系恶化。

【译文】

周平王死后，周人想要让虢公掌管政务。四月，郑国祭足率领军队收取了温地的麦子；到了秋天，又收取了成周的稻谷。周郑关系从此恶化。

君子曰："信不由中[①]，质无益也[②]。明恕而行[③]，要（yāo）之以礼[④]，虽无有质，谁能间之[⑤]？苟有明信，涧溪沼沚之毛[⑥]，蘋（pín）蘩（fán）蕰藻之菜[⑦]，筐筥（jǔ）锜（qí）釜之器[⑧]，潢（huáng）汙行潦（lǎo）之水[⑨]，可荐于鬼神，可羞于王公[⑩]，而况君子结二国之信。行之以礼，又焉用质？《风》有《采蘩》《采蘋》[⑪]；《雅》有《行苇》、《泂（jiǒng）酌》[⑫]，昭忠信也。"

①中：内心。②益：好处。③恕：忠恕之道。④要：约束。⑤间：离间。⑥毛：草。⑦蘋：浮萍。蘩：白蒿。蕰：水草。藻：水藻。⑧筥：圆形竹器。锜：三足的锅。⑨潢汙：积水。行潦：流动的积水。⑩羞：进奉。⑪《风》：《诗经·国风》。《采蘩》、《采蘋》：《国风·召南》中的两篇。⑫《雅》：《诗经·大雅》。《行苇》《泂酌》：《大雅·生民之什》中的两篇。

【译文】

君子说："不是发自内心的信任，即使交换人质也是无用的。依忠恕之道而行，以礼法约束，即使没有人质，谁又能离间他们呢？"假使有真诚的信任，山涧溪边的草，水藻之类的菜，竹筐铁锅之类的器物，沟渠中的积水，都可以祭祀鬼神，可以进献王公，更何况君子结成两国之间的信任，以礼行事，又哪里用得着人质呢？《国风》中的《采蘩》《采蘋》，《大雅》中的《行苇》《泂酌》，这些诗作都是昭示忠信的。"

【精彩赏析】

无礼不行，无信不立。君臣之间失去了"礼""信"，便违背了儒家的基本纲常。本文精妙之处莫过于最后的议论，通过深入浅出的比喻论证，让人们深刻地体会"礼""信"的重要性。即使在几千年后的今天，诚信、守礼依旧是道德建设的重要内容，具有十分重要的意义。

石碏谏宠州吁

【题解】

本文出自《左传》。国君不仅要治国也要治家。本文讲述了卫国大夫石碏向卫庄公进谏不要过分宠爱儿子，“教之以义方，弗纳于邪”，但庄公仍旧一意孤行，最后酿下祸患的故事。

卫庄公娶于齐东宫得臣[①]之妹，曰庄姜。美而无子，卫人所为赋《硕人》也。又娶于陈，曰厉妫（guī）。生孝伯，蚤[②]死。其娣（dì）戴妫（guī）[③]生桓公，庄姜以为己子。

①卫：姬姓，在今河南一带。东宫：太子的代称。得臣：齐国太子。②蚤：通“早”。③娣：妹妹。戴妫：“戴”与上文的“厉”都是谥号。“妫”是娘家的姓。

【译文】

卫庄公娶了齐国太子的妹妹庄姜。庄姜美丽但是没有生子，卫人便为她作了《硕人》一诗。庄公又从陈国娶了一位夫人，名叫厉妫。厉妫生孝伯，她很早就死了。她的妹妹戴妫生下桓公，庄姜把他当作自己的孩子。

公子州吁（yù），嬖（bì）人[①]之子也。有宠而好兵，公弗禁，庄姜恶（wù）之。

①嬖人：受宠爱的婢妾。

【译文】

公子州吁是卫庄公宠妾所生之子。受到庄公宠爱，又喜欢玩弄兵器，庄公不阻止他，庄姜很讨厌他。

石碏（què）[①]谏曰：“臣闻爱子，教之以义方，弗纳于邪。骄奢淫佚，所自邪也。四者之来，宠禄过也。将立州吁，乃定之矣；若犹未也，阶[②]之为祸。夫

（fú）宠而不骄，骄而能降，降而不憾，憾而能昣（zhěn）[3]者，鲜（xiǎn）矣。且夫贱妨贵，少陵[4]长，远间亲，新间旧，小加大，淫破义，所谓‘六逆’也。君义，臣行，父慈，子孝，兄爱，弟敬，所谓‘六顺’也。去顺效逆，所以速祸也。君人者，将祸是务去，而速之，无乃不可乎？”弗听。其子厚与州吁游，禁之，不可。桓公立，乃老。

石碏

①石碏：卫国大夫。②阶：阶梯。这里指一步步导致。③昣：忍耐。④陵：欺凌。

【译文】

石碏劝谏说：“臣听说疼爱儿子，应该用规矩道义来教育他，不能让他步入歧途。骄奢淫逸，是走上邪路的开始。这四种恶习源于对他的宠爱和赐予太过度了。您如果打算立州吁为太子，就定下来；如果还未决定，纵容他就会招致祸患。那种受宠却不骄纵，骄纵却能忍受压制，受制于人却不怨恨，怨恨却能容忍的人，实在太少了。而且低贱妨害高贵，晚辈欺凌长辈，关系疏远的人离间亲近的人，新人挑拨旧人，地位低的人压制地位高的人，淫乱的破坏讲道义的，这就是所谓的‘六逆’。国君仁义，臣下遵命，父亲慈爱，儿子孝顺，兄长友爱，弟弟恭敬，这是所谓的‘六顺’。抛弃‘六顺’效仿‘六逆’，这是加速祸患到来的原因。为人君者，应当尽力去除祸患，如今反而加速祸患的到来，这恐怕不行吧？”卫庄公不听。石碏的儿子石厚常与州吁来往，石碏阻止他，石厚不听。卫桓公即位之后，石碏便告老还乡了。

【精彩赏析】

劝谏君王需要智慧和思想。文中石碏的谏辞紧扣“教之以义方”，动之以情，晓之以理，铺排而下，环环相扣，逻辑缜密，充分展示了先秦政客们的杰出的语言才华。另外，此文中的教子之道，对当今的家庭教育仍然具有十分重要的借鉴价值和实践意义。

臧僖伯谏观鱼

【题解】

本文出自《左传》。国君是臣子和万民的表率，国君的言行都要符合礼法，国君的行为不合礼法，就会乱政。本文主要讲述了鲁隐公不听臧僖伯的劝谏，贪图个人享乐的故事。

春，公将如棠观鱼者。①

①如：到，去。棠：鲁国地名，今山东省鱼台县附近。鱼：打渔。

【译文】

鲁隐公五年春季，隐公将要到棠地观赏捕鱼。

臧（zāng）僖（xī）伯①谏曰："凡物不足以讲大事，其材不足以备器用，则君不举②焉。君，将纳民于轨物者也。故讲事以度（duó）轨量③，谓之'轨'；取材以章物采，谓之物。不轨不物，谓之乱政。乱政亟（qì）行，所以败也。故春蒐（sōu）、夏苗、秋狝（xiǎn）、冬狩（shòu）④，皆于农隙以讲事也。三年而治兵，入而振旅⑤。归而饮至⑥，以数（shǔ）军实⑦，昭文章⑧，明贵贱，辨等列，顺少长，习威仪也。鸟兽之肉不登于俎（zǔ）⑨，皮革、齿牙、骨角、毛羽不登于器，则君不射，古之制也。若夫山林、川泽之实，器用之资，皂隶⑩之事，官司之守，非君所及也。"

鲁隐公观鱼处

①臧僖伯：鲁隐公的伯父，名"驱"（kōu），封于臧，伯为排行，僖是谥号。②举：办理。③度：衡量。轨量：与前文"轨物"都是法度和礼制的意思。④蒐、苗、狝、狩：分别是春夏秋冬四季狩猎的称谓。⑤振旅：与前文"治兵"都是整治军队的意思。是古代的一种军事演习活动。⑥饮至：古代诸侯朝拜、会盟、征

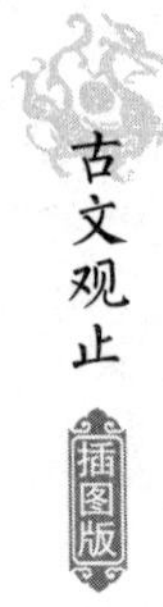

伐完毕，回到宗庙饮酒庆贺的一种典礼。⑦军实：猎物。⑧昭：展示。文章：车服旌旗。⑨登：装入。俎：承装祭品的礼器。⑩皂隶：地位低下的人，泛指贱役。

【译文】

臧僖伯劝谏说："凡是与祭祀和军事无关的、不能用于制造礼器兵器的事物，国君就不必亲自办理。国君要使百姓的行为符合法度和礼制。因此讲习祭祀和军事的行为用法度来衡量，就叫作'轨'；选取材料来彰显器物的文采，就叫作'物'。做事不符合'轨''物'，叫作'乱政'。屡次乱政，国家就会衰败。因此，春夏秋冬的狩猎活动，都是在农闲时来演习军事。每三年演练军队，回城后整治军队，到庙堂饮酒庆贺，计算狩猎所获。展示军服旌旗的文采，贵贱分明，等级森严，少长有序，这是表示威严的礼制。鸟兽的肉，不装进祭器，兽皮牙齿、兽骨鹿角羽毛，不装进祭器，那么国君就不能射取，这是古代的法制。那些山林川泽中的果实、器具的材料，是下级官吏的事务，是相关部门的职责，不是国君该管的。"

安徽省亳州市花戏楼砖雕鲁隐公观鱼

公曰："吾将略①地焉。"遂往，陈鱼②而观之。僖伯称疾不从。

①略：巡视。②陈鱼：陈设捕鱼的器具。

【译文】

鲁隐公说："我将要去巡视边境。"于是前往棠邑，陈设捕鱼的器具观赏。僖伯称病没有跟随前往。

书曰"公矢①鱼于棠。"非礼也，且言远地也。

①矢：通"施"，陈设。

【译文】

史官记载说："鲁隐公在棠邑陈设捕鱼器具"。意思是说，隐公的做法不符合法制，而且远离了国都。

【精彩赏析】

这篇谏辞紧紧围绕"礼"展开，不曾偏离"国君之言行不得越礼"的核心。更为巧妙的是，文中未提观鱼一事，但又句句说到了此行的不妥之处，委婉含蓄，切中肯綮，充分体现了僖伯的智慧和良苦用心。

臧哀伯谏纳郜鼎

【题解】

本文出自《左传》。鲁桓公二年春，宋太宰华都杀死了宋殇公。为了避免鲁、齐两国的干涉，华都用郜国的大鼎贿赂鲁桓公，鲁桓公接受了。本文记载了臧哀伯针对此事向桓公的直言进谏。

夏四月，取郜（gào）大鼎于宋，纳于大庙。非礼也。

【译文】

夏季四月，鲁桓公从宋国取来了郜国的大鼎，放到太庙当中。这是不合礼制的。

鲁桓公绣像

臧哀伯谏曰："君人者，将昭德塞违，以临照①百官；犹惧或失之，故昭令德，以示子孙。是以清庙茅屋，大路越（huó）席②，大（tài）羹不致③，粢（zī）食（sì）不凿④，昭其俭也。衮（gǔn）冕黻（fú）珽（tǐng）⑤，带裳幅（bī）舄（xì）⑥，衡紞（dǎn）纮（hóng）綖（yán）⑦，昭其度也。藻率鞞（bǐng）鞛（běng）⑧，鞶（pán）厉游（liú）缨⑨，昭其数也。火龙黼（fǔ）黻（fú）⑩，昭其文也。五色比象，昭其物也。钖（yáng）鸾和铃⑪，昭其声也。三辰旂旗⑫，昭其明也。夫德，俭而有度，登降有数，文物以纪之，声明以发之，以临照百官，百官于是乎戒惧，而不敢易纪律。今灭德立违，而置其赂器于大庙，以明示百官。百官象之，其又何诛焉？国家之败，由官邪也。官之失德，宠赂章也。郜鼎在庙，章孰甚焉？武王克商，迁九鼎于雒邑⑬，义士犹或非之，而况将昭违乱之赂器于大庙，其若之何？"公不听。

①临照：示范。②大路：天子祭祀用的车。越席：用蒲草编的席子。③大羹：祭祀用的肉汤。不致：白水煮制，不用调料。④粢食：祭祀用的食物。不凿：不精细加工。⑤衮：帝王及上公的礼服。冕：帝王、诸侯、卿大夫的礼帽。黻：用于遮盖腹膝之间的皮革。珽：帝王持拿的玉笏。⑥幅：绑腿布。舄：双层底的鞋。

⑦衡纨纮綖：礼帽上的装饰物。⑧藻率：放玉器的垫子。鞞鞛：刀鞘上的装饰品。⑨鞶厉：装饰在腰间的皮带。游：旌旗下的装饰品。缨：马脖子上的装饰品。⑩火龙：绣在衣服上的火焰和龙。黼黻：礼服上绣的黑白相间的图案。⑪钖鸾和铃：古代车马旌旗上挂的铃铛。⑫三辰：日月星。旂旗：旗帜。⑬雒邑：东周的都城。

鲁国故城复原图

【译文】

臧哀伯劝谏说："一国之君，应当发扬道德，阻止违背法制之事，以示范百官；还怕有缺失的地方，所以发扬美德做后世子孙的表率。因此，太庙用茅草做顶，大车上用蒲席做席，祭祀的肉汁不加调料，饭食不用细粮，这是为了表示节俭；礼服、礼帽、蔽膝、玉笏，腰带、衣服、绑腿、鞋子以及冠冕上的饰物，是为了表明等级；玉器垫子、佩刀饰物、腰带、旌旗飘带、马鞅，是为了昭示尊卑；礼服上火焰、龙纹、黼黻花纹，是为了表现器物的文采；用五色象征天地万物，这是为了表明器物的颜色；钖、鸾、和、铃，这是为了表示声音；在旗帜上画上日月、星辰，这是为了昭示光明。德，应该节俭而有制度，增减有章法。用文采器物做标志，用声音和光彩做象征，以此来示范百官，百官才会警惕畏惧，而不敢违犯纪律。现在泯灭道德却宣扬违礼的行为，把人家贿赂的器物安放在太庙之中，公开地展示给百官。如果百官以此为榜样，那么还能惩罚谁呢？国家的衰败，源于官员的违犯礼制；而官员丧失道德，就会堂而皇之地行贿受贿。把郜鼎放在太庙，还有什么比这更严重的受贿吗？周武王灭了殷商，把九鼎搬到雒邑，还有些义士非议他，更何况把表明违德乱礼的受贿器物放在太庙里，怎么能这样做呢？"鲁桓公没有听取他的规劝。

宋国故城遗址

周内史闻之曰："臧孙达[①]其有后于鲁乎。君违，不忘谏之以德。"

①臧孙达：臧哀伯的名字。

【译文】

周朝的内史听说这件事后说："臧孙达在鲁国一定有后人呐。君主违背礼法，不忘用美德劝谏。"

【精彩赏析】

本文中哀伯的谏辞紧密围绕"昭德"展开，运用排比，一气呵成，举例论证，说理缜密。对桓公的错误行为的指责看似委婉，实则毫不留情，让我们看到了古代士大夫身上无惧无畏的浩然正气。

孔子于鲁桓公之庙观器论道

曹刿论战

【题解】

本文出自《左传》。齐鲁长勺之战，是历史上著名的以少胜多的战役之一。鲁庄公十年，齐桓公借口鲁国帮助叛逃在外的齐国王室公子纠，出兵攻打鲁国，双方在长勺交战。本文即阐述了该次战役中曹刿向鲁庄公献策，提出"取信于民""伺机而动"的战略思想，最后帮助庄公取得了胜利的故事。

十年春，齐师伐我。公将战。曹刿（guì）请见。其乡人曰："肉食者①谋之，又何间②焉？"刿曰："肉食者鄙③，未能远谋。"遂入见。

长勺之战

①肉食者：吃肉的人，这里指有权位的人。②间：参与。③鄙：粗陋，见识浅。

【译文】

庄公十年的春天，齐国的军队攻打我们鲁国。庄公将要迎战。曹刿求见庄公。他的同乡说："那是有权位的人该谋划的事，你又

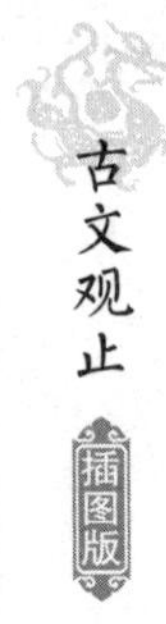

何必参与呢？”曹刿说：“有权位的人见识浅薄，不能深谋远虑。”于是去拜见庄公。

问：“何以战？”公曰：“衣食所安，弗敢专①也，必以分人。”对曰：“小惠未徧（biàn）②，民弗从也。”公曰：“牺牲玉帛③，弗敢加也，必以信。”对曰：“小信未孚④，神弗福⑤也。”公曰：“小大之狱⑥，虽不能察，必以情。”对曰：“忠之属也。可以一战。战则请从。”

曹刿论战

①专：独享。②徧：通“遍”，普及。③牺牲：祭祀用的猪牛羊。玉帛：玉器和丝织品。④孚：信服。⑤福：赐福，保佑。⑥狱：案件。

【译文】

曹刿问到：“凭借什么去迎战？”庄公说：“衣食这些生活必需品，不敢独享，一定分享给别人。”曹刿说：“小的恩惠未能普及，百姓不会跟从的。”庄公说：“祭祀用的牛羊、玉器和丝帛，不敢虚报，定如实相告。”曹刿说：“小的信任不令神灵信服，他们是不会保佑你的。”庄公说：“大大小小的案件，虽然不能一一审查，但一定按实情处理。”曹刿说：“忠于职守，可以凭借这一点打仗。开战请允许我跟从。”

春秋战车

公与之乘。战于长勺。公将鼓之。刿曰：“未可。”齐人三鼓。刿曰：“可矣。”齐师败绩。公将驰之。刿曰：“未可。”下视其辙，登轼①而望之，曰：“可矣。”遂逐齐师。

①轼：古代战车前供人手扶的横木。

【译文】

庄公和曹刿同乘一辆战车，双方在长勺开战。庄公要擂鼓进军。曹刿说：“不可以。”齐军击了三遍鼓。曹刿说：“可以击鼓了。”齐国的军队大败。庄公想乘胜追击。曹刿说：“不可以。”曹刿下车看齐国留下的车辙，登车远望，然后说：“可以了。”于是追击齐军。

既克，公问其故。对曰：“夫战，勇气也。一鼓作气；再而衰；三而竭。彼竭我盈，故克之。夫大国，难测也，惧有伏焉。吾视其辙乱，望其旗靡①，故逐之。”

①靡：倒下。

【译文】

战争胜利之后，庄公问曹刿取胜的原因。曹刿回答说：“打仗，靠的是勇气。击第一遍鼓，鼓舞士气；第二遍鼓，士气开始衰落；第三遍鼓，士气已经衰竭。他们的士气衰落我们的士气正盛，所以战胜了他们。大国的行为难测，恐怕有埋伏。我看他们的车辙混乱，军旗倒地，所以决定追击。”

长勺之战纪念碑

【精彩赏析】

此文中的曹刿表现出的战略思想和军事指挥才能无疑是个亮点，据于此，更能看出“肉食者”之“鄙”。通过问答的形式，庄公的草率和鲁莽与曹刿的缜密和智慧形成鲜明的对比，使曹刿的形象更为突出。全文叙述详略得当，要言不烦，堪称先秦散文的典范之作。

宫之奇谏假道

【题解】

本文出自《左传》。鲁僖公五年，晋国要借路虞国攻打虢国，目的是出其不意，一举两得。虞国大夫宫之奇看出了晋国的阴谋，于是力谏虞公，批驳虞公的宗亲观念和神权思想，然而，愚昧的虞公并未听信他的劝谏，最后落得个“唇亡齿寒”的下场。

晋侯复假道于虞以伐虢①。宫之奇谏曰：“虢，虞之表②也。虢亡，虞必从之。晋不可启，寇不可玩③。一之谓甚，其可再乎？谚所谓‘辅车④相依，唇亡齿寒’者，其虞、虢之谓也。”

①晋侯：晋献公。假道：借路，指军队通过。虞：国名，今山西平陆北。虢：

国名，今山西平陆南。②表：屏障。③玩：轻视、忽视的意思。④辅：面颊。车：牙床。

【译文】

晋侯又想借道虞国去讨伐虢国。宫之奇劝谏说："虢国，是虞国的屏障。虢国灭亡了，虞国一定紧随其后。不能引起晋国的贪心，对于侵略他国的军队不能轻视。借道一次可以说是过分了，难道还能有第二次吗？谚语说'辅车相依，唇亡齿寒'，大概说的就是虞国和虢国这种关系吧。"

宫之奇

公曰："晋，吾宗也[①]，岂害我哉？"对曰："大伯、虞仲，大王之昭[②]也。大伯不从，是以不嗣。虢仲、虢叔，王季之穆也，为文王卿士，勋在王室，藏于盟府[③]。将虢是灭，何爱于虞！且虞能亲于桓、庄[④]乎，其爱之也？桓、庄之族何罪，而以为戮，不唯逼乎[⑤]？亲以宠逼，犹尚害之，况以国乎？"

①宗：同宗，同一祖先。晋、虞都是姬姓。②昭：和下文的"穆"都指在宗庙里神主的次位。始祖居中，左昭右穆。昭位之子在穆位，穆位之子在昭位。③盟府：掌管盟约、典策的官府。④桓、庄：桓书和庄伯，晋献公的曾祖和祖父。鲁庄公二十五年，晋献公尽诛同族诸公子。⑤逼：威胁。

【译文】

虞公说："晋国，与我同宗，难道还会害我吗？"宫之奇回答道："太伯、虞仲，都是太王的儿子。太伯没有听从父命，所以没有继位。虢仲、虢叔，王季的儿子，是文王的执政大臣，于王室有功，受封的典策至今还藏在盟府中。晋国连虢国都要灭了，对虞国还有什么爱惜呢？况且虞国能比桓庄之族与晋国更亲吗？桓庄之族有什么罪过，却被杀戮，不就是因为对晋国有威胁吗？亲族因为受宠而构成威胁，尚且被杀害，更何况是敌国呢？"

虞侯政壶

公曰："吾享祀丰洁，神必据我[①]。"对曰："臣闻之，鬼神非人实亲，惟德是依。故《周书》曰：'皇天无亲，惟德是辅[②]。'又曰：'黍稷非馨[③]，明德惟馨。'又曰：'民不易物，惟德繄物[④]。'如是，则非德民不和，神不享矣。神所冯依[⑤]，将在德矣。若晋取虞而明德以荐馨香，神其吐之乎？”

①据：依从。②辅：辅助。③黍：黄黏米。稷：谷子。馨：芳香。④繄：是。⑤冯依：凭依。

【译文】

虞公说：“我祭祀的食物丰富洁净，神灵一定会保佑我的。”宫之奇回答说：“我听说，鬼神不是随便亲近人的，只是保佑有德行的人。因此，周书上说：‘皇天只辅助有德行的人。’又说：‘祭祀用的黍稷是没有香气的，只有德行才能释放芬芳。’又说：‘人们进献的祭品相同，但是神灵只享用有德之人的祭品。’如此看来，没有德行百姓就不和，神灵也不享用祭品。神灵眷顾所依凭的就是德行。如果晋国灭了虢国，却崇尚德行，难道神灵会把祭品吐出来吗？”

河南三门峡博物馆里的文物

弗听，许晋使。宫之奇以其族行，曰：“虞不腊矣[①]。在此行也，晋不更举矣。”冬，晋灭虢，师还，馆[②]于虞，遂袭虞，灭之。执虞公。

①腊：腊祭，年终合祭众神。②馆：借住。

【译文】

虞公不听，答应了晋国的使臣。宫之奇率领他的族人离开了虞国，说：“虞国不用准备腊祭了。晋国就在此行灭了虞国，不用再次调动军队了。”这年冬天，晋国灭了虢国，军队回国，驻扎在虞国，于是偷袭虞国，把它灭掉了，并且抓住了虞公。

【精彩赏析】

在生死存亡之际，宫之奇对虞公的劝谏可以说是直截了当，毫不留情。他一针见血地指出了虞公的“政治幼稚病”。令人不解的是，平民百姓都明白的道理，一国之君却置若罔闻，最后落得身为人奴的下场，也就不足为怪了。该文颇具寓言性质，在记述史实的同时，也为后人敲响了警钟。

齐桓公下拜受胙

【题解】

本文出自《左传》。葵丘会盟，是春秋时期的重要历史事件。这次诸侯会盟再次巩固了齐桓公的霸主地位，连周襄王都破例赐祭肉，充分体现了齐国的地位。但是，在受胙仪式上，年迈的中原霸主齐桓公依旧遵循周礼，坚决下拜，可见当时周王室虽衰微，但“崇礼尊周”的思想依然存在。

齐桓公塑像

会于葵丘[①]，寻盟[②]，且修好，礼也。王使宰孔赐齐侯胙[③]，曰：“天子有事于文武[④]，使孔赐伯舅胙。”齐侯将下拜。孔曰：“且有后命。天子使孔曰：‘以伯舅耋（dié）老[⑤]，加劳[⑥]，赐一级，无下拜！’”对曰：“天威不违[⑦]颜咫尺，小白余敢贪天子之命‘无下拜’！恐陨越[⑧]于下，以遗天子羞，敢不下拜！”下，拜，登，受。

①葵丘：今河南兰考县。鲁僖公九年，齐、鲁、宋、卫等诸侯国在此召开会议，周天子也派使臣参加。②寻盟：重申过去的盟约。③胙：祭肉。天子祭祀时用的肉，只赐给同姓诸侯，赐给齐国，表示特殊的礼遇。④有事于文武：祭祀文王、武王。⑤耋老：七十称耋，耋老即年迈之意。⑥加劳：又有功劳。⑦违：距离。⑧陨越：摔倒。

葵丘会盟台

【译文】

诸侯在葵丘会盟，重申过去的盟约，并且发展友好关系，这是合乎礼的。周天子派宰孔赏赐给齐桓公祭肉。宰孔说：“天子祭祀文王武王，派我来赏赐伯舅祭肉。”

齐桓公将要下拜。宰孔说：“后面还有命令。天子让我说：‘因为伯舅年迈，又劳苦功高，赐给一等，不用下拜。'”齐桓公说道：“天子的威严咫尺可见，我哪里敢接受天子‘不用下拜’的恩宠呢！如果那样做，恐怕就会跌倒，使天子蒙羞，哪敢不下拜呢！”于是，走下台阶，叩头，然后登堂，受赐。

【精彩赏析】

这篇短文寥寥百字，看似平淡却耐人寻味。襄王的礼遇不无奉承巴结之意，堂堂天子的苦衷不言自明；桓公贵为霸主，傲视群雄，在名存实亡的天子面前，仍旧摆出一副受宠若惊、毕恭毕敬的样子，无论言行还是神色都表现了出色的表演才华。桓公尊周，目的就是“挟天子以令诸侯”，其人的老谋深算、虚伪狡诈通过简单的几笔勾勒便暴露无遗了。

子鱼论战

【题解】

本文出自《左传》。楚宋争霸，宋襄公攻打依附楚国的郑国，楚国出兵救援。僖公二十二年，两国交兵。本文前半部分讲述了宋襄公的迂腐顽钝，坐失良机，惨败收场，后半部分主要记述子鱼对战争的看法，对襄公的驳斥。

楚人伐宋以救郑。宋公将战。大司马固谏曰：“天之弃商①久矣，君将兴之，弗可赦也已。”弗听。

①天之弃商：宋国是商的后裔，此时距商灭亡已经四百多年。

【译文】

楚国为了救援郑国攻打宋国。宋襄公准备迎战。大司马坚决地劝阻说：“老天抛弃商已经很久了，你要振兴它，是不可饶恕的罪过啊。”襄公不听。

宋襄公

及楚人战于泓①。宋人既成列，楚人未既济。司马曰：“彼众我寡，及其未既济也，请击之。”公曰：“不可。”既济而未成列，又以告。公曰：“未可。”既陈②而后击之，宋师败绩。公伤股③，门官歼焉。

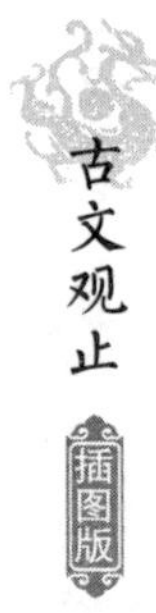

①泓：水名。②陈：通“阵”，开战前军队摆出的阵势。③股：大腿。

【译文】

宋楚两国在泓水开战。宋国军队已经摆好了阵势，楚军尚未渡过河，司马说：“他们兵多，我方兵少，趁着他们没有完全渡过河，请攻打他们。”襄公说：“不可以。”等到楚军渡过河还没有摆好阵势，司马又请求出击，襄公说：“不可。”等到楚军摆好阵势宋人才攻打，最后战败。襄公的大腿受伤，门官被歼灭。

宋襄公陵寝

国人皆咎公。公曰：“君子不重（chóng）伤，不禽二毛①。古之为军也，不以阻隘也。寡人虽亡国之余，不鼓不成列。”子鱼曰：“君未知战。勍（qíng）②敌之人，隘而不列，天赞我也。阻而鼓之，不亦可乎？犹有惧焉！且今之勍者，皆我敌也。虽及胡耇（gǒu）③，获则取之，何有于二毛？明耻教战，求杀敌也。伤未及死，如何勿重？若爱重伤，则如勿伤；爱其二毛，则如服焉。三军以利用也，金鼓④以声气也。利而用之，阻隘可也；声盛致志，鼓儳（chán）⑤可也。”

①禽：通“擒”。二毛：头发花白的人。②勍：强大的。③胡耇：年老的人。④金鼓：古代战争中击鼓为进击，鸣金为收兵。⑤儳：混乱。

【译文】

国人都责备宋襄公。襄公说：“君子不攻击已经受伤的人，不抓老人。古代打仗，不在狭隘处攻击敌人。我虽然是亡商之后，但绝不攻击没摆好阵势的部队。”子鱼说：“您不懂战争。面对强敌，身处狭隘未能列阵，这是上天的眷顾。趁他们身处险隘而攻击他们，有何不可呢？这样恐怕还不能取胜呢。况且如今的强国，都是我们的敌人。即使年纪很大，抓到就带回来，还管什么年老呢？让士兵明白退缩是耻辱，教他们打仗，就是为了杀敌。敌人受伤还没死，为什么不能攻击？如果可怜他伤重，那么就不如不伤害他们；可怜他年老，那么不如臣服于他。军队应该利用时机进攻，用锣鼓鼓舞军队的士气。抓住有利时机，在狭隘处也可以出击；擂鼓激励士气，即使敌人混乱也是可以攻击的。”

【精彩赏析】

“春秋无义战”。宋襄公在新的政治形势下，仍抱守“君子不乘人之危”的仁慈，希望通过自己的君子之风来获得其他诸侯的支持，目光短浅，思想僵化。

子鱼从正反两方面驳斥襄公的“不以阻隘”“不鼓不成列”“不禽二毛”“不重伤”，除了批驳他对战争的无知，还毫不留情地揭掉了襄公“假仁慈”的面具。寥寥数语，却掷地有声、铿锵有力。

介之推不言禄

【题解】

本文出自《左传》。晋文公重耳逃难的岁月中，介之推曾割肉相救。文公即位后，介之推不追求利禄，体现了高洁正直的品行，然而“介之推不言禄，禄亦弗及”，于是便有了母子隐居绵山。

介之推画像

晋侯赏从亡者，介之推不言禄[①]，禄亦弗及。

①禄：赏赐。

【译文】

晋文公赏赐跟随他一起流亡的人，介之推不谈论赏赐，也没有受到晋侯的赏赐。

推曰：“献公之子九人，唯君在矣。惠、怀无亲，外内弃之。天未绝晋，必将有主。主晋祀者，非君而谁？天实置之，而二三子以为己力，不亦诬乎？窃人之财，犹谓之盗。况贪天之功，以为己力乎？下义其罪，上赏其奸。上下相蒙，难与处矣。”其母曰：“盍[①]亦求之？以死谁怼（duì）[②]？”对曰：“尤[③]而效之，罪又甚焉！且出怨言，不食其食。”其母曰：“亦使知之，若何？”对曰：“言，身之文[④]也。身将隐，焉用文之？是求显也。”其母曰：“能如是乎？与汝偕隐。”遂隐而死。

①盍：何不。②怼：怨恨。③尤：罪过。④文：装饰。

【译文】

介之推说：“晋献公有九个儿子，只剩文公一人了。惠公、怀公没有亲近的人，国内国外都厌弃他们。上天没有断绝晋国，一定会有国君。主持晋国祭祀的人，不是文公还能有谁？这是上天的安排，然而有些人却以为是自己的功劳，这不是欺骗吗？偷人钱财，尚称为盗，何况把上天的功劳当作自己之功呢？臣子把罪过当作道义，君主赏赐奸佞，上下蒙蔽，我很难与他们相处。”他的母亲说：“何不也求赏赐呢？如今这样就是死了，还能怨谁呢？”介之推说：“明知错了还效仿，罪过更重了。再加上我已经口出怨言，以后不能再吃他的俸禄了。”他的母亲说：“也让国君知道这件事，怎么样？”介之推说：“语言，是身体的装饰；身体都要隐藏起来了，还用装饰做什么？说了便是求取显贵了。”他的母亲说：“你能这样做吗？我和你一起隐居。”于是隐居直到死去。

介之推背母塑像

晋侯求之，不获，以绵上[①]为之田。曰：“以志[②]吾过，且旌[③]善人。”

①绵上：晋地名，今山西介休附近。②志：记录。③旌：表彰。

【译文】

晋侯到处寻找他，没有找到，于是把绵上作为介之推的祭田。说：“以此记录我的过错，并且表彰善良的人。”

晋文公复国图（局部）

【精彩赏析】

介之推“割股奉君”的忠义，“不言利禄”的淡泊，通过这篇文章表现得淋漓尽致。通过介之推和母亲的对话，将归隐的原因娓娓道来，既避免了行文的枯燥，又生动地塑造了介之推母子的人物形象。

展喜犒师

【题解】

本文出自《左传》。春秋时期的政治舞台上还活跃着一批外交家。这些人凭借三寸之舌，常在存亡之际力挽狂澜，救民于水火。本文记述了鲁国的一次成功的外交活动，在国内饥荒、国力衰弱的情况下，通过外交辞令击退了齐国大军。

齐孝公伐我北鄙①。公使展喜犒师，使受命于展禽。②

①鄙：边境。②展喜：鲁国大夫。展禽：展喜的哥哥。因食邑于柳下，又称柳下惠。

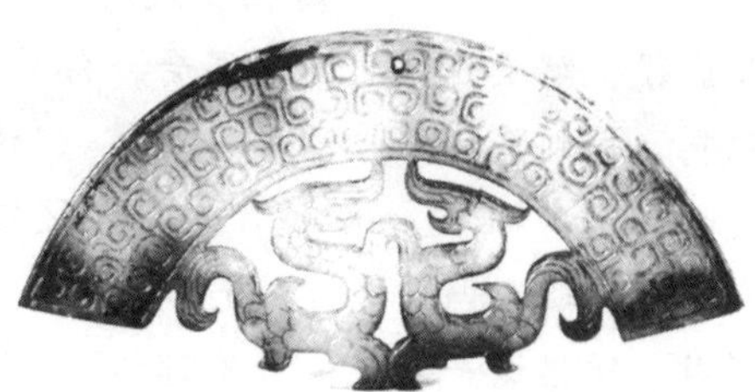

鲁国玉器　云纹夔龙扇型珮

【译文】

齐孝公进攻我北部边境。僖公派展喜去犒劳齐军，先让他到哥哥展禽那里听取犒军的辞令。

齐侯未入竟，展喜从之，曰："寡君闻君亲举玉趾①，将辱于敝邑②，使下臣犒执事③。"齐侯曰："鲁人恐乎？"对曰："小人恐矣，君子则否。"齐侯曰："室如县罄④，野无青草，何恃而不恐？"对曰："恃先王之命。昔周公、大公股肱周室，夹辅成王。成王劳之，而赐之盟，曰：'世世子孙无相害也！'载在盟府，太师职⑤之，桓公是以纠合诸侯，而谋其不协，弥缝其阙，而匡救其灾，昭旧职也。及君即位，诸侯之望曰：'其率桓之功。'我敝邑用不敢保聚，曰：'岂其嗣世九年，而弃命废职？其若先君何？君必不然。'恃此而不恐。"齐侯乃还。

鲁国文字　"辇"

①举玉趾：敬辞。趾：指脚。②鄙邑：谦辞，指自己的国家。③执事：君主左右办事的人员。④县：悬挂。磬：一种乐器，中间是空的。⑤太师：史官。职：保管。

鲁国钱币 铜贝

【译文】

齐侯还没有进入鲁国国境，展喜就迎上去求见。说："我们的国君听说齐侯亲自出马，屈尊来到我们这个破地方，便派臣来犒劳您的办事大臣。"齐侯说："鲁人害怕吗？"展喜回答说："小人才会害怕，君子是不会害怕的。"齐侯说："室内空无一物，田野寸草不生，凭什么不害怕？"展喜回答说："凭借先王之命。当初周公和大公同为周朝的股肱之臣，辅佐成王。成王慰劳他们，赐予盟约。说：'世代子孙，不要相互残害。'盟书藏在盟府里，由太师掌管。桓公因此联合诸侯，解决他们之间的误会，弥补他们的缺失，救助他们的灾难，是在履行旧职啊。等到您即位，诸侯盼望道：'他会继承桓公的功业的。'我国因此不敢保城聚众，说：'难道他继位才九年，就要违背先王之命抛弃自己的职责吗？那将置先君于何地？'您一定不会这样做。凭借这一点我们并不惊恐。"于是，齐侯撤兵回去了。

青铜器鲁公鼎

【精彩赏析】

这场外交活动的成功，有两个关键点。一是展禽的面授机宜，增加了胜算；二是展喜的临危不惧，慷慨陈词。利用先祖的盟约、周室的权威、先王的遗命来击破孝公的心理防线，使其惭愧撤兵。

烛之武退秦师

【题解】

本文出自《左传》。公元前 632 年，晋楚城濮之战奠定了晋国的霸主地位，然而在这场战役中，郑国却站错了阵营，虽然战后急忙与晋修好，但为时已晚。公元前 630 年，晋国联合秦国围攻郑国。在生死存亡的一刻，三朝老臣烛之武挺身而出，力挽狂澜，上演了惊心动魄又精彩绝伦的一幕。

晋侯、秦伯[①]围郑，以其无礼于晋，且贰于楚也。晋军函陵[②]，秦军氾南[③]。佚（yì）之狐[④]言于郑伯曰："国危矣，若使烛之武见秦君，师必退。"公从之。辞曰："臣之壮也，犹不如人；今老矣，无能为也已。"公曰："吾不能早用子，今急而求子，是寡人之过也。然郑亡，子亦有不利焉！"许之。

①晋侯：晋文公。秦伯：秦穆公。侯、伯是两公的爵位。②函陵：郑国地名，在郑国都新郑之北。③氾南：郑国地名，在郑国都新郑之南。④佚之狐：郑国大夫。

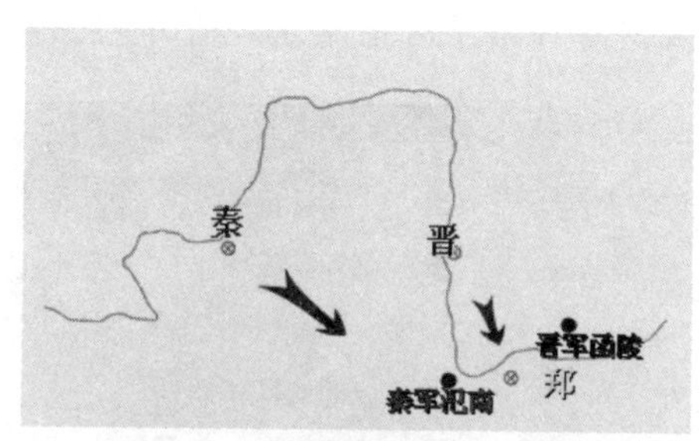

秦晋围郑示意图

【译文】

晋文公和秦穆公围攻郑国，因为晋文公出亡郑国时，郑国没有礼遇他，而且依附晋国又依附楚国。晋军驻扎在函陵，秦军驻扎在氾南。佚之狐对郑伯说："国家形势危急了，如果派烛之武去面见秦穆公，他们一定会退军。"郑伯听从了他的建议。烛之武推辞说："臣壮年的时候，尚且不如别人；如今年纪大了，不能够做什么了。"郑伯说："我没能早重用您，如今危急之时才来求您，这是我的过错。然而郑国灭亡了，对您也有不利的地方。"于是，烛之武答应了郑伯。

夜缒（zhuì）[①]而出。见秦伯曰："秦、晋围郑，郑既知亡矣。若亡郑而有益于君，敢以烦执事[②]。越国以鄙远，君知其难也。焉用亡郑以陪邻？邻之厚，君之薄也。若舍郑以为东道主[③]，行李[④]之往来，共其乏困，君亦无所害。且君尝为晋君赐矣；许君焦、瑕，朝济而夕设版焉，君之所知也。夫晋，何厌之有？既东封郑、又欲肆其西封，若不阙[⑤]秦，将焉取之？阙秦以利晋，唯君图之。"秦伯说，与郑人盟。使杞子、逢（páng）孙、杨孙[⑥]戍之，乃还。

郑国遗址　祭器坑

①缒：用绳子把人从高处往下顺。②执事：左右办事的人。③东道主：东方道路上的主人。④行李：使者。⑤阙：侵损、削减。⑥杞子、逢孙、杨孙：三人

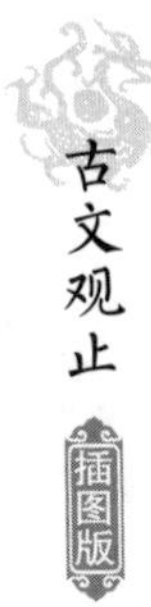

都是秦国大夫。

【译文】

在夜里用绳子把烛之武送出城，求见秦伯，烛之武说："秦、晋围郑，郑国已经知道死期将至。如果灭亡了郑国对您有好处，那么烦请您的臣下去做这件事。越过别国把远地作为边邑，您知道这是很困难的事。为什么要灭掉郑国来增加邻国的土地呢？邻国的势力雄厚了，您的势力便会削弱。如果放弃灭掉郑国，把郑国作为秦国东方道路上的主人，供给往来使者的衣食，对您也没有什么害处。况且您曾经给予晋君恩惠，晋军答应给您焦、瑕两座城池，结果早上渡河回国，晚上就建筑防御工事，这您是知道的。那晋国，哪有什么满足呢？在东边把郑国作为他的边邑之后，又想扩张他西边的疆界，如果不使秦国的土地减少，将从哪里得到他想要的土地呢？使秦国的势力削弱来壮大晋国的势力，希望您仔细考虑这件事。"秦伯听后很高兴，与郑国结盟，派杞子、逢孙、杨孙守卫郑国，于是撤军回国了。

郑国遗址　车马坑

子犯①请击之。公曰："不可。微②夫人之力不及此。因③人之力而敝④之，不仁；失其所与⑤，不知；以乱易整，不武。吾其还也。"亦去之。

①子犯：晋国大夫，晋文公的舅父。②微：没有。③因：凭借。④敝：损害。⑤所与：同盟者。

【译文】

子犯请求追击秦军，晋文公说："不行。没有这个人的力量我是不能到达今天的地步的。凭借别人的能力又反过来损害他，这是不仁；失去自己的同盟，这不明智；用混乱相攻取代联合一致，是不合武德的。我们还是回去吧。"于是晋国也撤军回国了。

【精彩赏析】

烛之武的说辞区区百字，句句与郑无关，却处处关乎郑之兴亡。烛之武紧紧抓住"亡郑""存郑"与秦国的利害关系，再加以前车之鉴的点醒，巧妙地离间了秦晋关系，使秦伯心甘情愿地与郑结盟，与晋决裂，正如明代魏禧所言"如此辞令，真无一字不妙，无一着不老靠圆密"。

蹇叔哭师

【题解】

本文出自《左传》。利令智昏，在利益面前秦穆公丧失了一位政治家的理智和冷静。而老臣蹇叔却如先知料事如神，预言了秦军的失败。秦穆公的出尔反尔、言而无信、骄傲轻敌，都注定了这场不义之战的失败。

杞子自郑使告于秦曰："郑人使我掌其北门之管①，若潜师以来，国可得也。"穆公访诸蹇叔②。蹇叔曰："劳师以袭远，非所闻也。师劳力竭，远主备之，无乃不可乎？师之所为，郑必知之。勤而无所，必有悖心③。且行千里，其谁不知？"

秦穆公

①管：钥匙。②蹇叔：秦国元老。③悖：怨愤。

【译文】

杞子从郑国派人告诉秦穆公说："郑人令我掌管都城北门的钥匙，如果暗中发兵来此，便可攻下郑国。"穆公向蹇叔询问这件事。蹇叔说："兴师动众去偷袭远方的国家，是闻所未闻的事。军队劳苦兵力疲乏，远方的郑国也早有准备，恐怕这样做不可以啊？况且军队的举动，郑国一定可以知道。辛苦劳累却没有收获，士兵们必心生怨愤。况且军行千里，还有谁不知道你的意图呢？"

公辞焉。召孟明、西乞、白乙①使出师于东门之外。蹇叔哭之曰："孟子！吾见师之出而不见其入也。"公使谓之曰："尔何知！中寿②，尔墓之木拱③矣！"

①孟明、西乞、白乙：三人都是秦国的将领。孟明，即百里视，百里奚之子；西乞术、白乙丙，蹇叔之子。②中寿：约60岁左右。③拱：两手合抱。

【译文】

秦穆公没有采纳蹇叔的意见，召见孟明、西乞、白乙，令他们帅兵从东门外

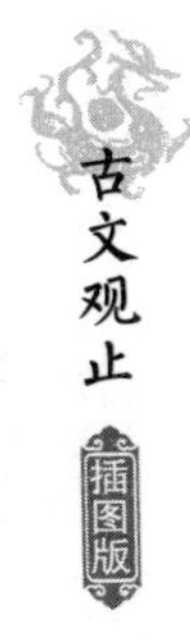

出发。蹇叔哭着送他们，说："孟明啊，我只能看见军队离开却不能看见他们回来了。"穆公派人对蹇叔说："你知道什么！如果你中寿时就死了，现在你墓上的树都有双手合抱那么粗了！"

蹇叔之子与师，哭而送之，曰："晋人御师必于崤（xiáo）①，有二陵焉。其南陵，夏后皋②之墓地；其北陵，文王之所辟风雨也。必死是间，余收尔骨焉！"秦师遂东。

①崤：今河南洛宁西北。②夏后皋：夏朝的君主，夏桀的祖父，名皋。

【译文】

蹇叔的儿子参加了出征的队伍，蹇叔哭着送他，说："晋人一定在崤埋伏军队。那里有两座大山，其中的南陵是夏后皋的墓地；北陵，是周文王避过风雨的地方。你一定死在那里，我会到那里给你收尸。"秦军于是向东行进。

【精彩赏析】

忠言逆耳。面对蹇叔的劝谏，秦穆公置若罔闻，不仅不虚心采纳，反而出语嘲讽。蹇叔的两次"哭"，都体现了对此次军事行动的反对。第二年，秦军果然大败而归，证明了蹇叔预知的正确性。

郑子家告赵宣子

【题解】

本文出自《左传》。在弱肉强食的春秋时代，小国在夹缝中求生存并非易事。该文讲述了郑国在晋、楚两个大国之间的艰难斡旋。郑国执政大臣子家在给晋国执政大臣赵宣子的这封信中，历数郑君对晋国的朝见活动，直接言明郑对晋国的恭顺已经无以复加，如再逼迫，只能鱼死网破，与晋人拼死一搏。

晋侯合诸侯于扈（hù）①，平宋②也。于是晋侯不见郑伯，以为贰于楚也。

①晋侯：晋灵公。扈：郑国地名，今河南原阳县。②平宋：平定宋国内乱。

【译文】

郑国蟠龙纹铜方壶

晋灵公在扈会见诸侯，商定平宋的事宜。此次晋侯没有会见郑伯，他认为郑国想投靠楚国，对晋国有二心。

郑子家使执讯而与之书①，以告赵宣子曰："寡君即位三年，召蔡侯而与之事君。九月，蔡侯入于敝邑以行，敝邑以侯宣多之难②，寡君是以不得与蔡侯偕③，十一月，克减侯宣多而随蔡侯以朝于执事。十二年六月，归生佐寡君之嫡夷④，以请陈侯于楚而朝诸君。十四年七月，寡君又朝，以蒇（chǎn）⑤陈事。十五年五月，陈侯自敝邑往朝于君。往年正月，烛之武往朝夷⑥也。八月，寡君又往朝。以陈、蔡之密迩于楚⑦，而不敢贰焉，则敝邑之故也。虽敝邑之事君，何以不免？在位之中，一朝于襄，而再见于君，夷与孤之二三臣，相及于绛。虽我小国，则蔑以过之矣。今大国曰：'尔未逞吾志。'敝邑有亡，无以加焉。古人有言曰：'畏首畏尾，身其余几？'又曰：'鹿死不择音⑧。'小国之事大国也，德，则其人也；不德，则其鹿也。铤而走险，急何能择？命之罔极⑨，亦知亡矣。将悉敝赋，以待于鯈（tiáo）⑩，唯执事命之。文公二年，朝于齐；四年，为齐侵蔡，亦获成于楚。居大国之间而从于强令，岂有罪也？大国若弗图，无所逃命。"

①子家：郑公子归生，字子家。郑国执政大臣。执讯：负责联络的官吏。书：信。②侯宣多：郑大夫，恃宠作乱。③偕：一起前往。④嫡夷：郑国太子名，即郑灵公。⑤蒇：完成。⑥往朝夷：太子夷前往朝见晋国。⑦密迩：亲近。⑧音：通"荫"，荫蔽。⑨罔极：没有尽头。⑩鯈：地名，晋郑边境。

郑国人发明的桔槔

【译文】

郑大夫子家差遣执讯官给晋国大夫赵宣子捎去书信说："我们国君即位第三年，便叫蔡侯一起朝见晋国国君。九月，蔡侯来郑国要一起去朝见晋国。我国君因国内的侯宣多叛乱，因此没能与蔡侯一同前往。十一月，平定了侯宣多的叛乱，然后便与蔡侯一起朝见晋君。十二年六月，我陪从我国太子夷，向楚国为陈侯请命朝见晋君。十四年七月，我国君又前往朝见以完成陈晋修好的事宜。十五年五

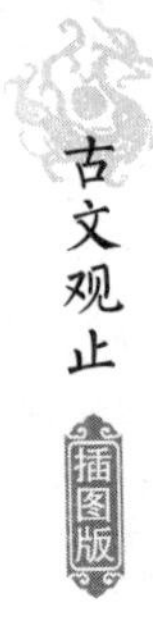

月，陈侯从我国前往晋国朝见。去年正月，烛之武辅佐太子夷朝见晋国国君。八月，寡君又前往晋国朝见。陈、蔡如此亲近楚国却不敢对晋国有二心，是我国的缘故。即使这样侍奉晋国，为何仍不免获罪？我们君主在位期间，一次朝见襄公，两次朝见灵公。太子夷与郑国大臣相继来到晋国的国都，尽管我们是小国，但是对晋国的恭敬没有超过我们的。古人有句话说：‘顾头顾尾，身体还剩多少能顾到呢？’又说：‘鹿在生死关头，就顾不得挑选荫蔽的地方了。’小国侍奉大国，如果大国仁德，那么他们就是人；如果大国不以德相待，那么他们就是鹿。危机时不得已走上险路，哪里还顾及什么选择呢？晋国的要求没有尽头，我们也知道终究要亡国，将调集所有的兵力，在儵地等待，只听您的命令了。晋文公二年，我国朝见齐国。四年，为齐国攻打蔡国，和楚国讲和。居于两国之间，小国要听从于强制性命令，难道这是它的罪过吗？大国如果不予体谅，那我们就无处逃命了。”

晋巩朔行成①于郑，赵穿、公婿池为质焉。

①成：讲和。

【译文】

晋国巩朔到郑国讲和，让赵穿、公婿池留在郑国做人质。

【精彩赏析】

与其说这是一封书信，不如说是郑国给晋国下的最后通牒。郑国看似毕恭毕敬，实则步步为营；看似俯首帖耳，实则凛然难犯。正是子家字里行间的咄咄逼人，使得晋国也不得不与郑国和解了。

王孙满对楚子

【题解】

本文出自《左传》。公元前 606 年，楚庄王先后吞并周围几个小国，势力不断壮大，野心也不断膨胀，竟陈兵周朝边境，试图取而代之。周大夫王孙满机智巧妙地围绕“在德不在鼎”，以“德”抗“霸”，毫不留情地揭露了楚国的狼子野心，以“周德虽衰，天命未改”重挫了楚国的嚣张气焰。

楚子伐陆浑之戎[①]，遂至于洛，观兵于周疆。定王使王孙满劳楚子。楚子问鼎之大小轻重焉[②]。

①陆浑之戎：西北少数民族之一。②鼎：夏商周的镇国之宝，王权的象征。问鼎轻重，是觊觎王权的意思。

【译文】

楚庄王讨伐陆浑戎人，于是军队行至洛水，在周朝的边境线上摆起军阵。周定王派大夫王孙满慰劳楚庄王。楚庄王便问九鼎的大小和轻重。

对曰："在德不在鼎。昔夏之方有德也，远方图物[①]，贡金九牧[②]，铸鼎象物，百物而为之备，使民知神奸[③]。故民入川泽山林，不逢不若。螭魅罔两[④]，莫能逢之。用能协于上下，以承天休[⑤]。桀有昏德，鼎迁于商，载祀六百。商纣暴虐，鼎迁于周。德之休明，虽小，重也。其奸回昏乱，虽大，轻也。天祚[⑥]明德，有所底（dǐ）止[⑦]。成王定鼎于郏鄏（jiá rǔ）[⑧]，卜世三十，卜年七百，天所命也。周德虽衰，天命未改。鼎之轻重，未可问也。"

楚庄王塑像

①图物：绘制各种奇异之物。②贡金：献出金属。九牧：九州的首领。③神奸：神怪。④螭魅罔两：通"魑魅魍魉"，指山川中的精怪。⑤休：保佑的意思。⑥祚：保佑。⑦底止：底线。⑧成王：周成王。定鼎：定都。郏鄏：今河南洛阳。

【译文】

王孙满回答说："王朝的兴亡决定于君主的德行而不在于鼎的本身。从前，夏朝实行德政，远方的人们把奇异之物绘制成图，九州的长官贡献金属，铸成九鼎，把各种神怪图像都铸在鼎上，万物皆备，目的是让百姓认识神怪。因此，百姓进入川泽山林，就不会遇到危险。山林水泽中的妖怪，都不会遇上。因而上下和睦相处，共同享受上天的保佑。夏桀德行败坏，九鼎迁移到商朝，经历了六百年。商纣王暴虐无道，九鼎又迁到周朝。德行如果美好清明，鼎虽小，分量却很重；如果奸邪昏乱，鼎虽大，分量也是轻的。上天赐福给有美德的人，也是有限度的。成王定鼎在郏鄏的时候做过占卜，可以传世三十代，享国七百年，

楚国饕餮纹束腰铭文鼎

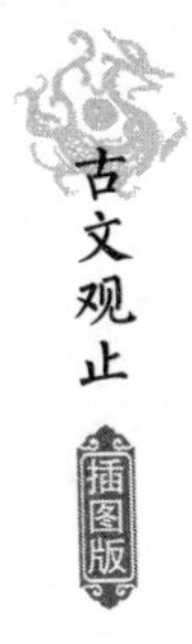

这是天意。周朝的德行虽然衰减了，天命并没有改变。九鼎的轻重，是不能问的。”

【精彩赏析】

周朝式微、诸侯雄起的大背景下，王孙满搬出了更大的权威“天命”，指出周王朝的命数是天定的，任何人力不可违的。王孙满给楚庄王的回答中没有直说庄王，但是句句都在谴责庄王的骄傲蛮横，狠击其心，死封其口，有条不紊，掷地有声。

楚归晋知罃

【题解】

本文出自《左传》，主要记叙了楚庄王和被俘的晋国大夫知罃的一段对话。面对楚庄王的咄咄逼人，身为阶下囚的知罃却毫不胆怯，没有丝毫的奴颜婢膝，句句予以回击，最后令楚庄王折服，“重为之礼而归之”。

晋人归楚公子谷臣与连尹襄老之尸于楚①，以求知罃（yīng）②。于是荀首佐中军矣③，故楚人许之。

楚国青铜缶

①谷臣：楚庄王的儿子。连尹襄老：连尹，官名。襄老，人名。②知罃：晋国大夫，荀首的儿子。③荀首：晋国的上卿。佐：担任副职。中军：古代军队编制，分左中右三军，主帅率中军。

【译文】

晋国把楚国公子谷臣和连尹襄老的尸骨送到楚国，想要以此赎回知罃。在这个时候，知罃的父亲担任晋国中军的副帅，因此，楚国答应了晋国的要求。

王送知罃，曰：“子其怨我乎？”对曰：“二国治戎，臣不才，不胜其任，以为俘馘①。执事不以衅鼓②，使归即戮，君之惠也。臣实不才，又谁敢怨？”王曰：“然则德我乎？”对曰：“二国图其社稷，而求纾③其民，各惩其忿，以相宥也，两释累囚，以成其好。二国有好，臣不与及，其谁敢德？”王曰：“子归何以报我？”

对曰："臣不任受怨，君亦不任受德。无怨无德，不知所报。"王曰："虽然，必告不穀④。"对曰："以君之灵，累臣得归骨于晋，寡君之以为戮，死且不朽。若从君之惠而免之，以赐君之外臣首；首其请于寡君，而以戮于宗，亦死且不朽。若不获命，而使嗣宗职⑤，次及于事⑥，而帅偏师以修封疆⑦，虽遇执事，其弗敢违。其竭力致死，无有二心，以尽臣礼。所以报也！王曰："晋未可与争。"重为之礼而归之。

楚国和阗白玉

①俘馘：俘虏。馘：古代战时割去敌人的左耳来记功。②衅鼓：古代的一种祭礼。用牲畜的血来涂抹战鼓。③纾：解除灾难。④不穀：不善。谦辞。⑤嗣：继承。宗职：家族世袭的官职。⑥事：军事。⑦偏师：副将所率领的军队。修封疆：戍守边境。

【译文】

楚王送别知罃，说："您恐怕怨恨我吧！"知罃回答说："两国兴兵，下臣无能，不能胜任自己的任务，所以做了俘虏。君王的左右没有杀我，而让我回国去接受诛戮，这是君王的恩惠啊。下臣无能，又敢怨恨谁？"楚王说："那么你感激我吗？"知罃回答说："两国交战是为自己的国家打算，解除百姓的苦难，如今各自克制自己的愤怒，来互相原谅，释放被俘的囚犯，建立友好关系。两国友好，并不是为了我，我又能感激谁呢？"楚王说："您回去，如何报答我？"知罃回答说："下臣无所怨恨，君王也不受恩德，没有怨恨，没有恩德，就不知道该报答什么。"楚王说："话虽如此，还是一定要告诉我。"知罃回答说："托您的福佑，我能够带着这把骨头回到晋国，寡君如果加以诛戮，死而不朽。如果由于君王的恩惠而赦免下臣，把我赐给您的外臣荀首，荀首向晋君请求，而把我在自家宗庙中杀掉，也死而不朽。如果荀首的请求未得允许，而让我继承家族的袭位，按次序承担晋国的军事，率领军队戍守边疆，即使碰到君王的文武官员，我也不会躲避，定会竭尽全力拼死抵抗，绝无二心，以尽到臣子的职责，这就是用来报答您的方式。"楚王说："看来的确不能和晋国相争啊。"于是楚王为知罃举行了隆重的礼仪，送他回国。

楚国青铜盏

【精彩赏析】

知罃用自己的回答向楚王展示了他的铮铮傲骨，大义凛然。无怨无恨，无恩

无惠，回答巧妙委婉，不失臣子之态，不犯大国之仪，最后的一番说辞更是向楚王直接宣示自己的忠心不二，誓死不渝。

晏子不死君难

【题解】

本文出自《左传》。齐庄公因淫乱被崔武子杀死，晏婴表示自己不会为国君殉葬，不会因之逃亡，只要哀痛尽礼即可。国君失职，臣子便不必为他尽忠，晏子的这种君臣思想在当时还是具有一定的进步意义的。

晏子

崔武子见棠姜而美之①，遂取之。庄公通焉。崔子弑之。

①崔武子：崔杼，齐国上卿。棠姜：齐国大夫棠公的遗孀，崔杼娶她为妻。

【译文】

崔武见棠家遗孀很美，便娶了她。齐庄公与棠姜私通，崔武便杀了他。

晏子①立于崔氏之门外。其人曰：“死乎？”曰：“独吾君也乎哉，吾死也。”曰：“行乎？”曰：“吾罪也乎哉，吾亡也。”曰：“归乎？”曰：“君死，安归？君民者，岂以陵②民？社稷是主；臣君者，岂为其口实③？社稷是养。故君为社稷死，则死之；为社稷亡，则亡之。若为己死，而为己亡，非其私昵④，谁敢任之？且人有君⑤而弑之，吾焉得死之？而焉得亡之？将庸何⑥归？”

①晏子：齐国著名的政治家，字平仲，三朝元老。②陵：凌驾。③口实：俸禄。④私昵：亲近的人。⑤有君：受君主的宠信。⑥庸何：怎么。

【译文】

晏子站在崔家的门外。他的随从说：“您打算为国君殉难吗？”晏子说：“国君只是我一人的君主吗，我为什么要殉葬啊？”随从问：“那么要离开齐国吗？”晏子说："我有什么罪吗，我为什么要逃亡？"随从又问："那么回家吗？"晏子说："君主都死了回哪呢？百姓的国君，难道凌驾于民众之上吗？君主的职责在于主掌国家。作为君主的臣子，难道只是为了俸禄吗？臣子的职责要奉献国家。因此如果君主为社稷而死，臣子就该随他而死，国君为国家社稷逃亡，臣子就该随他逃亡。如果国君是为个人死或逃亡，除了他身边的亲信，谁会和他一起呢？况且崔杼受到君主宠信却将他杀掉，我怎么能随他去死，随他去逃亡呢？又怎么能回去呢？"

门启而入，枕尸股而哭。兴，三踊而出①。人谓崔子："必杀之。"崔子曰："民之望也，舍之得民。"

①兴：站起来。踊：跳，因哀痛而跺脚。

《孔子圣迹图》之晏婴沮封

【译文】

崔家的门打开了，晏子走进去，将国君的尸体放在腿上大哭，然后站起来，哀痛顿足后离开了。有人对崔子说："一定要杀他"。崔子说："他是百姓仰望的人，放了他可以得民心。"

【精彩赏析】

这是看了让人禁不住哑然失笑的一段文字。晏子和随从的对话，将随从的紧张和晏子的疑惑无奈淋漓尽致地表现出来。在君君臣臣的春秋时代，晏子能够打破禁锢，反对愚忠，不愧为出色的政治家。

子产坏晋馆垣

【题解】

本文出自《左传》。鲁襄公三十一年，子产陪从国君朝见晋国，受到冷遇，宾馆简陋狭窄，于是子产命人拆毁围墙，使得车马物品得以安置。于是晋平公差人责问，子产凭借巧妙的外交辞令，捍卫了郑国的尊严，使得晋国不得不重新礼遇。

子产相郑伯以如晋①，晋侯以我丧②故，未之见也。子产使尽坏其馆之垣，而纳车马焉。

①子产：郑国执政大夫。公孙侨，字子产。郑伯：郑简公。②我丧：鲁襄公之丧。

【译文】

子产随从郑简公到晋国去朝见，晋平公因为鲁国有丧事的缘故，没有接见他们。子产派人把宾馆的围墙全部拆毁，将郑国的车马放进去。

士文伯让之曰："敝邑以政刑之不修①，寇盗充斥，无若诸侯之属辱在寡君者何，是以令吏人完客所馆，高其闬闳（hàn hóng）②，厚其墙垣，以无忧客使。今吾子坏之，虽从者能戒，其若异客何？以敝邑之为盟主，缮完葺墙③，以待宾客。若皆毁之，其何以共命？寡君使丐请命。"

①鄙邑：谦词。修：好。②闬：馆门。闳：巷门。③缮、葺：修缮。

【译文】

晋国大夫士文伯责备子产说："敝国由于政事和刑罚施行得不好，盗贼横行，不知道对屈尊来敝国的诸侯属官怎么办，因此派了官员修缮来宾住的馆舍，馆门造得很高，围墙修得很厚，使宾客使者安枕无忧。现在您拆毁了围墙，虽然您的随从能够戒备，但是别国的宾客怎么办呢？由于敝国是诸侯的盟主，所以修建围墙，用来接待宾客。如果把围墙都拆了，拿什么来满足宾客的要求呢？我们国君派我来请问你们拆墙的理由。"

对曰："以敝邑褊（biǎn）小①，介于大国，诛求无时，是以不敢宁居，悉索敝赋，以来会时事。逢执事之不闲，而未得见；又不获闻命，未知见时。不敢输币②，亦不敢暴露。其输之，则君之府实也，非荐陈之，不敢输也。其暴露之，则恐燥湿之不时而朽蠹（dù），以重敝邑之罪。侨闻文公之为盟主也，宫室卑庳（bì）③，无观台榭，以崇大诸侯之馆，馆如公寝；库厩缮修，司空以时平易道路，圬（wū）人以时塓（mì）馆宫室④；诸侯宾至，甸设庭燎⑤，仆人巡宫，车马有所，宾从有代，巾车脂辖⑥，隶人牧圉（yǔ）⑦，各瞻其事；百官之属各展其物；公不留宾，而亦无废事；忧乐同之，事则巡之，教其不知，而恤其不足。宾至如归，无宁灾患；不畏寇盗，而亦不患燥湿。今铜鞮（dī）之宫数里，而诸侯舍于隶人，门不容车，而不可逾越；盗贼公行。而夭厉⑧不戒。宾见无时，命不可知。若又勿坏，是无所藏币以重罪也。敢请执事，将何所命之？虽君之有鲁丧，亦敝邑之忧也。若获荐币，修垣而行，君之惠也，敢惮勤劳？”

①褊小：狭小。②输币：送上财物。③卑庳：低下。④圬人：泥瓦匠。塓：粉刷墙壁。⑤甸：掌管薪火之官。庭燎：庭中用以照明的火炬。⑥巾车：掌管车辆的官员。脂：涂油。辖：车轴。⑦隶人：杂役。牧：放牧牛羊的人。圉：养马的奴隶。⑧夭厉：流行疾病。

【译文】

子产回答说：“因我国国土狭小，处在大国的中间，大国索求贡品没有定时，所以我们不敢安居度日，只有搜寻国内的全部财物，以便随时前来朝见贵国。赶上国君没空，未能得见，又没有得到命令，不知道朝见的日期。我们不敢进献财物，又不敢让它们暴露在外面。若是进献，那就是贵国府库中的财物了，但不经过荐陈的仪式，我是不敢随便缴纳的。如果把礼物露天存放，又怕日晒雨淋而腐烂生虫，更加重了我国的罪过。我听说晋文公从前做盟主时，宫室低小，没有观台楼阁，却把修建高大的馆舍用来招待诸侯，宾馆像国君的寝宫一样。仓库和马棚也修得很好，司空按时平整道路，泥水匠按时粉刷馆舍；诸侯宾客来了，甸人点起庭院中的火把，仆人巡视客舍，车马有安置的地方，宾客随从也有人代劳，巾车给车轴加油，打扫房间的仆人，饲养牲口的圉正，各司其事；朝中官员拿出珍贵的物品招待宾客。文公从不让宾客们多等，也不会耽误他们的事情；与宾客同忧共乐，如遇意外，便亲自查询；宾客有不懂的地方就加以指教，有所需要就加以接济。宾客来晋国就好像回到家里一样，哪里会担心有灾患啊？既不怕偷盗，也不用担心晴雨无时。可是现在晋侯的铜鞮宫方圆数里，而诸侯的馆舍却像奴仆住的房子一样，车辆进不了大门，无法通过；盗贼公然横行，无法防备灾祸。接见宾客没有定时，会见命令也无从知晓。如果还不拆毁围墙，财物就没有地方存放，我们的罪过就要加重。冒昧地请教您，您将让我们如何安置这些财物呢？虽然贵国遇上鲁国丧事，可这也是我国的忧伤啊。如果能让我们早献上贡品，我们就把围墙修好了然后回国，这是贵君的恩惠，我们哪敢害怕辛劳？”

文伯复命。赵文子曰：“信。我实不德，而以隶人之垣以赢[①]诸侯，是吾罪也。”使士文伯谢不敏焉。

①赢：招待。

【译文】

士文伯回去报告。赵文子说：“的确是这样。我们对待诸侯宾客实在不够周到，用像奴仆住的房舍来招待诸侯，这是我们的过错啊！”于是，他派士文伯前去

道歉，说明自己疏忽的罪过。

晋侯见郑伯，有加礼[①]，厚其宴好而归之。乃筑诸侯之馆。

①加礼：礼节特别隆重。

【译文】

晋平公以隆重的礼节接见了郑简公，盛情款待，赠予的礼品也格外优厚，然后让郑简公回国。接着建造了接待诸侯的宾馆。

叔向曰："辞之不可以已也如是夫！子产有辞，诸侯赖之，若之何其释辞也[①]？《诗》曰：'辞之辑矣[②]，民之协矣；辞之怿（yì）矣[③]，民之莫矣。'其知之矣。"

①释：放弃。②辑：和谐。③怿：欢悦。

【译文】

叔向说："辞令不可不讲究，竟是如此重要啊！子产的一番话，使诸侯得到了好处，怎能不讲究辞令呢？《诗》中说：'言辞和顺，百姓融洽；言辞动听，百姓安定。'子产懂得这个道理。"

【精彩赏析】

全文叙事完整，详略得当，刻画人物入木三分。子产的机警睿智、胆识辩才，令人赞赏佩服。通过语言来刻画人物是《左传》的典型笔法，此篇文章充分地体现了这一艺术特色。

子产论政宽猛

【题解】

本文出自《左传》。为政之道当宽猛相济，政治才能平和。子产深谙其道，在他掌管郑国的二十年间，郑国的综合国力有了很大的起色。该文讲述的是子产临终之际教授子大叔为政之道的故事。

郑子产有疾。谓子大叔[①]曰：“我死，子必为政。唯有德者能以宽服民，其次莫如猛。夫火烈，民望而畏之，故鲜死焉。水懦弱，民狎（xiá）[②]而玩之，则多死焉。故宽难。”疾数月而卒。

①子大叔：游吉，郑定公八年，继子产执政。②狎：轻视。

【译文】

郑国的子产患病。对子大叔说：“我死之后，必定是你执政。只有道德高尚的人才能用宽政使民众服从，其次没有比猛政更有效的了。就像烈火，人们望见就害怕它，所以很少被火烧死。水柔弱，人们往往忽视它在水中嬉戏，所以溺水而死的就很多。所以宽大政策更难实施。”子产病了数月后死去。

子产

大叔为政，不忍猛而宽。郑国多盗，取人于萑苻（huán fú）之泽[①]。大叔悔之，曰：“吾早从夫子，不及此。”兴徒兵以攻萑苻之盗，尽杀之，盗少止。

①萑苻之泽：芦苇丛生的水边，这里指强盗出没的地方。

【译文】

大叔执政，不忍心施行猛政，而施行宽政。因此郑国的盗贼就多了起来，他们聚集在萑苻泽中抢劫他人的财物。大叔后悔了，说：“我早听从子产的建议，就不会到此地步。”于是发兵去攻击沼地的盗贼，将他们全部杀灭，盗贼稍微被遏止。

仲尼曰：“善哉！政宽则民慢，慢则纠之以猛。猛则民残，残则施之以宽。宽以济猛；猛以济宽，政是以和。《诗》曰：‘民亦劳止，汔（qì）可小康[①]；惠此中国，以绥四方。’施之以宽也。‘毋从诡随[②]，以谨无良；式遏寇虐[③]，惨不畏明[④]。’纠之以猛也。‘柔远能迩[⑤]，以定我王。’平之以和也。又曰：‘不竞不絿（qiú）[⑥]，不刚不柔，布政优优[⑦]，百禄是遒[⑧]。’和之至也。”及子产卒，仲尼闻之，出涕曰：“古之遗爱也。”

①汔：希望。小：稍微。康：休息。②诡随：狡诈多变的人。③式：句首发语词。④惨：曾经。⑤柔：安抚。能：亲近。⑥絿：急。⑦优优：平和。⑧遒：集聚。

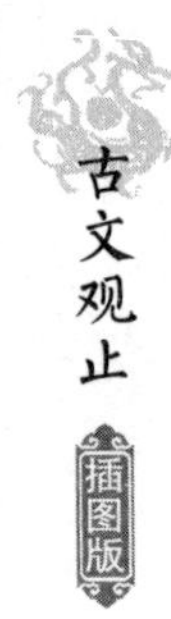

【译文】

孔子说："好啊！政策宽厚百姓就会怠慢，怠慢就用猛政加以纠正。施行猛政，百姓就受伤害，伤害了百姓就施予宽政。用宽政来纠正猛政；用猛政来补充宽政，政治因此就会平和。《诗经》中说：'百姓也劳累了，希望可以稍事休息啦；给国中的百姓恩惠，用来安抚四方。'这就是施行宽政啊。'不要纵容奸佞，防止他们作恶；惩恶治暴，不害怕他们逞强。'这是用猛政来纠正啊。'安抚远方的百姓和亲近国中百姓一样，来稳定我们的国家。'这是用宽政来使国家安定。《诗》中还说：'不争斗不急躁，不刚猛不柔弱，施政平和，福禄就会汇聚而来。'这是政治和平的极点。"子产逝世，孔子听说了，哭泣着说："子产继承了古人仁爱的遗风啊！"

【精彩赏析】

"宽猛相济"的政治思想是先秦儒家的主要政治思想，后来也成为了后世帝王治国的主要手段。文章说理明了，深入浅出，用平易的文字将精深的治国之道表述得清晰准确，滴水不漏。

召公谏厉王弭谤

【题解】

《国语》是我国第一部国别体史书，主要记录了关于西周，春秋时周、鲁、齐、晋、郑、楚、吴、越八国的人物、事迹、言论等，也叫《春秋外传》。相传是春秋鲁人左丘明所作，与《左传》并列为解说《春秋》的著作。

多友鼎

《左传》称周厉王"王心戾虐，万民弗忍"。召公对于国内的紧张局势十分担忧，提醒国君"防民之口，甚于防川"，但厉王本性难改，一意孤行，最后被愤怒的国人所驱逐。本文简洁分明，逻辑清晰，是《国语》中的名篇。

厉王①虐，国人谤王。召（shào）公②告曰："民不堪命矣！"王怒，得卫巫③，使监谤者。以告，则杀之。国人莫敢言，道路以目。

①厉王：周厉王，暴虐无道，引起百姓的反抗。②召公：姬虎，谥号穆公。周厉王的卿士。③巫：古代以降神事鬼为职业的人。

【译文】

厉王暴虐，百姓怨声载道。召公告诉厉王说："百姓忍受不了你的暴政了。"厉王大怒，找到了卫国的一个巫师，让他监视咒骂自己的人。只要巫师来报，就格杀勿论。国人不敢说话，熟人在路上相遇，也只能互递眼色而已。

王喜，告召公曰："吾能弭（mǐ）[①]谤矣，乃不敢言。"召公曰："是障[②]之也。防民之口，甚于防川；川壅[③]而溃，伤人必多。民亦如之。是故为川者，决之使导；为民者，宣[④]之使言。故天子听政，使公卿至于列士献诗[⑤]，瞽（gǔ）[⑥]献曲，史献书，师箴[⑦]，瞍（sǒu）赋[⑧]，矇诵[⑨]，百工谏[⑩]，庶人传语[⑪]，近臣尽规，亲戚补察[⑫]，瞽、史教诲，耆（qí）艾修之[⑬]，而后王斟酌焉。是以事行而不悖[⑭]。民之有口也，犹土之有山川也，财用于是乎出；犹其有原隰（xí）衍沃也[⑮]，衣食于是乎生。口之宣言也，善败于是乎兴。行善而备败，所以阜[⑯]财用衣食者也。夫民虑之于心而宣之于口，成而行之，胡可壅也？若壅其口，其与能几何？"

西周五祀卫鼎

①弭：消除。②障：阻塞。③壅：堵塞。④宣：开导。⑤公卿至于列士：周王室官职分为公、卿、大夫、士各级。⑥瞽：盲人乐师。⑦师箴：少师进献规劝的文辞。箴，规谏的文辞。⑧瞍，没有眸子的盲人。赋，朗诵。⑨矇诵：有眸子而看不见的盲人诵读。⑩百工：百官。⑪庶人传语：百姓的意见间接传给国王。⑫亲戚：皇室亲族。⑬耆、艾：德重年高的人。修：劝谏。⑭悖：违背。⑮原隰：平原和低湿之地。衍沃：指平坦肥沃的良田。⑯阜：增加。

【译文】

周厉王很是得意，对召公说："我能消除百姓的指责，他们竟然不敢吭声了！"召公回答说："你这是堵住了人们的嘴。封住老百姓的嘴，就好比阻塞了河道；河流如果堵塞，决堤后会伤害百姓，禁止百姓言论也是这样。因此治水的人疏通河道使它畅通，治民者开导百姓而让人们畅所欲言。所以天子处理政事，让三公九卿以至各级官吏进献讽喻诗，乐师进献乐曲，史官进献史籍，少师进箴言，瞍者

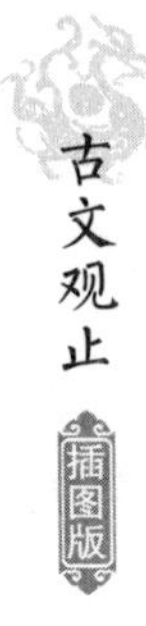

吟咏，瞍者诵读，百工纷纷进谏，平民的意见转达给君王，近臣尽心规劝，宗室姻亲补其过失，乐师和史官谆谆教导，元老重臣经常劝诫，然后由天子自己斟酌取舍。这样，国家的政事得以实行而不违背道理。老百姓有口，就像大地有高山河流一样，物资财富全靠它出产；又像大地有高原低地、平川沃野一样，衣食物品全靠它产生。人们用嘴巴发表议论，政事的成败得失就能反映出来。做百姓赞同的事，抵制百姓憎恶的事，这是增加衣食财富的途径啊。人们心中所想的通过嘴巴表达，他们考虑成熟以后，就自然流露出来，怎么可以堵住他们的嘴呢？如果硬是堵住老百姓的嘴，那么还有谁会追随您呢？”

西周时期的一套编钟

王弗听，于是国人莫敢出言。三年，乃流王于彘（zhì）[①]。

①彘：在今山西省霍县境内。

【译文】

周厉王不听劝告，从此国人再也不敢公开发表言论指斥他。过了三年，人们便把这个暴君放逐到彘地去了。

【精彩赏析】

此篇谏文的精彩之处在于召公在说理过程中善于运用比喻，贴切巧妙，论证生动。“防民之口、宣之使言”都运用相应的比喻，深入浅出地论述了广开言路的重要性。态度真诚，用心良苦。

叔向贺贫

【题解】

本文出自《国语》。晋卿韩起认为自己虽有公卿之名，但无公卿之实，认为自己的生活太清贫了。叔向知道了他的想法，前来向他道贺。认为君子不患贫而患不足，一个人安身立命之本在于德行而不在于物质。这与今天的精神重于物质的说法有异曲同工之妙。

叔向见韩宣子①，宣子忧贫，叔向贺之。宣子曰："吾有卿之名而无其实，无以从二三子②，吾是以忧，子贺我，何故？"

晋国铜甗

①叔向：晋国大夫。韩宣子：韩起，晋国的卿。②二三子：同朝的士大夫。

【译文】

叔向去见韩宣子，宣子正在为贫困发愁，叔向却向他道贺。宣子说："我只有卿的名位却没有与之相符的财产，没有什么和同朝的卿大夫们可比的，我因此忧伤，你竟然祝贺我，为什么？"

对曰："昔栾武子无一卒之田①，其宫不备其宗器，宣其德行，顺其宪则，使越于诸侯②。诸侯亲之，戎狄怀之，以正晋国。行刑不疚③，以免于难。及桓子④，骄泰奢侈，贪欲无艺，略则行志⑤，假货居贿⑥，宜及于难，而赖武之德，以没其身。及怀子⑦，改桓之行，而修武之德，可以免于难，而离⑧桓之罪，以亡于楚。夫郤（xì）昭子⑨，其富半公室，其家半三军，恃其富宠，以泰于国。其身尸于朝，其宗灭于绛。不然，夫八郤，五大夫，三卿，其宠大矣，一朝而灭，莫之哀也，唯无德也。今吾子有栾武子之贫，吾以为能其德矣，是以贺。若不忧德之不建，而患货之不足，将吊不暇，何贺之有？"

①栾武子：晋国的卿。一卒之田：百顷田地。②越于诸侯：超越国界，在诸侯国中闻名。③不疚：没有缺陷。④桓子：栾书之子。⑤略则行志：触犯法律。⑥假货居贿：借贷钱财，囤积财物。⑦怀子：桓子的儿子。⑧离：遭受。⑨郤昭子：晋国的卿。

【译文】

春秋时期铜镈钟

叔向回答说："当年栾武子没有一百顷田，家里穷得连祭祀的器具都备不齐全；可是他能够传播德行，遵循法律，名声闻于诸侯之间。诸侯都亲近他，一些少数民族都归附他，因此晋国安定下来，执行法度，没有弊病，因而避免了祸患。传到桓子时，他骄傲自大，奢侈无度，贪得无厌，胡作非为，放贷敛财，该当遭到祸难，但依赖他父亲栾武子的余德，才得以善终。传到怀子时，

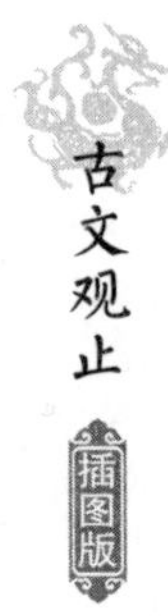

怀子改变他父亲桓子的行为，学习他祖父武子的德行，本来可以凭这一点免除灾难；可是受到他父亲桓子的罪孽的连累，因而逃亡到楚国。那个郤昭子，他的财产抵得上晋国公室财产的一半，他家里的子弟抵得上三军的一半，他依仗自己的财产和势力，在晋国过着极其奢侈的生活，最后陈尸示众，他的宗族也在绛被灭亡了。如果不是这样的话，那八个姓郤的中有五个做大夫，三个做卿，他们的权势够大的了，可是一旦被诛灭，没有一个人同情他们，只是因为没有德行的缘故！现在你有栾武子的清贫境况，我认为你能够继承他的德行，所以表示祝贺，如果不忧愁德行的建立，却只为财产不足而发愁，我表示哀悼还来不及，哪里还能够祝贺呢？"

宣子拜，稽首焉，曰："起也将亡，赖子存之，非起也敢专承之，其自桓叔以下，嘉[①]吾子之赐。"

①嘉：嘉奖。

【译文】

韩宣子于是拜谢，叩头说："我正将走向灭亡的时候，依赖你拯救了我，不仅是我承受你的教诲，那些桓叔以后的子孙也会感激你的恩德的。"

【精彩赏析】

此文采用了正反对比的论证方法，经过一正一反的比较对照，让韩起清晰地看到德行在安身立命中的重要性，这样的说理清晰自然，浅显易懂，更容易让人心悦诚服地接受。

王孙圉论楚宝

【题解】

本文出自《国语》，围绕"何为国宝"展开。赵简子以"鸣玉"为国宝，楚国大夫王孙圉以人才、土地为国之珍宝。赵简子本想在楚国使臣面前炫耀一番，却不料自取其辱，文中虽没写赵简子听了王孙圉之言之后的反应，但其尴尬之状足以想象。

王孙圉（yǔ）聘于晋[①]，定公飨（xiǎng）[②]之。赵简子鸣玉以相[③]，问于王孙圉曰："楚之白珩（héng）[④]犹在乎？"对曰："然。"简子曰："其为宝也，几何矣？"曰："未尝为宝。楚之所宝者，曰观射（yì）父[⑤]，能作训辞[⑥]，以行事于诸侯，使无以寡君为口实。又有左史倚相，能道训典，以叙百物，以朝夕献善败于寡君，使寡君无忘先王之业；又能上下说于鬼神，顺道其欲恶，使神无有怨痛于楚国。又有薮（sǒu）曰云连徒洲[⑦]，金、木、竹、箭之所生也，龟、珠、角、齿、皮、革、羽、毛，所以备赋，以戒不虞者也；所以共币帛，以宾享于诸侯者也。若诸侯之好币具，而导之以训辞，有不虞之备，而皇神相之，寡君其可以免罪于诸侯，而国民保焉。此楚国之宝也。若夫白珩，先王之玩也，何宝焉？"

楚国龙形玉佩

①王孙圉：楚国大夫。聘：访问。②飨：宴请客人。③赵简子：晋国执政卿。鸣玉：能发出声响的玉。相：接见。④白珩：楚国著名的佩玉。⑤观射父：楚国大夫。⑥训辞：指外交辞令。⑦薮：多草的湖泽。云连徒洲：云梦泽，在今湖北。

【译文】

楚国大夫王孙圉在晋国访问，晋定公设宴招待他，晋国大夫赵简子佩带着能发出鸣响的玉来接见他，问王孙圉说："楚国的白珩还在吗？"王孙圉回答说："还在。"简子说："它作为宝物啊，价值多少啊？"王孙圉说："我们没有将它当成宝贝。楚国视为宝的，叫观射父，他善于辞令，能和各诸侯国打交道，使我国国君不会有什么话柄。还有左史倚相，能够根据古代典籍，陈述各种事物，时时警诫国君前车之鉴，使国君不忘记先王的基业；还能上下取悦鬼神，顺应它们的好恶，使神不会对楚国有怨怼。还有叫作云连徒洲的多草之湖，那是金属、木材、箭竹、箭杆、龟甲、珍珠、兽角、象牙、兽皮、犀牛皮、羽毛、牦牛尾所生产的地方啊，这些物产可以用于军备，防患未然；可以作为币帛，以馈赠给各诸侯们享用。如果各诸侯喜欢这些礼品，再加之贤相们的训导和外交辞令；有应急的所需，天神的辅佑，我国君王能够免罪于各国诸侯，国民也得到了保障。这些才是楚国的宝贝。至于白珩，不过是先王的玩物，哪称得上是宝贝啊？"

"圉闻国之宝，六而已：圣能制议百物，以辅相国家，则宝之；玉足以庇荫嘉谷[①]，使无水旱之灾，则宝之；龟足以宪臧否（pǐ）[②]，则宝之；珠足以御火灾，则宝之；金足以御兵乱，则宝之；山林薮泽足以备财

楚国漆器虎座鸟架鼓

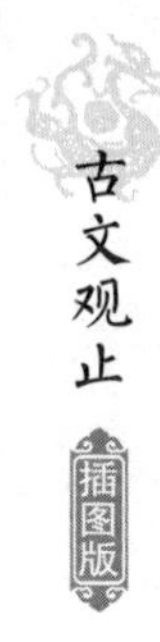

用，则宝之。若夫哗嚣之美，楚虽蛮夷[3]，不能宝也。”

①庇荫嘉谷：保佑庄稼获得好的收成。②臧否：吉凶。③蛮夷：古代对少数民族的蔑称。

【译文】

“我听说所谓国宝，有六种：有才能，能够评判万事万物，辅佐国家的贤人，被当作宝；足以使五谷丰登的宝玉，使庄稼没有水旱的灾难，被当作宝；足以准确预知福祸的龟壳，被当作宝；足以用来抵御火灾的珍珠，被当作宝；足以防御兵乱的金属，被当作宝；足以供给财政用度的山林湿地沼泽，被当作宝。那些声音喧嚣的美玉，楚国虽是蛮夷之邦，也不可能将它当作宝贝的。”

【精彩赏析】

有问有答，以答为主，是《国语》的主要语言特色。此文采用这种形式，体现了单以佩玉为宝的赵简子及晋国的庸俗、卑鄙。王孙圉以避为攻，以退为进，环环紧逼，维护了自己的人格和自己国家的尊严，使醉心于个人虚荣的赵简子无地自容。

春王正月

【题解】

《公羊传》又名《春秋公羊传》，与《左传》《谷梁传》合称为《春秋》三传，相传作者是子夏的弟子公羊高。该书主要采取问答的形式来解释《春秋》。

孔子在《春秋》中叙事的开头常常写上“春王正月”，来表达对周王室的敬重。本文即是对“元年春王正月”的解说。

元年者何？君之始年也。春者何？岁之始也。王者孰谓？谓文王也。曷为先言王而后言正月？王正月也[1]。何言乎王正月？大一统也。

①王正月：古时改朝换代就改变正月的第一天，这里指周历正月。

【译文】

“元年”是什么意思？指的是国君即位的头一年。“春”是什么意思？就是说一年的开始。“王”指的是谁？是指周文王。为什么先说王然后说正月？这是为了说明是周朝的正月。为什么说周朝的正月？是为了宣示周王朝的一统天下。

公何以不言即位①？成公意也。何成乎公之意？公将平国而反之桓②。曷为反之桓？桓幼而贵，隐长而卑；其为尊卑也微，国人莫知。隐长又贤，诸大夫扳（pān）隐而立之③。隐于是焉而辞立，则未知桓之将必得立也。且如桓立，则恐诸大夫之不能相（xiàng）幼君也。故凡隐之立，为桓立也。隐长又贤，何以不宜立？立适，以长不以贤；立子，以贵不以长。桓何以贵？母贵也。母贵，则子何以贵？子以母贵，母以子贵。

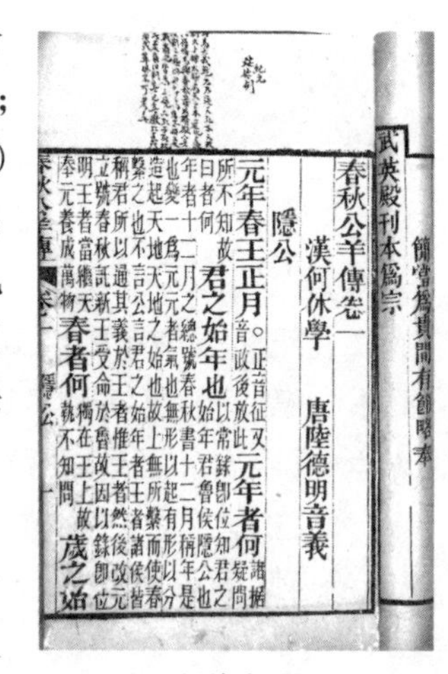
備嘗爲貴間有節略本
武英殿刊本爲宗
春秋公羊傳卷一
漢何休學　唐陸德明音義
隱公
元年春王正月音。正音征又音政後放此元年者何諸據疑問
所不知故
曰者何
君之始年也以常錄即位知君之
始年君魯侯隱公也
年者十二月之總號春秋書十二月稱年是
也變一爲元元者氣也無形以起有形以分
造起天地天地之始也故上無所繫而使春
繫之也不言公言君之始年者王者諸侯皆
稱君所以通其義於王者惟王者然後改元
立號春秋託新王受命於魯故因以錄即位
明王者當繼天
奉元養成萬物春者何孰不知問
獨在王上故
歲之始
春秋公羊傳　卷一　隱公

古籍书影

①公：鲁隐公。其母是鲁惠公的妾室所生，因母亲身份卑贱，所以隐公没有做国君的资格。②平国而反之桓：隐公打算平治鲁国后，把政权归还桓公。③扳：通“攀”，拥戴。

【译文】

为什么不说隐公即位？是为了顺从隐公的意愿。为什么说是顺从隐公的意愿？因为隐公准备打理好国家，然后还政给桓公。为什么还政给桓公？因为桓公年幼但地位尊贵，隐公年长地位却卑下；他们身份的尊卑差别是很小的，国都里的人很少知道。隐公年长而且贤明，受到朝中大夫的拥戴，立他为国君。如果隐公在这时推辞即位，桓公就不一定被立为国君；就算桓公被立为国君，恐怕诸大夫还不愿辅佐幼君。因此，隐公的即位正是为了桓公的即位做打算。隐公年长而有德行，哪里不适合做国君呢？这是因为立嫡子为君，凭年龄不凭德行；立庶子，凭尊贵不凭年龄。桓公为什么尊贵？因为他的母亲尊贵。母亲尊贵，儿子为什么就尊贵？儿子凭借母亲显贵，母亲凭借儿子显贵。

【精彩赏析】

本文通过解释经文中的“春王正月”来说明君位继承的原则，其价值就在于避免皇室中的权位纷争，宣扬儒家“辨尊卑，别嫡庶”的思想。

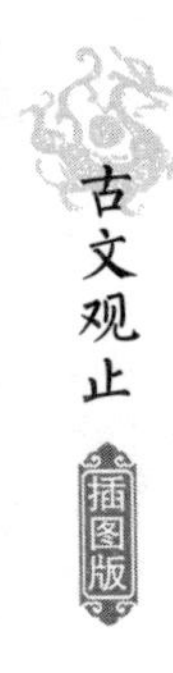

晋献公杀世子申生

【题解】

《礼记》是儒家的“五经”之一。主要记载了秦汉以前的汉族的礼仪制度。全书共49篇，主要阐释了政治、社会、伦理、哲学、宗教等方面的思想。其中的《大学》《中庸》更是以深刻的哲理性被列入儒家的“四书”。

本文选自《礼记·檀弓上》，讲述了晋国的世子申生秉承“忠孝”的思想，甘愿承受诬陷的故事。

晋献公将杀其世子申生①，公子重耳谓之曰：“子盍②言子之志于公乎？”世子曰：“不可。君安骊姬，是我伤公之心也。”曰：“然则盍行乎？”世子曰：“不可。君谓我欲弑君也。天下岂有无父之国哉？吾何行如之？”

晋献公

①晋献公：晋国国君。世子：天子或诸侯的嫡长子，君位继承人。申生：晋献公嫡长子，夫人齐姜所生。献公宠妾骊姬生子奚齐，骊姬恃宠欲废太子申生，在供品中下毒嫁祸给申生，献公听信谗言，逼申生自缢。公子重耳、夷吾也被牵连，为避祸而出逃。②盍：何不的意思。

【译文】

晋献公要杀他的太子申生，公子重耳对申生说：“你怎么不向父亲说明实情呢？”申生说：“不行。父亲要有骊姬才会安乐，我要是揭发她，那就会伤父亲的心了。”重耳又说：“既然这样，那么你何不逃走呢？”申生说：“不行。父亲认为我要谋害他。天下哪有没有父亲的国家呢？我能逃到哪里去呢？”

使人辞于狐突①曰：“申生有罪，不念伯氏之言也，以至于死。申生不敢爱其死。虽然，吾君老矣，子少，国家多难。伯氏不出而图吾君，伯氏苟出而图吾君，申生受赐而死。”再拜稽首②，乃卒。是以为恭世子也。

①狐突：姓狐，名突，字伯行，申生的师傅，重耳的外祖父。②稽首：古时跪拜礼，叩头。

【译文】

于是申生派人去向师傅狐突诀别说："申生有罪，没有听从您的劝告，以至身陷死地。申生不敢贪生怕死。然而父亲老了，弟弟还年幼，国家将会多灾多难。您不出来为国君处理国政也就罢了，如果您出来为国君筹划政事，申生虽死也能够蒙受您的恩惠。"于是拜了两拜，叩头，然后便自尽了。于是他的谥号为"恭世子"。

【精彩赏析】

本篇故事主要宣扬儒家"君君臣臣，父父子子"的"忠亲"思想，申生的慷慨赴死，近乎愚昧，但却真实地反映了当时社会中这种伦理纲常的深入人心。

苏秦以连横说

【题解】

《战国策》是记载战国时代各国历史的国别体史书，承接《春秋》，记载了战国初期到末年秦统一天下大约240年的历史。分为12策，33卷，共497篇，主要记述了战国时期的游说之士的政治主张和言行策略，具有独特的论辩风格，语言流畅，人物生动，既是重要的史学专著，又是优秀的文学作品。

本文讲述了苏秦从事游说活动开始失败最终成功的经历。形象地描绘了苏秦在此过程中所经受的人世冷暖，前后形成了鲜明的对比，讽刺了当时的世态人情。

苏秦始将连横说秦惠王[①]，曰："大王之国，西有巴、蜀、汉中之利，北有胡貉（hé）、代马之用[②]，南有巫山、黔中之限，东有崤、函之固[③]。田肥美，民殷富，战车万乘，奋击百万，沃野千里，蓄积饶多，地势形便，此所谓天府，天下之雄国也。以大王之贤，士民之众，车骑之用，兵法之教，可以并诸侯，吞天下，称帝而治。愿大王少留意，臣请奏其效。"

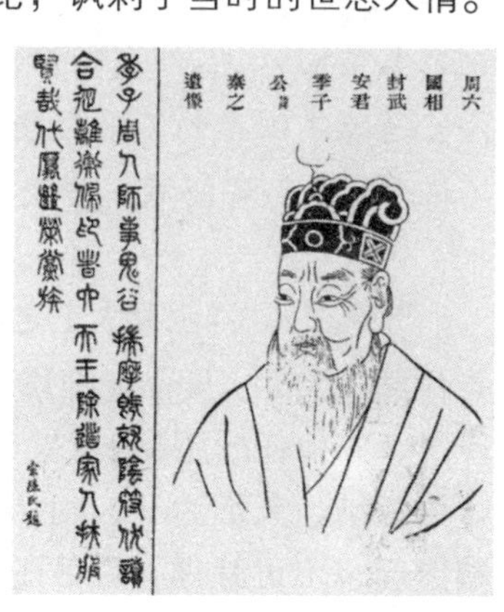

苏秦像

①苏秦：字季子，战国时洛阳人，著名策士，纵横派代表人物，先用连横之说说秦，后又主张合纵，为东方六国所任用，后因在齐国为燕昭王从事反间活动被发觉，车裂而死。连横：战国时代，合六国抗秦，称为约从（或“合纵”）；秦与六国中任何一国联合以打击别的国家，称为连横。②胡貉：一种形似狐狸的动物，毛皮可作裘。代马：今河北、山西省北部出产的良马。③崤、函：崤山、函谷关的合称。

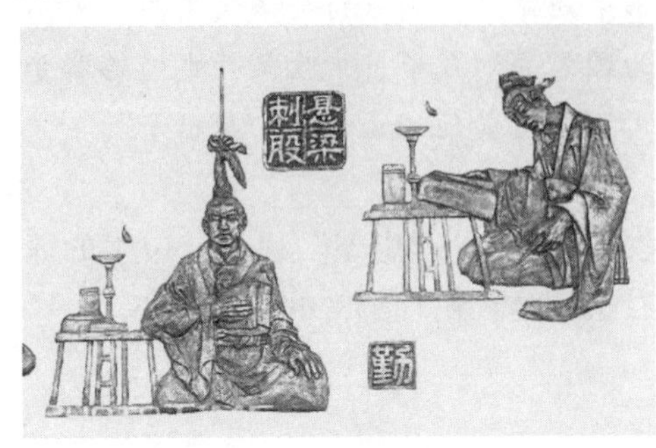

苏秦悬梁刺股

【译文】

苏秦最初用连横的主张游说秦惠王，说：“大王的国家，西面有巴、蜀、汉中的富饶土地，北面有胡貉和代马的供应，南面有巫山、黔中的屏障，东面有崤山、函谷关的坚固关塞。土地肥美，百姓富足，有战车万辆，有百万精兵，沃野千里，占尽地势上的便利，这就是所谓的天府，雄霸天下的大国啊。凭着大王的贤明，百姓的众多，车骑的充足，兵法的教练，可以兼并诸侯，独吞天下，称帝而治理天下。希望大王能对此稍许留意一下，请允许我来说明这样做的实效。”

秦王曰：“寡人闻之：毛羽不丰满者不可以高飞，文章不成者[①]不可以诛罚，道德不厚者不可以使民，政教不顺者不可以烦大臣。今先生俨然不远千里而庭教之，愿以异日[②]。”

①文章：法令。②异日：改天。

【译文】

秦王回答说：“我听说：羽毛不丰满的不能高飞，法令不完备的不能使用刑法，道德不深厚的不能役使百姓，政教不顺民心的不能烦劳大臣。现在您郑重地不远千里来朝廷赐教，希望改天再说吧。”

苏秦曰：“臣固疑大王之不能用也。昔者神农伐补遂[①]，黄帝伐涿鹿而禽蚩尤[②]，尧伐驩（huān）兜[③]，舜伐三苗[④]，禹伐共工[⑤]，汤伐有夏[⑥]，文王伐崇[⑦]，武王伐纣，齐桓任战而霸天下。由此观之，恶有不战者乎？古者使车毂（gǔ）击驰[⑧]，言语相结，天下为一，约从连横，兵革不藏。文士并饬（shì）[⑨]，诸侯乱惑，万端俱起，不可胜理。科条既备，民多伪态，书策稠浊，百姓不足。上下相愁，民无所聊，明言章理，兵甲愈起。辩言伟服，战攻不息，繁称文辞，天下不治。舌弊耳聋，不见成功，行义约信，天下不亲。于是乃废文任武，厚养死士，缀甲厉兵，效胜于战场。夫徒处而致利，安坐而广地，虽古五帝三王五伯，明主贤君，常欲坐而致之，其势不能。故以战续之，宽则两军相攻，迫则杖戟相橦，然后可建大功。是故兵胜于外，义强于内，威立于上，民服于下。今欲并天下，凌万乘，诎（qū）敌国[10]，制海内，子元元[11]，臣诸侯，非兵不可。今之嗣主，忽于至道，皆惛于教，乱于治，迷于言，惑于语，沉于辩，溺于辞。以此论之，王固不能行也。”

①神农、补遂：上古部落名。②黄帝：中原各族的共同祖先。涿鹿：地名，今河北涿鹿东南。禽：通“擒”。蚩尤：传说中九黎族的首领。③驩兜：尧的臣子，是个穷凶极恶之人。④三苗：古部落名。在今湖北、湖南、江西九江一带。⑤共工：尧舜时的水官，历史上的凶人。⑥有夏：夏桀。⑦崇侯：崇侯虎，助纣为虐。⑧车毂：车轮中心的圆木。⑨饬：通“饰”。⑩诎：通“屈”，使屈服。⑪元元：百姓。

【译文】

苏秦说：“我本来就怀疑大王不会接受我的意见。当初神农讨伐补遂，黄帝讨伐涿鹿，擒获蚩尤，尧讨伐驩兜，舜讨伐三苗，禹讨伐共工，商汤讨伐夏桀，文王讨伐崇侯，武王伐纣，齐桓公武力称霸天下。从这些历史中看，想称霸天下哪有不发动战争的呢？从前各国使者来回奔驰，用言语结交，使天下一体。自从有了约纵连横之说，战乱不断。文人辩士巧施辞令，诸侯迷惑，各种事端并起，难以治理。规章制度越完备，百姓越难应付，文书典策越繁杂，百姓还是穷困潦倒。愈是广泛地玩弄文辞，天下就愈难以治理。说的人说得词穷，听的人听得昏聩，仍不见成功，遵从仁义礼信，却不能使天下人相亲。于是就废弃文治、信用武力，优待勇士，制备盔甲，磨砺兵器，在战场上决一胜负。想坐等利益到来，安稳度日却想扩展疆土，即使是上古五帝、三王、五霸，贤明的君主，这样坐等功成，也绝对不可能。所以用战争来解决问题，距离远就用战车相互进攻，相距近就剑戟相向，如此方能建立伟大功业。因此对外军队取得了胜利，对内施行仁政而强大，上有君威，下有臣服。如今要想并吞天下，压制大国，制服敌国，控制海内，使百姓顺从，诸侯臣服，非发动战争不可。如今在位的国君，忽视了这个正确的道理，不懂得教化，治理混乱，又被花言巧语所迷惑，沉溺在各种言辞之中。如此看来，大王本来就不会采纳我的主张。”

说秦王书十上而说不行，黑貂之裘弊，黄金百斤尽，资用乏绝，去秦而归，羸（léi）縢（téng）履蹻（jué）①，负书担囊，形容枯槁，面目黧黑，状有愧色。

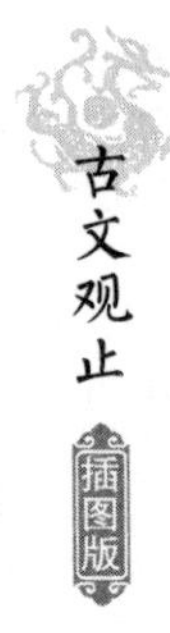

归至家，妻不下纴（rèn）②，嫂不为炊。父母不与言。苏秦喟叹曰："妻不以我为夫，嫂不以我为叔，父母不以我为子，是皆秦之罪也。"乃夜发书，陈箧（qiè）数十③，得太公阴符之谋④，伏而诵之，简练以为揣摩。读书欲睡，引锥自刺其股，血流至足，曰："安有说人主，不能出其金玉锦绣，取卿相之尊者乎？"期年，揣摩成，曰："此真可以说当世之君矣。"

①赢：缠绕。縢：绑腿布。蹻：草鞋。②纴：纺织机。③箧：装书的箱子。④太公：姜太公吕尚。阴符：兵书。

【译文】

奏折多次呈上劝说秦王，而苏秦的主张始终没能实行，黑貂大衣穿破了，百斤黄金也用完了，钱用光了，苏秦只得离开秦国，返回家乡。缠着绑腿布，穿着破草鞋，背着书箱，挑着行李，面容枯槁，满脸羞愧之色。回到家里，妻子连织机都不下，嫂子也不给他做饭，父母不与他说话。苏秦长叹道："妻子不把我当丈夫，嫂子不把我当小叔，父母不把我当儿子，这都是我的过错啊！"于是半夜找书，打开几十只书箱，找到了姜尚的兵书，埋头苦读，反复学习体会琢磨。读到昏昏欲睡时，就拿针刺自己的大腿，鲜血直流到脚跟，苏秦自言自语说："哪有去游说国君，而不能让他拿出金玉锦绣，取得卿相之尊的人呢？"满一年，研究成功，说："这下真的可以去游说当代国君了！"

于是乃摩燕乌集阙①，见说赵王于华屋之下，抵掌而谈，赵王大悦，封为武安君。受相印，革车百乘，锦绣千纯，白璧百双，黄金万溢②，以随其后，约从散横以抑强秦，故苏秦相于赵而关不通。

①摩：靠近。燕乌集：宫阙名。②溢：通"镒"。一镒二十两。

【译文】

于是就登上名为燕乌集的宫殿，在宫殿之下拜见游说赵王，侃侃而谈，赵王大喜，封苏秦为武安君。拜受相印，以一百辆兵车、一千匹锦绣、一百对白璧、一万镒黄金跟随其后，来联合六国，瓦解连横之策，抵抗强秦，所以苏秦在赵国为相，去往秦国的道路被断绝。

当此之时，天下之大，万民之众，王侯之威，谋臣之权，皆欲决于苏秦之策。不费斗粮，未烦一兵，未战一士，未绝一弦，未折一矢，诸侯相亲，贤于兄弟。夫贤人在而天下服，一人用而天下从，故曰：式于政不式于勇；式于廊庙之内，不式于四境之外。当秦之隆，黄金万溢为用，转毂连骑①，炫熿于道②，山东之国从风而服，使赵大重。且夫苏秦，特穷巷掘门桑户棬（quān）枢之士耳[3]，伏轼撙（zǔn）衔[4]，横历天下，庭说诸侯之主，杜左右之口，天下莫之能伉[5]。

①毂：车轮。②炫熿：场面盛大的样子。③掘门：同窟门。桑户：桑木为板的门。棬枢：树枝做成的门枢。④轼：车前横木。撙：节制。⑤伉：通“抗”。

【译文】

此时，偌大的天下，百姓万民，王侯的威望，谋臣的权力，都要受苏秦的策略的牵制。不浪费一粒粮，不劳动一个兵，不作战，不断弓，不折箭，诸侯相亲，比兄弟还亲。贤人在位天下信服，一人受用而天下合纵为一，所以说：应推行德政，不应使用勇力；致力于朝廷之内，不汲汲于国土之外。在苏秦显赫尊荣之时，黄金万镒为他所用，随从车骑浩浩荡荡，一路炫耀，华山以东各国都拜服，从而使赵国的地位显赫。况且那个苏秦，不过是出于穷门陋巷之中的贫士罢了，但他坐在车上，牵着马的勒头，横行天下，游说诸侯，左右言臣，天下没有人能与他抗衡。

将说楚王，路过洛阳，父母闻之，清宫除道，张乐设饮，郊迎三十里。妻侧目而视，倾耳而听。嫂蛇行匍伏，四拜自跪而谢。苏秦曰：“嫂何前倨而后卑也[1]？”嫂曰：“以季子之位尊而多金[2]。”苏秦曰：“嗟乎！贫穷则父母不子，富贵则亲戚畏惧。人生世上，势位富厚，盖可忽乎哉[3]？”

①倨：傲慢。②季子：苏秦的字。③盖：同“盍”，何。

【译文】

苏秦将去游说楚王，路过洛阳，父母听到消息，收拾房屋，打扫街道，演奏音乐，准备酒席，到三十多里的郊外去迎接。妻子不敢正视他，侧着耳朵听他说话。嫂子像蛇一样跪在地上，一再跪拜。苏秦问：“嫂子为什么过去趾高气扬，而现在又如此谦卑呢？”嫂子回答说：“因为你地位尊贵而且富有呀。”苏秦叹道：“唉！贫穷潦倒的时候父母都不把我当儿子，富贵的时候连亲戚都畏惧，人活在世，权势地位，荣华富贵，怎么可以忽视呢？”

【精彩赏析】

本文对苏秦悬梁刺股刻苦读书，以及苏秦成名前后世态炎凉的描写，可谓淋漓尽致，入木三分。作者善用对比，善于描写细节，充分表现了苏秦的勤奋和誓将成名的决心。文章结束时描绘妻嫂的形容神态更是惟妙惟肖，也引发了读者的慨然喟叹。

范雎说秦王

【题解】

本文出自《战国策》。秦昭王时外戚专权，把持朝政，使秦国处于内忧外患之中。本文记述了秦昭王秘密接见范雎，请教除患解忧之法。范雎初见秦王，沉稳老道，不急不躁，吊足了秦王的胃口，也以此获得了秦王的信任。

秦国蟠虺纹青铜车型器

范雎至，秦王庭迎范雎，敬执宾主之礼，范雎辞让。是日见范雎，见者无不变色易容者。秦王屏左右，宫中虚无人，秦王跪而请曰："先生何以幸教寡人？"范雎曰："唯唯。"有间，秦王复请，范雎曰："唯唯。"若是者三。秦王跽曰："先生不幸教寡人乎？"

【译文】

范雎来到秦国，秦昭王在庭前迎接，以正式的宾主之礼接待他，范雎推辞。这一天看见接见范雎的场面的人无不惊讶失色。秦王屏退随从，宫中没有别人，秦王跪着请求说："先生拿什么来辅助我？"范雎说："啊，啊。"过了一会儿，秦王再次请求，范雎说："啊，啊。"像这样好几次。秦王挺直上身说："先生不愿意指教我吗？"

范雎谢曰①："非敢然也。臣闻始时吕尚之遇文王也，身为渔父而钓于渭阳之滨耳。若是者，交疏也。已一说而立为太师，载与俱归者，其言深也。故文王果收功于吕尚，卒擅天下而身立为帝王②。即使文王疏吕望而弗与深言，是周无天子之德，而文、武无与成其王也。今臣，羁旅之臣也，交疏于王，而所愿陈者，皆匡君臣之事，处人骨肉之间③。愿以陈臣之陋忠，而未知王心也，所以王三问而不对者是也。

①谢：谢罪。②擅天下：拥有天下。③骨肉：这里指宣太后与秦昭王的母子关系。

【译文】

范雎谢罪说："不是臣敢这样做。臣听说当初吕尚遇到文王，只是在渭水北岸垂钓的渔翁罢了。像这样，两人是陌生的。但一交谈就马上封做太师，一起坐车回去，这是他们交谈得深啊。所以文王最终依靠吕尚建立了功勋，最后据有天下成为帝王。假如文王疏远吕尚而不与他深谈，这样周就不具备做天子的德行，文王、武王也就不能成为王了。而今臣客居他乡，与大王交情很浅，而想要跟您当面讲的，又都是纠正您错误的言语。而且这些话都有关于亲戚骨肉，臣愿意献上浅见以示忠诚，却不知大王的心意，所以大王连续催问而不回答，就是这个原因。

臣非有所畏而不敢言也，知今日言之于前，而明日伏诛于后，然臣弗敢畏也。大王信行臣之言，死不足以为臣患，亡不足以为臣忧，漆身而为厉①，被发而为狂，不足以为臣耻。五帝之圣而死，三王之仁而死，五伯之贤而死，乌获之力而死②，奔、育之勇焉而死③。死者，人之所必不免也。处必然之势，可以少有补于秦，此臣之所大愿也，臣何患乎？

①厉：借作"癞"。②乌获：秦国力士，传说能举千钧之重。③奔、育：孟奔、夏育。据说孟贲能生拔牛角，夏育能力举千钧，都为秦武王所用。

秦国铜甗

【译文】

臣子并非害怕而不敢说，即使知道今天说完，明天就要受死，臣子也不敢害怕。大王真能相信、实行臣的话，死不足以成为臣的祸患，流亡不足以让臣忧虑，用漆涂身，满身癞疮，披发发疯，都谈不上耻辱。五帝那样的圣人要死，三王那等仁人要死，五伯那样的贤人要死，乌获这样的力士要死，孟奔、夏育这样的勇士也要死。死亡，是人无法避免的。在必死的情形之下，可以对秦国稍有补益，这就是臣最大的愿望了，臣还担心什么呢？

伍子胥橐（tuó）载而出昭关①，夜行而昼伏，至于蔆水②，无以饵其口③，坐行蒲伏④，乞食于吴市，卒兴吴国，阖闾为霸。使臣得进谋如伍子胥，加之以幽囚，终身不复见，是臣说之行也，臣何忧乎？箕子、接舆⑤，漆身而为厉，被发而为狂，无益于殷、楚。使臣得同行于箕子、接舆，可以补所贤之主，是臣之大荣也，臣又何耻乎？

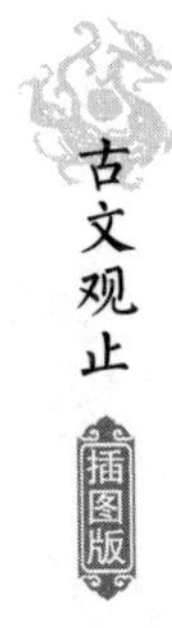

①伍子胥：名员，字子胥，春秋时楚国人。橐：袋子。②蔆水：在今江苏省西南部。③饵：充实。④蒲伏：同“匍匐”。⑤箕子：商纣王的叔父，因谏纣王而被囚禁。接舆：春秋楚隐士，人称楚狂。

【译文】

伍子胥藏在袋子里坐车混出昭关，晚上赶路，白天躲藏，到了蔆水没东西吃，只好爬行，在吴国集市上讨饭，却振兴了吴国，帮助阖闾成为霸主。假如臣的主张能像伍子胥那样，就是把我幽禁起来，终身不见大王，只要我的主张实行了，臣还担心什么呢？箕子、接舆他们，浑身涂漆长满癞疮，披发装疯，可是对殷朝和楚国并无帮助。假如我可以跟箕子、接舆一样，浑身涂漆能辅助贤明的君主，这是我最大的荣耀，我又有什么耻辱呢？

伍子胥

臣之所恐者，独恐臣死之后，天下见臣尽忠而身蹶也[①]，是以杜口裹足，莫肯即秦耳。足下上畏太后之严[②]，下惑奸臣之态，居深宫之中，不离保傅之手[③]，终身暗惑，无与照奸，大者宗庙灭覆，小者身以孤危。此臣之所恐耳！若夫穷辱之事，死亡之患，臣弗敢畏也。臣死而秦治，贤于生也。”

①蹶：跌倒。②太后：指秦昭王之母宣太后，姓芈。③保傅：太保、太傅。这里泛指辅佐国王的大臣。

【译文】

臣子所担心的，只怕臣死后，天下人看到臣尽忠身死，便闭口不言，畏葸不前，没有人再愿来秦国了。您在上畏惧太后的威严，在下受奸臣的迷惑，在深宫之中，离不开辅臣的帮助，终身受到蒙蔽，无法查明奸邪，后果重则王室覆灭，轻则身处险境。这才是我担心的！至于穷困受辱、死亡流亡的祸患，我并不害怕。如果我死了而秦国得到治理，比活着还好。”

秦王跽曰：“先生是何言也！夫秦国僻远，寡人愚不肖，先生乃幸至此，此天以寡人慁（hùn）先生[①]，而存先王之庙也。寡人得受命于先生，此天所以幸先王而不弃其孤也。先生奈何而言若此！事无大小，上及太后，下至大臣，愿先生悉以教寡人，无疑寡人也。”范雎再拜，秦王亦再拜。

①慁：打扰，烦劳。

【译文】

秦王直跪着说："先生说的哪里话！秦国偏僻荒远，寡人又笨拙愚昧，先生能光临我国，这是上天要我来烦劳先生，从而保存先王的宗庙啊。我能够得到先生的教诲，这是上天照顾先王不抛弃他的儿子啊。先生为什么要这样说呢！不论大小之事，上到太后，下到大臣，希望先生全都教导寡人，不要怀疑寡人啊。"范雎向秦王拜了两拜，秦王也回拜了两次。

【精彩赏析】

本文中范雎的人物刻画十分成功，谨言慎行，欲言又止，不急于求成，体现了作为谋士的城府和策略。在与秦王的交谈中，他态度坚决，言辞肯定，表达了辅助秦王兴国的决心，做足了铺垫，才娓娓道来，这和其他口若悬河的谋士截然不同。

邹忌讽齐王纳谏

【题解】

本文出自《战国策》。主要讲了邹忌说服齐威王广开言路，正视自己，最后振兴齐国，征服诸侯的故事。文中邹忌借比美之事，将齐威王的处境和自己做了对比，使威王心悦诚服，是一篇充满理趣的小散文。

邹忌修八尺有余①，而形貌昳（yì）丽②。朝服衣冠，窥镜，谓其妻曰："我孰与城北徐公美？"其妻曰："君美甚，徐公何能及君也？"城北徐公，齐国之美丽者也。忌不自信，而复问其妾曰："吾孰与徐公美？"妾曰："徐公何能及君也？"旦日，客从外来，与坐谈，问之客曰："吾与徐公孰美？"客曰："徐公不若君之美也。"明日徐公来，孰视之，自以为不如；窥镜而自视，又弗如远甚。暮寝而思之，曰："吾妻之美我者，私我也③；妾之美我者，畏我也；客之美我者，欲有求于我也。"

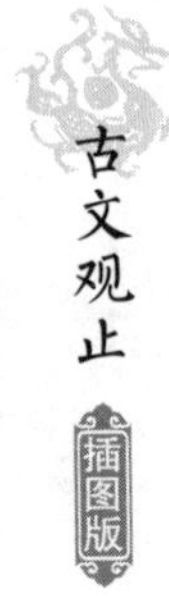

①修：长，这里指身高。八尺：战国时一尺约合今天的七寸左右。②昳丽：光艳美丽。③私：动词，偏爱。

齐国牺尊

【译文】

邹忌身高八尺，而且外形容貌潇洒美丽。早晨，邹忌穿戴好，照着镜子，对他妻子说："我和城北徐公比谁美呢？"他的妻子说："您很美，徐公怎么能比得上您呢？"城北的徐公是齐国美男子。邹忌不相信，而又问他的妾："我和徐公相比，谁更美呢？"妾说："徐公哪能比得上您呢？"第二天，有客人来拜访，邹忌与他坐谈，问客人说："我和徐公比，谁更美呢？"客人说："徐公不如您美。"第二天，徐公来了，邹忌仔细打量他，自己认为不如徐公美；照着镜子看自己，更是觉得自己与徐公相差甚远。傍晚，他躺在床上想这件事，说："我的妻子赞美我，是偏爱我；我的妾赞美我，是害怕我；客人赞美我，是有求于我。"

于是入朝见威王，曰："臣诚知不如徐公美。臣之妻私臣，臣之妾畏臣，臣之客欲有求于臣，皆以美于徐公。今齐地方千里，百二十城，宫妇左右莫不私王，朝廷之臣莫不畏王，四境之内莫不有求于王：由此观之，王之蔽甚矣。"

【译文】

于是邹忌上朝拜见齐威王，说："我确实知道自己比不上徐公的美貌。可是我的妻子偏爱我，我的妾害怕我，我的客人有求于我，所以他们都认为我比徐公美。如今齐国方圆千里，有一百二十座城池。宫中姬妾亲信，没有一个不偏爱大王的，朝中的大臣没有一个不惧怕大王的，全国的百姓没有一个不想求助于大王。由此看来，大王您受到的蒙蔽太厉害了！"

齐国公子土折壶

王曰："善。"乃下令："群臣吏民能面刺寡人之过者，受上赏；上书谏寡人者，受中赏；能谤讥于市朝，闻寡人之耳者，受下赏。"令初下，群臣进谏，门庭若市；数月之后，时时而间（jiàn）进；期（jī）年之后，虽欲言，无可进者。燕、赵、韩、魏闻之，皆朝于齐，此所谓战胜于朝廷。

【译文】

齐威王说："好的！"于是下令："大臣和百姓们，能够当面指责我的，给予上等奖赏；上书规劝我的，给予中等奖赏；能够在公共场所指责我的过失，并使我知道的，给予下等奖赏。”命令刚下达，大臣都来进献谏言，宫庭像集市一样热闹；几个月以后，还不时地有人进谏；满一年以后，即使有人想进谏，也无话可说了。燕、赵、韩、魏等国听说了这件事，都到齐国朝拜，这就是所说的在朝廷之中不战自胜。

【精彩赏析】

文中最精彩的部分当属比美一处，借邹忌的两次窥镜，以及妻妾客的回答，把邹忌的心理变化描写得细致自然，虽然道理浅显，但是意味深远。

颜斶说齐王

【题解】

本文出自《战国策》。颜斶，战国时期齐国的隐士。在风云动荡的年代不乏英雄，也不少隐士。这些人淡泊名利，寄情山水，安于一隅，本文就写了这样的一位不畏强权、不慕名利的隐士颜斶。

齐宣王见颜斶（chù），曰：“斶前！”斶亦曰：“王前！”宣王不说。左右曰：“王，人君也。斶，人臣也。王曰‘斶前’，亦曰‘王前’，可乎？”斶对曰：“夫斶前为慕势，王前为趋士。与使斶为慕势，不如使王为趋士。”王忿然作色曰：“王者贵乎？士贵乎？”对曰：“士贵耳，王者不贵。”王曰：“有说乎？”斶曰：“有。昔者秦攻齐，令曰：‘有敢去柳下季垄五十步而樵采者①，死不赦。’令曰：‘有能得齐王头者，封万户侯，赐金千镒②。’由是观之，生王之头，曾不若死士之垄也。”宣王默然不悦。

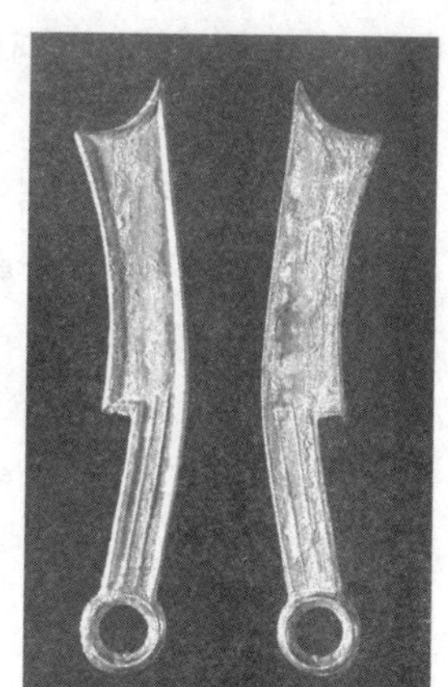

齐国刀币

①柳下季：柳下惠。②镒：古代重量单位，二十两为一镒。

【译文】

齐宣王召见隐士颜斶，说：“颜斶，上前来！”颜斶也说：“大王，上前来！”

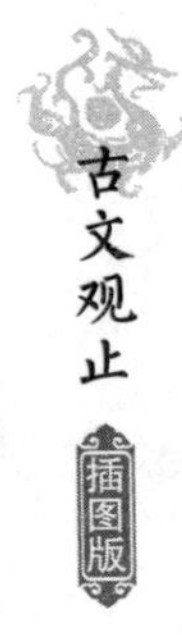

宣王很不高兴。左右近臣说："大王是君，你是臣；大王说，'颜斶，上前来！'你也说，'大王，上前来！'能行吗？"颜斶回答说："我上前是贪慕权势，大王上前是礼贤下士；与其让我趋炎附势，不如让大王礼贤下士。"宣王满脸怒气，说："是王尊贵，还是士人尊贵？"颜斶回答说："士人尊贵，王并不尊贵。"宣王说："有什么依据吗？"颜斶说："有。当初秦国攻打齐国，秦王下令说：'有敢在柳下惠墓地五十步内砍柴的，处死，不予赦免。'又下令说：'有人能砍下齐王头的，封邑万户，赐金二万两。'由此看来，活着的君王的头，还不如死的士人的墓。"宣王听了，默不作声，很不高兴。

齐国历史博物馆内临淄城复原模型

宣王曰："嗟乎！君子焉可侮哉，寡人自取病耳①！及今闻君子之言，乃今闻细人之行②，愿请受为弟子。且颜先生与寡人游，食必太牢③，出必乘车，妻子衣服丽都④。"颜斶辞去曰："夫玉生于山，制则破焉，非弗宝贵矣，然夫璞不完。士生乎鄙野，推选则禄焉，非不尊遂也，然而形神不全。斶愿得归，晚食以当肉，安步以当车，无罪以当贵，清静贞正以自虞⑤。制言者王也，尽忠直言者斶也。言要道已备矣，愿得赐归，安行而反臣之邑屋。"则再拜而辞去也。

①自取病：即自取羞辱。②细人：小人，德行低下的人。③太牢：牛、羊、猪各一头称一太牢。④丽都：华丽。⑤自虞：即自娱，自得其乐。

【译文】

宣王说："唉！君子怎么能随便侮辱呢？我实在是自取其辱啊。如今我才了解君子的话，不懂得尊重士人是小人所为啊。希望您就收下我这个学生吧。而且希望先生能与我交往，我将拿上等的饭食招待您，外出备车马供您使用，让您的妻儿穿着华贵。"颜斶推辞说："璞玉生在深山中，经过雕琢，并非不宝贵，然而不完整了。士人生于穷乡僻壤，经过推举受到重用，他并非不尊贵，可是他的形体和精神已被伤害。我希望回到家乡，晚点吃饭，粗茶淡饭也如同吃肉一般，悠闲散步当作乘车，不犯罪就算享受富贵，清静无为，自得其乐。大王是发号施令的，尽忠直言的是颜斶。我的意见已经说了，希望您让我回去，平安地回到家乡。"于是，他拜了两次后告辞离开。

君子曰："斶知足矣，归真返璞，则终身不辱。"

【译文】

君子说："颜斶懂得知足，他舍弃功名，回到家乡，这样终身不受侮辱。"

【精彩赏析】

颜斶和齐宣王之间的对话是本文的精彩所在。从齐宣王最初的趾高气扬到后来的和声低气，体现了颜斶的人格魅力和不屈不挠。颜斶最后的离开，显得大义凛然，宁折不弯。

冯谖客孟尝君

【题解】

本文出自《战国策》。战国时期，养士成风，出现了以养士闻名的"战国四公子"。本文就是围绕孟尝君和食客冯谖展开的。记述了冯谖为孟尝君经营策划，巩固政治地位的故事。

齐人有冯谖（xuān）者①，贫乏不能自存，使人属（zhǔ）孟尝君②，愿寄食门下。孟尝君曰："客何好③？"曰："客无好也。"曰："客何能？"曰："客无能也。"孟尝君笑而受之曰："诺。"④

①冯谖：齐国游说之士。②属：通"嘱"，嘱咐。孟尝君，齐国贵族，姓田名文。孟尝君好养士，据说有门客三千，成为以养士而著称的"战国四公子"之一。③好，爱好，擅长，喜好。④诺，答应声。

【译文】

齐国有一人叫冯谖，因为太穷不能养活自己，便托人告诉孟尝君，希望在他的门下寄居为食客。孟尝君问："您擅长什么？"冯谖回答说："没有什么擅长。"又问："您有什么本事？"回答说："也没有什么本事。"孟尝君听后笑了笑说："好吧。"

孟尝君石雕像

左右以君贱之也，食（sì）以草具①。居有顷②，倚柱弹其剑，歌曰："长铗

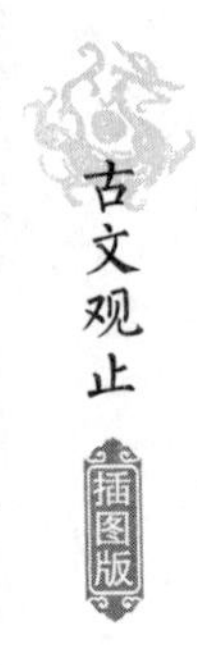

(jiá)归来乎③！食无鱼。”左右以告。孟尝君曰：“食之，比门下之客。”居有顷，复弹其铗，歌曰：“长铗归来乎！出无车。”左右皆笑之，以告。孟尝君曰：“为之驾，比门下之车客。”于是乘其车，揭其剑，过其友曰：“孟尝君客我。”后有顷，复弹其剑铗，歌曰：“长铗归来乎！无以为家。”左右皆恶之，以为贪而不知足。孟尝君问：“冯公有亲乎？”对曰：“有老母。”孟尝君使人给其食用，无使乏。于是冯谖不复歌。

①食：通饲，给人吃。草具，粗劣的饭菜。②居有顷：过了不久。③铗：剑。

【译文】

其他人认为孟尝君看不起冯谖，就给他吃粗劣的饭菜。过了一段时间，冯谖倚着柱子弹着自己的剑，唱道：“长剑我们回去吧！没有鱼吃。”左右把这事告诉了孟尝君。孟尝君说：“给他鱼吃，按照中等门客的待遇。”又过了一段时间，冯谖弹着他的剑，唱道：“长剑我们回去吧！外出没有车子。”左右的人都嘲笑他，并告诉给孟尝君。孟尝君说：“给他车子，按照上等门客的待遇。”冯谖于是驾着他的车，高举着他的剑，去拜访他的朋友，十分高兴地说：“孟尝君待我为上等门客。”不久，冯谖又弹着他的剑，唱道：“长剑我们回去吧！没有能力养家。”这时，人们都开始厌恶冯谖，认为他贪得无厌。而孟尝君听说此事后问他：“冯公有亲人吗？”冯谖说：“家中有老母亲。”于是孟尝君派人供给他母亲的生活用度，不使她缺乏。从那之后，冯谖不再唱歌。

后孟尝君出记①，问门下诸客：“谁习计会(kuài)②，能为文收责于薛者乎③？”冯谖署曰：“能。”孟尝君怪之，曰：“此谁也？”左右曰：“乃歌夫长铗归来者也。”孟尝君笑曰：“客果有能也，吾负之，未尝见也。”请而见之，谢曰：“文倦于事，愦(kuì)于忧④，而性懧(nuò)愚⑤，沉于国家之事，开罪于先生。先生不羞⑥，乃有意欲为收责于薛乎？”冯谖曰：“愿之。”于是约车治装，载券契而行，辞曰：“责毕收，以何市而反？”孟尝君曰：“视吾家所寡有者。”

①出记：出了一个文告。记，账册，古代一种公文文种。②计会：会计。③责：同“债”。④愦于忧：忧愁思虑太多，心思烦乱。愦，同“溃”，乱。⑤懧愚：懦弱无能。懧，同懦。⑥不羞，不以为羞。

【译文】

后来，孟尝君出了个告示来询问他的门客："谁熟习会计的事？"冯谖署了自己并写了一个"能"字。孟尝君感到很惊讶，问："这是谁呀？"左右的人说："就是那个唱'长铗归来'的人。"孟尝君笑道："这人果真有才能，我亏待了他，还没见过面呢！"他请冯谖来相见，道歉道："我疲于政事，心中忧虑烦乱，加之我懦弱无能，整天埋头国事，以致怠慢了您，而您却不怪我，愿意去薛地为我收债，是吗？"冯谖回答道："愿意去。"于是套好车马，整治行装，装好票据动身了。临行前冯谖问："债收完了，买什么回来？"孟尝君说："您就看我家里缺什么吧。"

驱而之薛，使吏召诸民当偿者，悉来合券①。券遍合赴，矫命②，以责赐诸民。因烧其券。民称万岁。长驱到齐，晨而求见。孟尝君怪其疾也，衣冠而见之，曰："责毕收乎？来何疾也！"曰："收毕矣。""以何市而反？"冯谖曰："君之'视吾家所寡有者'。臣窃计，君宫中积珍宝，狗马实外厩③，美人充下陈④。君家所寡有者，以义耳！窃以为君市义。"孟尝君曰："市义奈何？"曰："今君有区区之薛，不拊爱子其民⑤，因而贾（gǔ）利之⑥。臣窃矫君命，以责赐诸民，因烧其券，民称万岁。乃臣所以为君市义也。"孟尝君不悦，曰："诺，先生休矣！⑦"

①合券：验合债券。古代契约分为两半，立约双方各执其一。②矫命：假托命令。③厩：马棚。④下陈：堂下，后室。⑤拊爱：爱抚。⑥贾利之：做买卖获利。⑦休矣：算了吧。

【译文】

冯谖赶着车到了薛，让官吏把该还债务的百姓找来核验契据。核验后，他假托孟尝君的命令，把所有的债款赏给欠债人，并当场把债券烧掉。百姓都高呼"万岁"。冯谖赶着车，马不停蹄，直奔齐都，清晨就求见孟尝君。孟尝君对他回来得如此迅速感到很奇怪，立即穿好衣、戴好帽，去见他，问道："债都收完了吗？怎么回得这么快？"冯谖说："都收了。""买什么回来了？"孟尝君问。冯谖回答道："您曾说'看我家缺什么'，我私下考虑您宫中珠宝尽有，猎狗、骏马充实马厩，后庭美女如云，您家里所缺的只是'仁义'罢了，所以我用债款为您买了'仁义'。"孟尝君道："买仁义是什么意思？"冯谖道："现在您不过拥有小小

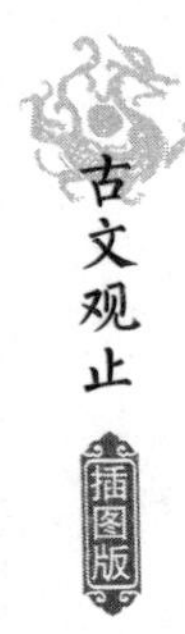

的薛邑，不抚爱百姓，视民如子，却以商贾之道图利，这怎么行呢？所以我假托您的命令，把债款赏赐给百姓，烧掉了契据，百姓欢呼‘万岁’，这就是我为您买的义啊。”孟尝君听后很不高兴地说：“嗯，先生，算了吧。”

后期（jī）年[①]，齐王谓孟尝君曰：“寡人不敢以先王之臣为臣。”孟尝君就国于薛[②]，未至百里，民扶老携幼，迎君道中。孟尝君顾谓冯谖：“先生所为文市义者，乃今日见之。”

①期年，整整一年。②就国，回自己的封地。

【译文】

过了一年，齐闵王对孟尝君说：“我可不敢把先王的臣子当作我的臣子。”孟尝君只好到他的封地薛地。还差百里未到，薛地的百姓扶老携幼，都在路旁迎接孟尝君到来。孟尝君见此情景，回头对冯谖说：“您为我买的‘义’，今日才见。”

冯谖曰：“狡兔有三窟，仅得免其死耳；今君有一窟，未得高枕而卧也。请为君复凿二窟。”孟尝君予车五十乘，金五百斤，西游于梁，谓惠王曰：“齐放其大臣孟尝君于诸侯，诸侯先迎之者，富而兵强。”于是梁王虚上位[①]，以故相为上将军，遣使者黄金千斤，车百乘，往聘孟尝君。冯谖先驱，诫孟尝君曰：“千金，重币也；百乘，显使也。齐其闻之矣。”梁使三反[②]，孟尝君固辞不往也。

①虚上位，把宰相之位空出来。②三反，先后多次往返。反，同“返”。

【译文】

冯谖说：“狡猾的兔子有三个洞才能免遭死患，现在您只有一个洞，还不能高枕无忧，让我再去为您挖两个洞吧。”孟尝君答应了，就给了他五十辆车子，五百斤黄金。冯谖往西到梁游说，他对梁惠王说：“现在齐国把他的大臣孟尝君放逐到诸侯国去，哪位诸侯先迎接他，就可使国富民强。”于是惠王把相位空出来，把原来的相国调为上将军，并派使者带千斤黄金，百辆车子，去聘请孟尝君。冯谖先赶车回去，告诫孟尝君说：“黄金千斤，是很重的聘礼了；百辆车子，是显贵的使臣了。齐国大概听说这件事了吧？”梁国的使臣往返多次，孟尝君坚决推辞不去。

齐王闻之，君臣恐惧，遣太傅赍黄金千斤、文车二驷[①]，服剑一，封书，谢孟尝君曰：“寡人不祥[②]，被于宗庙之祟[③]，沉于谄谀（chǎn yú）之臣，开罪于君。寡人不足为也；愿君顾先王之宗庙，姑反国统万人乎！”冯谖诫孟尝君曰：

"愿请先王之祭器，立宗庙于薛。"庙成，还报孟尝君曰："三窟已就，君姑高枕为乐矣。"

①文车，文饰华美的车辆。驷，四马驾的车。②不祥，意为糊涂。③被于宗庙之祟，遭受祖宗神灵降下的灾祸。被，同"披"，遭受。

【译文】

齐王听说后，君臣震恐，连忙派遣太傅带着千斤黄金、驾着华美的马车、带着一把佩剑和封书，向孟尝君谢罪，说"寡人糊涂啊，遭受祖宗降下的惩罚，受奸人蒙蔽，得罪了您。我不足考虑，希望您顾及先王的社稷，暂且回国治理万民！"冯谖告诫孟尝君说："希望求得祭祀先王的礼器，在薛地建立宗庙！"宗庙建成后，冯谖禀报孟尝君说："您的三窟已经建成，您可以高枕无忧了。"

孟尝君为相数十年，无纤介之祸者[①]，冯谖之计也。

①介同芥，纤介，纤丝与草籽，比喻极微小。

【译文】

在孟尝君做齐国相国的几十年时间里，没有遭到一点灾祸，和冯谖的精心谋划是分不开的。

【精彩赏析】

本文的精彩之处就是成功地刻画了冯谖这个谋士形象。他的三次弹铗歌唱，焚券买义，看似荒唐可笑，实则是巧妙试探和精心策划。而后来的筹谋三窟，声东击西，则充分地体现了冯谖的足智多谋。

赵威后问齐使

【题解】

本文出自《战国策》，讲述了赵威后见齐使的故事。期间，赵威后咄咄逼人，指出齐王昏聩无为、不善用人的过失，表明了赵威后在政治上的远见卓识。

齐王使使者问赵威后。书未发，威后问使者曰："岁亦无恙耶[①]？民亦无恙

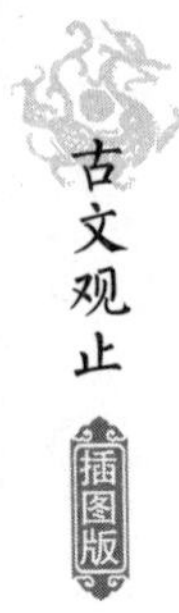

耶？王亦无恙耶？”使者不说，曰：“臣奉使使威后，今不问王而先问岁与民，岂先贱而后尊贵者乎？”威后曰：“不然。苟无岁②，何以有民？苟无民，何以有君？故有舍本而问末者耶？”

赵国青铜辅首

①恙：灾害。②苟：如果。

【译文】

齐襄王派遣使者问候赵威后。还没有打开书信，赵威后问使者：“今年收成还好吧？百姓还好吧？你们大王还好吧？”使者不开心说：“臣奉大王之命向太后请安，您不先问大王的状况却打听年头、百姓的状况，怎能把低贱者放在前头，而把尊贵者放在后边呢？”赵威后回答说：“不是这样。如果没有年成，百姓凭什么生活？如果没有百姓，哪里会有国君？所以哪有不问根本而去问枝节的呢？”

乃进而问之曰：“齐有处士曰钟离子，无恙耶？是其为人也，有粮者亦食，无粮者亦食；有衣者亦衣，无衣者亦衣。是助王养其民者也，何以至今不业也①？叶（shè）阳子无恙乎②？是其为人，哀鳏寡③，恤孤独，振困穷，补不足。是助王息其民者也，何以至今不业也？北宫之女婴儿子无恙耶④？彻其环瑱（tiàn）⑤，至老不嫁，以养父母。是皆率民而出于孝情者也，胡为至今不朝也⑥？此二士弗业，一女不朝，何以王齐国，子万民乎？於陵子仲尚存乎⑦？是其为人也，上不臣于王，下不治其家，中不索交诸侯，此率民而出于无用者，何为至今不杀乎？”

赵将廉颇雕像

①业：使之做官而成就功业。用作动词。②叶阳子：齐国的处士。叶阳为复姓。③哀鳏寡：怜悯鳏夫寡妇。④北宫：复姓。婴儿子，是其名。⑤彻：通“撤”。环瑱：耳环和戴在耳垂上的玉。⑥朝：谓使之为命妇而朝见君主。⑦於陵，地名；子仲，人名。

【译文】

她接着又问：“齐国隐士钟离子，还好吧？有粮食的人他给饭吃，没粮食的人他也给饭吃；有衣服的他给衣服，没有衣服的他也给衣服，这是在帮助君王养活百姓，为何至今还没有成就功业？叶阳子还好吧？他怜恤鳏寡孤独，救济穷人，这是替大王抚恤百姓，为何至今还未被任用？北宫家的女儿婴儿子还好吗？她摘去耳环玉饰，至今不嫁，一心侍奉双亲，是百姓尽孝道的表率，为何至今不被朝廷褒奖？这样的隐士不受重用，这样的孝女不被接见，齐王怎么治理齐国、统治万民呢？於陵的子仲这个人还活在世上吗？他在上不对齐王称臣，在下不能治理家业，又不和诸侯交往，这是在引导百姓走上无所事事的道路呀！为什么到现在还不处死他呢？”

【精彩赏析】

文章主要通过语言来刻画人物，赵威后书信未启，就连发三问，且毫不留情，咄咄逼人，毫无客套可言，表现得率直大气、明察秋毫。

触龙说赵太后

【题解】

本文出自《战国策》。赵太后心疼自己的小儿子长安君，不肯让他到齐国做人质，便不能为赵国解围，老太后态度强硬，不听劝谏，本文即讲述了老臣触龙是如何说服赵太后的。

赵太后新用事，秦急攻之。赵氏求救于齐，齐曰：“必以长安君为质，兵乃出。”太后不肯，大臣强谏。太后明谓左右：“有复言令长安君为质者，老妇必唾其面。”

【译文】

赵太后刚刚掌权，秦国就加紧进攻赵国。赵国向齐国求救。齐国说：“一定要用长安君作为人质，才肯出兵。”赵太后不同意。大臣们极力劝谏。太后明白地对左右说：“有再让长安君做人质的，我老太婆就吐他满脸唾沫！”

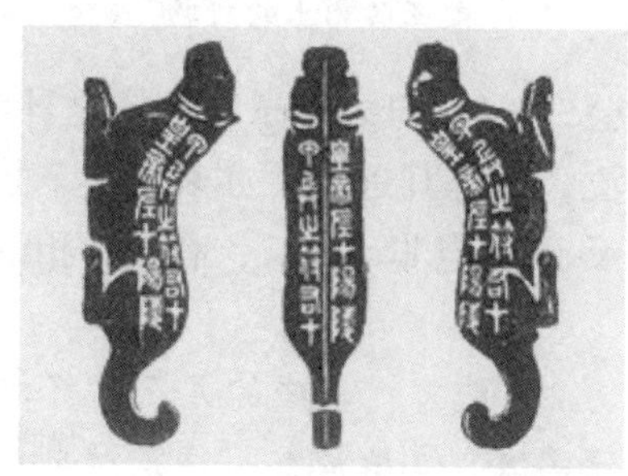
战国虎符

左师触龙言愿见太后。太后盛气而揖之①。入而徐趋②，至而自谢，曰：“老臣病足，曾不能疾走，不得见久矣。窃自恕，而恐太后玉体之有所郄（xì）也③，故愿望见太后。”太后曰：“老妇恃辇（niǎn）而行④。”曰：“日食饮得无衰乎？”曰：“恃粥耳。”曰：“老臣今者殊不欲食，乃自强步，日三四里，少益耆（shì）食⑤，和于

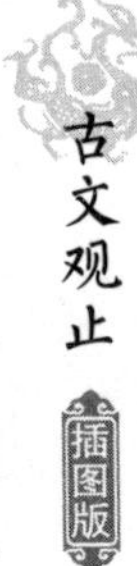

身[⑥]。”太后曰：“老妇不能。”太后之色少解[⑦]。

①盛气：怒气冲冲。揖：应为“胥”。等待。②入：进入殿内。徐趋：用快走的姿势，慢步向前走。徐：慢慢地。趋：小步快走。③玉体：贵体，敬词。郄：同“隙”，空隙，引申为毛病。④恃：依靠，凭借。辇：古代用两人拉的车子，秦汉以后特指皇帝坐的车子。⑤耆：同“嗜”，喜爱。耆食：喜爱吃的食物。⑥和：和谐，这里是舒适的意思。⑦色：脸色，指赵太后的怒色。少解：稍微和缓了些。

【译文】

左师触龙说，希望拜见太后。太后气冲冲地等着他。触龙进殿后就用快走的姿势慢慢地走着小步，到太后面前谢罪，说：“老臣的脚有毛病，不能快跑，好久没能来拜见您了，只好私下饶恕自己了，但是又怕太后身体有恙，所以还是想来拜见您。”太后说：“我只能靠车行动。”触龙说：“您每天的饮食没有减少吧？”太后说：“就喝点粥罢了。”触龙说：“老臣近来食欲不好，于是强迫自己散步，每天走三四里，稍微能吃些想吃的东西，身体也舒适些了。”太后说：“我不能像您那样散步。”太后的脸色稍微和缓了些。

赵王陵出土的文物

左师公曰：“老臣贱息舒祺[①]，最少，不肖；而臣衰，窃爱怜之。愿令补黑衣之数[②]，以卫王宫。没死以闻。”太后曰：“敬诺。年几何矣？”对曰：“十五岁矣。虽少，愿及未填沟壑而托之[③]。”太后曰：“丈夫亦爱怜其少子乎？”对曰：“甚于妇人。”太后笑曰：“妇人异甚。”对曰：“老臣窃以为媪（ǎo）之爱燕后贤于长安君[④]。”曰：“君过矣！不若长安君之甚。”左师公曰：“父母之爱子，则为之计深远。媪之送燕后也，持其踵（zhǒng）[⑤]，为之泣，念悲其远也，亦哀之矣。已行，非弗思也，祭祀必祝之[⑥]，祝曰：‘必勿使反[⑦]。’岂非计久长，有子孙相继为王也哉？”太后曰：“然。”

①贱息：卑贱的儿子。舒祺：触龙幼子的名字。②黑衣：指卫士，王宫卫士穿黑衣。③填沟壑：这是对自己死亡的谦虚说法。壑：山沟。④媪：对老年妇女的尊称。⑤踵：脚后跟。燕后上了车，赵太后在车下还要握着她的脚后跟，舍不得她离去。⑥祝之：为她祈祷。祝：向神祈祷。⑦反：同“返”。古代诸侯的女儿嫁到别国，只有在被废或亡国的情况下，才能返回本国。

【译文】

左师公说："老臣的犬子舒祺，年龄最小，不成器，可是臣又衰老，又疼爱他，希望让他补当一名黑衣卫士，来保卫王宫。我冒昧来求您！"太后说："答应您！年龄多大了？"触龙回答："15岁了。虽然还小，但想在我临死前托付给您。"太后说："男人也如此疼爱小儿子吗？"触龙回答："比女人还厉害些。"太后笑着说："女人爱得特别厉害。"触龙回答："老臣认为太后爱燕后超过爱长安君。"太后说："您错了，不像爱长安君那样厉害。"左师公说："父母爱子女，就要为他们做长远打算。太后送燕后出嫁时，女儿上了车，您还握着她的脚后跟哭泣，这也够伤心的了。送走以后，并非不想念她；每逢祭祀一定为她祈祷，祝福说：'一定别让她回来啊！'这难道不是从长远考虑，希望她有子孙相继做燕国国王吗？"太后说："是这样。"

左师公曰："今三世以前①，至于赵之为赵，赵王之子孙侯者，其继有在者乎？"曰："无有。"曰："微独赵，诸侯有在者乎？"曰："老妇不闻也。""此其近者祸及身，远者及其子孙。岂人主之子孙则必不善哉？位尊而无功，奉厚而无劳，而挟重器多也。今媪尊长安君之位，而封之以膏腴之地，多予之重器，而不及今令有功于国，一旦山陵崩，长安君何以自托于赵？老臣以媪为长安君计短也，故以为其爱不若燕后。"太后曰："诺，恣君之所使之②。"于是为长安君约车百乘(shèng)③，质于齐，齐兵乃出。

①世：代，古代父子相继为一代。今三世：从现在算起上推三代。②恣：任凭。使之：支使他，派遣他。③约车：套车。约：捆缚，套。

【译文】

左师公说："从现在往上推三代，一直到赵氏建国的时候，凡被封侯的赵王子孙，他们的继承人还有在侯位的吗？"太后说："没有。"触龙又问："不仅是赵国，其他诸侯国子孙被封候的，其继承人有在侯位的吗？"太后说："我没有听说过。"触龙说："这是因为这些被封侯的近的灾祸殃及自身，远的灾祸祸及子孙。难道是国君的子孙就一定不好吗？根本的原因是地位高贵却没有功绩，俸禄优厚却不付出劳动，却拥有太多珠宝。现在老太太使长安君身居高位，并且封给他肥沃的土地，给他珍器重宝，却不趁现在让他有功于国，一旦您驾崩了，长安君凭什么在赵国立身呢？老臣认为太后为长安君考虑得太少，所以认为您对长安君的爱不如燕后。"太后说："您说得对。任凭您怎样支使他都行！"于是为长安君备车百乘，到齐国去作人质，齐国才出兵。

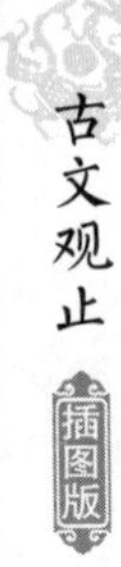

子义闻之曰："人主之子也，骨肉之亲也，犹不能恃无功之尊、无劳之奉，以守金玉之重也，而况人臣乎。"

【译文】

子义听到这事说："国君的孩子，是国君的亲骨肉，尚且还不能凭靠无功享有尊位，不能没有劳绩而享有俸禄和金玉宝器，更何况是做臣子的呢！"

【精彩赏析】

文中老臣触龙的智慧和口才令人折服。他深入体会妇人的心理，以柔克刚，以子之矛，攻子之盾，循序渐进，以退为进，使赵太后自己主动地为长安君谋划长远，自愿送长安君做人质。一言兴邦，救赵国于水火，老臣触龙功不可没。

鲁仲连义不帝秦

【题解】

本文出自《战国策》。公元前 258 年，秦军包围了赵国的都城邯郸。魏国紧急出兵救援。秦昭襄王一方面武力威胁魏国，另一方面派魏将辛垣衍游说赵王一起尊秦为帝。此时鲁仲连主动去见辛垣衍，指陈帝秦的弊害，终于让辛垣衍拜服，不敢复言帝秦，最终解了赵国的燃眉之急。

鲁仲连塑像

秦围赵之邯郸①。魏安釐王使将军晋鄙②救赵，畏秦，止于荡阴③，不进。魏王使客将军辛垣衍间入④邯郸，因平原君谓赵王曰："秦所以急围赵者，前与齐闵王争强为帝，已而复归帝，以齐故。今齐闵王益弱，方今唯秦雄天下，此非必贪邯郸，其意欲求为帝。赵诚⑤发使尊秦昭王为帝，秦必喜，罢兵去。"平原君犹豫未有所决。

①邯郸：赵国都城，今河北省邯郸市。②晋鄙：魏国大将。③荡阴：地名，今河南汤阴。④客将军：原籍不在某国而任该国将军。间入：潜入。⑤诚：果真。

【译文】

秦国的军队包围了赵国的都城邯郸。魏安釐王令将军晋鄙营救赵国，因为畏惧秦军，停止在汤阴不敢前进。魏王派客籍将军辛垣衍从小路进入邯郸，通过平原君向赵王说："秦军所以急于围攻赵国，是因为以前和齐闵王争强称帝，不久又取消了帝号，是因为齐国的缘故。如今齐国日益削弱，当今只有秦国称雄天下，这次围城并不是贪图邯郸，他的意图是重新称帝。赵国果真能派遣使臣尊奉秦昭王为帝，秦王一定很高兴，就会撤兵离去。"平原君犹豫不决。

此时鲁仲连适游赵，会秦围赵，闻魏将欲令赵尊秦为帝，乃见平原君曰："事将奈何矣？"平原君曰："胜也何敢言事？百万之众折于外，今又内围邯郸而不去①。魏王使客将军辛垣衍令赵帝秦，今其人在是。胜也何敢言事？"鲁连曰："始吾以君为天下之贤公子也，吾乃今然后知君非天下之贤公子也。梁客辛垣衍安在？吾请为君责而归之！"平原君曰："胜请为召而见之于先生。"平原君遂见辛垣衍曰："东国有鲁连先生，其人在此，胜请为召而见之于将军。"辛垣衍曰："吾闻鲁连先生，齐国之高士也。衍，人臣也，使事有职，吾不愿见鲁连先生也。"平原君曰："胜已泄②之矣。"辛垣衍许诺。

①折，损伤。内：深入国内。去：离开。这里指退兵。②泄：泄露。

【译文】

这时，鲁仲连正好客游赵国，正赶上秦军围攻赵国，听闻魏国想要让赵国尊奉秦昭王称帝，于是就拜见平原君说："这件事怎么办？"平原君说："我哪里还敢谈论这样的大事！在国外损失了四十万大军，而今秦军又打到国内围困邯郸不肯离开。魏王派客籍将军辛垣衍让赵国尊奉秦昭王称帝，如今那个人还在这儿。我哪里还敢谈论这样的大事？"鲁仲连说："从前我认为您是天下贤明的公子，我今天开始才知道您并不是天下贤明的公子。魏国的客人辛垣衍在哪儿？我请求替您去责问他并且让他离开。"平原君说："我愿为您引见，让他跟先生相见。"于是平原君见辛垣衍说："齐国有位鲁仲连先生，如今他就在这儿，我愿替您引见，让他和您见见面。"辛垣衍说："我听说鲁仲连先生，是齐国的贤士。我是魏王的臣子，奉命出使身负职责，我不愿见鲁仲连先生。"平原君说："我已经把您在这儿的消息告诉他了。"辛垣衍只好答应了。

赵国象牙箸

鲁仲连见辛垣衍而无言。辛垣衍曰："吾视居此围城之中者，皆有求于平原君

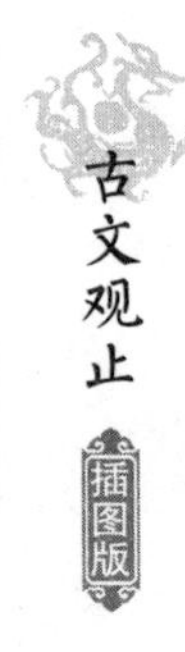

者也；今吾视先生之玉貌，非有求于平原君者，曷（hé）为久居此围城中而不去也？”鲁仲连曰：“世以鲍焦无从容而死者①，皆非也。今众人不知，则为一身。彼秦者，弃礼义而上首功②之国也，权使其士，虏使其民；彼则肆然而为帝，过而遂正于天下③，则连有赴东海而死矣，吾不忍为之民也！所为见将军者，欲以助赵也。”辛垣衍曰：“先生助之奈何？”鲁仲连曰：“吾将使梁及燕助之，齐楚则固助之矣。”辛垣衍曰：“燕，则吾请以从矣；若乃④梁，则吾梁人也，先生恶（wū）⑤能使梁助之耶？”鲁仲连曰：“梁未睹秦称帝之害故也；使梁睹秦称帝之害，则必助赵矣。”辛垣衍曰：“秦称帝之害将奈何？”鲁仲连曰：“昔齐威王尝为仁义矣，率天下诸侯而朝周。周贫且微，诸侯莫朝，而齐独朝之。居岁余，周烈王崩，诸侯皆吊，齐后往。周怒，赴于齐曰：‘天崩地坼，天子下席，东藩之臣田婴齐后至，则斮（zhuó）⑥之！’威王勃然怒曰：‘叱嗟！而母，婢也！’卒为天下笑。故生则朝周，死则叱之，诚不能忍其求也。彼天子固然，其无足怪。”

①无从容，指心地狭隘。②上，同“尚”，崇尚，注重。首功，斩首之功。③权：权诈。士：有知识的人。虏：奴隶。肆然：放肆地，无所忌惮地。过：进一步。正：同“政”。④若乃：至于。⑤恶：怎么。⑥斮：斩。

【译文】

鲁仲连见到辛垣衍却不说话。辛垣衍说：“我看留在这座围城中的，都是有求于平原君的人；如今我看先生的尊容，不像是有求于平原君的人，为什么久留在这围城之中而不离去呢？”鲁仲连说：“世人认为鲍焦是因为心胸狭窄而死去，都错了。一般人不了解他，以为他是自私自利。那秦国，是个无视礼仪而只崇尚战功的国家，用权术对待士卒，役使百姓。他如果毫无顾忌地称帝，进而统治天下，那么我只有跳东海而死了，我不忍心做它的百姓，之所以来见将军，是打算帮助赵国啊。”辛垣衍说：“先生怎么帮助赵国呢？”鲁仲连说：“我要请梁国和燕国帮助它，齐、楚两国自然就帮助赵国了。”新垣衍说：“燕国会听从您的；至于梁国，我就是梁国人，先生怎么能让梁国帮助赵国呢？”鲁仲连说：“梁国不帮助是因为没看清秦国称帝的危害；梁国看清秦国称帝的祸患后，就一定会帮助赵国。”辛垣衍说：“秦国称帝将有什么样的危害呢？”鲁仲连说：“当初齐威王曾经奉行仁义，率领天下诸侯朝见周天子。周朝贫困又弱小，诸侯中没有人去朝拜，而唯有齐国去朝拜。过了一年多，周烈王逝世，诸侯都去奔丧了，齐王去迟了。周显王很生气，派人到齐国说：‘发生了天崩地裂般的大事，连天子也得睡在草席上，东方属臣田婴齐迟到，就应当处斩。’齐威王勃然大怒，骂道：‘呸！您母亲就是个婢女！’最终被天下笑话。天子活着

秦代乐府钟

的时候去朝见，死了却破口大骂，实在是忍受不了新天子的苛求啊。那些天子本来就是这样，没什么值得奇怪的。”

辛垣衍曰：“先生独未见夫仆乎？十人而从一人者，宁力不胜、智不若邪？畏之也。”鲁仲连曰：“然梁之比于秦，若仆邪？”辛垣衍曰：“然。”鲁仲连曰：“然则吾将使秦王烹醢（hǎi）①梁王！”辛垣衍怏然不悦，曰：“嘻！亦太甚矣，先生之言也！先生又恶能使秦王烹醢梁王？”鲁仲连曰：“固也！待吾言之：昔者鬼侯、鄂侯、文王，纣之三公也。鬼侯有子而好②，故入③之于纣，纣以为恶④，醢鬼侯；鄂侯争之急，辨之疾，故脯鄂侯；文王闻之，喟（kuì）然而叹，故拘之于牖里之库⑤百日，而欲令之死。曷为与人俱称帝王，卒就脯醢之地也？

①醢：剁肉成酱。古代的一种酷刑。②子：指女儿。好：貌美。③入：进献、献纳。④恶：丑。⑤库：监牢。

【译文】

辛垣衍说：“先生难道没见那些奴仆吗？十个奴仆侍奉一个主人，难道是力气、才智赶不上他吗？是害怕他啊。”鲁仲连说：“那么，梁王和秦王相比，像仆人吗？”辛垣衍说：“像。”鲁仲连说：“那么，我就让秦王把梁王剁成肉酱？”辛垣衍很不高兴地说：“哼，先生的话，也太过分了！先生又怎么能让秦王把梁王剁成肉酱呢？”鲁仲连说：“当然可以，待我说给您听：从前，鬼侯、鄂侯、文王是商纣王的三公。鬼侯有个女儿貌美，于是把她献给纣王，纣王认为她长得丑陋，把鬼侯剁成肉酱。鄂侯激烈反对辩解，于是纣王把鄂侯做成肉干。文王听说这件事，长长地叹息，于是纣王又把他囚禁在牖里监牢内一百天，想要他死。为什么和人家都称为王，最终却落到被剁成肉酱、做成肉干的地步呢？

齐闵王将之鲁，夷维子执策而从，谓鲁人曰：‘子将何以待吾君？’鲁人曰：‘吾将以十太牢①待子之君。’夷维子曰：‘子安取礼而来待吾君？彼吾君者，天子也。天子巡狩（shòu），诸侯辟舍，纳筦（guǎn）键②，摄衽（rèn）抱几③，视膳于堂下；天子已食，退而听朝也。’鲁人投其钥④，不果纳，不得入于鲁。将之薛，假涂于邹⑤。当是时，邹君死，闵王欲入吊。夷维子谓邹之孤曰：‘天子吊，主人必将倍殡柩⑥，设北面于南方，然后天子南面吊也。’邹之群臣曰：‘必若此，吾将伏剑而死。’故不敢入于邹。邹、鲁之臣，生则不得事养，死则不得饭含，然且欲行天子之礼于邹、鲁之臣，不果纳。今秦万乘之国，梁亦万乘之国，交有称王之名。睹其一战而胜，欲从而帝之，是使三晋之大臣，不如邹、鲁之仆妾也。“且秦无已而帝，则且变易诸侯之大臣，彼将夺其所谓不肖，而予其所谓贤，夺其

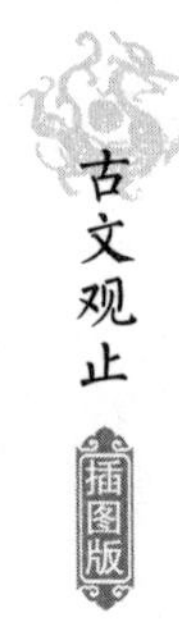

所憎，而予其所爱；彼又将使其子女谗妾[7]，为诸侯妃姬，处梁之宫，梁王安得晏然而已乎？而将军又何以得故宠乎？”

①太牢：牛羊猪各一称太牢。十太牢，就是牛羊猪各十只。这是款待诸侯的礼节。②筦键：钥匙。③摄：持，提起。衽：衣襟。抱：捧。几：矮或小的桌子。④投钥，下锁。⑤假：借。涂：通，“途”。⑥倍，同“背”。殡，停丧。柩，已盛尸体的棺材。⑦谗妾：善于进谗言、毁贤嫉能的妾妇。

【译文】

齐闵王将要去鲁国，夷维子替他驾车。夷维子对鲁国官员们说：‘你们准备怎样接待我们国君？’鲁国官员们说：‘我们打算用十副太牢的礼仪接待您的国君。’夷维子说：‘你们这是用哪里的礼仪接待我们国君哪？我那国君是天子。天子巡察，诸侯应该迁出宫殿，交出钥匙，撩起衣襟，安排几桌，站在堂下伺候天子用膳；天子吃完后，才可以退回朝堂处理政事。’鲁国人听说了，就闭门上锁，不让齐闵王入境。齐闵王没能进入鲁国。打算前往薛地，借路邹国。在这时，邹国国君逝世，齐闵王想入境吊丧，夷维子对邹国的新君说：‘天子吊丧，主人一定要把灵柩移到相反的方向，在南面安放朝北的灵位，然后天子面向南吊丧。’邹国群臣说：‘如果非要这样，我们宁愿用剑自杀。’所以齐闵王不敢进入邹国。邹、鲁两国的臣子，国君生前不能尽心侍奉，国君死后也不能举行殡礼，然而齐闵王想要在邹、鲁行天子之礼，邹、鲁的臣子们却拒绝让他进入自己的国家。如今，秦国是拥有万辆战车的国家，梁国也是拥有万辆战车的国家，都有称王的名分。看到秦国打了一次胜仗，就要顺从地拥护它称帝，这是让三晋的大臣连邹、鲁的奴仆、卑妾都不如了啊。更何况那秦国贪心不足，终于称帝，那么，就会更换诸侯的大臣。他将要罢免他认为不好的臣子，换上他认为贤能的人，罢免他憎恶的，换上他所喜爱的；他还会让他的儿女和搬弄事非的姬妾，嫁给诸侯做妃嫔，即使住在梁国的宫殿里，梁王又怎么能够安稳地生活呢？而将军您又怎么能够得到原先的宠信呢？”

于是辛垣衍起，再拜谢曰：“始以先生为庸人，吾乃今日而知先生为天下之士也！吾请去，不敢复言帝秦！”

【译文】

于是辛垣衍起身，向鲁仲连拜两次谢罪说：“开始以为先生是个凡夫俗子，现在才知道先生是天下的高士。我将离开赵国，不敢再说尊秦王为帝的事了。”

秦将闻之，为却军五十里。适会魏公子无忌夺晋鄙军以救赵击秦，秦军引而去。

【译文】

秦将听说了这件事，为此将军队后退了五十里。正赶上魏公子无忌夺了晋鄙的军权来救援赵国攻击秦军，秦军便离开了。

于是平原君欲封鲁仲连。鲁仲连辞让者三，终不肯受。平原君乃置酒，酒酣，起，前，以千金为鲁连寿①。鲁连笑曰："所贵于天下之士者，为人排患释难、解纷乱而无所取也。即有所取者，是商贾之人也。仲连不忍为也。"遂辞平原君而去，终身不复见。

①为……寿：祝酒。

【译文】

于是平原君想要封赏鲁仲连。鲁仲连再三推辞，始终没有接受。平原君于是设宴，喝到酒酣时，平原君起身，向前，献上千金酬谢鲁仲连。鲁仲连笑着说："天下的能士可贵的地方在于他们能替人排忧解难，不取报酬。如果收取酬劳，那就成了生意人了。我鲁仲连是不忍心那样做的。"于是辞别平原君离开了，终身未再相见。

【精彩赏析】

鲁仲连用国家大义、人臣忠义、个人利益让辛垣衍心悦诚服，不畏强秦，救赵国于水火，却不贪图功名利禄，真正践行了天下能士的仁爱大义。

唐雎不辱使命

【题解】

不应该出自《战国策》。秦王嬴政统一天下的前夕，秦王威逼利诱安陵君，希望其交出国家。在这种形势下安陵君派唐雎出使秦国，由于唐雎不畏强暴，坚守正义，最终取得了这场外交战役的胜利。

秦王使人谓安陵君曰："寡人欲以五百里之地易安陵，安陵君其许寡人！"安陵君曰："大王加惠，以大易小，甚善；虽然，受地于先王，愿终守之，弗敢易！"

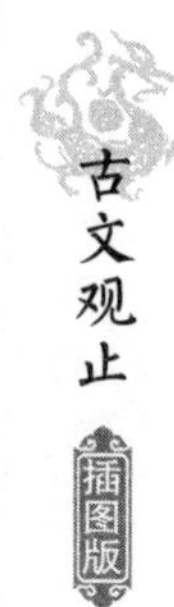

秦王不说。安陵君因使唐雎（jū）使于秦。

【译文】

秦王派人对安陵君说："我打算要用方圆五百里的土地交换安陵，安陵君一定要答应我！"安陵君说："大王给以恩惠，以大换小，实在是好事；虽然这样，但是我从先王那里继承的国土，愿意终生守卫它，不敢交换！"秦王知道后不高兴。安陵君于是就派遣唐雎出使秦国。

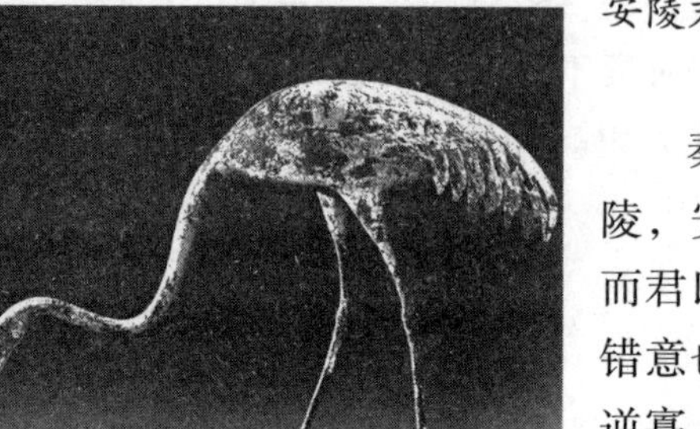

（秦）青铜鹤

秦王谓唐雎曰："寡人以五百里之地易安陵，安陵君不听寡人，何也？且秦灭韩亡魏，而君以五十里之地存者，以君为长者①，故不错意也②。今吾以十倍之地，请广于君，而君逆寡人者③，轻寡人与？"唐雎对曰："否，非若是也。安陵君受地于先王而守之，虽千里不敢易也，岂直五百里哉？"

①长者：有德行的人。②错意：放在心上。③逆：违背。

【译文】

秦王对唐雎说："我用方圆五百里的土地交换安陵，安陵君不听从我，为什么？况且秦国灭掉韩国和魏国，但安陵凭借方圆五十里的土地幸存下来的原因，就是因为我认为你们国君是有德行的长者，所以不打你们国家的主意。现在我用十倍的土地，使安陵君扩大自己的领土，但是他违背我的意愿，看不起我吗？"唐雎回答说："不，并不是这样。安陵君从先王那里继承封地所以守护它，即使是方圆千里的土地也不敢交换，更何况五百里的土地呢？"

秦王怫然怒①，谓唐雎曰："公亦尝闻天子之怒乎？"唐雎对曰："臣未尝闻也。"秦王曰："天子之怒，伏尸百万，流血千里。"唐雎曰："大王尝闻布衣之怒乎？"秦王曰："布衣之怒，亦免冠徒跣（xiǎn），以头抢（qiāng）地耳②。"唐雎曰："此庸夫之怒也，非士之怒也。夫专诸之刺王僚也，彗星袭月；聂政之刺韩傀也，白虹贯日；要离之刺庆忌也，仓鹰击于殿上。此三子者，皆布衣之士也，怀怒未发，休祲（jìn）降于天③，与臣而将四矣。若士必怒，伏尸二人，流血五步，天下缟（gǎo）素④，今日是也。"挺剑而起。

①怫然：盛怒的样子。②徒跣，光着脚。抢，撞。③休祲，吉凶的征兆。休，吉祥。祲，不祥。④缟素：白色的丝织品，这里指穿丧服。

【译文】

秦王大怒，对唐雎说："先生可曾听说过天子发怒吗？"唐雎回答说："我未曾听说过。"秦王说："天子发怒，死伤百万，流血成河。"唐雎说："大王曾经听说过百姓发怒吗？"秦王说："百姓发怒，不过就是摘掉帽子，光着脚，用头撞地罢了。"唐雎说："这是无能的人发怒，不是有胆识的人发怒。专诸刺杀吴王僚的时候，彗星的尾巴扫过月亮；聂政刺杀韩傀的时候，白光直冲太阳；要离刺杀庆忌的时候，苍鹰扑在宫殿上。他们三个人，都是百姓中有才能有胆识的人，心里的愤怒还没发泄出来，上天就降示了吉凶的征兆。现在专诸、聂政、要离连同我，将成为四个人了。假若有胆识的人被逼得发怒，那么就让两个人倒下，五步之内淌满鲜血，天下百姓穿丧服，现在就是这个时候。"说完，起身拔剑出鞘。

（秦）青铜雁

秦王色挠①，长跪而谢之曰："先生坐！何至于此！寡人谕矣②：夫韩、魏灭亡，而安陵以五十里之地存者，徒以有先生也。"

①色挠：变了脸色。挠，屈服。②谕：通"喻"，明白，懂得。

【译文】

秦王恐惧变了脸色，直身而跪，向唐雎道歉说："先生请坐！何必到这个地步呢！我明白了：韩魏亡国，但安陵却凭借方圆五十里的地方幸存，就是因为有先生您在啊！"

【精彩赏析】

文章篇幅不长，但波澜起伏，冲突不断。通过对比、夸张等艺术手法，渲染烘托出紧张的氛围，同时也在情节的发展中刻画和完善人物形象。秦王的蛮横无理、恃强凌弱及最后的屈服软弱，都表现得十分充分；而唐雎的据理力争、智勇双全、不畏强暴，也同样跃然纸上。

谏逐客书

李斯

【题解】

李斯，战国时期法家的代表人物之一，深得秦始皇的赏识，官至丞相。秦始皇死后，李斯被腰斩。本文是李斯针对秦始皇下达的“逐客令”所写的奏章。

秦宗室大臣皆言秦王曰：“诸侯人来事秦者，大抵为其主游间于秦耳[①]，请一切逐客[②]。”李斯议亦在逐中。斯乃上书曰：“臣闻吏议逐客，窃以为过矣！”

李斯塑像

①游间：游说离间。②客：在秦国做官的他国人。

【译文】

秦国的宗室大臣都对秦王说：“诸侯各国的人来秦国做官，大都是替他们的君主游说离间秦国的，请把所有的客卿都赶出秦国。”李斯也在计划驱逐之列。于是李斯上书说：“臣听说大臣们商量逐客，我私下认为这样是错误的。”

“昔穆公求士，西取由余于戎[①]，东得百里奚于宛[②]，迎蹇叔于宋，求丕豹、公孙支于晋[③]，此五子者，不产于秦，而穆公用之，并国二十，遂霸西戎。孝公用商鞅之法，移风易俗，民以殷盛，国以富强，百姓乐用，诸侯亲服，获楚、魏之师，举地千里，至今治强。惠王用张仪之计，拔三川之地，西并巴、蜀，北收上郡，南取汉中，包九夷，制鄢、郢，东据成皋之险，割膏腴之壤，遂散六国之纵，使之西面事秦，功施到今。昭王得范雎，废穰侯[④]，逐华阳，强公室，杜私门，蚕食诸侯，使秦成帝业。此四君者，皆以客之功。由此观之，客何负于秦哉！向使四君却客而不纳，疏士而不用，是使国无富利之实，而秦无强大之名也。”

①由余：春秋晋人。献策攻戎，开境千里，使穆公称霸。②百里奚：春秋楚人，秦穆公闻其名，以五羊皮赎他，用为相。③丕豹：春秋晋人。公孙支：秦人，穆公用为大夫。④穰侯：魏冉，秦昭王母宣太后的异父同母弟。

【译文】

李斯《峄山刻石》

当初秦穆公求士，在西戎得到了由余，在东宛得到百里奚，在宋国迎来蹇叔，在晋国招来丕豹、公孙支。这五个人，并不是秦国人，可穆公重用他们，结果吞并了二十个小国，使秦称霸。孝公推行商鞅的变法，改变了秦国的落后面貌，百姓富裕，国家富强，百姓为国效力，诸侯归附听命；又大败楚、魏军队，攻取了千里土地，至今还统治着。秦惠王采用张仪的连横之计，攻占了洛阳一带的地方；往西吞并了巴、蜀，往北获取了上郡，往南夺取了汉中，吞并了九夷的土地，控制住楚地；往东占据险要的虎牢，占有了肥沃的土地。于是瓦解了六国的合纵，使他们都归附秦国，功效一直延续到今天。昭王得到范雎，废掉了穰侯，驱逐了华阳君，增强了王室的权力，打破了外戚专权，逐步吞并诸侯，成就帝业。这四位国君，都是任用客卿而获得成功的。由此看来，客卿们有什么对不起秦国的呢？假使这四位国君拒绝客卿、闭门不纳，疏远外来之士，就不会使秦富强，秦国也不会有强大的名声。

“今陛下致昆山之玉，有随、和之宝，垂明月之珠，服太阿之剑①，乘纤离之马②，建翠凤之旗，树灵鼍（tuó）之鼓③。此数宝者，秦不生一焉，而陛下说之，何也？必秦国之所生而然后可，则是夜光之璧不饰朝廷，犀象之器不为玩好，郑、卫之女不充后宫，而骏马駃騠不实外厩④，江南金锡不为用，西蜀丹青不为采。所以饰后宫、充下陈、娱心意、悦耳目者，必出于秦然后可，则是宛珠之簪、傅玑之珥⑤、阿缟之衣⑥、锦绣之饰不进于前，而随俗雅化、佳冶窈窕赵女不立于侧也。夫击瓮叩缶、弹筝搏髀（bì）而歌呼呜呜快耳目者⑦，真秦之声也。郑卫、桑间，韶虞、武象者⑧，异国之乐也。今弃击瓮而就郑、卫，退弹筝而取韶虞，若是者何也？快意当前，适观而已矣。今取人则不然，不问可否，不论曲直，非秦者去，为客者逐。然则是所重者在乎色乐珠玉，而所轻者在乎人民也。此非所以跨海内、制诸侯之术也。”

秦始皇东巡图，左一为李斯

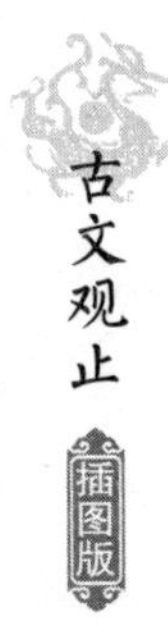

①太阿：春秋时楚王命欧冶子、干将铸龙渊、太阿、工布三宝剑。②纤离：良马名。③灵鼍之鼓：用扬子鳄皮制成的鼓。④駃騠：北狄良马。⑤宛珠之簪：用宛地的珠来装饰的簪。傅玑之珥：装有玑的耳饰。玑，不圆的珠。⑥阿缟：东阿出产的丝织品。⑦搏髀：拍大腿以节歌。⑧韶虞、武象：指当时的雅乐。

【译文】

现在陛下拥有昆山的美玉，随侯之珠，和氏之璧，衣饰上缀着明月般宝珠，身上佩带着太阿宝剑，乘坐名贵的千里马，立着以翠凤羽毛装饰的旗子，陈设用灵鼍之皮做的鼓。这些宝物，没有一样是秦国产的，而陛下却很喜欢它们，为什么呢？如果一定要是秦国出产的才可采用，那么这些宝玉，绝不会成为秦廷的装饰；犀角、象牙雕成的器物，也不会成为陛下的玩物；郑、卫二地能歌善舞的女子，也不会充实陛下的后宫；北方的良马，决不会充实到陛下的马房；江南的金锡不会为陛下所用，西蜀的丹青也不能渲染颜色。您用来装饰后宫的宝物，充实堂下的侍妾，和令人快意耳目的东西，如果都要是秦国出产的方可用的话，那么点缀有珠宝的簪子，耳上的玉坠，丝织的衣服，锦绣的装饰，就都不会进献到陛下面前；那些娴雅美好的佳丽，也不会服侍在陛下的身旁。敲瓮击缶，拍腿弹筝，呜呜呀呀地歌唱，供人娱乐的，是秦国的真正音乐了；那郑、卫桑间的歌声，《昭虞》《武象》等乐曲，就是外国的音乐了。如今陛下却抛弃敲击瓦器的音乐，而取用郑、卫淫靡之音，不要秦筝而要《昭虞》，这是为什么呢？难道不是因为外国音乐可以令人愉快，可以满足耳目所需么？可现在陛下对用人却不是这样，不问是否适用，不管是非曲直，凡不是秦国的就要离开，凡是客卿都要驱逐。这样做就说明，陛下重视的，只是女色、珠宝、美玉；而轻视的，却是人。这不是能用来一统天下、制服诸侯的做法啊！

秦国名将蒙恬塑像

"臣闻地广者粟多，国大者人众，兵强则士勇。是以泰山不让土壤，故能成其大；河海不择细流，故能就其深；王者不却众庶，故能明其德。是以地无四方，民无异国，四时充美，鬼神降福，此五帝、三王之所以无敌也。今乃弃黔首以资敌国①，却宾客以业诸侯，使天下之士，退而不敢向西，裹足不入秦，此所谓藉寇兵而赍（jī）盗粮者也②。"

①黔首：以黑巾裹头，指平民。②赍：给。

【译文】

我听说地域广的，粮食必多；国家大的，人口必众；武器锋利的，兵士必勇。所以泰山不拒绝土壤，方能成为巍巍大山；河海不抛弃细流，方能成为深水；称王的人不抛弃民众，才能表现出他的德行。所以，地不分东西，民不论国籍，四季风调雨顺，神灵就会降福。这正是五帝、三王无敌的原因啊！现在陛下却抛弃百姓以帮助敌国，拒绝宾客以壮大诸侯，使天下之士退出秦国而不敢往西，裹足不敢入秦，这正是百姓所说的把粮食送给强盗，把武器借给敌人啊！

“夫物不产于秦，可宝者多；士不产于秦，而愿忠者众。今逐客以资敌国，损民以益仇，内自虚而外树怨于诸侯，求国之无危，不可得也。”秦王乃除逐客之令，复李斯官。

【译文】

许多东西并不产于秦，然而其中的宝物却很多；许多士人都不出生在秦国，可是愿意对秦尽忠心的却很多。现在驱逐客卿来帮助敌国，减少本国人口而增加敌人的实力，在内使自己虚弱，在外又和各国诸侯结怨，使国家没有危险，这是办不到的啊！秦王于是废除逐客之令，恢复了李斯的官职。

【精彩赏析】

文章议论充分，论据翔实，条清缕析，结构缜密。运用正反对比和比喻论证，充分论证了“逐客令”的危害，纵横古今，陈词恳切，终于以情以理打动了秦始皇，使其改变了初衷。

卜居

屈原

【题解】

《楚辞》是继《诗经》之后的又一部诗歌总集，是诗歌的浪漫主义的源头。收录了屈原、宋玉等诗人的作品。这些作品用楚言，歌楚声，具有浓厚的楚地色彩，所以称为《楚辞》。《卜居》写的是屈原被贬黜之后，三年不能得到怀王召见，于是去占卜问卦之事。

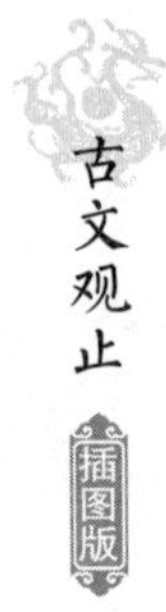

屈原既放，三年不得复见。竭知尽忠而蔽障于谗[①]。心烦虑乱，不知所从。乃往见太卜郑詹尹曰："余有所疑，愿因先生决之。"詹尹乃端策拂龟[②]，曰："君将何以教之？"

①蔽障：遮蔽、阻挠。②端策：数计蓍草。拂龟：拂去龟壳上的灰尘。

屈原

【译文】

屈原被流放后，三年没能再见楚怀王。他竭尽所能效忠国家，君王却被谗言蒙蔽不再信任自己。他心烦意乱，不知所措。于是去见太卜郑詹尹卜卦说："有些事情让我疑惑不解，希望通过占卜帮我判断。"郑詹尹数计蓍草、拂去龟甲上的灰尘，问道："先生有什么疑惑的？"

屈原曰："吾宁悃悃（kǔn）款款[①]，朴以忠乎，将送往劳来，斯无穷乎？宁诛锄草茅以力耕乎，将游大人以成名乎？宁正言不讳以危身乎，将从俗富贵以偷生乎？宁超然高举以保真乎，将呢訾（zú zī）栗斯[②]，喔咿嚅唲（ér）[③]，以事妇人乎？宁廉洁正直以自清乎，将突梯滑稽（gǔ jī）[④]，如脂如韦[⑤]，以絜楹乎[⑥]？宁昂昂若千里之驹乎，将汜汜若水中之凫，与波上下，偷以全吾躯乎？宁与骐骥亢轭（kàng è）乎[⑦]，将随驽马之迹乎？宁与黄鹄（hú）比翼乎，将与鸡鹜争食乎？此孰吉孰凶？何去何从？世溷（hùn）浊而不清：蝉翼为重，千钧为轻；黄钟毁弃，瓦釜雷鸣；谗人高张，贤士无名。吁嗟默默兮，谁知吾之廉贞！"

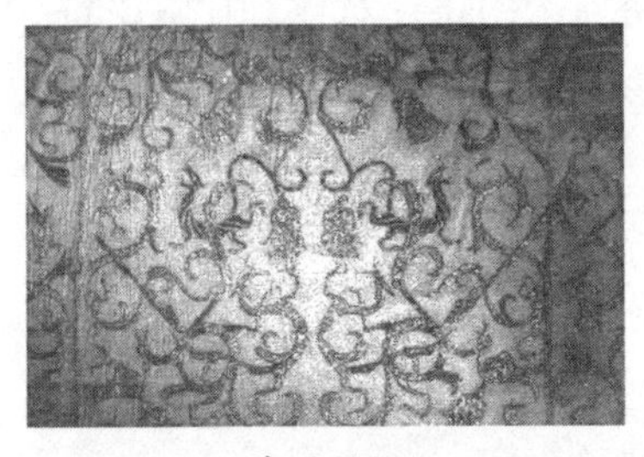
楚国丝绸

①悃悃款款：诚实勤恳的样子。②呢訾：以言献媚。栗斯：阿谀奉承状。③喔咿嚅唲：强颜欢笑的样子。④突梯：圆滑的样子。滑稽：指应付无穷、善于迎合别人。⑤如脂如韦：像油脂一样光滑，像熟牛皮一样柔软。⑥絜：用绳子围绕圆柱形物体。楹，柱子。⑦亢轭：并驾而行。亢，同"伉"，并也；轭，车辕前端的横木。

【译文】

屈原说："我是诚恳朴实、忠心耿耿呢，还是迎来送往、巧于逢迎？是开荒锄草、勤劳耕作呢，还是交游权贵、争名逐利呢？仗义直言为自己招祸呢，还是顺从世俗苟且偷生？是遗世独立保持正直操守呢，还是阿谀逢迎、强颜欢笑来侍奉那位妇人？是清廉正直保持自己的清白呢，还是左右逢源、趋炎附势？是做志向高远的千里马呢，还是像流浪的野鸭随波逐流保全自身？是与千里马并驾齐驱呢，还是跟在那劣马身后亦步亦趋呢？是和鸿鹄比翼高飞呢，还是同鸡鸭在地上争食？上述种种，何为吉何为凶，哪个该舍弃哪个该遵从？现在的世道混浊不清：认为蝉翼是重的，千钧是轻的；黄钟大吕被毁弃，瓦釜陶罐却响如雷鸣；谗佞小人飞扬跋扈，忠臣贤士湮没无闻。唉，沉默吧，谁能知道我廉洁忠贞的心哪！”

曾侯乙墓出土的编钟

詹尹乃释策而谢曰：“夫尺有所短，寸有所长；物有所不足，智有所不明；数有所不逮，神有所不通。用君之心，行君之意。龟策诚不能知此事。”

【译文】

郑詹尹于是放下蓍草道歉说：“尺长但也有短处，寸短却也有它的长处；世间万物都有不足，人有智慧有时也糊涂；术数有占卜不到的事情，天神也有难断之事。遵从您的内心，去做您想做的事吧！龟甲和蓍草实在不能解决您的疑惑！”

【精彩赏析】

本文中屈原连问八句，正反对照，来体现他心中的痛苦和不解，表达了对混淆是非、不问曲直的混浊世风的控诉和批判。

对楚王问

宋玉

【题解】

宋玉是继屈原之后楚辞的代表人物，楚国辞赋家，作为文学侍从之类的官员，著有《九辩》。本文是宋玉面对楚襄王的质疑、别人的诋毁，为自己进行的巧妙的辩解。

楚襄王问于宋玉曰：“先生其有遗行与①？何士民众庶不誉之甚也！”宋玉对曰：“唯，然，有之！愿大王宽其罪，使得毕其辞。客有歌于郢中者，其始曰《下里》《巴人》，国中属而和者数千人。其为《阳阿（ē）》《薤（xiè）露》②，国中属而和者数百人。其为《阳春》《白雪》，国中有属而和者，不过数十人。引商刻羽[3]，杂以流徵[4]，国中属而和者，不过数人而已。是其曲弥高，其和弥寡。

楚国彩绘凤鱼纹漆盂

①遗行：不好的行为。②《阳阿》《薤露》：两种稍为高级的歌曲。③引：引用。刻：刻画。商、羽、徵：五个音级中的三个。④流：流畅。

【译文】

楚襄王向宋玉问道："先生难道有什么不好的行为吗？为什么百姓都说您不好呢？"宋玉回答说："是的，不错，有这么回事。但希望您能宽恕我的罪过，让我把话说完。有一位在郢唱歌的人，开始唱《下里》《巴人》，都城里跟着唱的有数千人，接着他唱《阳阿》《薤露》，都城里跟着唱的有数百人，后来他唱《阳春》《白雪》，都城里跟着唱的不过几十人，最后他时而商音，时而羽声，间杂以流利的徵音，这时都城跟着唱的不过数人而已。这是因为他唱的歌越是高雅，能和唱的就越少。"

故鸟有凤而鱼有鲲。凤凰上击九千里，绝云霓，负苍天，足乱浮云，翱翔乎杳冥（yǎo）之上[1]。夫藩篱之鷃（yàn）[2]，岂能与之料天地之高哉？鲲鱼朝发昆仑之墟，暴鬐（qí）于碣石[3]，暮宿于孟诸[4]。夫尺泽之鲵（ní），岂能与之量江海之大哉[5]？故非独鸟有凤而鱼有鲲，士亦有之。夫圣人瑰意琦（qí）行[6]，超然独处，世俗之民，又安知臣之所为哉？"

①杳冥：指极远的地方。②藩篱：篱笆。鷃：一种小鸟。③暴：暴露。鬐：鱼脊。④孟诸：古代大泽名，在今河南商丘东北、虞城西北。⑤鲵：小鱼。量：衡量，计量。⑥瑰意琦行：卓越的思想、美好的操行。

【译文】

所以鸟中有凤凰鱼中有大鲲。凤凰拍击翅膀，直上九千里的高空，穿破云霄，背负青天，在苍茫的天空中展翅翱翔；而那跳跃在篱笆之间的鷃雀，哪能和凤凰一样比量天地的高大呢？鲲鱼早上从昆仑山出发，在碣石上休息，晚上在孟诸大泽中歇息；那处于小小池塘之中的鱼儿，怎能与大鲲一样知道江海的浩瀚呢？不只是鸟中有凤鱼中有鲲啊！在'士'中也有卓尔不群的人。那些高士有如美玉般纯洁的品行，遗世独立；而那些世上的凡夫俗子又怎能理解他的行为呢？"

楚国彩绘牛马鸟纹漆扁壶

【精彩赏析】

本文的精彩之处在于巧设比喻和设问，采用排比的形式，来表现自己卓尔不群、清高孤傲的品质。阳春白雪、下里巴人，也成为了高雅和低俗的代名词。

五帝本纪赞

【题解】

《史记》是中国第一部纪传体通史，记载了上起皇帝下至汉武帝三千多年的历史，位于“二十四史”之首，是中国古代最重要的历史文献资料之一。同时，作者司马迁还将文学和历史相结合，使这部史书同时具有文学的审美和韵味，被后世称为“史家之绝唱，无韵之《离骚》”。

《史记》的首篇为《五帝本纪》，而本文是《五帝本纪》之后的赞语，表达的是司马迁对于五帝史实的看法和评价。类似这样的赞语的文章常以“太史公曰”作为开头以引出议论或总结的文字。

司马迁墓

太史公曰：学者多称五帝，尚矣。然《尚书》独载尧以来，而百家言黄帝，其文不雅驯①，荐绅先生难言之②。孔子所传《宰予问五帝德》及《帝系姓》，儒者或不传。余尝西至空峒，北过涿鹿，东渐于海，南浮江淮矣，至长老皆各往往称黄帝、尧、舜之处，风教固殊焉。总之，不离古文者近是。予观《春秋》《国语》，其发明《五帝德》《帝系姓》章矣，顾弟弗深考，其所表见皆不虚。书缺有间矣，其轶③乃时时见于他说。非好学深思，心知其意，固难为浅见寡闻道也。余并论次④，择其言尤雅者，故著为本纪书首。

山西临汾虞舜殿

①雅驯：事有所依，文辞优美。驯：通“训”。②荐绅：古代高级官吏的装束，借指士大夫。绅：古代士大夫系的大带子。③轶：通“逸”，遗失。这里指逸文。④余并论次：我合并了诸子百家的书，

排成撰论的次序。

【译文】

中华帝尧钟

太史公道："学者们都认为五帝时的事已经很久远的了。《尚书》独独记载自尧以来的历史，而诸子百家说黄帝时，并无所依，言辞也不优美，所以士大夫都难辨其真假。孔子所记述的《宰予问五帝德》和《帝系姓》，儒家学者不做深入探究而且不肯传述。我曾经到西方的崆峒山，北至涿鹿县，东到入海口，南面直到淮水、长江中间。凡到过的地方，那些年长的人都常常说那是黄帝、尧、舜统治过的地方，风气教化，是与众不同的。总而言之，只要不和古文差得很远，都是可供参考的。我曾阅读《春秋》《国语》，那里面有《五帝德》《帝系姓》等文章，很是明显。但仅仅纵观其书，而不进行深入研究，它所表现出来的东西看似不假。《尚书》原是残缺的，所以它遗漏的事件，反倒常常在其他学说中看见。如果不是好学深思，心中完全明白书的意思，就很难被那些浅陋寡闻的人接受，我选用了百家的书编成次序，挑选出其中文辞优美的语段，作为《史记》的第一章开篇。

【精彩赏析】

作者在反复曲折中探求有关五帝的史实，在古代典籍中发幽探微，理出五帝的历史事件，游览各地，深考古书。由此文便可见司马迁明辨真伪、求实求真的史学观。

项羽本纪赞

【题解】

本文出自《史记》，为《项羽本纪》的赞语部分，是司马迁对项羽的评论。司马迁在《项羽本纪赞》一文中既肯定项羽的丰功伟绩，又对项羽的致命错误作出严肃的批评。这样的一赞一叹、一扬一抑，表现了司马迁对项羽的无限惋惜。

太史公曰：吾闻之周生曰："舜目盖重瞳子①。"又闻项羽亦重瞳子。羽岂其苗裔邪？何兴之暴也？夫秦失其政，陈涉首难，豪杰蜂起，相与并争，不可胜数。

然羽非有尺寸，乘势起陇亩[②]之中，三年，遂将五诸侯灭秦，分裂天下而封王侯[③]，政由羽出，号为霸王，位虽不终，近古以来，未尝有也。及羽背关怀楚，放逐义帝而自立，怨王侯叛己，难矣。自矜功伐[④]，奋其私智，而不师古，谓霸王之业，欲以力征经营天下，五年，卒亡其国，身死东城，尚不觉寤[⑤]，而不自责，过矣。乃引“天亡我，非用兵之罪也”，岂不谬哉！

①重瞳子：一个眼珠里有两个瞳孔，古人认为这是神异的人物。②陇亩：田野，指民间。③封王侯：项羽自封为西楚霸王，分封抗秦诸将为十八王侯。④矜：夸耀。攻伐：功劳。⑤觉寤：觉醒。寤，通“悟”。

项羽

【译文】

太史公说：我先前曾听周先生说：“舜的每只眼睛都有两个瞳孔”，又听说项羽也有两个瞳孔。项羽莫非是舜的后代吗？不然怎么会突然崛起呢？当时秦朝暴虐无道，陈涉首先发难，各地豪杰们都蜂拥而起，你争我夺，举不胜举。而项羽并没有尺寸之地，而是以一个平民百姓的身份突然崛起的。结果不出三年，就率领着东方的诸侯们灭掉了秦朝。接着分割土地，分封王侯，所有政令都由其一人发布，自称“西楚霸王”。他的事业虽然没能善始善终，但像他这样轰轰烈烈的，也是自古少有。可是后来他不定都关中，却非要回到楚国，又驱逐了义帝而自尊为王，这时候他再埋怨王侯们背叛他，那就很难啦！他夸耀战功，一意孤行而不吸取经验教训，只想着成为一代霸主，只用武力征伐经营天下，结果五年的时间，弄了个国灭身亡。到临死的时候还不悔悟，还不知道反省自身，说什么“这是老天要灭亡我，不是我仗打得不好”，这真是太荒谬了！

虞姬

【精彩赏析】

此篇一唱三叹，收束全文。篇末对项羽宿命论的批判毫不留情。体现了太史公对项羽这个人物的客观评价，同时也表现了他对心目中的英雄伟业未成的扼腕叹息。

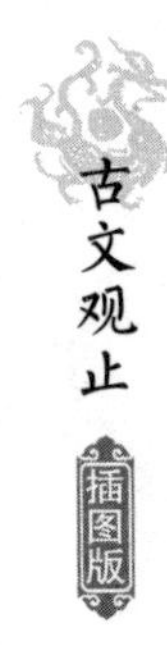

秦楚之际月表

【题解】

秦楚之际，指秦二世元年至西楚霸王项羽自杀这段历史时期。《史记》其他各表都按年纪事，唯此表以“月”记。这是因为当时天下纷乱，变化旦夕之间，不可以年记，又因距汉较近，史料丰富，故以月纪事。

始皇帝

太史公读秦楚之际，曰：初作难，发于陈涉；虐戾灭秦自项氏；拨乱诛暴，平定海内，卒践帝祚（zuò）①，成于汉家。五年之间，号令三嬗（shàn）②，自生民以来，未始有受命若斯之亟（jí）③也！

①践：登上，踏上。祚：帝位。②三嬗：三次更替。指陈涉、项氏、汉高祖。嬗，通“禅”。③亟：急切，急速。

【译文】

太史公研读有关秦楚交际的大事，说：最初造反的是陈涉，残酷地灭掉秦朝的是项羽，拨乱反正、诛除凶暴、平定天下、登上帝位的是汉家。五年之间，国号变了三次，自古以来，帝王受天命的变更，还没如此频繁过呀。

昔虞、夏之兴，积善累功数十年，德洽百姓，摄行政事，考之于天，然后在位。汤、武之王，乃由契、后稷，修仁行义十余世，不期而会孟津八百诸侯①，犹以为未可，其后乃放弑。秦起襄公，章于文、缪，献、孝之后，稍以蚕食六国，百有余载，至始皇乃能并冠带之伦②。以德若彼，用力如此，盖一统若斯之难也！

铜车马

①孟津，地名，在今河南省孟州市，又名河阳渡。周武王伐纣，曾在这里会集八百诸侯。②冠带之伦：高冠大带之辈，指六国诸侯。

【译文】

汉高祖

往昔虞舜、夏禹兴起的时候，用几十年的时间积累善行和功劳，百姓都受到他们恩德的润泽，他们代理履行君主的政事，接受上天的考验，然后才即位。商汤、周武称王是由契、后稷开始修行仁政，经历了十几代，到周武王时，竟然没有约定就有八百诸侯到孟津相会，还认为时机不到。从那时以后，才放逐了夏桀，杀了殷纣王。秦国从襄公兴起，在文公、穆公时聚集了强大的国力，到献公、孝公之后，逐步吞并六国土地。经历了一百多年，到了始皇帝才兼并了六国诸侯。实行德治像虞、夏、汤、武那样，使用武力像秦国这样，才能成功，统一天下是如此艰难啊。

秦既称帝，患兵革不休，以有诸侯也，于是无尺土之封，堕坏名城①，销锋镝（dí）②，锄豪杰，维万世之安③。然王迹之兴，起于闾巷，合从讨伐，轶于三代④。乡秦之禁⑤，适足以资贤者为驱除耳，故奋发其所为天下雄，安在无土不王？此乃传之所谓大圣乎？岂非天哉？岂非天哉？非大圣孰能当此受命而帝者乎？

①堕：毁坏。②销：熔化。锋：刀刃。镝：箭头。③维：同“惟”。度量，计算。④轶：胜过。三代：谓夏、商、周三代。⑤乡：通“向”。从前。

【译文】

跪射俑

秦称帝之后，担心过去之所以战争不断，是因为诸侯分封。因此，连一寸土地都没有分封，而且毁坏有名的城池，销毁刀箭，铲除豪杰，用来维护万世帝业的安定。然而帝王的功业，兴起于民间，各路英雄互相联合，讨伐暴秦，超过了三代。从前秦国的禁令，恰好用来辅助英雄排除创业的困难。因此，发奋而成为天下的英雄，怎么能说没有封地便不能成为帝王呢？这就是上天把帝位传给所说的圣贤吧！这难道不是天意吗？这难道不是天意吗？如果不是圣贤，谁能在这乱世承受天命建立帝业呢！

【精彩赏析】

本文以三代及秦王朝建立统一政权的艰难，与秦汉之际五年之中三易帝王大旗的迥异现象加以对比，阐述作者对胜败兴衰的看法，观点独到。

孔子世家赞

【题解】

本文出自《史记》。孔子世家赞充分表达了作者对孔子的推崇，他一直向往着孔子的境界，崇拜孔子的贤德，但其中难免有些溢美之词，略施偏颇。

孔子圣迹图　在陈绝粮

太史公曰：《诗》有之：“高山仰止①，景行行止②。”虽不能至，然心乡往之。余读孔氏书，想见其为人。适鲁，观仲尼庙堂车服礼器，诸生以时习礼其家，余祗（zhī）回③留之不能去云。天下君王至于贤人众矣，当时则荣，没则已焉。孔子布衣，传十余世，学者宗之。自天子王侯，中国言《六艺》者折中于夫子，可谓至圣矣！

①仰，这里是仰慕、敬仰的意思。②景行，大道。这里喻指高尚的品德。止，句末语气助词，无意义。③祗回：相当于“低回”，流连。

【译文】

太史公说：诗经上有句话：“高山，人们仰望他。大道，人们向它前进。”虽不能到达，然而心却向往着。我读了孔子的书，想象他的为人。到了鲁国，看孔子的庙堂、衣服、礼器，学生们按时在孔子的家里学习礼仪，我留恋这里，不想回去。天下的君主和圣贤很多，生时他们荣耀，死后

孔子圣迹图　四子侍坐

就没落了。孔子是个平民，却被传颂了百年，学习他的人尊敬他。自天子王侯起，中原说六艺的调和源于孔子，可以说他是至圣了。

【精彩赏析】

此文虚实结合。开篇引用《诗经》的话，抒发作者的感慨，乃是凭虚而起。中间部分叙写在孔子故居的所见与感受。结尾部分用“可谓至圣矣”来做结论。令人信服。

伯夷列传

【题解】

本篇出自《史记》，是伯夷和叔齐的合传，冠《史记》列传之首。在这篇列传中，作者于大量论赞之中，夹叙了伯夷、叔齐的简短事迹，极力颂扬他们仁德义行、清风高洁的崇高品格。

伯夷叔齐

夫学者载籍极博①，犹考信于《六艺》②。《诗》《书》虽缺③，然虞、夏之文可知也④。尧将逊位⑤，让于虞舜。舜禹之间，岳牧咸荐⑥，乃试之于位，典职数十年⑦，功用既兴，然后授政。示天下重器，王者大统，传天下若斯之难也。而说者曰：“尧让天下于许由，许由不受，耻之，逃隐。及夏之时，有卞随、务光者。此何以称焉？太史公曰：余登箕山，其上盖有许由冢云。孔子序列古之仁圣贤人，如吴太伯、伯夷之伦详矣。余以所闻由、光义至高，其文辞不少概见，何哉？

①载籍：书籍。②《六艺》：即《六经》。指《诗》《书》《礼》《乐》《易》《春秋》。③《诗》《书》虽缺：相传孔子曾经删定《诗经》《尚书》，多有缺亡。④虞、夏之文：指《尚书》中的《尧典》《舜典》《大禹谟》。⑤逊：让，退位。⑥咸：全，都。⑦典职：任职。此指代理职务。典，主持。

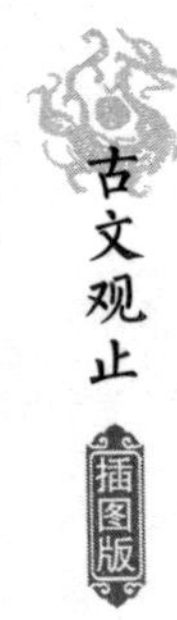

【译文】

有学问的人，阅览的书籍很广泛，但仍然要从“六艺”中查考可信的依据。《诗经》《尚书》虽残缺不全，然而有关虞、夏史事的记载还是可以看到的。唐尧将要退位的时候，决定禅让给虞舜。而虞舜以及后来的夏禹，四岳九牧都一致推荐，他们才试任官职管理政事几十年。等到他们的功业已成，然后才把帝位传给他们。给予国家重器，传承帝位是这样的艰难啊！但是，有人却说：尧要将帝位让给许由，许由不肯接受，并以此为耻而逃避隐居起来。到了夏代，又有卞随、务光两个人不肯接受帝位，双双投水而死。这又怎么说呢？太史公说：我曾经登上箕山，那上面居然有许由的墓呢。孔子排列论述古代的仁人、圣人和贤能之人，像吴太伯、伯夷这些人，记载十分详尽。我所听说的许由、务光，他们的德义是极高的，而有关他们的文字经书里记载却很少，这是为什么呢？

孔子曰：“伯夷、叔齐，不念旧恶，怨是用希①。”“求仁得仁，又何怨乎？”余悲伯夷之意，睹轶诗可异焉②。其传曰：伯夷、叔齐，孤竹君之二子也。父欲立叔齐，及父卒，叔齐让伯夷。伯夷曰：“父命也。”遂逃去。叔齐亦不肯立而逃之。国人立其中子。于是伯夷、叔齐闻西伯昌善养老，盍往归焉③。及至，西伯卒，武王载木主④，号为文王，东伐纣。伯夷、叔齐叩马而谏曰：“父死不葬，爰及干戈⑤，可谓孝乎？以臣弑君，可谓仁乎？”左右欲兵之。太公曰：“此义人也。”扶而去之。武王已平殷乱，天下宗周，而伯夷、叔齐耻之，义不食周粟，隐于首阳山，采薇而食之。及饿且死，作歌。其辞曰：“登彼西山兮，采其薇矣。以暴易暴兮，不知其非矣。神农、虞、夏忽焉没兮，我安适归矣？于（xū）嗟徂（cú）兮⑥，命之衰矣！”遂饿死于首阳山。由此观之，怨邪非邪？

①怨是用希：即“怨用是希”。意思是怨恨因此就少了。②轶诗：指下文《采薇》诗。轶，通“逸”“佚”，散失。③盍：何不。④木主：象征死者的木制牌位。⑤爰：于是就。干，盾。戈，戟。此处引申为战争。⑥于嗟：叹词，表示惊异。徂：通“殂”，死亡。

【译文】

孔子说：“伯夷、叔齐，不记旧仇，因此毫无怨言。”又说，他们“追求仁便得到了仁，又怨恨什么呢？”我悲叹伯夷，读到他们留下的逸诗而觉得事情有些奇怪。他们的传记里写道：伯夷、叔齐，是孤竹君的两个儿子。父亲想立叔齐为君，等到父亲死后，叔齐又让位给长兄伯夷。伯夷说：“这是父亲的遗愿。”于是就逃走了。叔齐不肯继承君位也逃避了。国中的人就只好立他们的另一个兄弟。正当这个时候，伯夷、叔齐听说西伯姬昌敬重老人，便商量着说：我们何不去投奔他呢？等到他们到的时候，西伯已经死了，他的儿子武王用车载着灵牌，尊他为文王，正向东进发，讨伐纣王。伯夷、叔齐拉住武王战马劝阻说："父亲去世尚未安葬，就大动干戈，能谈得上孝吗？以臣子的身份杀害君主，能说得上是仁吗？"武王身边的人想杀死他们，太公姜尚说："这是两位义士啊！"扶起他们，送走了。武王平定殷乱以后，天下都归顺于周朝，而伯夷、叔齐以此为耻，坚持大义不吃周朝的粮食，并隐居在首阳山，采摘野菜充饥。待到饿到快要死了的时候，作了一首歌，歌辞说："登上首阳山，采薇做食粮，残暴代残暴，不知错无边？神农虞夏死，我欲归附难！可叹命将尽，生命已衰残！"就这样二人饿死在首阳山。从这种情况看，伯夷、叔齐是怨呢？还是不怨呢？

或曰："天道无亲，常与善人。"若伯夷、叔齐，可谓善人者非邪？积仁洁行如此而饿死！且七十子之徒，仲尼独荐颜渊为好学。然回也屡空。糟糠不厌，而卒蚤夭。天之报施善人，其何如哉？盗跖日杀不辜，肝人之肉①，暴戾恣睢②，聚党数千人横行天下，竟以寿终。是遵何德哉？此其尤大彰明较著者也。若至近世，操行不轨，专犯忌讳，而终身逸乐，富厚累世不绝。或择地而蹈之，时然后出言，行不由径③，非公正不发愤，而遇祸灾者，不可胜数也。余甚惑焉，傥所谓天道，是邪非邪？

①肝人之肉：挖人肝脏当动物的肉吃。按"盗跖"云云，均系当时对这位奴隶起义领袖的诬称。②暴戾：粗暴乖张，残酷凶恶。恣睢：任意胡为。③行不由径：不从小路行走，比喻光明正大。径，小路。

【译文】

有人说："上天待人是没有偏私的，它总是向着为善之人。"那么，像伯夷、叔齐，可以叫作善人呢，还是不算呢？他们聚积仁德、修养品行达到这般地步，而终致饿死！再说在七十个弟子中间，孔子仅仅称颜渊是好学的人，但颜渊却一生穷困潦倒，连糟糠都吃不饱，终于过早地去世了。那种认为上天总是眷顾、恩赐善人的说法，又怎么样呢？盗跖每天都杀害无辜，吃人的心肝，凶横残暴，聚集党徒数千人横行天下，竟然高寿而死。他遵行什么道德呢？这都是些特别著名又明显的例子。如果说到近世，有些人行为不轨，专门触犯法律，却享受安逸和快乐，子孙都保有丰厚的产业。那些选好了道路才抬脚，看准了时机才说话，从不走邪道，不是正义的事绝不去做，反而遭受祸殃的人，是多得没法数的。我非常怀疑，如果说这是天道，那这天道是合理呢？还是不合理呢？

子曰："道不同，不相为谋。"亦各从其志也。故曰："富贵如可求，虽执鞭之

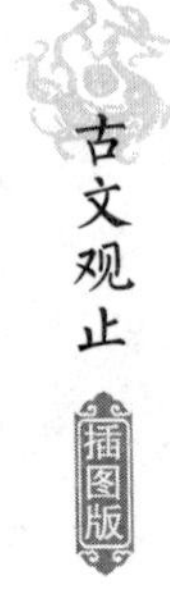

士，吾亦为之。如不可求，从吾所好。”“岁寒，然后知松柏之后凋。”举世混浊，清士乃见。岂以其重若彼，其轻若此哉？

【译文】

孔子说过：“道德见解不同是不能共同谋划事情的。”也只能各自依照自己的意愿行事罢了。所以他说：“富贵如能追求到手，那么，即使让我执鞭为马夫，我也愿意干。如果不能追求，还是按照我所喜好的去做吧。”“岁月到了寒冷的季节，才知道松柏是最后凋落的。”整个世道都浑浊的时候，品行高洁的人才显现出来。难道是因为他们把道德看得太重，或将富贵看得太轻吗？

“君子疾没世而名不称焉①。”贾子曰：“贪夫徇财②，烈士徇名③，夸者死权，众庶冯生。”“同明相照，同类相求。”“云从龙，风从虎，圣人作而万物睹。”伯夷、叔齐虽贤，得夫子而名益彰。颜渊虽笃学，附骥尾而行益显④。岩穴之士⑤，趣舍有时若此⑥，类名堙灭而不称⑦，悲夫！闾巷之人，欲砥行立名者，非附青云之士，恶能施于后世哉？

①疾，痛恨。称，称颂，赞许。②徇财：为了达到获得财物的目的而牺牲性命。③烈士：有志于功业的人。④附骥尾：苍蝇附千里马尾而行千里，比喻追随名人、受到名人的称扬而成名。⑤岩穴之士：在山野隐居的人。⑥趣：趋向。舍：隐退。⑦堙灭：埋没。

【译文】

孔子说：“有道德的人最怕的是死后名声不传。”贾谊说：“贪婪的人为财丢命，烈士为名献身，骄纵者为权势而死，普通百姓都爱惜性命。”《易经·乾卦》说：“明亮的东西就互相辉映，同样的事物则互相应求。”“云从龙而生，风伴虎而起，圣人出现，万物注目。”伯夷、叔齐虽是贤人，不过因为孔子的赞扬而声名昭著。颜渊虽然好学，也不过因为追随孔子而德行越发显露。岩穴隐居之士，取舍有时就像这样，这些人名声被淹没，实在是可悲的事！世间的平常人，想修养德行，树立名望，如果不依附那名望、地位极高的人，哪能留名于后世呢？

【精彩赏析】

文章抒发了天道与人事相违背的现实，有力地抨击了“天道无亲，常与善人”的谎言，对天道赏善罚恶的报应论，提出了大胆的怀疑，充分体现了作者无神论的观点。文章比照鲜明，一目了然；不露锋芒却耐人寻味。太史公润笔泼墨之间，可略见其笔力之一斑。

管晏列传

【题解】

这是《史记》中管仲、晏婴两位政治家的合传。两位都是齐国名相，为齐做出巨大贡献。本文写鲍叔牙、晏子知人善任的故事，鲍叔牙不计较管仲的小缺点，而注重他的大才干；晏子对越石父以礼相待，引荐车夫。作者赞美鲍叔牙与晏子，同时也抒发了自己未遇知己的感叹。

管仲夷吾者①，颍上人也。少时常与鲍叔牙游②，鲍叔知其贤。管仲贫困，常欺鲍叔③，鲍叔终善遇之，不以为言。已而鲍叔事齐公子小白④，管仲事公子纠⑤。及小白立为桓公，公子纠死，管仲囚焉。鲍叔遂进管仲。管仲既用，任政于齐，齐桓公以霸，九合诸侯，一匡天下，管仲之谋也。

晏婴

①管仲：名夷吾，春秋初期政治家。②鲍叔牙：齐国大夫。游：交游，来往。③欺：意谓占便宜。④公子小白，齐襄公弟，即齐桓公。⑤公子纠，齐襄公弟。

【译文】

管仲，名叫夷吾，是颍上人。年少时常常与鲍叔牙交往，鲍叔牙知道他是有才华的人，管仲家贫困，经常占鲍叔牙的小便宜，鲍叔牙依旧对他很好，什么也不说。后来，鲍叔牙侍奉齐国公子小白，管仲侍奉公子纠。公子小白即位便是齐桓公，桓公杀了公子纠，管仲被囚禁。于是鲍叔牙向齐桓公推荐管仲。管仲被任用，桓公称霸，多次会合诸侯，使天下归正，这都是管仲的智谋。

管仲曰："吾始困时，尝与鲍叔贾，分财利多自与，鲍叔不以我为贪，知我贫也。吾尝为鲍叔谋事而更穷困，鲍叔不以我为愚，知时有利不利也。吾尝三仕三见逐于君，鲍叔不以我为不肖，知我不遇时。吾尝三战三走，鲍叔不以我怯，知我有老母也。公子纠败，召忽死之，吾幽囚受辱，鲍叔不以我为无耻，知我不羞

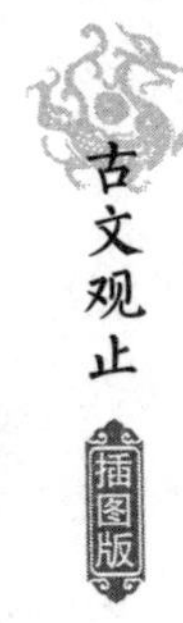

小节而耻功名不显于天下也。生我者父母，知我者鲍子也。”

【译文】

管仲说：“我贫困的时候，曾经和鲍叔牙经商，分钱时常常偏向自己，但鲍叔牙不嫌弃我贪财，知道我生活贫困。我曾经为鲍叔牙办事，结果办事不利，但鲍叔牙不嫌弃我愚笨，知道时机有利也有不利。我曾经多次做官被君主免职，但鲍叔牙不认为我没有能力，知道我没有受到重用。我曾多次作战，多次战败逃跑，但鲍叔牙不嫌弃我胆小，知道我还有老母亲。公子纠失败，召忽死去，我被囚禁饱受屈辱，但鲍叔牙不认为我无耻，知道我不会为小节蒙羞，却以功名不显赫为耻。生我的是父母，了解我的是鲍叔牙啊！”

鲍叔既进管仲，以身下之。子孙世禄于齐，有封邑者十余世，常为名大夫。天下不多管仲之贤而多鲍叔能知人也。

【译文】

鲍叔牙推荐了管仲后，自己的官位却在管仲之下。他的子孙世世代代在齐国享有俸禄，得到封地的有十几代，多数是著名的大夫。因此，天下的人并不称赞管仲的才干，反而赞美鲍叔牙能够识别人才，举荐人才。

管仲纪念馆

既任政相齐，以区区之齐在海滨，通货积财，富国强兵，与俗同好恶。故其称曰：“仓廪实而知礼节，衣食足而知荣辱，上服度则六亲固①。四维②不张，国乃灭亡。下令如流水之源，令顺民心。”故论卑而易行③。俗之所欲，因而予之；俗之所否，因而去之。

①服，服御，使用。度，制度。六亲，父、母、兄、弟、妻、子。②四维：指礼义廉耻。③论卑而易行：政令符合民情，容易为人们所执行。

【译文】

管仲出任齐相执政，凭借着小小的齐国在海滨，流通货物，积聚财富，使得国家富强兵力充足，与百姓同好恶。所以，他在《管子》一书中说：“储备充实了，百姓才懂得礼节；衣食丰足了，百姓才能懂得荣辱；国君服从法度，“六亲”才会得以稳固，不提倡礼义廉耻，国家就会灭亡。国家下达政令要像水的源头，顺承民意。命令符合民心就容易推行。百姓想要的，就给他们；百姓反对的，就废除。

其为政也，善因祸而为福，转败而为功。贵轻重，慎权衡。桓公实怒少姬[1]，南袭蔡，管仲因而伐楚，责包茅不入贡于周室。桓公实北征山戎，而管仲因而令燕修召公之政。于柯之会，桓公欲背曹沫之约，管仲因而信之，诸侯由是归齐。故曰："知与之为取，政之宝也。"

①少姬：即桓公夫人蔡姬，曾荡舟戏弄桓公，桓公惧而变色，禁止不听，于是发怒，遣其归蔡，但未断绝关系。

【译文】

管仲执政，善于把祸患转化为福事，使失败转化为成功。他重视轻重，慎重权衡。齐桓公实际上怨恨少姬改嫁，所以袭击南方的蔡国，管仲就要攻打楚国，责备它没有向周王室进贡菁茅。桓公实际上是向北出兵征讨山戎，而管仲就让燕国整顿召公时期的政教。在柯地会盟，桓公想背弃曹沫的盟约，管仲就劝他信盟约，诸侯们因此归顺齐国。所以说："知道给予是为了得到，这是政治上的法宝。"

管仲富拟于公室，有三归、反坫（diàn）[1]，齐人不以为侈。管仲卒，齐国遵其政，常强于诸侯。后百余年而有晏子焉。

①反坫：周代诸侯宴会时，在正堂两旁设有放空酒杯的土筑平台叫坫，诸侯互相敬酒后，将酒杯反置在坫上。

【译文】

管仲富贵可以跟国君相比，拥有三归和反坫，齐国人却不认为他奢侈。管仲死后，齐国仍遵循他的政策，常比其他诸侯国强大。过了几百年齐国又有了晏婴。

晏平仲婴[1]者，莱之夷维人也[2]。事齐灵公、庄公、景公，以节俭力行重于齐。既相齐，食不重肉，妾不衣帛。其在朝，君语及之，即危言；语不及之，即危行。国有道，即顺命；无道，即衡命[3]。以此三世[4]显名于诸侯。

①晏平仲婴：晏婴字平仲，春秋时齐国大夫。②莱：古国名，在今山东龙口。夷维：今山东省高密县。③衡命：衡量着行事。④三世：齐灵公、庄公、景公三代国君。

【译文】

晏平仲，名婴，是齐国莱地夷维人。他辅佐了齐灵公、庄公、景公，由于节俭勤奋受到人们的尊重。他做了齐国宰相，吃饭不要求有肉，妻妾不穿丝绸。在朝廷上，国君说话谈到他，就直言不讳；国君的话不涉及他，就勤恳办事。国君

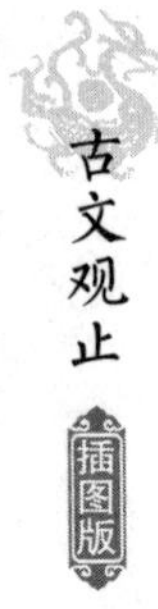

行正道，就顺从命令去做，不行正道时，就斟酌着去办。因此，他接连三朝闻名于诸侯。

越石父[①]贤，在缧绁（léi xiè）[②]中。晏子出，遭之涂，解左骖赎之[③]，载归。弗谢，入闺。久之，越石父请绝。晏子戄（jué）然，摄衣冠谢曰[④]：“婴虽不仁，免子于厄，何子求绝之速也？”石父曰：“不然。吾闻君子诎于不知己而信于知己者。方吾在缧绁中，彼不知我也。夫子既已感寤[⑤]而赎我，是知己；知己而无礼，固不如在缧绁之中。”晏子于是延入为上客。

①越石父：齐国贤人。②缧绁：捆绑犯人的绳索。引申为囚禁。③涂：通“途”。骖：古代指驾在车两旁的马。④戄然：敬畏的样子。摄：整理。⑤感寤：受到感动而醒悟。

【译文】

越石父是个贤人，在囚禁之中。晏子外出，在路上遇到他，就解开车左边的马把他赎了出来，用车拉回家。晏子没有向越石父告辞，就走进了房间，过了好久没出来，越石父就请求与晏子绝交。晏子很惊讶，整理好衣服道歉说：“我虽然说不上仁义，也帮助您逃离牢狱，您为什么这么快就要绝交呢？”越石父说：“不是这样的，我听说君子在不了解自己的人那里不被尊重而在了解自己的人面前能受到礼待。当我被囚禁的时候人们不了解我。你既然已经把我赎出来，就是了解我；却不以礼相待，还不如让我被囚禁。”晏子便请他进屋并待为贵宾。

晏子为齐相，出，其御之妻从门间而窥其夫。其夫为相御，拥大盖，策驷马，意气扬扬甚自得也。既而归，其妻请去。夫问其故。妻曰：“晏子长不满六尺，身相齐国，名显诸侯。今者妾观其出，志念深矣[①]，常有以自下者[②]。今子长八尺，乃为人仆御，然子之意自以为足，妾是以求去也。”其后夫自抑损[③]。晏子怪而问之，御以实对。晏子荐以为大夫。

①志念深矣：志向和思想深远。②常有以自下者：经常表现出自居人下的样子。③抑损：谦逊。

【译文】

晏子做齐国宰相时坐车外出，车夫的妻子从门缝里偷偷地看她的丈夫。他丈夫驾车，头上遮着大伞，赶着四匹马，自鸣得意。回到家里，妻子就要求离婚，车夫问她原因，妻子说：“晏子身高不过六尺，却做了齐国的宰相，在各个诸侯中名声显赫，今天我看他外出时谨言慎行。而你身高八尺，才不过是别人的车夫，还自以为是，因此我要和你离婚。”从此以后，车夫就谦虚起来。晏子感到很奇怪就问他，车夫如实相告。晏子推荐他做了大夫。

太史公曰：吾读管氏《牧民》《山高》《乘马》《轻重》《九府》及《晏子春秋》，详哉其言之也。既见其著书，欲观其行事，故次其传。至其书，世多有之，是以不论，论其轶事。

【译文】

太史公说：我读过管仲的《牧民》《山高》《乘马》《轻重》《九府》和《晏子春秋》，这些书上写得很详细。读了他们的书，还想了解他们的事迹，所以就写了他们的传记。至于他们的著作，世上已经有很多，因此不再说了，只是说说他们的轶事。

管仲世所谓贤臣，然孔子小之。岂以为周道衰微，桓公既贤，而不勉之至王，乃称霸哉？语曰“将顺其美，匡救其恶，故上下能相亲也”。岂管仲之谓乎？

【译文】

管仲是世人所说的贤臣，然而孔子轻视他，难道是因为周朝衰微，桓公既然贤明，管仲不勉励他实行王道却辅佐他只称霸主吗？古语说：“要顺势助成其善事，纠正他的过错，因此，君臣就能亲密无间。”这难道不是说管仲吗？

方晏子伏庄公尸哭之，成礼然后去，岂所谓“见义不为，无勇”者邪？至其谏说，犯君之颜，此所谓“进思尽忠，退思补过”者哉！假令晏子而在，余虽为之执鞭①，所忻慕②焉。

①执鞭：为人驾驭马车，意谓给人服役。②忻慕：欣喜爱慕。忻，同“欣”。

【译文】

当初晏子伏在庄公尸体上痛哭，行完礼然后离去，难道就是“见义不为，就是没有勇气”的表现吗？至于晏子直言进谏，冒犯国君，这就是人们所说的“在朝竭尽忠心，还家就弥补过失”的人啊！假使晏子还活着，我即使替他赶车，也是非常高兴的啊。

【精彩赏析】

本文写了鲍叔牙对管仲的引荐、扶持，使得管仲在政治上充分发挥才能，辅佐齐桓公成就大业。又写了晏子作为齐国宰相，在遇到贤士时也能以礼相待，对于有上进心的车夫也积极推举。同时写出了晏婴身体力行、节俭力行两大优点。整体脉络清晰、叙事独特、人物形象鲜活，强调了识才举贤的重要性，寄寓了作者世无知己的感慨。

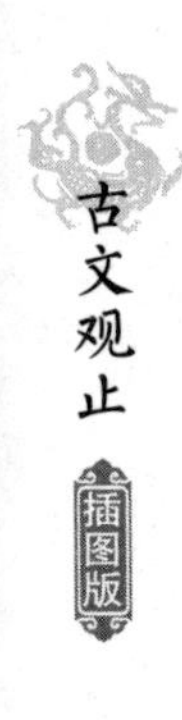

酷吏列传序

【题记】

本文出自《史记》。酷吏，指的是执法严厉的官吏。本文揭露了这些酷吏的残暴冷酷，借酷吏来针砭时弊，意在引起统治者的反思，减轻刑罚，治民以德。

孔子曰："道之以政①，齐之以刑，民免而无耻。道之以德，齐之以礼，有耻且格②。"老氏称："上德不德，是以有德；下德不失德，是以无德③。""法令滋章④，盗贼多有。"太史公曰：信哉是言也！法令者，治之具，而非制治清浊之源⑤也。昔天下之网⑥尝密矣，然奸伪萌起，其极也，上下相遁，至于不振。当是之时，吏治若救火扬沸；非武健严酷，恶能胜其任而愉快乎？言道德者，溺其职⑦矣。故曰："听讼吾犹人也，必也使无讼乎！""下士闻道，大笑之。"非虚言也。汉兴，破觚（gū）而为圜⑧，斲（zhuó）雕而为朴⑨，网漏于吞舟之鱼，而吏治烝烝，不至于奸，黎民艾安。由是观之，在彼不在此。

①道：同"导"，引导，诱导。②齐：统一，整治。格：至，引申为归服。③"上德不德"句：上"德"的人不自恃有德，才称为有"德"；下"德"的人自以为不离德，所以没有达到"德"。④"法令滋章"句：法令越严酷，盗贼越多。滋：更加。章，明显，这里指严酷。⑤制治清浊之源：把国家治理得好坏的根源。⑥昔：这里指秦始皇时代。网：比喻法律。⑦溺其职：失其职，不尽其职。⑧破觚而为圜：去掉棱角，改成圆的。觚：多角棱形的酒器。⑨斲雕而为朴：把物品上的花纹削去，还原它本来的朴素的样子。

【译文】

孔子说："用政令来引导百姓，用刑法来管制百姓，百姓虽能不犯罪，但没有羞耻之心。用道德指导百姓，用礼仪来统一他们的言行，百姓们就既懂得羞耻又顺服。"老子说："最有道德的人，从不标榜自己有道德，因此才真正具有道德；缺失道德的人认为自己没有离失道德，所以他并不真正具有道德。""法令越严酷，盗贼就越多。"太史公说：这些说得都对！法律是治理国家的工具，但不是治理好坏的根本。从前在秦朝时国家的律法很严密，但是奸诈欺伪的事经常发生，最为严重的时候，上下互相推却责任，以致于国家无法振兴。当时，官吏用法治，就好像火上浇油、扬汤止沸一样无济于事；倘不采取强硬严酷的手段，如何能胜任其职而心情愉快呢？在此种情况下，一味讲道德的人便要失职了。所以孔子说："审理案件我和别人一样，所不同的是一定要使案件不再发生！"老子说："下愚之人听人讲起道德就大笑。"这不是假话。汉朝初年，修改严厉的刑法，改为宽松的刑法，废除法律繁杂之文，改为简约朴实的条文，法网宽得能漏掉吞舟的大鱼，而官吏的政绩却很显著，使得百姓不再有奸邪的行为，百姓平安无事。由此看来，治理国家的关键在于道德，而不是严酷的刑法。

【精彩赏析】

文中引用孔子、老子的言论以及秦末的吏法来与汉朝的吏治情况形成鲜明对比，论证充分又简洁有力，句句振聋发聩，引人深思。

游侠列传序

【题解】

本文出自《史记》。游侠，是指重诺守信、轻生取义的人，即侠客、剑侠等。在本文中，司马迁突出表现了民间游侠的高贵品质，对他们所遭受的不公正待遇表示强烈不满，表达对民间游侠的赞美与欣赏。

韩子[①]曰："儒以文乱法，而侠以武犯禁。"二者皆讥，而学士多称于世云。至如以术取宰相、卿大夫，辅翼其世主，功名俱著于《春秋》[②]，固无可言者。及若季次[③]、原宪[④]，闾（lǘ）巷人也，读书怀独行君子[⑤]之德，义不苟合当世，当世亦笑之。故季次、原宪，终身空室蓬户，褐衣疏食不厌。死而已四百余年，而弟子志之不倦。今游侠，其行虽不轨于正义，然其言必信，其行必果，已诺必诚[⑥]，不爱其躯，赴士之厄困，既已存亡死生矣，而不矜其能，羞伐其德。盖亦有足多者焉。

韩非子塑像

①韩子：韩非，战国时期韩国人，法家代表人物，著有《韩非子》。②《春秋》：这里泛指史书。③季次：公皙哀，字季次，齐国人，孔子弟子。④原宪：字

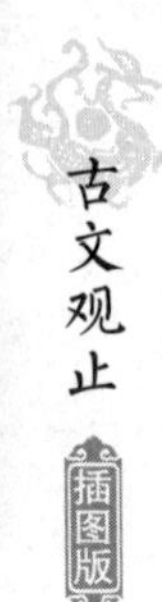

子思，鲁国人，孔子弟子。⑤独行君子：指独守个人节操，而不随波逐流之人。⑥已诺必诚：已经答应人家的事情，一定要兑现。

【译文】

韩非说："儒雅的人用文字来影响国家的法律，而游侠用武力违反国家的禁令。"两者都被讥笑，而读书人很多时候都被世人称道。而那些用权力取得宰相、卿、大夫职位，在君主旁边辅佐，他的功名都记在《春秋》上了，本来就不必多说。至于像季次和原宪，都是平常百姓，他们一心读书，坚守个人节操，而不随波逐流，不与世俗同流合污，于是当时的人们也笑话他们。于是季次、原宪一生都在简陋的房子中，穿破烂的衣服吃粗食也并不厌倦。虽然他们死了四百多年，但弟子一直孜孜不倦。如今的游侠，他们的行为虽不合正义，但他们说话讲信用，一诺千金，不惜用自己的生命去挽救别人，使危难的人重生，残暴的人死亡，并且不炫耀他们的能力，所以他们也是善良的人。

吕尚塑像

且缓急，人之所时有也。太史公曰：昔者虞舜窘于井廪①，伊尹负于鼎俎②，傅说匿于傅险③，吕尚困于棘津④，夷吾桎梏，百里饭牛，仲尼畏匡，菜色陈、蔡。此皆学士所谓有道仁人也，犹然遭此灾，况以中材而涉乱世之末流乎？其遇害何可胜道哉！鄙人有言曰："何知仁义，已飨其利者为有德。"故伯夷丑周，饿死首阳山，而文、武不以其故贬王；跖（zhí）蹻（qiáo）暴戾（lì），其徒诵义无穷。由此观之，"窃钩者诛，窃国者侯；侯之门，仁义存。"非虚言也。今拘学或抱咫尺之义，久孤于世，岂若卑论侪（chái）俗，与世浮沉而取荣名哉！而布衣之徒，设取予然诺，千里诵义，为死不顾世。此亦有所长，非苟而已也。故士穷窘而得委命，此岂非人之所谓贤豪间者邪？诚使乡曲之侠，予季次、原宪比权量力，效功于当世，不同日而论矣。要以功见言信，侠客之义，又曷可少哉！

①虞舜窘于井廪：指虞舜为其父瞽叟和其弟象所迫害。②伊尹：商汤的贤相。鼎：做饭的锅。俎：砧板。③傅说：商代武丁的名臣，在未遇武丁时，是一个奴隶，在傅岩筑墙服役。匿：隐没。傅险：地名，在今山西省平陆县东。④吕尚：姜子牙，曾在棘津以屠牛和卖饭谋生。

【译文】

况且人们经常遇到危机。太史公说："当年舜被陷害困在井下，伊尹背着锅和砧板见汤，用做菜的道理阐释他的政治见解，傅说在没遇到武丁时，是一个在傅岩筑墙服役的奴隶。姜子牙曾困于棘津，管仲曾被监禁，百里奚喂过牛，孔子曾在匡地受惊，并遭到陈、蔡两国的围困而饿得面带菜色。即使是有学识道德的人都会受难，何况那些中等资质生活在乱世的人呢，他们遭受的苦难又怎么说得完呢。俗话说："怎么能知道道义，使我享受利益的人都是有道德的人。"因此，伯夷认为侍奉周朝是可耻的，饿死在首阳山，但周文王、周武王的声誉，并没有因此而降低；盗跖、庄跻残暴无忌，他们的党徒却没完没了地赞扬他们的义气。由此可见，偷衣钩的人要杀头，卖国的人却做了诸侯，诸侯门内，总有仁义存在，这并非假话。如今拘泥所学的读书人，与其在世上长久地孤独，还不如在世俗沉浮中取得荣誉呢。而平民白姓，重视诺言，义传千里，违抗世俗而死。这正是他们可贵之处，并非苟且。所以有些人在穷困时屈服，难道这些贤人就不是人们所说的豪侠吗？如果把乡间的侠客和季次原宪相比，地位和能力，对世间的贡献，不能相提并论。从言语诚信来看，侠客的义气，又怎么能少呢？

伊尹像

古布衣之侠，靡得而闻已。近世延陵、孟尝①、春申②、平原③、信陵④之徒，皆因王者亲属，藉于有土卿相之富厚，招天下贤者，显名诸侯，不可谓不贤者矣。比如顺风而呼，声非加疾，其势激也。至如闾巷之侠，修行砥⑤名，声施于天下，莫不称贤，是为难耳！然儒、墨皆排摈⑥不载。自秦以前，匹夫之侠，湮灭不见，余甚恨之。以余所闻，汉兴，有朱家、田仲、王公、剧孟、郭解之徒⑦，虽时扞当世之文罔，然其私义，廉洁退让，有足称者。名不虚立，士不虚附。至如朋党宗强比周⑧，设财役贫，豪暴侵凌孤弱，恣欲自快，游侠亦丑之。余悲世俗不察其意，而猥以朱家、郭解等，令与豪暴之徒同类而共笑之也。

①孟尝：即孟尝君，齐国贵族田文。②春申：即春申君，楚国考烈王的相国黄歇。③平原：即平原君赵胜，赵惠文王之弟。④信陵：即信陵君魏无忌，魏安嫠王异母弟。⑤砥：磨炼。⑥排摈：排斥、摈弃。⑦朱家、田仲、王公、剧孟、郭解：此五人均为汉代初年著名的游侠，其事迹见传文。⑧朋党：由于共同利益而结伙。比周：互相勾结，狼狈为奸。

百里奚塑像

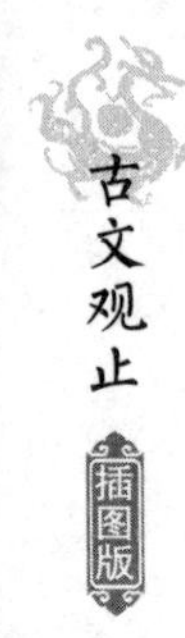

【译文】

古代民间的游侠，已经不得而知了。近代的延陵季子、孟尝君、春申君、平原君、信陵君等人，都因为是国君的亲属，凭借着卿的地位以及封地的丰厚财产，招揽天下贤士，在诸侯中扬名，这不能说不是贤能的人。这就如同顺风呼喊，声音本身并没有加快，是风势所助罢了。至于乡里的游侠，修养品德，砥砺名节，扬名天下，没有人不称赞他们的贤能，这才是很难的。然而，儒家、墨家都排斥游侠，不记载他们的事迹。秦朝以前，民间的游侠，都被埋没而不见于经传，我非常遗憾。据我所知，汉朝建国以来有朱家、田仲、王公、剧孟、郭解等人，尽管时常触犯法律，然而他们个人的品德廉洁，有值得称赞的地方。他们名不虚传，士人也不是凭空依附他们。至于那些结党营私的人和豪强狼狈为奸，依仗钱财，剥削穷人，仗势欺人，纵情取乐，游侠们也十分憎恨他们。我感到痛心的是世俗不了解游侠的心意，却随便将朱家、郭解等人与那些横暴之徒混为一谈，并加以讥笑。

【精彩赏析】

司马迁以文王、武王以及季次等明君、大儒作为陪衬，极力地表现游侠重情重义、救人危难、不畏强暴的精神品质，体现了独特的历史眼光和个人见解。

滑稽列传

【题解】

本文出自《史记》。全传从六艺入笔，可谓开宗明义。多用赋笔，布局精巧，句法奇秀，妙趣横生，读来令人击节。此篇的主旨是颂扬淳于髡不流于世俗、不慕名利的可贵精神，及其非凡的讽谏才能。

孔子曰："六艺①于治一也。《礼》②以节人，《乐》③以发和，《书》④以导事，《诗》⑤以达意，《易》⑥以神化，《春秋》⑦以道义。"太史公曰："天道恢恢⑧，岂不大哉！谈言微中，亦可以解纷。"

①六艺：指儒家经典《六经》，即下文列举的《礼》《乐》《书》《诗》《易》《春秋》。②《礼》：《礼经》。《仪礼》《周礼》《礼记》合称《三礼》。③《乐》：

《乐经》,《乐经》亡，只剩下《五经》。④《书》:《书经》，也称《尚书》，相传为孔子编订，记载自帝尧至秦穆公的史料。⑤《诗》:《诗经》，相传孔子删诗，选305篇成书。⑥《易》:《易经》，也称《周易》。⑦《春秋》：根据鲁国史料修成的编年断代史，相传是孔子所作。⑧天道：我国古代哲学术语，天的法则。恢恢：宽广貌。

【译文】

孔子说："六艺对于治理国家的作用是一致的。《礼》用来约束人们的行为,《乐》用来启发美好的感情,《书》用来记叙历史,《诗》用来抒发情感,《易》用来演绎奇特的变化,《春秋》用来表达微言大义。"司马迁说："天道广阔，难道还不大吗？说话委婉却能一语中的，也可以解除疑惑。"

齐威王铜像

淳于髡（kūn）者[①]，齐之赘（zhuì）婿[②]也。长不满七尺[③]，滑稽多辩，数使诸侯，未尝屈辱。齐威王[④]之时喜隐，好为淫乐长夜之饮，沉湎不治，委政卿大夫[⑤]。百官荒乱，诸侯并侵，国且危亡，在于旦暮，左右莫敢谏。淳于髡说之以隐曰："国中有大鸟，止王之庭，三年不蜚（fēi）又不鸣[⑥]，王知此鸟何也？"王曰："此鸟不蜚则已，一蜚冲天；不鸣则已，一鸣惊人。"于是乃朝诸县令长[⑦]七十二人，赏一人，诛一人，奋兵而出。诸侯振惊，皆还齐侵地。威行三十六年。语在《田完世家》[⑧]中。

①淳于髡：淳于髡，战国时期齐国著名的政治家和思想家。以博学多才、善于辩论著称。②赘婿：旧时男子因家贫卖身给人家，得招为婿者，称为赘婿。③七尺：大约相当于现在的1.60米左右。④齐威王：战国时期齐国国君。隐：隐语，不直接说出本意而借别的词语来暗示的话。⑤卿大夫：周代国王及诸侯的高级臣属，常掌握国政和统兵之权。⑥蜚：通"飞"。"大鸟三年不飞又不鸣"的隐语。⑦令长：战国秦汉时县的行政长官名称。人口万户以上的县称令，万户以下的县称长。⑧《田完世家》:《史记·田敬仲完世家》。

【译文】

淳于髡是齐国的上门女婿。个子不到七尺，机智善辩，几次出使诸侯国，从来没有受到过屈辱。齐威王在位时喜欢听隐语，整日寻欢作乐，饮酒无度，贪溺后宫不理朝政，把国事托付给卿大夫。官吏们消极怠工以至于政治腐化，诸侯国一起来侵犯齐国，齐国灭亡，就在旦夕之间了，左右没有一个敢进谏的。于是淳于髡用隐语来劝说齐威王："国内有一只大鸟，栖息在大王的宫殿里，三年不飞

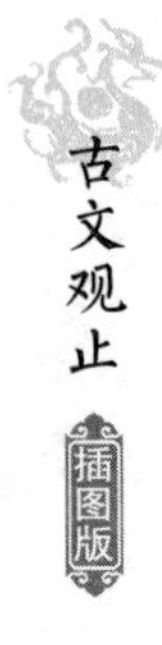

也不叫，大王知道这是什么鸟吗？”齐威王说：“此鸟不飞的话就在那里，一旦飞起就直冲云霄；不鸣叫便罢了，一鸣叫就震惊世人。”于是上朝召集各县令县长七十二人，奖励了一个，处死了一个，重振军威出战。诸侯国一时震惊，都归还了侵占齐国的土地。从此齐威王的声威震慑世俗三十六年。这事记载在《田敬仲完世家》中。

威王八年，楚人发兵加齐。齐王使淳于髡之赵请救兵，赍金百斤，车马十驷[①]。淳于髡仰天大笑，冠缨索[②]绝。王曰：“先生少之乎？”髡曰：“何敢！”王曰：“笑岂有说乎？”髡曰：“今者臣从东方来，见道旁有禳（ráng）田[③]者，操一豚蹄，酒一盂，祝曰：‘瓯窭（lóu）满篝（gōu）[④]，污邪[⑤]满车，五谷蕃熟，穰穰满家。’臣见其所持者狭而所欲者奢，故笑之。”于是齐威王乃益赍（jī）黄金千溢[⑥]，白璧十双，车马百驷。髡辞而行，至赵。赵王与之精兵十万，革车千乘。楚闻之，夜引兵而去。

①车马十驷：指车十乘。古代一车配四马为一乘。②索：尽。③禳田：古代祈求农事顺利、无灾无害的祭祀活动。④瓯窭：狭小的高地。篝：竹笼。⑤污邪：地势低下、容易积水的劣田。⑥赍：以物赠人。溢：通“镒”，古以二十两为一溢。

【译文】

齐威王八年，楚国大举进攻齐国。齐王派淳于髡用黄金百斤、车马十套作为礼品到赵国去请救兵，淳于髡仰天大笑，笑得帽子上的带子都断了。齐威王说：“先生嫌它少吗？”淳于髡说：“怎么敢嫌少呢？”齐王说：“难道你的笑还有什么深意？”淳于髡说：“刚才我打东面来，看见路旁有一位祭祀祈祷农事顺利的人，拿着一只猪蹄，一盂酒，祷告说：‘粮食装满竹笼，在低洼处获得满载车辆，五谷丰登，多得装满了家。’臣子见他所拿的祭品少可想要得到的却多，所以在笑他呢。”于是齐威王就增加赠礼黄金千镒，白璧十双，车马一百套。淳于髡辞别动身，到了赵国。赵王给他精兵十万，战车一千乘。楚国听到消息后，连夜撤兵离去。

威王大说，置酒后宫，召髡赐之酒。问曰：“先生能饮几何而醉？”对曰：“臣饮一斗亦醉，一石亦醉。”威王曰：“先生饮一斗而醉，恶能饮一石哉！其说可得闻乎？”髡曰：“赐酒大王之前，执法在傍，御史在后，髡恐惧俯伏而饮，不过一斗径醉矣。若亲有严客，髡帣（juàn）鞲（gōu）鞠䐁[①]，侍酒于前，时赐余沥，奉觞上寿，数起，饮不过二斗径醉矣。若朋友交游，久不相见，卒然相睹，欢然道故，私情相语，饮可五六斗径醉矣。若乃州闾之会，男女杂坐，行酒稽留，六博投壶[②]，相引为曹[③]，握手无罚，目眙（chì）[④]不禁，前有堕珥，后有遗簪，髡窃乐此，饮可八斗而醉二三。日暮酒阑，合尊促坐，男女同席，履舄（xì）交错，杯盘狼藉，堂上烛灭，主人留髡而送客。罗襦襟解，微闻芗泽⑤，当此之时，髡心最欢，能饮一石。故曰酒极则乱，乐极则悲，万事尽然。”言不可极，极之而衰，以讽谏焉。齐王曰：“善。”乃罢长夜之饮，以髡为诸侯主客。宗室置酒，髡尝在侧。

①卷：通“絭”，束衣袖。韝：臂套。鞠：弯屈。䠯：同“跽”，长跪。②六博：古代赌博的游戏。投壶：古代游戏，用箭投入酒壶中，以投中多少定胜负，负者罚酒。③曹：游戏时的分组。④眙：直视。⑤芗泽：泛指香气。芗，五谷的香气。

【译文】

齐威王十分高兴，在后宫置办了酒席，召见淳于髡赏他喝酒。齐威王问：“先生喝多少才醉？”淳于髡回答说：“我喝一斗也醉，喝一石也醉。”齐威王说：“先生喝一斗就醉了，怎么能喝一石呢？我能听听其中的奥妙吗？”淳于髡说：“在大王面前喝酒，执法官在旁，御史在后，我心里害怕还须跪下喝酒，所以不过一斗就醉了。如果家父请来了贵客，我便用袖套束住长袖，弯腰跪着，在前边侍候他们喝酒，不时赏我点多余的清酒，我举起酒杯祝酒，起身几次，喝不到二斗也就醉了。如果朋友故交，好久没见面了，突然相见，欢喜地谈论往事，互诉衷肠，喝到大概五六斗就醉了。如果是乡里的节日盛会，男女坐在一起，酒喝到一半停下来，玩起六博、投壶，自相结伴，握了女子的手不受责罚，盯着人家看也不被禁止，前有姑娘掉下的耳饰，后有女子遗落的发簪，我心里喜欢这种场面，喝到大概八斗才有两三分醉意。天色已晚，酒席将散，酒杯交碰，与人依偎在一起，男女同席，鞋儿相叠，杯盘狼藉，厅堂上的烛光暗淡，主人留住我而送走其他客人。女子的薄罗衫儿解开了，微微地闻到一阵香气，这时，我心里最欢喜，能喝到一石。所以说酒喝多了就要做出乱七八糟的事，乐极便要生悲，世上所有的事都是这样。”说话不能到顶，到顶就要走下坡路的道理，是用来讽谏的。齐威王说：“说得好！”就改正了整夜喝酒的毛病，让淳于髡来担任诸侯主客的职务。当王室宗族举办酒宴时，淳于髡常在一旁陪饮。

【精彩赏析】

文中淳于髡虽然地位低微，但有经世治国的能力和抱负，能为国家与百姓的利益勇敢地上谏，能够委婉地批评残暴的统治者且不被杀害，从而给国家、百姓和自己带来好处，可谓“治国、齐家、平天下”的成功典范。

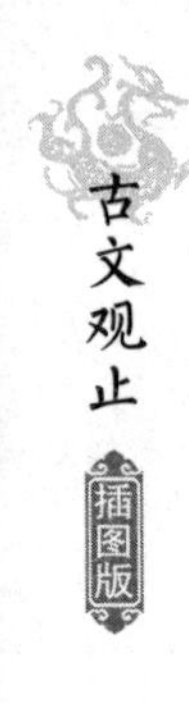

货殖列传序

【题解】

《货殖列传》是《史记》中论述春秋末年到汉武帝年间的社会经济史的专章，是关于古代社会经济的重要文献。货殖，即经商，做买卖，靠贸易以生财求利。本文驳斥了老子的“小国寡民”的思想，肯定了人们追求物质财富的合理欲望。

商圣范蠡

《老子》曰：“至治之极，邻国相望，鸡狗之声相闻，民各甘其食，美其服，安其俗，乐其业，至老死不相往来。”必用此为务，晚近世涂民耳目①，则几（jī）无行矣②。

①近世：即近代。涂：涂塞。②几：几乎，近乎。无行：不可行，行不通。

【译文】

《老子》说：“古代社会治理得极好的时候，尽管邻国的百姓彼此看得见，彼此也听得见鸡鸣狗吠，但人们都认为自家的食物最香甜、服饰最美丽、风俗最淳朴、生活最快乐，以至于老死都不相往来。”如果把这当作要务，去蒙蔽百姓的耳目，使他们不识不知，在如今几乎是行不通的了。”

太史公曰：“夫神农以前，吾不知已。至若《诗》《书》所述虞、夏以来，耳目欲极声色之好①，口欲穷刍（chú）豢（huàn）之味②，身安逸乐，而心夸矜势能之荣③。使俗之渐民久矣，虽户说以眇（miào）论④，终不能化。故善者因之，其次利道之，其次教诲之，其次整齐之，最下者与之争。”

①极，尽量享受之意，动词。声色，指歌舞和女色。好，美好。②穷：遍尝，吃够之意。刍豢：泛指牲畜的肉。吃草的叫“刍”，如牛、羊。吃粮食的叫“豢”，如猪、狗。③夸矜势能：夸矜，夸耀。矜，自以为贤能。势能，权势和才能。④户说：

挨家劝说。眇，通“妙”，精微，奥妙。

【译文】

太史公说：“神农之前的事情，我无法知道。至于《诗经》《尚书》当中所记载的虞、夏以来的历史，还是可以考证的。人们的耳朵、眼睛尽情享受着声色，要吃遍天下的美味。身体安于舒适快乐，而羡慕夸耀权势和才能。这种风气深入民心很久了。即使用老子的高妙的理论挨家挨户去劝导，但是终究不会使他们改变。所以，对于百姓最好的做法是顺其自然，其次是因势利导，再次是进行教化，再次是制定法规，限制他们的发展。而最坏的做法是与民争利。

夫山西饶材、竹、榖（gǔ）、旄（máo）、玉石[①]，山东多鱼、盐、漆、丝、声色，江南出楠、梓、姜、桂、金、锡、连、丹沙、犀、玳瑁、珠玑、齿、革[②]，龙门、碣石北多马、牛、羊、旃（zhān）[③]、裘、筋、角，铜、铁则千里往往山出棋置。此其大较也。皆中国人民所喜好，谣俗被服饮食、奉生送死之具也[④]。

①旄：旄牛尾，可做旗帜上的装饰。②连：同“链”，铅矿。玑：不圆的珠子。齿：兽牙，如象牙等。革：皮革。③旃，通“毡”。筋、角：兽筋和兽角，用以制造弓弩的材料。④谣俗，风俗。被服，衣服。奉生，养生。奉，侍奉。具，用具。

【译文】

太行山以西出产大量的木材、竹子、楮树、野麻、旄牛尾、玉石；太行山以东盛产鱼、盐、漆、丝，又有歌舞和女色；江南出产楠树、梓树、生姜、桂皮、金、锡、铅、朱砂、犀角、玳瑁、珠玑、象牙、皮革；龙门、碣石以北盛产马、牛、羊、毡、裘、筋、角；至于铜、铁则分布在方圆千里的地方，各处的山都出产，真是星罗棋布。这是大概的情形。所有这些都是中原百姓喜爱的必需品，通常用来做服饰、饮食、养生送死的物资。

故待农而食之[①]，虞而出之[②]，工而成之[③]，商而通之[④]。此宁有政教发征期会哉[⑤]？人各任[⑥]其能，竭其力，以得所欲。故物贱之征贵，贵之征贱[⑦]。各劝[⑧]其业，乐其事，若水之趋下[⑨]，日夜无休时，不召而自来，不求而民出之[⑩]。岂非道之所符，而自然之验邪？

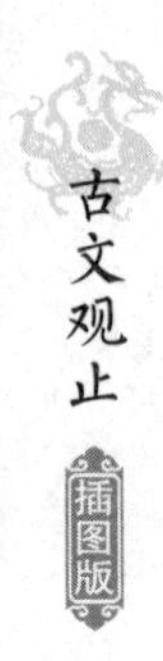

①待，等待，引申为依靠。②虞：虞人，掌管山林水泽的官员。出之，把它们开采出来。③成之：把它们做成器物。④通之：使它们流通。⑤发征：征发，征调。期会，限期会集。⑥任：放任，此处有发挥的意思。⑦征，征兆，预先出现的苗头。⑧劝：勤勉。⑨若：像。趋：奔赴，流向。⑩出之：拿出各种物资。

【译文】

所以大家要靠农民的耕种才有吃的，靠虞人从山谷中开发出来的资源，靠工人做成各种器具，靠商人买卖使货物流通。这哪里是政策征发和约束他们啊？人们凭借自己的能力去做适合自己的事情，尽自己的力量，来满足自己生活所需。所以，东西便宜是要变贵的征兆，东西贵是要变便宜的征兆。这就刺激各行各业的人努力从事自己的职业，把自己的工作当作乐趣，就如同水往低处流一样，昼夜不停。用不着召唤，他们自己会来；用不着寻求，人们自己就会生产。这难道不就证明了农、虞、工、商是符合经济法则的吗？

《周书》曰："农不出则乏其食，工不出则乏其事，商不出则三宝绝[①]，虞不出则财匮少。"财匮少而山泽不辟矣。此四者，民所衣食之原也。原大则饶，原小则鲜。上则富国，下则富家。贫富之道，莫之夺予，而巧者有余，拙者不足。故太公望封于营丘[②]，地潟卤[③]，人民寡，于是太公劝其女功，极技巧，通鱼盐，则人物归之，繦（qiǎng）至而辐凑[④]。故齐冠带衣履天下，海岱之间敛袂而往朝焉[⑤]。其后齐中衰，管子修之，设轻重九府[⑥]，则桓公以霸，九合诸侯，一匡天下；而管氏亦有三归，位在陪臣，富于列国之君。是以齐富强至于威、宣也。

①三宝，指上文说的食、事、财三项。绝：断绝，不流通。②太公望：即姜尚，营丘：在今山东省昌乐县东南。③地潟卤：土地含有过多的盐碱成分，不适宜耕种。④繦至：象绳子穿着的钱似地接连而来。辐凑：指四方人物来归，辐，车辐，车轮中间的直木。凑，集聚。⑤岱，泰山的别称。敛袂：整敛衣袖。⑥轻重：指在各地贮积货币来调节谷价贵贱的办法。九府：周代掌管钱币的官府。

【译文】

《周书》上说："农民不生产，粮食就缺乏；工人不生产，器物就缺乏；商人不贸易，粮食、器物、财货就缺乏；虞人不生产，资源就缺乏。"财货缺乏，山谷中的资源就不能开发了。农、工、商、虞这四种人的生产，是百姓赖以生存的来源。来源广就富足，来源小就贫困。来源广，对上可以使国富，对下可以使民强。贫富靠自己。富了不掠夺他人，穷了没人给他东西。聪明之人得富足，而愚笨之人不能自给。姜太公封地在营丘，那里的土地都是盐碱地，劳动力很少。于是姜太公就鼓励妇女纺织，尽力施展她们的技巧，并且使本地的鱼盐卖到外地。老百姓背着孩子络绎不绝地赶往那里，如同车辐凑集到车毂似的。所以齐国产的衣帽，天下畅销；东海和泰山之间的各小国的国君，都拱手恭敬地来齐国朝见。后来，齐国中道衰弱，管仲又修订了太公的政策，设立了调节物价出纳货币的九府。齐桓公因此称霸，多次会盟诸侯，使天下大势得以掌控，因此管仲收取市租。他虽处臣之位，却比诸侯还要富。所以，齐国的富强一直延续到齐威王、齐宣王时代。

故曰："仓廪实而知礼节，衣食足而知荣辱。"礼生于有而废于无。故君子富，好行其德；小人①富，以适其力②。渊深而鱼生之，山深而兽往之，人富而仁义附焉。富者得势益彰③，失势则客无所之，以而不乐。夷狄益甚。谚曰："千金之子，不死于市。"此非空言也。故曰："天下熙熙④，皆为利来；天下壤壤⑤，皆为利往。"夫千乘之主，万家之侯，百室之君，尚犹患贫，而况匹夫编户之民乎！

①小人：指当时被统治的劳动人民。②以适其力：适当地使用其力。③势：指权势。彰：明显，显著，此处引申为显赫之意。④熙熙：拥挤、喧闹纷杂的样子。⑤壤壤：拥挤、喧闹纷杂的样子。壤，同"攘"。

【译文】

所以，管仲说："国库充实、老百姓才懂礼；衣食丰足，老百姓才能知道荣辱。"礼仪是在富有的时候产生的，在贫困的时候就不遵守了。君子富了，才肯施恩惠；百姓富了，才会适当地运用精力。水深，鱼自然会聚集；山深，兽自然会奔去；人富，仁义自然归附。富人得势，声名显著；一旦失势，就流落他乡，因而不快活。在夷狄外族，这种情况则更明显。俗话说："家有千金的人，不会死在市上。"这不是空话。所以说："天下的人忙忙碌碌，都是为财利而来；天下的人吵吵嚷嚷，都是为着财利而去。"兵车千乘的国君，食邑万户的诸侯，食禄百户的大夫，仍旧怕穷，更何况普通的百姓呢！

【精彩赏析】

《货殖列传》里表达的经济思想是具有进步意义的。像"故善者因之，其次利道之，其次教诲之，其次整齐之，最下者与之争。"这样的观点在现在听来仍旧有振聋发聩之感。

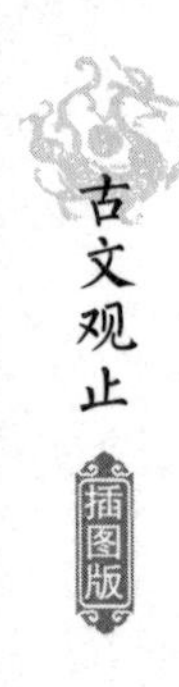

太史公自序

【题解】

《太史公自序》是《史记》的最后一篇，是《史记》的序，也是司马迁的自传。文章既是对《史记》的总括，也记述了太史公一生。文章气势浩瀚，宏伟深厚，是研究司马迁及其《史记》的重要资料。

太史公曰："先人有言：'自周公卒五百岁而有孔子。孔子卒后至于今五百岁，有能绍明世，正《易传》，继《春秋》，本《诗》《书》《礼》《乐》之际？'意在斯乎！意在斯乎！小子何敢让焉！"

司马迁雕像

【译文】

太史公说："我的父亲生前曾经说过：'自周公死后，过了五百年才有孔子。孔子死后，到今天也有五百年了，谁能继承圣人的事业，修正《易传》，续写《春秋》，探求《诗经》《尚书》《礼记》《乐经》的根本呢？'他老人家的意思是把希望寄托在我的身上呀！寄托在我的身上呀！我怎么敢推辞呢！"

上大夫壶遂[①]曰："昔孔子何为而作《春秋》哉"？太史公曰："余闻董生曰：'周道衰废，孔子为鲁司寇，诸侯害之，大夫壅之。孔子知言之不用，道之不行也，是非二百四十二年之中，以为天下仪表，贬天子，退诸侯，讨大夫，以达王事而已矣。'子曰：'我欲载之空言，不如见之于行事之深切著明也。'夫《春秋》，上明三王之道，下辨人事之纪，别嫌疑，明是非，定犹豫，善善恶恶，贤贤贱不肖，存亡国，继绝世，补敝起废，王道之大者也。《易》著天地、阴阳、四时、五行，故长于变；《礼》经纪人伦，故长于行；《书》记先王之事，故长于政；《诗》记山川、溪谷、禽兽、草木、牝牡（pìn mǔ）[②]、雌雄，故长于风；《乐》乐所以立，故长于和；《春秋》辨是非，故长于治人。是故《礼》以节人，《乐》以发和，《书》以道事，《诗》以达意，《易》以道化，《春秋》以道义。拨乱世反之正，莫近于《春秋》。《春秋》文成数万，其指数千。万物之散聚皆在《春秋》。《春秋》

之中，弑君三十六，亡国五十二，诸侯奔走不得保其社稷者不可胜数。察其所以，皆失其本已。故《易》曰‘失之毫厘，差以千里。’故曰：‘臣弑君，子弑父，非一旦一夕之故也，其渐久矣。’故有国者不可以不知《春秋》，前有谗而弗见，后有贼而不知。为人臣者不可以不知《春秋》，守经事而不知其宜③，遭变事而不知其权。为人君父而不通于《春秋》之义者，必蒙首恶之名。为人臣子而不通于《春秋》之义者，必陷篡弑之诛，死罪之名。其实皆以为善，为之不知其义，被之空言而不敢辞。夫不通礼义之旨，至于君不君，臣不臣，父不父，子不子。夫君不君则犯，臣不臣则诛，父不父则无道，子不子则不孝。此四行者，天下之大过也。以天下之大过予之，则受而弗敢辞。故《春秋》者，礼义之大宗也。夫礼禁未然之前，法施已然之后；法之所为用者易见，而礼之所为禁者难知。”

①壶遂：人名，曾和司马迁一起参加太初改历，官至詹事，秩二千石，故称“上大夫”。②牝牡：牝为雌，牡为雄。③经事：常事。

【译文】

上大夫壶遂说：“从前，孔子为什么要写《春秋》呢？”太史公说：“我曾听董生说：‘周朝的政治衰落，孔子出任鲁国的司寇，诸侯害他，大夫们排挤他。孔子知道他的主张不会被接受，再也行不通了，于是评判242年历史中的是非功过，作为天下人行动的准则，指责天子，斥责诸侯，声讨大夫，以阐明王道。’孔子说：‘我想思想用空话记下来，还不如通过具体的历史事件来表现更加深刻明显。’《春秋》，从上而言，阐明了夏禹、商汤、周文王的治国法则；从下而言，指明了为人处事的原则，分清了疑惑，判明了是非，使犹豫不决的人有主意，褒善贬恶，崇敬贤能，剔除不肖，保存将要灭亡的国家，延续已经断绝了的世系，补救政治上的过失，振兴已经荒废的事业，这些都是王道的重要内容。《易经》显示了天地、阴阳、四时、五行的相互关系，所以长于表明变化；《仪礼》规定了人与人之间的关系，所以指导行动；《尚书》记载了上古先王的事迹，所以指导行政；《诗经》记述了山川、溪谷、禽兽、草木、雌雄、男女，所以用于教化；《乐记》是音乐所以成立的根据，所以善于调和性情；《春秋》明辨是非，所以长于治理百姓。因此，《仪礼》是用来节制人的行为的，《乐记》是用来激发美好的情感的，《尚书》是用来指导政事的，《诗经》是用来表达内心的情绪的，《易经》是用来说明变化的，《春秋》是用来阐明正义的。把一个混乱的社会引导到正确的轨道上

司马迁祠

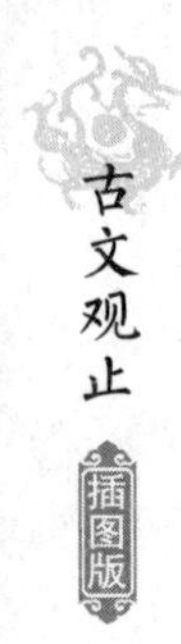

来，没有比《春秋》更有用了。《春秋》全书有数万字，其中的要点也有数千。万物万事的分离与聚合，都记在《春秋》里了。《春秋》中，臣杀君的有36起，亡国的有52，诸侯四处奔走不能保住国家的不计其数。观察他们会这样的原因，都在于失去了根本啊！所以《周易》说‘失之毫厘，差以千里’。因此说：‘臣杀君，子杀父，不是一朝一夕才这样的，而是长期逐渐形成的。’所以，一国之君不可以不知道《春秋》，否则，当面有人进谗他看不出，背后有窃国之贼他也不知道。身为国家大臣的不可以不知道《春秋》，否则，不知怎样合适地处理事情，遇到出乎意料的变故不知权宜之计去对付。作为一国之君和一家之长不懂得《春秋》中的道理，一定会蒙受祸首的恶名。作为大臣和儿子的不懂得《春秋》中的道理，就会因为阴谋篡位和杀害君父而被诛杀，被处以死罪。其实，他们都以为自己在干好事，做了而不知道应该怎么做，受了诬陷而不敢反驳。因为不通礼义的宗旨，以致做国君的不像国君，做大臣的不像大臣，做父亲的不像父亲，做儿子的不像儿子。做国君的不像国君，大臣们就会犯上作乱；做大臣的不像大臣，就会招致杀身之祸；做父亲的不像父亲，就没有伦理道德；做儿子的不像儿子，就不知孝敬父母。这四种行为，是天下最大的过错。把这四种最大的过错加在这些人身上，他们也只能接受而不敢推托。所以《春秋》这部书，是关于礼义的经典著作。礼的作用是防患于未然，法的作用是除恶于已然；法的除恶作用容易见到，而礼的防患作用却容易被人忽视。”

壶遂曰：“孔子之时，上无明君，下不得任用，故作《春秋》，垂空文以断礼义，当一王之法。今夫子上遇明天子，下得守职，万事既具，咸各序其宜，夫子所论，欲以何明？”

【译文】

壶遂说：“孔子时，国家没有英明的国君，下层的贤才得不到重用，孔子因此写作《春秋》，流传著作来判明什么是礼义，代替周王朝的法规。现在，您太史公上遇圣主，下有职守，万事俱备，都按着各自的顺序进行着，太史公所论述的，想要说明什么呢？”

太史公曰：“唯唯①，否否②，不然。余闻之先人曰：‘伏羲至纯厚，作《易》八卦。尧舜之盛，《尚书》载之，礼乐作焉。汤武之隆，诗人歌之。《春秋》采善贬恶，推三代之德，褒周室，非独刺讥而已也。’汉兴以来，至明天子，获符瑞③，建封禅④，改正朔，易服色，受命于穆清⑤，泽流罔极，海外殊俗，重译款塞⑥，请来献见者不可胜道。臣下百官力诵圣德，犹不能宣尽其意。且士贤能而不用，有国者之耻；主上明圣而德不布闻，有司之过也。且余尝掌其官，废明圣盛德不载，灭功臣、世家、贤大夫之业不述，堕先人所言，罪莫大焉。余所谓述故事，整齐其世传，非所谓作也，而君比之于《春秋》，谬矣。”

①唯唯：语气词。②否否：不不。③符瑞：吉祥的征兆。④封禅：帝王祭天地的典礼。⑤穆清：指天。⑥重译：经过几重翻译。喻远方邻邦。款塞：叩关。

【译文】

太史公说：“对，对！不对，不对！不是这样的。我曾从先父那里听说：‘伏羲最纯朴厚道，他创作了《周易》中的八卦。唐尧、虞舜时代昌盛，《尚书》上记载，礼乐就是那时产生的。商汤、周武王时代兴隆，古代的诗人已经加以歌颂。《春秋》歌颂善人，贬斥恶人，推崇夏、商、周三代的德政，颂扬周王朝，并非全是讥刺。’自从汉朝建立以来，直到当今天子，捕获白麟，上泰山祭祀天地，改正历法，更换车马、祭牲的颜色。受命于上天，恩德流传远方，四海之外与汉族风俗不同的地区，也纷纷通过翻译叩开关门，请求前来进献物品拜见天子，这些事说也说不完。大臣百官尽力歌颂天子的圣明，但还是不能把其中的意义阐述透彻。况且，贤士不被任用，这是国君的耻辱；皇上英明而他的美德不能流传，这是史官的过错。况且，我曾经做过太史令，如果废弃皇上英明美德不去记载，埋没功臣、贵族、贤大夫的事迹，丢弃先父生前的殷勤嘱托，那么没有什么罪过比这更大了。我所以记述过去的事情，整理那些传说，谈不上创作，而你却把它同孔子作《春秋》相提并论，这就错了。”

于是论次其文。七年而太史公遭李陵之祸[①]，幽于缧绁（léi xiè）[②]。乃喟然而叹曰：“是余之罪也夫。是余之罪也夫！身毁不用矣！”退而深惟曰：“夫《诗》《书》隐约者，欲遂其志之思也。昔西伯拘羑（yǒu）里，演《周易》[③]；孔子厄陈、蔡，作《春秋》；屈原放逐，著《离骚》；左丘失明，厥有《国语》；孙子膑脚，而论兵法；不韦迁蜀，世传《吕览》；韩非囚秦，《说难》《孤愤》；《诗》三百篇，大抵贤圣发愤之所为作也。此人皆意有所郁结，不得通其道也，故述往事，思来者。”于是卒述陶唐以来，至于麟止[④]，自黄帝始。

①遭李陵之祸：司马迁认为李陵是难得的将才，在武帝面前为他辩解，竟被下狱问罪，处以宫刑。这就是“李陵之祸”。②缧绁：原是捆绑犯人的绳索，这里引申为监狱。③西伯拘羑里，演《周易》：周文王被殷纣王拘禁在羑里时，把上古时代的八卦推演成六十四卦。④至于麟止：汉武帝元狩元年，猎获白麟一只，《史记》记事即止于此年。

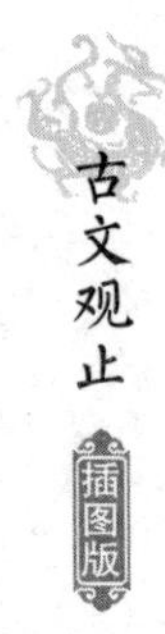

【译文】

于是编写《史记》。过了七年，我因“李陵事件”大祸临头，被关进了监狱。于是喟然长叹：“这是我的罪过啊！这是我的罪过啊！身体被摧毁了，不会再被任用了！”退居后又深思：“《诗经》和《尚书》辞意隐约，这是作者要表达他们内心的思想。从前文王被囚禁在羑里，就推演了《周易》；孔子在陈国和蔡国受到围困，写作《春秋》；屈原被怀王放逐，就写了《离骚》；左丘明眼睛失明，这才有了《国语》；孙膑遭受膑刑之苦，于是研究兵法；吕不韦谪迁蜀地，后世却流传着《吕氏春秋》；韩非子被囚禁在秦国，《说难》《孤愤》才产生；《诗经》305篇，大多是古代圣贤为抒发愤懑之情而创作的。这些人都是心情郁结，无处发泄，这才追述往事，思考未来。”于是，终于记述了唐尧以来的历史，止于猎获白麟的元狩元年，而从黄帝开始。

【精彩赏析】

本文不过数百字，而结构井然有序。将写作原因娓娓道来，叙事详略相宜，排列铺陈，均有章法，将少年时的壮志雄心和中年后的坚定隐忍生动地表现出来，感人肺腑。

报任安书

司马迁

【题解】

任安，汉武帝时人，曾写信让司马迁举荐贤才，但是司马迁回信之时，任安已被处死罪。司马迁在信里讲述了自己蒙受耻辱的始末，说明了自己苟且偷生的原因和目的，倾诉了郁结在心中的苦闷和痛苦。这封信是了解司马迁思想和为人的重要资料。

太史公牛马走司马迁再拜言①。少卿足下：曩（nǎng）者辱赐书②，教以慎于接物，推贤进士为务，意气勤勤恳恳，若望仆不相师，而用流俗人之言。仆非敢如此也。仆虽罢驽，亦尝侧闻长者之遗风矣。顾自以为身残处秽，动而见尤，欲益反损，是以独抑郁而谁与语。谚曰："谁为为之？孰令听之？"盖钟子期死，伯牙终身不复鼓琴。何则？士为知己者用，女为说己者容。若仆大质已亏缺矣，虽才怀随和，行若由夷，终不可以为荣，适足以见笑而自点耳。书辞宜答，会东从上来，又迫贱事，相见日浅，卒卒无须臾之间得竭志意③。今少卿抱不测之罪，涉旬月，迫季冬④，仆又薄从上雍，恐卒然不可为讳。是仆终已不得舒愤懑以晓左右，则长逝者魂魄私恨无穷。请略陈固陋。阙然久不报⑤，幸勿为过。

①牛马走：像牛马一样奔走。②曩：从前。③卒卒：同"猝猝"，匆匆忙忙的样子。④季冬：冬季的第三个月，即十二月。⑤阙然：过了很久。

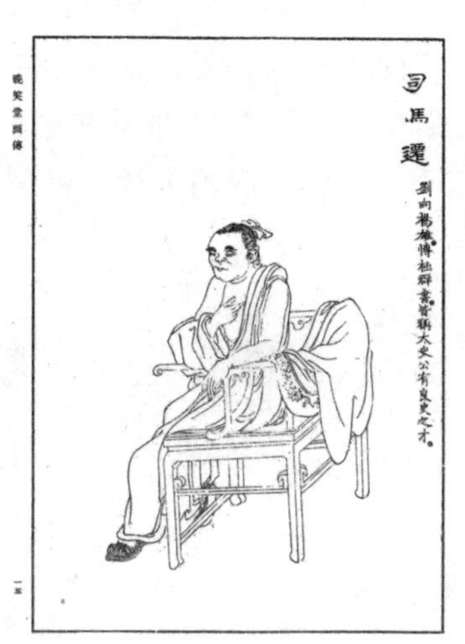

司马迁

【译文】

像牛马一样奔走的仆役太史公司马迁再拜。少卿足下：前不久承蒙您给我写信，教我谨慎地待人接物，致力于推举贤能、引荐人才，情意诚挚态度恳切，好像抱怨我没有遵从您的教诲，而是迎合了世俗的意见。我是不敢这样做的。我虽然平庸无能，但也曾见识过德高的前辈遗留下的风气。只是认为身体已遭受摧残，又处于污秽的环境之中，每动一下便受到指责，想对事情有所增益，结果反遭到损害，因此我忧闷在怀而不能向人诉说。俗话说："为谁去做，教谁来听？"钟子期死了，伯牙便一辈子不再弹琴。这是为什么呢？贤士乐于为知己者效力，女子为喜爱自己的人而打扮。像我这样的人，身躯亏残，即使才能像随侯珠、和氏璧那样稀有，品行像许由、伯夷那样高尚，始终引以为荣，却被别人耻笑而自取污辱。来信本应及时答复，刚巧我侍从皇上东巡回来，后急于应付烦琐之事，同您见面的日子很少，仓促间没有空闲来详尽地表达心意。现在您蒙受意想不到的灾祸，再过一月，临近十二月，我侍从皇上到雍县去的日期也迫近了，恐怕您就会有不幸之事发生，使我终生不能向您说明胸中的愤懑，那么辞世的灵魂会永远留下无穷的遗憾。请让我向您简略地陈述浅陋的见解。隔了很久没有复信给您，希望您不要责怪。

仆闻之：修身者，智之符也，爱施者，仁之端也；取予者，义之表也；耻辱者，勇之决也；立名者，行之极也。士有此五者，然后可以托于世，而列于君子之林矣。故祸莫憯（cǎn）于欲利①，悲莫痛于伤心，行莫丑于辱先，而诟莫大于宫刑。刑余之人，无所比数，非一世也，所从来远矣。昔卫灵公与雍渠同载②，孔子适陈；商鞅因景监见，赵良寒心；同子参乘，爰丝变色[③]：自古而耻之。夫中材之人，事有关于宦竖，莫不伤气，况况于慷慨之士乎！如今朝廷虽乏人，奈何令刀锯之余荐天下豪俊哉！仆赖先人绪业，得待罪辇毂（niǎn gǔ）下[④]，二十余年矣。所以自惟：上之，不能纳忠效信，有奇策材力之誉，自结明主；次之，又不能拾遗补阙，招贤进能，显岩穴之士；外之，不能备行伍，攻城野战，有斩将搴（qiān）旗之功[⑤]；下之，不能累日积劳，取尊官厚禄，以为宗族交游光宠。四者无一遂，苟合取容，无所短长之效，可见于此矣。向者，仆亦尝厕下大夫之列，陪奉外廷末议。不以此时引纲维，尽思虑，今已亏形为扫除之隶，在阘茸之中[⑥]，乃欲仰首伸眉，论列是非，不亦轻朝廷、羞当世之士邪？嗟乎！嗟乎！如仆，尚何言哉！尚何言哉！

苏李泣别图

①憯：惨。②雍渠：卫灵公的宦官。③爰丝：袁丝，亦即袁盎。④辇毂：皇帝的车架。⑤搴：拔取。⑥阘茸：下贱，低劣。

【译文】

我听说：一个人如何修身，是他智慧的凭证；乐善好施，这是仁德的开始。取得和给予是否恰当，是衡量义与不义的标志。看一个人对耻辱的态度，可以决断他是否勇敢。树立好的名声，这是德行的最高准则。志士有这五种品德，才能够立足于社会，排在君子的行列中。所以，没有什么灾祸比贪图私利更惨的了。没有什么悲哀比伤害心灵更为可悲了。没有什么行为比使先人受辱这件事更丑恶了，没有什么耻辱比遭受宫刑更严重了。受过宫刑后获得余生的人，是没有社会地位的，并非当今如此，这种情况从开始以来已经很久了。从前卫灵公与宦官雍渠同坐一辆车子，孔子感到这是对他的侮辱，便离开卫国到陈国去；商鞅通过姓景的太监谒见秦孝公，贤士赵良为此担忧；太监赵谈陪在汉文帝的车上，袁丝为之脸色大变。自古以来，人们把与刑余之人同列当作一种耻辱。就普通人来讲，一遇到涉及宦官的事，没有不觉得耻辱的，更何况是刚毅有志气的人呢？如今朝廷虽缺乏人才，但怎么会让一个受过刀锯摧残之刑的人，来推荐天下的豪才呢？

我凭着先父遗留下来的事业，才能够在京城任职，已经20多年了。我常常这样想：上不能对君王进纳忠言，献出心意，而有出谋划策的称赞，从而得到皇上的信任；其次，又不能给皇上拾取遗漏，补正阙失，招纳贤才，推举能人，使隐居在岩穴中的贤士不至被埋没；在外，又不能参与军队之中攻城野战，来建立斩将夺旗的功劳；对下，我不能积累功劳，以谋得尊贵的官职优厚的俸禄，来为宗族和朋友争光。这四个方面哪一方面都没有做好，我只能有意地迎合皇上的心意，以保全自己的地位。我毫无建树，从这四方面就可以看出来了。以前，我也曾夹杂在下大夫的行列，跟在外朝官员的后面发表一些微不足道的议论。我没有利用这个机会修正国家的法度，竭尽自己的思虑，到现在已经身体残废成为打扫污秽的奴隶，处在地位卑贱的人的行列当中，还想扬眉吐气，评论是非，不也是忽视朝廷、使当世的君子们感到羞耻吗？唉！唉！像我这样的人，还说什么呢？还说什么呢？

且事本末未易明也。仆少负不羁之才，长无乡曲之誉[①]，主上幸以先人之故，使得奉薄伎[②]，出入周卫之中。仆以为戴盆何以望天[③]，故绝宾客之知，忘室家之业，日夜思竭其不肖之才力，务一心营职，以求亲媚于主上。而事乃有大谬不然者。

①乡曲：乡里。②薄伎：微薄的才能。③戴盆何以望天：当时谚语。形容忙于职守，识见浅陋，无暇他顾。

【译文】

而事情的前因后果是不容易弄明白的。我在少年的时候就没有卓越的才能，成年以后也没有得到乡里的称誉，幸亏皇上因为我父亲是太史令的缘故，使我得以奉献微薄才能，出入宫中。我认为头上顶着盆子就不能望天，所以断绝了宾客的往来，忘掉了家务，殚精竭虑，专心供职，以求得皇上的信任。但是事情与愿望相差太大。

夫仆与李陵俱居门下，素非能相善也，趋舍异路，未尝衔杯酒、接殷勤之余欢。然仆观其为人，自守奇士，事亲孝，与士信，临财廉，取予义，分别有让，恭俭下人，常思奋不顾身以殉国家之急。其素所蓄积也，仆以为有国士之风。夫人臣出万死不顾一生之计，赴公家之难，斯已奇矣。今举事一不当，而全躯保妻子之臣随而媒蘖其短[①]，仆诚私心痛之。且李陵提步卒不满五千，深践戎马之地，足历王庭，垂饵虎口，横挑强胡，仰亿万之师，与单于连战十余日，所杀过当。虏救死扶伤不给，旃裘之君长咸震怖[②]，乃悉征其左右贤王，举引弓之民，一国

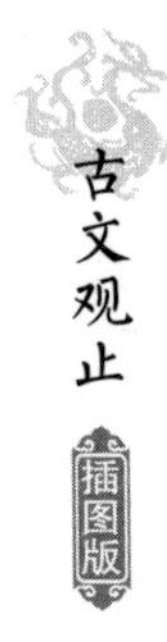

共攻而围之。转斗千里，矢尽道穷，救兵不至，士卒死伤如积。然李陵一呼劳军，士无不起，躬自流涕，沬血饮泣[③]，张空弮[④]，冒白刃，北向争死敌者。陵未没时，使有来报，汉公卿王侯皆奉觞上寿。后数日，陵败书闻，主上为之食不甘味，听朝不怡。大臣忧惧，不知所出。仆窃不自料其卑贱，见主上惨怆怛悼，诚欲效其款款之愚[⑤]，以为李陵素与士大夫绝甘分少，能得人之死力，虽古名将不能过也。身虽陷败，彼观其意，且欲得其当而报汉。事已无可奈何，其所摧败，功亦足以暴于天下。仆怀欲陈之，而未有路。适会召问，即以此指推言陵功，欲以广主上之意，塞睚眦之辞[⑥]。未能尽明，明主不晓，以为仆沮贰师[⑦]，而为李陵游说，遂下于理。拳拳之忠，终不能自列。因为诬上，卒从吏议。家贫，货赂不足以自赎，交游莫救，左右亲近不为一言。身非木石，独与法吏为伍，深幽囹圄之中，谁可告诉者！此正少卿所亲见，仆行事岂不然邪？李陵既生降，颓其家声[⑧]，而仆又佴之蚕室[⑨]，重为天下观笑。悲夫！悲夫！事未易一二为俗人言也。

①媒糵：酿酒的酵母。②旃：毛织品。③沬：以手掬水洗脸。④弮：强硬的弓弩。⑤怛：悲痛。款款：忠诚的样子。⑥睚眦：怒目相视。⑦沮：毁坏。贰师：贰师将军李广利。⑧颓：败坏。李陵是名将之后。⑨佴：居。蚕室：温暖密封的房子。初受腐刑的人怕风，故须住此。

【译文】

我和李陵同在朝中为官，向来并没有太多交往，意趣也不相同，从不曾在一起举杯欢饮。但是我观察李陵为人，确实是坚守节操的不平常人：侍奉父母讲孝道，同朋友交往守信用，遇到钱财不贪婪，取舍合礼，明辨长幼尊卑，谦让有礼，自甘人后，总是急国之所急。他的品德，我认为有国士风范。做人臣的，蹈死不顾，奔赴危难，这已经是很少见的了。现在他行事一有不当，而那些只顾保全自己性命和妻室儿女的臣子们，便跟着挑拨是非，夸大其实，陷人于祸，我从内心感到悲痛。况且李陵带领的士兵不满五千，深入敌人要地，到达单于的王庭，就像在老虎口上垂挂诱饵，向强大的胡兵挑战，面对着亿万敌兵，同单于连续作战十多天，杀伤的敌人超过了自己军队的人数，使得敌人连救援都顾不上。匈奴上下都十分震恐，于是就征调左、右贤王，出动了所有会开弓放箭的人，举国上下，共同攻打李陵并包围他。李陵转战千里，箭都射完了，进退之路已经断绝，救兵不来，士兵死伤成堆。但是，当李陵振臂一呼、鼓舞士气的时候，兵士没有不奋起的，他们流着眼泪，满脸是血，强忍悲伤，拉开空的弓弦，冒着闪着白光的刀锋，向北拼死杀敌。当李陵的军队尚未覆没的时候，使者曾给朝廷送来捷报，朝廷的公卿王侯都举杯为皇上庆贺。几天以后，李陵兵败的消息传来，皇上为此食不知味，处理朝政时也不高兴。大臣们都很忧虑，不知如何是好。我私下里并未考虑自己的卑贱，见皇上悲伤痛心，实在想尽一点愚忠。我认为李陵向来与将士们同甘共苦，才能够换得将士们拼死效命，即使是古代名将恐怕也不能超过。他虽然身陷重围，兵败投降，但看他的意思，是想寻找机会报效汉朝。事情已经到了无法挽回的地步，但他摧垮、打败敌军的功劳，也足以向天下人显示他的忠心了。我内心打算向皇上陈述以上的看法，却没有得到适当机会，恰逢皇上召见，询问我的看法，我就根据这些意见来讲述李陵的功劳，想以此来宽慰皇上，堵塞那些诬陷的言论。我没有完全说清我的意思，君主未能了解，认为我是攻击贰师将军，而为李陵辩解，于是将我交付狱官处罚。我的虔敬和忠诚的心意，始终没有机会陈述辩解，被判了诬上的罪名，皇上同意了法吏的判决。我家境贫寒，微薄的钱财无法赎罪，朋友们也不出面营救，皇帝左右的亲近大臣又不肯替我说一句话。我血肉之躯不是木头和石块，却被执法的官吏关押在牢狱之中，我向谁去诉说内心的痛苦呢？这些，正是少卿所亲眼看见的，我的所作所为难道不正是这样吗？李陵投降以后，败坏了家族的名声，而我接着被置于蚕室，更被天下人耻笑，可悲啊！可悲！

仆之先非有剖符丹书之功，文史星历[①]，近乎卜祝之间，固主上所戏弄，倡优畜之，流俗之所轻也。假令仆伏法受诛，若九牛亡一毛，与蝼蚁何以异？而世又不能与死节者次比，特以为智穷罪极，不能自免，卒就死耳。何也？素所自树立使然也。人固有一死，或重于泰山，或轻于鸿毛，用之所趋异也。太上不辱先，其次不辱身，其次不辱理色，其次不辱辞令，其次诎体受辱[②]，其次易服受辱，其次关木索、被箠楚受辱[③]，其次剔毛发、婴金铁受辱[④]，其次毁肌肤、断肢体受辱，最下腐刑极矣！传曰："刑不上大夫。"此言士节不可不勉励也。猛虎在深山，百兽震恐，及在槛阱之中，摇尾而求食，积威约之渐也。故士有画地为牢，势可不入；削木为吏，议不可对，定计于鲜也。今交手足，受木索，暴肌肤，受榜箠[⑤]，幽于圜墙之中[⑥]，当此之时，见狱吏则头抢地，视徒隶则心惕息。何者？积威约之势也。及以至是，言不辱者，所谓强颜耳，曷足贵乎！且西伯，伯也，拘于羑里；李斯，相也，具于五刑；淮阴，王也，受械于陈；彭越、张敖，南乡称孤，系狱抵罪；绛侯诛诸吕，权倾五伯，囚于请室；魏其，大将也，衣赭衣，关三木；季布为朱家钳奴[⑦]；灌夫受辱于居室。此人皆身至王侯将相，声闻邻国，及罪至罔加，不能引决自裁，在尘埃之中。古今一体，安在其不辱也？由此言之，勇怯，势也；强弱，形也。审矣，何足怪乎？且人不能早自裁绳墨之外，以稍陵迟，至于鞭箠之间，乃欲引节，斯不亦远乎！古人所以重施刑于大夫者，殆为此也。夫人情莫不贪生恶死，念父母，顾妻子，至激于义理者不然，乃有所不得已也。今仆不幸，早失父母，无兄弟之亲，独身孤立，少卿视仆于妻子何如哉？且

勇者不必死节，怯夫慕义，何处不勉焉！仆虽怯懦，欲苟活，亦颇识去就之分矣，何至自沉溺缧绁之辱哉[8]！且夫臧获婢妾，犹能引决，况仆之不得已乎？所以隐忍苟活，幽于粪土之中而不辞者，恨私心有所不尽，鄙陋没世而文采不表于后世也。

①剖符：把竹做的契约一剖为二。丹书：把誓词用丹砂写在铁制的契券上。文史星历：史籍和天文历法，都属太史令掌管。②诎：被捆绑身体。③木索：木枷和绳索。④婴：环绕。颈上带着铁链服苦役，即钳刑。⑤榜：鞭打。箠：竹棒。⑥圜墙：监狱。⑦钳奴：受钳刑。⑧缧绁：捆绑犯人的绳子。

【译文】

我的祖先没有剖符丹书的功劳，职掌文史星历，地位接近于卜官和巫祝，本是皇上戏弄并当作倡优蓄养的人，是世俗所轻视的。假如我伏法被杀，那就好像是九牛的身上掉了一根毛，同蚂蚁有什么区别？世人又不会拿我的死和殉节的人相比，只会认为我是无能、罪大恶极、难免一死，才走向死路的啊！为什么会这样呢？这是我所从事的职业和地位，使人们会这样地认为。人固然都有一死，但有的人死得比泰山还重，有的人却比鸿毛还轻，这是因为他们死的作用不同啊！一个人最重要的是不污辱祖先，其次是不侮辱自身，再次是不因别人的脸色而受辱，再次是不因别人的言语而受辱，再次是被捆在地而受辱，再次是穿上囚服受辱，再次是戴上脚镣手铐被鞭笞而受辱，再次是被剃光头发、颈戴枷锁而受辱，再次是毁坏肌肤、断肢截体而受辱，最下等的是腐刑，受辱到了极点。古书说“刑不上大夫”，这是说士人不能不自勉。猛虎在深山之中，百兽震恐，等到它落入陷阱和栅栏时，就只得摇着尾巴求食，这是威力使它驯服的。所以，士子看见在地上画圈为牢也绝不进入，面对木头做的假狱吏也绝不同他对答，这是由于早有主意，受辱之前就自杀。现在我的手脚被绳索捆绑，皮肉暴露在外，受着棍打和鞭笞，关在牢狱之中。这时，看见狱吏就叩头，看见牢卒就恐惧。这是为什么呢？是威风和约束所造成的。事情已经到了这种地步，却说不受污辱，不过是厚脸皮罢了，有什么值得尊敬的呢？况且，像西伯姬昌，是诸侯之长，曾被拘禁在羑里；李斯，是丞相，也受尽了五刑；淮阴侯韩信，被封为王，却在陈地被戴上刑具；彭越、张敖被诬告有称帝野心，被捕入狱并定下罪名；绛侯周勃，曾诛杀诸吕，权力大于春秋五霸，也被囚禁在室中；魏其侯窦婴，是一员大将，也穿上了红色的囚衣，手、脚、颈项都套上了刑具；季布以铁圈束颈卖身给朱家当了奴隶；灌夫被拘于居室而受屈辱。这些人都到了王侯将相的地位，声名传扬到邻国，等到犯了罪刑罚加身的时候，也不能引决自裁。古今都一样，哪里有不受辱的呢？照这样说来，勇怯强弱，都是形势所决定。明白这个道理，还有什么奇怪的呢？况且人不能早早地自杀逃脱法网之外，而到了被摧残和受刑的时候，才想到保全节操，这种愿望和现实不是相距太远了吗？古人之所以慎重地对大夫用刑，就是因为这个缘故。人之常情，没有谁不贪生怕死的，都挂念父母，顾虑妻儿。至于那些正义直行的人当然不是这样，这里有迫不得已的苦衷。如今我不幸失去双亲，又没有兄弟爱护，独身一人，孤立于世，少卿你看我对妻室儿女又怎样呢？况且一个勇敢的人不一定要为名节去死，怯懦的人仰慕大义，又何处不能勉励自己呢？我虽然怯懦软弱，想苟活在人世，但也能够区分弃生就死的界限，哪会自甘陷入困境而忍受屈辱呢？再说奴隶婢妾尚且懂得自杀，何况像我到了这样悲惨的地步！我之所以忍受屈辱苟且偷生，陷于监狱却不肯死的原因，是遗憾我内心的志愿有未达到的，平庸地死了，文章就不能在后世显露。

古者富贵而名磨灭，不可胜记，唯倜傥非常之人称焉。盖西伯拘而演《周易》；仲尼厄而作《春秋》；屈原放逐，乃赋《离骚》；左丘失明，厥有《国语》；孙子膑脚，《兵法》修列；不韦迁蜀，世传《吕览》；韩非囚秦，《说难》《孤愤》；《诗》三百篇，大抵圣贤发愤之所为作也。此人皆意有所郁结，不得通其道，故述往事、思来者。乃如左丘无目，孙子断足，终不可用，退而论书策，以舒其愤，思垂空文以自见。仆窃不逊，近自托于无能之辞，网罗天下放失旧闻，略考其事，综其终始，稽其成败兴坏之理，上计轩辕，下至于兹，为十表，本纪十二，书八章，世家三十，列传七十，凡百三十篇。亦欲以究天人之际，通古今之变，成一家之言。草创未就，会遭此祸，惜其不成，是以就极刑而无愠色。仆诚已著此书，藏之名山，传之其人，通邑大都，则仆偿前辱之责，虽万被戮，岂有悔哉？然此可为智者道，难为俗人言也！

【译文】

古时候虽富贵但声名磨灭的人，多得数不清，只有那些卓越的人才在世上著称。西伯姬昌被拘禁而推演《周易》；孔子受困窘而作《春秋》；屈原被放逐，才写了《离骚》；左丘明失去视力，才有《国语》；孙膑被剜去膝盖骨，才撰写《兵法》；吕不韦被贬谪蜀地，后世才流传着《吕氏春秋》；韩非被囚禁在秦国，写出《说难》《孤愤》；《诗》三百篇，大都是圣贤们抒发愤懑而写作的。都是人们感情抑郁不解，不能实现其理想，所以记述过去的事迹，让将来的人了解他的心愿。就像左丘明没有了视力，孙膑断了双脚，终生不能被人重用，便退隐著书立说来抒发他们的怨愤，希望文章能够流传后世。我私下里也自不量力，用我拙劣的文辞，收集天下散失的历史传闻，粗略地考订事实，综述本末，推究其成败盛衰的道理，上自黄帝，下至于当今，写成十篇表，十二篇本纪，八篇书，三十篇世家，七十篇列传，一共一百三十篇，也是想弄清天道与人事之间的关系，通晓古今变化，成为一家之言。草创还没有完毕，恰逢这场灾祸，我痛惜这部书不能完成，

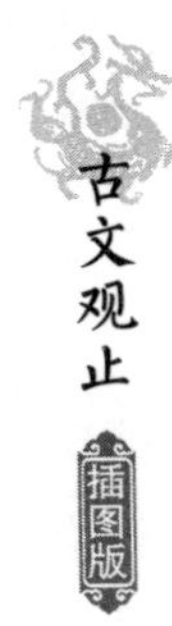

因此便接受了最残酷的刑罚而不敢有怒色。我现在真正地写完了这部书，打算把它藏进名山，传给可传的人，再让它流传进都市之中，那么，我便抵消了从前所受的侮辱，即便是让我千次万次地受辱，又有什么后悔的呢！但是，这些只能向有智慧的人诉说，却很难向世俗之人讲清楚啊！

且负下未易居，下流多谤议。仆以口语遇遭此祸，重为乡党戮笑，以污辱先人，亦何面目复上父母之丘墓乎？虽累百世，垢弥甚耳！是以肠一日而九回，居则忽忽若有所亡，出则不知其所往。每念斯耻，汗未尝不发背沾衣也！身直为闺阁之臣[①]，宁得自引深藏岩穴邪！故且从俗浮沉，与时俯仰，以通其狂惑。今少卿乃教之以推贤进士，无乃与仆私心刺（là）谬乎[②]？今虽欲自彫琢，曼辞以自饰，无益，于俗不信，适足取辱耳。要之，死日然后是非乃定。书不能尽意，略陈固陋。谨再拜。

①闺阁之臣：指宦官。闺、阁都是宫中小门，指皇帝深密的内廷。②刺谬：违背。

【译文】

戴罪的处境是很不容易安生的，地位卑贱的人，往往被人诽谤和议论。我因为多嘴而遭遇这场大祸，被乡里之人、朋友羞辱和嘲笑，污辱了祖宗，又有什么面目再到父母的坟墓上去祭扫呢？即使百代之后，这污垢和耻辱也会更加深重啊！因此腹中悲痛百转千回，坐在家中，精神恍惚，好象丢失了什么；出门则不知往哪儿走。每当想到这件耻辱的事，冷汗就从脊背上冒出来而沾湿衣襟。我已经成了宦官，怎么能够自己引退到深山隐居呢？所以随俗浮沉，依势上下，来抒发心中的郁结。如今少卿竟教我推贤进士，这恐怕与我愿望相违？现在即使我想推荐贤士，自我雕饰一番，用美好的言辞粉饰自己，也毫无用处，因为世俗之人是不会相信的，只会自讨侮辱啊。简单地说，人要到死后的日子，然后是非论定。书信是不能完全表达心意的，因而只是略为陈述我浅陋的意见罢了。恭敬地拜了两拜。

【精彩赏析】

本文是一篇感情悲愤，感人至深的散文。全文融记叙、抒情、议论为一体，文情并茂，如泣如诉，大量地铺陈和用典，援古证今，内容翔实，情感充沛，不愧为一曲千古难得的慷慨啸歌。

武帝求茂材异等诏

刘彻

【题解】

汉武帝刘彻，是汉朝最具有开拓精神的一位皇帝，也是我国历史上非常有作为的一位皇帝，他在位期间汉朝的政治、经济、军事和外交都达到了顶峰。本文是汉武帝命令州郡荐举人才的诏书。

汉武帝雕像

盖有非常之功，必待非常之人。故马或奔踶（tí）而致千里[①]，士或有负俗之累而立功名。夫泛（fěng）驾之马[②]，跅（tuò）弛之士[③]，亦在御之而已。其令州郡察吏民有茂材异等可为将相及使绝国者[④]。

①奔踶：奔驰，踢人。意谓不驯服。②泛驾：把车子弄翻，指不受驾驭。③跅弛：放纵不羁。④绝国：极为辽远的邦国。

【译文】

要建立非凡的事业，必须依靠不平常的人才。所以有的马奔跑踢人，却能到达千里之外的地方；有的人受到世俗讥讽，却能建功扬名。那些不受驾驭的马和放纵不羁的人，也在于如何驾驭和使用他们罢了。命令各州郡要发现官吏和百姓中那些才能优秀，出类拔萃，可担任将相及出使远方的人才。

【精彩赏析】

这篇诏书短小精炼，体现了皇帝的求贤若渴，爱才心切。以千里马来比喻人才，认为只要有超人的才能，有缺点是可以接受的，体现了“大行不顾细谨”的选材原则。

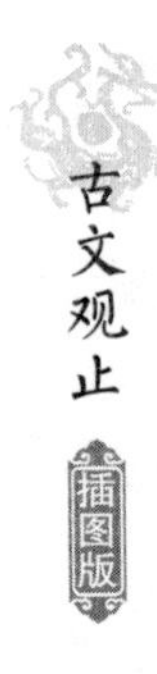

过秦论

贾谊

【题解】

贾谊，西汉著名的文学家和政治家。他在政治上富有见识，很有抱负和远见，写了很多政论性的文字，本文就是其中的代表作。文中就秦朝灭亡原因展开论述，谴责了秦国的过失，认为秦国灭亡的原因是实施暴政，废弃仁政，进而得出结论：施行仁义，才能天下归心。

贾谊铜像

秦孝公据崤函（xiáo hán）之固[①]，拥雍州之地[②]，君臣固守以窥周室，有席卷天下，包举宇内，囊括四海之意，并吞八荒之心。当是时也，商君佐之，内立法度，务耕织，修守战之具；外连衡而斗诸侯。于是秦人拱手而取西河之外。

①崤函：崤山和函谷关。②雍州：九州之一，是秦国的主要统治区域。

【译文】

秦孝公占据着崤山和函谷关的险固地势，具有雍州的土地，君臣坚固地守卫，寻求谋取周王室的权力的时机，有席卷天下、控制列国、并吞四海的意图，吞并各国的野心。在这个时候，商鞅辅佐他，在国内制定法规，致力于耕作纺织，修建防守和进攻的兵器；在国外实行连横政策，使崤山以东的诸侯互相争斗。于是，秦人毫不费力地夺取了河西之外的土地。

孝公既没[①]，惠文、武、昭襄蒙故业，因遗策，南取汉中，西举巴、蜀，东割膏腴之地，北收要害之郡。诸侯恐惧，会盟而谋弱秦，不爱珍器重宝肥饶之地，以致天下之士，合从缔交，相与为一。当此之时，齐有孟尝，赵有平原，楚有春申，魏有信陵。此四君者，皆明智而忠信，宽厚而爱人，尊贤而重士，约从离衡，兼韩、魏、燕、赵、宋、卫、中山之众。于是六国之士，有宁越、徐尚、苏秦、杜赫之属为之谋，齐明、周最、陈轸、召（shào）滑、楼缓、翟景、苏厉、乐毅之徒通其意，吴起、孙膑、带佗、兒良、王廖、田忌、廉颇、赵奢之伦制其兵。尝以什倍之地，百万之众，叩关而攻秦。秦人开关而延敌[②]，九国之师，逡（qūn）巡而不敢进[③]。秦无亡矢遗镞（zú）之费[④]，而天下诸侯已困矣。于是从散约解，争割地而赂秦。秦有余力而制其弊，追亡逐北，伏尸百万，流血漂橹[⑤]。因利乘便，宰割天下，分裂河山。强国请服，弱国入朝。

①没：通"殁"，去世。②延：延请。③逡巡：犹豫徘徊。④镞：箭。⑤橹：船桨。

【译文】

孝公死后，惠文王、武王、昭襄王先后继承他的基业，沿袭上代的策略，向南夺取汉中，向西攻取巴、蜀，向东掠取了肥沃的土地，向北占领了重要的州郡。诸侯恐慌，集会结盟，商量削弱秦国的办法。不吝啬奇珍异宝和肥沃的土地，用来招纳天下的贤能，采用合纵的策略缔结盟约，成为一体。在这个时候，齐国有孟尝君，赵国有平原君，楚国有春申君，魏国有信陵君。这四人，都明智，诚信，宽厚，礼贤下士，以合纵之约击破秦的连横之策，将韩、魏、燕、赵、宋、卫、中山的部队结成联军。在这时，六国士人有宁越、徐尚、苏秦、杜赫等人为他们谋划，齐明、周最、陈轸、召滑、楼缓、翟景、苏厉、乐毅等人沟通往来，吴起、孙膑、带佗、兒良、王廖、田忌、廉颇、赵奢等人统率他们的军队。他们曾经以十倍于秦的土地，上百万的军队，向西攻打秦国的函谷关。秦人大开关门诱敌深入，九国的军队却迟疑犹豫，不敢入关。秦人没有耗费兵卒箭矢，天下的诸侯就已陷入困境了。这样一来，纵约失败，各诸侯国争着割地来贿赂秦国。秦有充足的力量利用他们的困乏来征服他们，追击败兵，死尸遍地，血流成河，连盾牌都漂起来。秦国凭借有利的形势，占据天下，重分山河。强国主动屈服，弱国按时朝拜。

贾太傅祠

施及孝文王、庄襄王，享国之日浅[①]，国家无事。及至始皇，奋六世之余烈，振长策而御宇内[②]，吞二周而亡诸侯，履至尊而制六合[③]，执敲朴以鞭笞天下[④]，威振四海。南取百越之地，以为桂林、象郡；百越之君，俯首系颈[⑤]，委命下吏。乃使蒙恬北筑长城而守藩篱，却匈奴七百余里。胡人不敢南下而牧马，士不敢弯弓而报怨。于是废先王之道，燔百家之言，以愚黔首[⑥]；隳（huī）名城[⑦]，杀豪

俊，收天下之兵，聚之咸阳，销锋镝（dí）[⑧]，铸以为金人十二，以弱天下之民。然后践华为城，因河为池，据亿丈之城，临不测之渊，以为固。良将劲弩守要害之处，信臣精卒陈利兵而谁何[⑨]。天下已定，始皇之心，自以为关中之固，金城千里，子孙帝王万世之业也。

①享国：做国君。②策：马鞭。③六合：天地和四方。④敲朴：棍子。⑤系颈：脖子系着绳子。⑥黔首：百姓。⑦隳：毁坏。⑧锋镝：箭头。⑨谁何：喝问是谁。

【译文】

等到孝文王、庄襄王依次继位，他们统治的时间不长，秦国并没有什么大事发生。到了秦始皇的时候，继承了六世遗留下来的功业，用武力征服各国，将东周、西周和各诸侯国统统消灭，登上皇帝的宝座控制天下，用严酷的刑罚奴役天下百姓，威风震慑四海。向南攻取百越的土地，把它作为桂林郡和象郡，百越的君主低着头，颈上系着绳子，性命听凭秦朝官吏处理。于是又派蒙恬到北方去修筑长城，守卫边防，使匈奴退却七百多里；胡人不敢到南边来放牧，勇士不敢拉弓射箭来报仇。接着就废除古代帝王的治国之道，焚烧诸子百家的著作，用来使百姓愚昧；毁坏高大的城墙，杀掉英雄豪杰；收缴天下的兵器，集中在咸阳，销毁刀刃和箭头，铸成了十二个铜人，来削弱百姓的力量。然后把华山当作城墙，把黄河当作护城河，倚仗万丈的城墙，凭借黄河天险，自认为占据了险固的地势。将领手拿上好的弓箭守卫着要害的地方，亲信精兵拿着锋利的兵器，盘问过往行人。天下已经安定，始皇帝自以为这险固的关中、千里坚固的城防，就可以成就子孙万代的帝王大业。

始皇既没，余威震于殊俗。然陈涉瓮牖绳枢之子[①]，氓（méng）隶之人[②]，而迁徙之徒也；才能不及中人[③]，非有仲尼、墨翟之贤，陶朱、猗（yī）顿之富；蹑足行伍之间[④]，俛起阡陌之中，率罢弊之卒，将数百之众，转而攻秦，斩木为兵，揭竿为旗，天下云集而响应，赢粮而景从。山东豪俊遂并起而亡秦族矣。

①牖：窗户。枢：门轴。②氓隶：无业流民，奴隶。③中人：普通人。④行伍：军队。

【译文】

秦始皇去世之后，他的余威仍旧震慑边远地区。可是，陈涉不过是个用蓬窗草户的贫苦人，是流亡受奴役的人，后来充当了戍边的兵卒；才能不如平常的人，更没有孔子、墨子那样的贤德，也不像陶朱公、猗顿那样富有。他崛起于戍守的队伍，在田野间突然发难，率领着疲惫的士兵，指挥着几百人的队伍，掉过头来攻打秦国，折下树枝作武器，举起竹竿当旗帜，天下豪杰纷纷响应，人们背着粮食，如影子般跟随着他。崤山以东的英雄豪杰于是一起起义，推翻了秦王朝。

且夫天下非小弱也，雍州之地，崤函之固，自若也。陈涉之位，非尊于齐、楚、燕、赵、韩、魏、宋、卫、中山之君也；锄櫌（yōu）棘矜（qín）①，非铦于钩戟（jǐ）长铩（shā）也②；谪戍之众，非抗于九国之师也；深谋远虑，行军用兵之道，非及曩时之士也。然而成败异变，功业相反，何也？试使山东之国与陈涉度（duó）长絜大③，比权量力，则不可同年而语矣。然秦以区区之地，致万乘之权，招八州而朝同列，百有余年矣；然后以六合为家，崤函为宫；一夫作难（nàn）而七庙隳，身死人手，为天下笑者，何也？仁义不施而攻守之势异也。

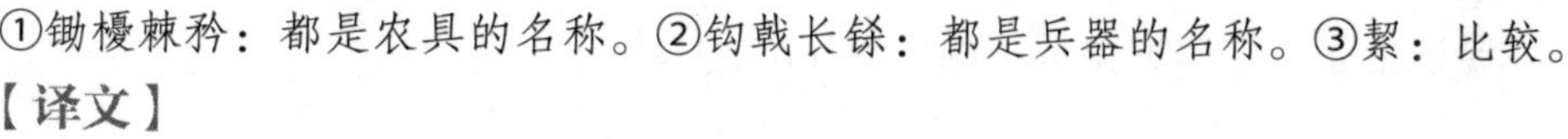
①锄櫌棘矜：都是农具的名称。②钩戟长铩：都是兵器的名称。③絜：比较。

【译文】

一统天下的秦王朝并没有变小或削弱，雍州的地势，崤山和函谷关的险固，还是和从前一样。陈涉的地位并不比齐、楚、燕、赵、韩、魏、宋、卫、中山的国君尊贵；锄头木棍并不比钩戟长矛锋利；迁谪戍边的士卒并不能和九国军队匹敌；陈涉行军打仗的策略，也比不上先前九国的武将谋臣。可是有优势的失败了而处于劣势的却成功了，功业相反，为什么呢？假使将东方列国的实力和陈涉相比，那简直是天壤之别了。然而秦凭借着小小的地方，发展成为万乘之国，使八方来朝，使六国诸侯都俯首称臣，已有一百多年历史；然后坐拥天下，把崤山、函谷关作为宫殿；一个戍卒发难国家就灭亡了，死在人家手里，被天下人耻笑，为什么呢？不施行仁义导致攻和守的形势发生了变化。

【精彩赏析】

文章开头写秦一统天下的过程和始皇成就霸业的气势，极尽铺陈渲染，气势磅礴。善用对比论证，将陈涉和六国相比，将二者抵抗秦国的结局对比，反衬出秦国推行武力和暴政的严重后果。文章结构紧凑，层层推进，卒章显志，在最后得出中心论点，增强了说服力。

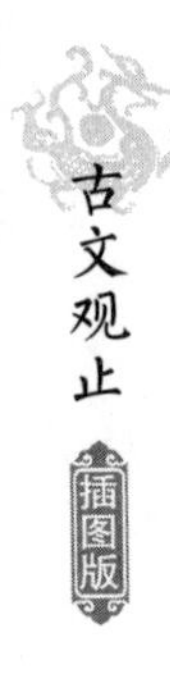

论贵粟疏

晁错

【题解】

晁错，是西汉文帝、景帝时期著名的政治家，本篇是呈给汉文帝的奏疏，主要论述了“贵粟”的重要性，提出重视粮食储备、发展粮食生产的观点。文笔流畅，论证全面，是传世奏折中的代表作。

晁错

圣王在上，而民不冻饥者，非能耕而食（sì）之①，织而衣（yì）之也②，为开其资财之道也。故尧、禹有九年之水，汤有七年之旱，而国无捐瘠者③，以畜积多而备先具也。今海内为一，土地人民之众不避汤、禹，加以亡天灾数年之水旱，而畜积未及者，何也？地有遗利，民有余力，生谷之土未尽垦，山泽之利未尽出也，游食之民未尽归农也。民贫，则奸邪生。贫生于不足，不足生于不农，不农则不地著（zhuó）④，不地著则离乡轻家，民如鸟兽。虽有高城深池，严法重刑，犹不能禁也。

①食：给他们吃。②衣：给他们穿。③捐：抛弃。瘠：瘦。④地著：定居一地。

【译文】

在君王统治下，百姓不会被冻着被饿到，这不是因为君王能种粮食给他们吃，为他们织衣服，而是因为君王能为他们开辟创造财富的途径。所以尧、禹之时有过九年的水灾，商汤之时有过七年的旱灾，但是国内没有饿死、饿瘦的人，这是因为粮食储备充足而且准备充分。现在全国统一，土地广大，人口众多，并不亚于汤、禹之时，而且没有连年的水旱灾害，但积蓄却远不如汤、禹之时，这是为什么？原因在于土地还有未开发的部分，百姓还有余力，能生长出谷物的土地还没全部开垦，山林湖泊的资源还没有全部开发，游荡无事可做的人没有全部去从事农业生产。百姓贫困就会去做恶事。贫困是因为不富足，不富足的原因是不务农，不从事农业百姓就无法定居一地，不能定居就会离乡背井，像鸟兽一样四处觅食。即使有高筑的城墙，宽深的护城河，严厉的法令，残酷的刑罚，还是不能够限制他们。

夫寒之于衣，不待轻暖；饥之于食，不待甘旨；饥寒至身，不顾廉耻。人情一日不再食则饥，终岁不制衣则寒。夫腹饥不得食，肤寒不得衣，虽慈母不能保其子，君安能以有其民哉？明主知其然也，故务民于农桑，薄赋敛，广畜积，以实仓廪，备水旱，故民可得而有也。

【译文】

挨冻的人不在乎衣服的轻暖；挨饿的人不在乎食物的香甜；一个人如果饥寒交迫，就顾不上廉耻了。人之常情是：一天不吃两顿饭就要挨饿，整年不做衣服穿就会受冻。肚子饿却没饭吃，身上冷却无衣穿，即使是慈母也不能保住她的儿子，国君又怎能留住他的百姓呢？贤明的君主知道这个道理，因此能鼓励百姓从事农桑，减轻他们的赋税，储备丰富的粮食，充实仓库，防备水旱灾荒，这样才能够得到百姓的拥护。

民者，在上所以牧之①，趋利如水走下，四方无择也。夫珠玉金银，饥不可食，寒不可衣，然而众贵之者，以上用之故也。其为物轻微易藏，在于把握，可以周海内而亡饥寒之患。此令臣轻背其主，而民易去其乡，盗贼有所劝②，亡逃者得轻资也。粟米布帛，生于地，长于时，聚于力，非可一日成也。数石之重，中人弗胜③，不为奸邪所利；一日弗得而饥寒至。是故明君贵五谷而贱金玉。

汉文帝像

①牧：统治、管理。②劝：引诱。③弗胜：不能胜任，指拿不动。

【译文】

百姓在于君主凭借什么手段来治理。他们对利益的追求就像水往低处流一样，是不管东西南北的。珠玉金银，饿了不能当饭吃，冷了不能当衣穿；然而人们还是视为珍宝，这是因为君主需要它的缘故。珠玉金银这些物品小巧易藏，拿着它，可以周游四方而且不必担心饥寒。这使臣子轻易地背弃他的君主，而百姓也轻易地离开家乡，盗贼受到诱惑，逃亡的人有了便于携带的财物。粮食布帛是在地里生长的，生长有时，收获也需要人力，在短时间内是不会办成的。几石重的粮食，一般人拿不动它，不被奸邪之人看重；可是一天得不到就要挨饿受冻。因此贤君重视五谷而轻视金玉。

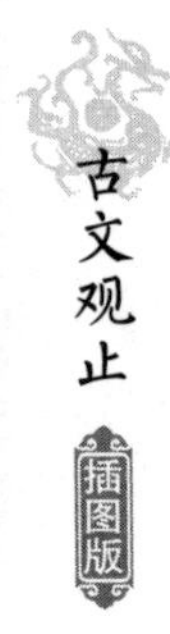

今农夫五口之家，其服役者不下二人，其能耕者不过百亩，百亩之收不过百石。春耕，夏耘，秋获，冬藏，伐薪樵，治官府，给徭役；春不得避风尘，夏不得避暑热，秋不得避阴雨，冬不得避寒冻，四时之间，无日休息。又私自送往迎来，吊死问疾，养孤长幼在其中。勤苦如此，尚复被水旱之灾，急政暴虐，赋敛不时，朝令而暮改。当其有者半贾（gǔ）而卖①，亡者取倍称（chèn）之息②；于是有卖田宅、鬻（yù）子孙以偿债者矣。而商贾大者积贮倍息③，小者坐列贩卖，操其奇赢④，日游都市，乘上之急，所卖必倍。故其男不耕耘，女不蚕织，衣必文采，食必粱肉；亡农夫之苦，有阡陌之得。因其富厚，交通王侯，力过吏势，以利相倾；千里游敖，冠盖相望，乘坚策肥⑤，履丝曳（yè）缟（gǎo）⑥。此商人所以兼并农人，农人所以流亡者也。今法律贱商人，商人已富贵矣；尊农夫，农夫已贫贱矣。故俗之所贵，主之所贱也；吏之所卑，法之所尊也。上下相反，好恶乖迕⑦，而欲国富法立，不可得也。

①贾：价格。②倍称之息：加倍的利息。称，相等，相当。③积贮：积累储备。④奇赢：以特殊的手段获得更大的利润。⑤乘坚策肥：乘坚车，策肥马。策，用鞭子赶马。⑥履丝曳缟：脚穿丝鞋，身披绸衣。曳，拖着。缟，一种精致洁白的丝织品。⑦乖迕：违背。

【译文】

如今五口之家的农夫，不少于两人要服役，能够耕种的地不超过百亩，土地的收成不超过百石。他们春天耕地，夏天除草，秋天收获，冬天储藏，还得砍木柴，修葺官府的房屋，服劳役；春天不能避风尘，夏天不能避暑热，秋天不能避阴雨，冬天不能避严寒，一年四季，没有一天休息；其间，还有私人的交际往来，吊唁死者，看望病人，抚养孤老，养育幼儿。他们如此辛苦，还要遭受水旱灾害，官府急征暴敛，朝令夕改。交赋税时，有粮食的人，半价卖后交税；没有粮食的人，只好以加倍的利息去借贷。于是就出现了卖田地宅院、卖妻子儿女来偿还债务的事情。而那些商人们，大的囤积货物，获取加倍的利息；小的摆摊贩卖货物，获取利益。他们整天去集市上活动，当某种货物急需的时候，就会抬高价格。所以这些人，男的不用务农，女的不用养蚕织布，却穿着华服，吃着上等米和肉；没有农夫的劳苦，却坐享田地的收成。依仗自己丰厚的钱财，结交王侯，势力超过官吏；凭借财富相互倾轧；他们遨游各地，乘坚车，骑肥马，穿丝鞋，着绸衣。这就是商人兼并农民土地，农民流亡在外的原因。当今法律轻视商人，但是商人已富贵了；法律虽尊重农民，而农民却已贫贱了。所以一般人所看重的，正是君主所轻贱的；一般官吏所轻视的，正是法律所尊重的。君民正好相反，喜恶相违。要想使国家富裕，百姓遵纪守法，那是不可能的。

方今之务，莫若使民务农而已矣。欲民务农，在于贵粟；贵粟之道，在于使民以粟为赏罚。今募天下入粟县官①，得以拜爵，得以除罪。如此，富人有爵，农民有钱，粟有所渫（xiè）②。夫能入粟以受爵，皆有余者也。取于有余，以供上用，则贫民之赋可损③，所谓损有余、补不足，令出而民利者也。顺于民心，所补者三：一曰主用足，二曰民赋少，三曰劝农功。今令民有车骑马一匹者，复卒三人。车骑者，天下武备也，故为复卒。神农之教曰："有石城十仞，汤池百步，带甲百万，而亡粟，弗能守也。"以是观之，粟者，王者大用，政之本务。令民入粟受爵，至五大夫以上④，乃复一人耳，此其与骑马之功相去远矣。爵者，上之所擅⑤，出于口而无穷；粟者，民之所种，生于地而不乏。夫得高爵与免罪，人之所甚欲也。使天下人入粟于边，以受爵免罪，不过三岁，塞下之粟必多矣。

①县官：汉代对官府的通称。②渫：散出。③损：减。④五大夫：汉代的一种爵位，凡纳粟四千石，即可封赐。⑤擅：专有。

【译文】

当今的任务无非就是让百姓务农。想让百姓务农，关键在于重视粮食生产；重视粮食生产的方法，在于让百姓拿粮食来求赏或免罚。现在应该号召天下百姓向官府交粮，可以封爵，可以免罪；通过这样，富人有爵位，农民有钱财，粮食就会流通。那些能交纳粮食得到爵位的，都是富有的人。从他们那里取得财物供给朝廷，那么就能够减轻贫苦百姓的赋税，这就是损有余、补不足，法令一颁布百姓就能够得到好处。符合百姓的心愿，益处有三：一是满足国家所需，二是百姓的赋税减少了，三是有更多的人从事农业生产。现今法律规定，百姓能提供一匹战马的，就可以免去三个人的兵役。车马是国家战备所需，所以可以免除兵役。神农教导说："有七八尺高的城墙，有充满沸水的护城河，上百万的兵士，但没有粮食，仍然无法守住。"这样看来，粮食是君王最需要的东西，是治理国家的根本。百姓交粮买爵，爵位在五大夫以上，才免除一个人的兵役，这与一匹战马的功用相比，差得太远了。封爵位，这是国君专有的权力，只要开口，就可以无尽地封给别人；粮食是百姓耕种所获，生长在土地中而不会缺乏。能够得到爵位并且赎罪，是每个人都很向往的。让天下百姓都献纳粮食，用于边塞，以此授予爵位或免除罪责，不出三年，边塞的粮食一定会充足起来。

【精彩赏析】

鲁迅评价晁错的文章"皆疏直激切，尽所欲言"。本文以古论今，善用对比，说理透辟，逻辑严密，围绕"重农贵粟"的主张，指陈时弊，层层推进，具有较强的说服力。

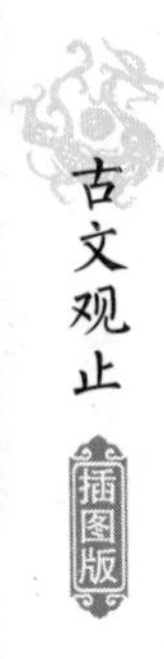

狱中上梁王书

邹阳

【题解】

邹阳，西汉文学家。此文乃其身系狱中，将罹杀身之祸仍坚持劝谏孝王的奏折。虽系死囚，但其文不迎合媚上，不哀求乞怜，字里行间仍透露出忠心傲骨、智谋才略。全文善用比喻，富于文采，是汉代散文名篇之一。

臣闻忠无不报，信不见疑，臣常以为然①，徒虚语耳。昔荆轲慕燕丹之义②，白虹贯日③，太子畏之④；卫先生为秦画长平之事⑤，太白食昴（mǎo）⑥，昭王疑之。夫精变天地而信不谕两主，岂不哀哉！今臣尽忠竭诚，毕议愿知，左右不明，卒从吏讯⑦，为世所疑。是使荆轲、卫先生复起，而燕、秦不寤也。愿大王熟察之。

①常：通“尝”，曾经。②荆轲：战国末期卫国人，因刺秦闻名。燕丹：燕王喜之子。③白虹贯日：古人常以天人感应的说法解释罕见的天文、气象现象。④畏：引申为担心。⑤卫先生：秦将白起手下的谋士。⑥太白：金星。古时认为是战争的征兆。昴：二十八宿之一。太白食昴，是说太白星侵入了昴星座，象征赵国将遭到军事失利。⑦从：听凭。

【译文】

我听说忠心不会没有回报，诚信不会遭到怀疑，我曾经以为这是对的，但都不过是空话罢了。曾经荆轲仰慕太子丹的仁义，他的精诚感动了上天以至出现了白虹贯日的景象，但太子丹却不放心他。卫先生为秦国谋划平定了长平之事，上天显示出太白食昴的天象，秦昭王却怀疑他。个人的精诚改变了天象，却得不到两位主人的理解，难道不是悲哀吗？现在我尽忠竭诚，对大王提出了所有的建议，但大王的左右亲信并不相信我，使我遭到了狱吏的审讯，被世人怀疑，这是让荆轲、卫先生重生，但燕太子丹、秦昭王仍不觉悟啊。还望大王深思明察。

昔玉人献宝①，楚王诛之；李斯竭忠②，胡亥极刑③。是以箕子阳狂④，接舆避世⑤，恐遭此患也。愿大王察玉人、李斯之意，而后楚王、胡亥之听，毋使臣为箕子、接舆所笑。臣闻比干剖心[⑥]，子胥鸱（chī）夷[⑦]，臣始不信，乃今知之。愿大王熟察，少加怜焉。

①玉人：指楚人卞和。②李斯：秦国宰相。③胡亥：秦二世名，秦始皇次子。④箕子：商纣王的叔父。阳狂：即佯狂。⑤接舆：春秋时代楚国隐士，人称楚狂。⑥比干：商纣王的叔父，因纣王荒淫，被纣王剖心而死。⑦子胥：伍员，字子胥，春秋楚人。鸱夷：马皮制的袋。

【译文】

从前卞和献宝，楚王砍掉他的脚；李斯尽忠，秦二世也对他处以极刑。因此箕子装疯，接舆隐居，都是害怕遭受这种灾祸啊。希望大王认明卞和、李斯的心意，不去想楚王、秦二世的偏听，不要让我被箕子、接舆笑话。我听说比干被开膛剖心，伍子胥死后被裹在马皮囊中扔入钱塘江，我开始时不信，现在才信了。希望大王能深思明察，稍加怜惜。

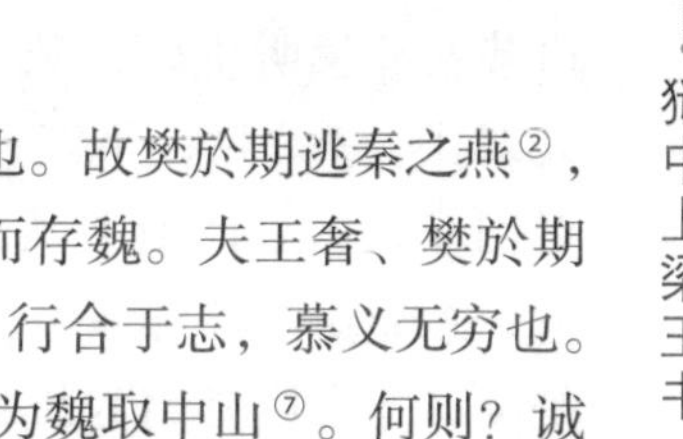

语曰："有白头如新，倾盖如故[①]。"何则？知与不知也。故樊於期逃秦之燕[②]，借荆轲首以奉丹事；王奢去齐之魏[③]，临城自刭以却齐而存魏。夫王奢、樊於期非新于齐、秦而故于燕、魏也，所以去二国、死两君者，行合于志，慕义无穷也。是以苏秦不信于天下[④]，为燕尾生[⑤]；白圭战亡六城[⑥]，为魏取中山[⑦]。何则？诚有以相知也。苏秦相燕，人恶之燕王，燕王按剑而怒，食以駃騠（jué tí）[⑧]；白圭显于中山，人恶之于魏文侯，文侯赐以夜光之璧。何则？两主二臣，剖心析肝相信，岂移于浮辞哉！

①白头如新：指有的人相处到老而不相知。倾盖如故：路遇贤士，停车而谈，初交却一见如故。②樊於期：原为秦将，因得罪秦王，逃亡到燕国，受到太子丹礼遇。③王奢：战国时齐大臣，因得罪齐王，逃到魏国。④苏秦：战国时洛阳人，游说六国联合抵制秦国，挂六国相印。⑤尾生：鲁国人。与女子约于桥下，女未至，潮涨，尾生抱桥柱被淹死。古人以他为守信的典范。⑥白圭：战国初中山国之将，连失六城，逃到魏国。⑦中山：春秋时诸侯国之一。⑧駃騠：良马名。

【译文】

有人说："有相处到老而不相知的，也有停车交谈就能一见如故的。"为什么会这样呢？这是理解和不理解的问题啊。所以樊於期从秦国逃到燕国，能把自己的头交给荆轲来帮助太子丹完成事业；王奢离开齐国后到了魏国，亲自登上城楼自杀让齐军退军以保存魏国。王奢、樊於期并不是对齐国、秦国陌生而对燕国、魏国熟悉，他们离开前两个国家，却能为后两个国君效死，是因为他们与魏君和太子丹志同道

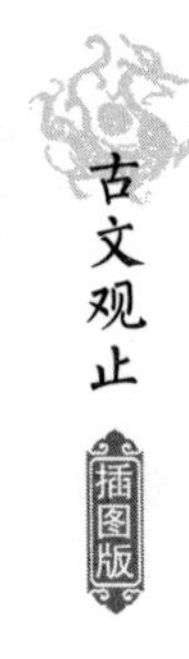

合，无比地仰慕道义。因此苏秦虽不被天下各国信任，却以生命守信于燕；白圭为中山国作战失去了六座城池，却能为魏攻下了中山国。这又是什么原因呢？确实是因为有了君臣间的相互信任啊。苏秦在燕国做相时，有人向燕王说他坏话，燕王只是按着剑发怒，还让苏秦吃贵重的马肉。白圭攻下中山国后在魏国十分显贵，有人向魏文侯说他坏话，魏文侯却赐给白圭夜光璧。这是为什么呢？两个君主和两个臣子，能剖心沥胆地相互信任，怎会因不实之词而相互猜疑呢？

故女无美恶，入宫见妒；士无贤不肖，入朝见嫉。昔司马喜膑（bìn）脚于宋①，卒相中山；范雎拉胁折齿于魏②，卒为应侯③。此二人者，皆信必然之画，捐朋党之私，挟孤独之交，故不能自免于嫉妒之人也。是以申徒狄蹈雍之河④，徐衍负石入海，不容于世，义不苟取比周于朝，以移主上之心。故百里奚乞食于道路，缪公委之以政；宁戚饭牛车下⑤，桓公任之以国。此二人者，岂素宦于朝，借誉于左右，然后二主用之哉？感于心，合于行，坚如胶漆，昆弟不能离，岂惑于众口哉？故偏听生奸，独任成乱。昔鲁听季孙之说逐孔子，宋任子冉之计囚墨翟。夫以孔、墨之辩，不能自免于谗谀，而二国以危。何则？众口铄金，积毁销骨也。秦用戎人由余而伯中国⑥，齐用越人子臧而强威、宣⑦。此二国岂系于俗，牵于世，系奇偏之浮辞哉？公听并观，垂明当世。故意合则胡越为兄弟，由余、子臧是矣；不合则骨肉为仇敌，朱、象、管、蔡是矣。今人主诚能用齐、秦之明，后宋、鲁之听，则五伯不足侔⑧，而三王易为也。

①司马喜：三次任中山国相。膑：古代肉刑之一，剔除膝盖骨。②范雎：曾任秦国宰相。拉胁折齿：腋下的肋骨和牙齿都被打折。③卒为应侯：范雎入秦为相，封应侯。④申徒狄：古代投水自尽的贤人。雍：古代黄河的支流。⑤宁戚：春秋时卫国人，到齐国经商，夜里边喂牛边敲着牛角唱“生不遭尧与舜禅”，桓公听了，知是贤者，举用为田官之长。⑥由余：祖先本是晋国人，秦穆公后来依靠他伐西戎，灭国十二，开地千里，从而称霸一时。⑦越人子臧：越人。威、宣：指齐威王、齐宣王。⑧五伯：即春秋五霸，指齐桓公、晋文公、秦穆公、宋襄公、楚庄王。

【译文】

所以无论女子是否漂亮，一旦进宫就会遭受嫉妒；无论士是否贤德，一入朝廷就会遭到排挤。从前司马喜在宋国受膑刑，后来却到中山国做国相；范雎在魏国时被打断肋骨、敲折牙齿，到秦国却被封为应侯。这两个人，都自信必将成功的计策，舍弃曾经拉帮结派的私情，依仗孤身一人的交情，所以不可避免会有嫉妒的人出现。因此申徒狄自沉雍水，徐衍负石跳海，他们与世俗不相容，他们的仁德使他们不肯苟且结伙在朝廷里左右君主的思想。所以百里奚虽在路旁乞食，秦穆公却把国政托付给他；宁戚虽在车下喂牛，齐桓公却委任他治国。这两个人，难道是一直在朝廷做官，靠左右亲信向君主说好话，然后两位君主才重用他们的吗？心中互相感应，行为相符，如胶漆般牢固，兄弟都不能离间他们，岂能被众人的不实之词所迷惑？所以偏听会产生奸邪，独断任行会造成祸乱。从前鲁国听信了季孙的坏话而赶走了孔子，宋国依照了子冉的诡计囚禁了墨翟。依孔子、墨翟的口才都避免不了在谗言谀语中受伤，而鲁、宋两国则更是陷于危险的境地。原因是什么呢？众人的嘴足以使金子熔化，长年累月的诽谤是可以使骨骸销蚀啊。秦国任用了戎人由余而称霸于中原，齐国任用了越人子臧而在威王、宣王两代强盛一时。这两个国家也受俗见的束缚，被世人所牵制，为奇邪偏颇的不实之辞所左右了吗？多听多看，为当世留下一个明智的榜样。所以心意相合就算胡人越人也可以成为兄弟，就像由余、子臧；心意不合就是亲骨肉也可以成为仇敌，就像丹朱、象、管叔、蔡叔。现在的人如果真能采取齐国、秦国的明智立场，吸取宋国、鲁国的偏听偏信的教训，那么五霸也将难以相比，三王更是能轻易做到的啊。

是以圣王觉寤，捐子之之心[①]，而不说田常之贤[②]，封比干之后，修孕妇之墓，故功业覆于天下。何则？欲善无厌也。夫晋文亲其雠（chóu）[③]，强伯诸侯；齐桓用其仇，而一匡天下。何则？慈仁殷勤，诚加于心，不可以虚辞借也。

①子之：战国时燕王哙之相。燕王哙死，子之被剁成肉酱。②田常：即陈恒，齐简公时为左相。③亲其雠：重耳即位后，吕省、郤芮策划谋杀他，履鞮告密，晋文公不念旧恶，接见了他，挫败了吕、郤的阴谋。

【译文】

因此圣明的君主能够省悟，抛弃子之的那种“忠心”，不再喜欢田常的那种“贤能”，像周武王那样封赏比干的后人，为惨遭纣王残害的孕妇修墓，所以功业才能覆盖天下。原因是什么？行善的思想从没有止境。晋文公能亲近往日的仇人，才终于称霸于诸侯；齐桓公能任用过去的敌人，从而成就了一匡天下的霸业。这是为什么呢？慈善仁爱情意恳切，真正放在心上，是不能用虚假的言辞来替代的。

至夫秦用商鞅之法，东弱韩、魏，立强天下，卒车裂之。越用大夫种之谋，禽劲吴而伯中国[①]，遂诛其身。是以孙叔敖三去相而不悔，於陵子仲辞三公为人灌园。今人主诚能去骄傲之心，怀可报之意，披心腹，见情素，堕（huī）肝胆[②]，施德厚，终与之穷达，无爱于士，则桀之犬可使吠尧，跖之客可使刺由，何况因万乘之权，假圣王之资乎！然则荆轲湛（chén）七族[③]，要离燔（fán）妻子[④]，岂足为大王道哉！

①禽：通“擒”。伯：称霸。②堕：通“隳”，毁坏，引申为剖开。③湛：通“沉”。湛七族：灭七族。④要离：春秋时吴国刺客。燔：烧。

【译文】

至于秦国采用商鞅的变法，东方削弱了韩国、魏国，顿时称霸于天下，而后来却把商鞅五马分尸了。越王采用了大夫种的计谋，征服了强劲的吴国而称霸于中原，最后却逼迫大夫种自杀了。因此孙叔敖三次从楚国离开相位也不后悔，於陵子仲也推辞掉三公的聘请而去为他人浇灌菜园。现在的君主真要能够去掉骄傲之心，怀着足以令人愿意报效的诚意，推心置腹，诚心相邀，披肝沥胆，实施厚德，始终与贤人同甘苦，待贤人无所吝惜，那么夏桀的狗也可使它对着尧狂吠，盗跖的部下也可以叫他去行刺许由，何况凭君主的权势，借圣王的地位呢！这样，那么荆轲被灭七族，要离烧死妻子儿女，还值得对大王说吗？

臣闻明月之珠，夜光之璧，以暗投人于道，众莫不按剑相眄（miǎn）[①]者。何则？无因而至前也。蟠木根柢，轮囷（qūn）离奇[②]，而为万乘器者，以左右先为之容也。故无因而至前，虽出随珠和璧[③]，只怨结而不见德；有人先游，则枯木朽株，树功而不忘。今夫天下布衣穷居之士，身在贫羸，虽蒙尧、舜之术，挟伊、管之辩，怀龙逢、比干之意[④]，而素无根柢之容，虽竭精神，欲开忠于当世之君，则人主必袭按剑相眄之迹矣。是使布衣之士不得为枯木朽株之资也。

①眄：斜视。②轮囷：屈曲的样子。③随珠：春秋时随国之侯救活了一条受伤的大蛇，后来大蛇衔来一颗明珠报答他的恩惠。后世称为随珠。④龙逢：关龙逢，夏末贤臣，因忠谏夏桀，被囚杀。

【译文】

我听说明月珠、夜光璧，在路上暗中投掷给旁人，没有人不按着剑柄斜眼看的。为什么呢？是因为它无缘由地来到面前啊。弯木头、老树桩，屈曲得怪模怪样，却能够成为君主的用具，是因为君主身边的人先给它装饰一番。所以如果无依无靠来到面前，即使献出月明之珠、和氏璧，也只能平白结怨而不会有好报；如果有人先做好铺垫，那就算是枯木朽枝，也会立下功勋而令人难忘。现在天下的平民和贫困之人，因家境贫寒，所以即使胸中藏着尧、舜的方略，拥有伊尹、管仲的口才，怀有关龙逢、比干的忠诚，却从来没有老树桩那种装饰，虽然尽心竭力，想要向当世的君主奉献一片忠贞之心，那么君主也一定会重蹈按着剑柄斜看的覆辙了。这就是平民出身的士人连枯木朽株的待遇也得不到的原因啊。

是以圣王制世御俗，独化于陶钧之上，而不牵乎卑乱之语，不夺乎众多之口。

故秦皇帝任中庶子蒙嘉之言，以信荆轲，而匕首窃发；周文王猎泾渭，载吕尚归，以王天下。秦信左右而亡，周用乌集而王①。何则？以其能越拘挛之语②，驰域外之议，独观乎昭旷之道也。今人主沉谄谀之辞，牵帷墙之制③，使不羁之士，与牛骥同皁④，此鲍焦所以愤于世也⑤。

①用：因为。乌集：乌指赤乌。②拘挛之语：卷舌聱牙的话，喻姜尚说的羌族口音的话。③帷：床帐。墙，指宫墙。④皁：牲口槽。⑤鲍焦：春秋时齐国人，厌恶时世污浊，他自己采蔬而食。

【译文】

因此圣明的君主统治世俗，就要像独自在转盘上制造陶器一样有主见，而不被阿谀奉承的话所牵引，不因众说纷纭而改变主见。所以秦始皇听信了中庶子蒙嘉的话，相信了荆轲，终于出现了暗藏的匕首；周文王在泾水渭水间打猎，得到姜子牙的同车而回，从而得了天下。秦国因轻信左右而灭亡，周因任用素不相识的人而成王。为什么会这样？因为文王能听取卷舌聱牙的羌族语言，不限制任何议论发表，自然能看到更为深远的道理。如今的君主陷在阿谀奉承的包围之中，受到妃妾近臣的牵制，使思想不受拘束的人才与牛马同槽，这就是鲍焦所以愤世嫉俗的原因啊。

臣闻盛饰入朝者①，不以私污义；底厉名号者②，不以利伤行。故里名‘胜母’，曾子不入③；邑号‘朝歌’，墨子回车④。今欲使天下寥廓之士，笼于威重之权，胁于位势之贵，回面污行，以事谄谀之人，而求亲近于左右，则士有伏死堀穴岩薮之中耳⑤，安有尽忠信而趋阙下者哉！

①盛饰入朝：穿戴整齐上朝议事。②底厉：同“砥砺”，磨刀石。③曾子：名参，孔子弟子，以纯孝著名。④墨子回车：墨子主张“非乐”，不愿进入以“朝歌”为名的城邑。⑤薮：草泽。

【译文】

我听说穿戴着华美服饰进入朝廷的人不用私心去玷污仁义，修身立名的人不会因私利去败坏行止。所以里闾以胜母为名，曾子就不肯进入；都邑以朝歌为名，墨子就回车避开。如果使天下有远大气度的人才被威重的权势囚禁，被尊位的显贵胁迫，转而自坏德行，来侍奉阿谀谄媚的人，而求得亲近君主的机会，那么，人才就只能隐伏老死在山洞草泽之中了，哪还会有真正竭尽忠信投奔君主的人呢！

【精彩赏析】

文章正气凛然，悲愤激越，词采绚烂，富于感染力。用语婉转，态度恳切，逻辑严谨，结构周密，具有很强的说服力，遂成为千古名文。

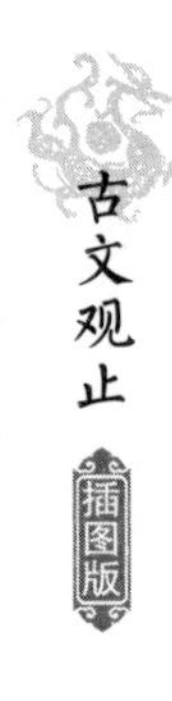

前出师表

诸葛亮

【题解】

《前出师表》出自《三国志·蜀志》本传，作于建兴五年，是三国时期蜀汉丞相诸葛亮北伐前给后主刘禅的奏章，文章情感真切，感人肺腑，强调了为报先帝知遇之恩、为完成先帝遗愿而出师北伐魏国，提出了对刘禅的嘱托和建议。

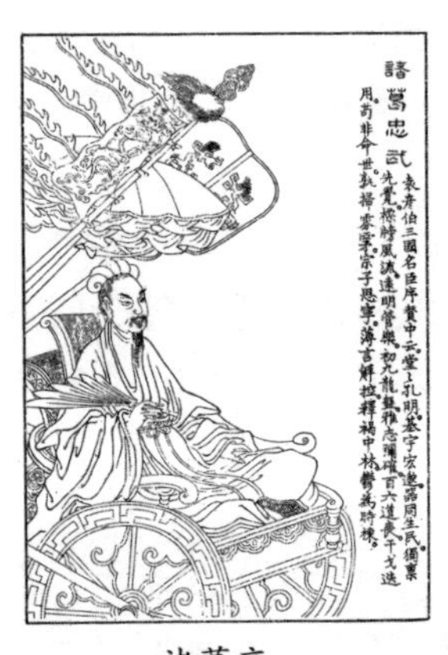
诸葛亮

先帝创业未半而中道崩殂（cú）①，今天下三分，益州疲弊②，此诚危急存亡之秋也③。然侍卫之臣不懈于内，忠志之士忘身于外者，盖追先帝之殊遇，欲报之于陛下也。诚宜开张圣听④，以光先帝遗德，恢弘志士之气，不宜妄自菲薄，引喻失义⑤，以塞忠谏之路也。

①先帝：指刘备。因刘备此时已死，故称先帝。崩殂：死。②益州，今四川省一带，这里指蜀汉政权。疲弊，人力缺乏，民生凋敝。③此：这。诚：的确，实在。之：的。秋：这里是“时”的意思。④圣听：圣明的听闻。⑤引喻：称引、譬喻。失义：不合道理。义，适宜、恰当。

【译文】

先帝开创大业未完成一半，竟中途去世。如今天下分成三国，我益州地区人力疲惫、民生凋敝，这真是处在万分危急、存亡难料的时刻。但是，宫廷里侍奉守卫的臣子，不敢稍有懈怠；疆场上忠诚有志的将士，舍身忘死地作战，这都是追念先帝的特殊恩遇，想报答给陛下的缘故。陛下确实应该广开言路听取群臣意见，发扬光大先帝遗留下来的美德，振奋鼓舞志士们的勇气，绝不应随便看轻自己，说出无道理的话，从而堵塞了忠诚进谏的道路。

宫中府中，俱为一体，陟（zhì）罚臧（zāng）否（pǐ）①，不宜异同。若有作奸犯科及为忠善者，宜付有司论其刑赏，以昭陛下平明之治，不宜偏私，使内外异法也。

①陟罚臧否：陟罚指升降官职，臧否指评价人物。陟，提升。罚，惩罚。臧，好。否，坏。

【译文】

宫里身边的近臣和丞相府统领的官吏，本都是一个整体，升赏惩罚，扬善除恶，不应标准不同。如有作坏事违犯法纪的，或尽忠心做善事的，应该一律交给主管部门加以惩办或奖赏，以显示陛下在治理方面公允明察，切不应私心偏袒，使宫廷内外施法不同。

刘备像

侍中、侍郎郭攸之、费祎（yī）、董允等，此皆良实，志虑忠纯，是以先帝简拔[①]以遗陛下。愚以为宫中之事，事无大小，悉以咨之，然后施行，必能裨（bì）补阙漏[②]，有所广益。

①简拔：选拔。简：同“拣”，挑选。拔：提升。②裨：补。阙：通“缺”，缺点，疏漏。

【译文】

侍中、侍郎郭攸之、费祎、董允等，这都是品德良善诚实、情志意念忠贞纯正的人，因而先帝才选留下来辅佐陛下。我认为宫内的事情，无论大小，都要征询他们的意见，然后再去施行。这样一定能够补正疏失，增益实效。

将军向宠[①]，性行淑均[②]，晓畅军事，试用于昔日，先帝称之曰能，是以众议举宠以为督。愚以为营中之事，事无大小，悉以咨之，必能使行（háng）阵和睦，优劣得所也。

①向宠：三国襄阳宜城人，刘备时任牙门将，刘禅继位，被封为都亭侯，后任中部督。②性行淑均：性情品德善良平正。淑，善。均，平。

【译文】

将军向宠，性情德行平和公正，了解通晓军事，当年试用，先帝曾加以称赞，说他能干，因而经众人评议荐举任命为中部督。我认为军营里的事情，事情无论大小，都要征询他的意见，就一定能够使军伍团结和睦，德才高低的人各有合适的安排。

亲贤臣，远小人，此先汉所以兴隆也；亲小人，远贤臣，此后汉所以倾颓也。先帝在时，每与臣论此事，未尝不叹息痛恨于桓、灵也。侍中、尚书、长史、参军，此悉贞良死节之臣，愿陛下亲之信之，则汉室之隆，可计日而待也。

【译文】

亲近贤臣，远避小人，这是汉朝前期所以能够兴盛的原因；亲近小人，远避贤臣，这是汉朝后期所以衰败的原因。先帝在世的时候，每次跟我评论起这些事，对于桓帝、灵帝时代，没有不哀叹和憾恨的。侍中郭攸之、费祎，尚书陈震，长史张裔，参军蒋琬，这些都是忠贞、坦直，能以死报国的节义臣子，诚愿陛下亲近他们，信任他们，则汉王室的兴盛，就时间不远了。

臣本布衣，躬耕于南阳，苟全性命于乱世，不求闻达于诸侯。先帝不以臣卑鄙①，猥自枉屈②，三顾臣于草庐之中，咨臣以当世之事，由是感激，遂许先帝以驱驰③。后值倾覆，受任于败军之际，奉命于危难之间，尔来二十有一年矣。先帝知臣谨慎，故临崩寄臣以大事也。受命以来，夙夜忧叹，恐托付不效，以伤先帝之明，故五月渡泸④，深入不毛⑤。今南方已定，兵甲已足，当奖率三军，北定中原，庶竭驽（nú）钝⑥，攘（rǎng）除奸凶，兴复汉室，还于旧都。此臣所以报先帝而忠陛下之职分也。至于斟酌损益，进尽忠言，则攸之、祎、允之任也。

①卑鄙：地位、身份低微，见识浅陋。卑，身份低下。鄙，见识短浅。②猥：辱，这里有降低身份的意思。枉屈：枉驾屈就。③驱驰：指奔走效力。④五月渡泸：五月渡泸水，秋天平定了南方的叛乱，下句“南方已定”即指此。泸，泸水，即金沙江。⑤不毛：不长草木，此指不长草木的荒凉地区。毛，（长）草苗。⑥庶：希望。竭：竭尽。驽钝：比喻自己的低劣的才能。驽，劣马。钝，刀刃不锋利。

【译文】

我本是个平民，在南阳郡务农亲耕，在乱世间只求保全性命，不希求诸侯知道我而获得显贵。先帝不介意我的卑贱，委屈地自我降低身份，接连三次到草庐来访看我，征询我对时局大事的意见，因此我深为感激，从而答应为先帝驱遣效力。后来正遇危亡关头，在战事失败的时候我接受了任命，在危机患难期间我受到委任，至今已有二十一年了。先帝深知我做事谨慎，所以临去世时把国家大事嘱托给我了。接受遗命以来，我日夜担忧兴叹，只恐怕托付给我的大任不能完成，从而损害先帝的英明。所以我五月率兵南渡泸水，深入荒芜之境。如今南方已经平定，武库兵器充足，应当鼓励和统率全军，北伐平定中原地区，我希望竭尽自己低下的才能，消灭奸邪势力，复兴汉朝王室，迁归旧日国都。这是我用来报答先帝，并尽忠心于陛下的职责本分。至于掂量利弊得失，毫无保留地进献忠言，那就是郭攸之、费祎、董允的责任了。

愿陛下托臣以讨贼兴复之效①，不效则治臣之罪，以告先帝之灵。若无兴德之言，则责攸之、祎、允等之慢②，以彰其咎③；陛下亦宜自谋，以咨诹（zōu）善道④，察纳雅言⑤，深追先帝遗诏。臣不胜受恩感激。今当远离，临表涕泣，不知所云。

①效，重任。②慢：怠慢，疏忽。③彰：表明，显扬。咎：过失。④咨诹善道：征求好的建议。诹，询问。⑤察纳：考察采纳。雅言：正确的进言。

【译文】

希望陛下能够把讨伐曹魏，兴复汉室的任务托付给我，如果没有成功，就惩治我的罪过，用来告慰先帝的在天之灵。如果没有振兴圣德的建议，就责罚郭攸之、费祎、董允等人的怠慢，来揭示他们的过失；陛下也应自行谋划，征求、询问治国的好道理，采纳正确的言论，以追念先帝临终留下的教诲。我感激不尽。今天将要告别陛下远行了，面对这份奏表禁不住热泪纵横，也不知说了些什么。

【精彩赏析】

《出师表》以恳切的言辞，针对当时的局势，反复劝勉刘禅要继承先主刘备的遗志，开张圣听，赏罚严明，亲贤远佞，以完成“兴复汉室”的大业，表现了诸葛亮“北定中原”的坚强意志和对蜀汉忠贞不二的品格。

后出师表

诸葛亮

【题解】

《后出师表》，是诸葛亮第二次伐魏前给蜀后主上的表章，为了与第一次北伐前所上表疏区别，后人题曰《后出师表》。该表指出敌强己弱，形势紧迫，论证了“和战安危”的辩证关系，同时再一次向后主表白了自己“鞠躬尽瘁，死而后已”的决心，情辞真切，感动人心。

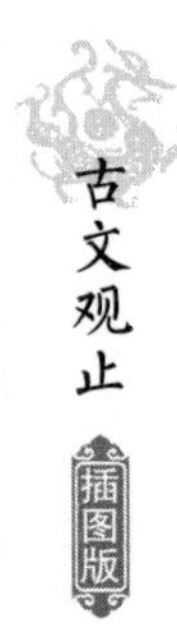

先帝虑汉[①]、贼不两立，王业不偏安[②]，故托臣以讨贼也。以先帝之明，量臣之才，固知臣伐贼，才弱敌强也。然不伐贼，王业亦亡；惟坐而待亡，孰与[③]伐之？是故托臣而弗疑也。

①汉：指蜀汉。贼：指曹魏。古时往往把敌方称为贼。②偏安：指王朝局处一地，自以为安。③孰与：谓两者相比，应取何者。

【译文】

先帝考虑到蜀汉和曹贼不能并存，帝王之业不能苟且偷安于一地，所以委任臣下去讨伐曹魏。以先帝那样的明察，估量臣下的才能，本来就知道臣下要去征讨敌人，是能力微弱而敌人强大的。但是，不去讨伐敌人，王业也是要败亡的；是坐以待毙，还是主动去征伐敌人呢？因此委任臣下，一点也不犹疑。

臣受命之日，寝不安席，食不甘味。思惟[①]北征，宜先入南[②]，故五月渡泸，深入不毛，并日[③]而食；臣非不自惜也，顾王业不可偏安于蜀都[④]，故冒危难，以奉先帝之遗意也，而议者[⑤]谓为非计。今贼适疲于西，又务于东[⑥]，兵法乘劳，此进趋[⑦]之时也。谨陈其事如左：

①惟：助词。②入南：指诸葛亮深入南中，平定四郡事。③并日：两天合作一天。④顾：这里有“但”的意思。蜀都：此指蜀汉之境。⑤议者：指对诸葛亮决意北伐发表不同意见的官吏。⑥这两句指建兴六年（228 年）诸葛亮初出祁山时，曹魏西部的南安、天水、安定三郡叛变，牵动关中局势；在魏、吴边境附近的夹石，东吴大将陆逊击败魏大司马曹休两事。⑦进趋：快速前进。

【译文】

我接受遗命以后，每天睡不安稳，吃饭不香。想到为了征伐北方的敌人，应该先去南方平定各郡，所以我五月领兵渡过泸水，深入到缅甸地区作战，两天才吃一顿饭。不是我不爱惜自己，只不过是想到蜀汉的王业绝不能够偏安在蜀都，所以我冒着艰难危险来奉行先帝的遗意。可是有些发议论的人却说这样做不是上策。如今曹贼刚刚在西方显得疲困，又竭力在东方和孙吴作战，兵法上说要趁敌军疲劳的时候向他进攻，而现在正是进兵的时候。我恭敬地把一些情况向陛下陈述如下：

高帝明并日月[①]，谋臣渊深[②]，然涉险被创[③]，危然后安。今陛下未及高帝，谋臣不如良、平[④]，而欲以长计[⑤]取胜，坐[⑥]定天下，此臣之未解[⑦]一也。

①高帝：刘邦死后的谥号为“高皇帝”。并：平列。②渊深：指学识广博，计

谋高深莫测。③被创：受创伤。④良：张良，汉高祖的著名谋士，与萧何、韩信被称为“汉初三杰”。平：陈平，汉高祖的著名谋士。后位至丞相。⑤长计：长期相持的打算。⑥坐：安安稳稳。⑦未解：不能理解。

【译文】

高祖像日月一样英明，谋臣们智谋渊博深远，却是经历过艰险，受过创伤，遭遇危难以后才得到安全。现在陛下未必赶得上高祖，谋臣不如张良、陈平，却想采用长期相持的策略来取得胜利，安然平定天下，这是我不理解的第一点。

刘繇（yóu）、王朗各据州郡[①]，论安言计，动引圣人，群疑满腹，众难塞胸，今岁不战，明年不征，使孙策坐大[②]，遂并江东[③]，此臣之未解二也。

①刘繇：字正礼，东汉末年任扬州刺史，后为豪强笮融攻杀。王朗：字景兴，东汉末年为会稽太守，后为曹操所征召，仕于曹魏。②孙策：字伯符，孙权的长兄。③江东：指长江中下游地区。

【译文】

刘繇、王朗，各自占据州郡，在谈论如何才能安全、提出种种计谋时，动不动就引用圣贤的话，满腹都是疑问，胸中塞满了难题，今年不战，明年又不出征，使得孙策安然强大起来，于是吞并了江东。这是我不理解的第二点。

曹操智计，殊绝于人[①]，其用兵也，仿佛孙、吴[②]，然困于南阳[③]，险于乌巢[④]，危于祁连[⑤]，偪（bì）于黎阳[⑥]，几败北山[⑦]，殆死潼关[⑧]，然后伪定一时尔[⑨]。况臣才弱，而欲以不危而定之，此臣之未解三也。

①殊绝：极度超出的意思。②孙：指孙武，春秋时人，曾为吴国将领，善用兵，著有兵法十三篇。吴：指吴起，战国时秦大将，在统一战争中屡建战功。③困于南阳：建安二年（197年）曹操在宛城为张绣所败，身中流矢。④险于乌巢：建安五年（200年），曹操与袁绍在官渡相持，因乏粮难支，在荀攸等人的劝说下，坚持不退，后焚烧掉袁绍在乌巢所屯的粮草，才得险胜。⑤危于祁连：这里的“祁连”，据胡三省说，可能是指邺附近的祁山，当时（204年）曹操围邺，袁绍少子袁尚败守祁山，操再败之，并还围邺城，险被袁将审配的伏兵所射中。⑥偪于黎阳：建安七年（202年）五月，袁绍死，袁谭、袁尚固守黎阳，曹操连战不克。⑦几败北山：事不详。可能指建安二十四年（219年），曹操率军出斜谷，至阳平北山，与刘备争夺汉中，备据险相拒，曹军心涣，遂撤还长安。⑧殆死潼关：建安十六年（211年），曹操与马超、韩遂战于潼关，曹操避入舟中，马超骑兵沿河追射之。殆，几乎。⑨伪定：此言曹氏统

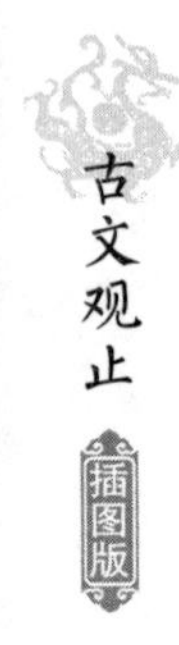

一北中国，僭称国号。诸葛亮以蜀汉为正统，因斥曹魏为“伪”。

【译文】

曹操的智慧计谋，远远地超过一般人，他用起兵来就好像孙武、吴起一样，可是他却曾在南阳受困，在乌巢处于险境，在祁连山上遭到危险，在黎阳被逼，几乎在北山失败，差一点死在潼关，后来才在表面上稳定了一段时间。何况我的才力很弱，却打算不经历危险来安定天下。这是我不理解的第三点。

曹操五攻昌霸不下①，四越巢湖不成②，任用李服而李服图之③，委任夏侯而夏侯败亡④，先帝每称操为能，犹有此失，况臣驽下，何能必胜？此臣之未解四也。

①昌霸：又称昌豨。建安四年（199年），刘备袭取徐州，东海昌霸叛曹，郡县多归附刘备。②四越巢湖：曹魏以合肥为军事重镇，巢湖在其南面。而孙吴在巢湖以南长江边上的须濡口设防，双方屡次在此一带作战。③李服：建安四年，车骑将军董承根据汉献帝密诏，联络将军吴子兰、王服和刘备等谋诛曹操，事泄，董承、吴子兰、王服等被杀。胡三省云：“李服，盖王服也。”④夏侯：指夏侯渊。曹操遣夏侯渊镇守汉中。刘备取得益州之后，于建安二十四年出兵汉中，蜀将黄忠于阳平关定军山（今陕西省沔县东南）击杀夏侯渊。

【译文】

曹操五次攻打昌霸没有获胜，四次渡过巢湖没有获得成功，任用李服，可是李服却图谋杀死他，委任夏侯渊，可是夏侯渊却战败身亡。先帝常常称赞曹操是个有才能的人，他还有这些失误的地方，何况我才能平庸低下，哪里就一定能获胜呢？这是我不理解的第四点。

自臣到汉中①，中间期年耳②，然丧赵云、阳群、马玉、阎芝、丁立、白寿、刘郃、邓铜等及曲长、屯将七十余人③，突将、无前、賨（cóng）叟、青羌、散骑、武骑一千余人④。此皆数十年之内所纠合四分之精锐，非一州之所有；若复数年，则损三分之二也，当何以图敌⑤？此臣之未解五也。

①汉中：郡名，今陕西省汉中县东。②期年：一周年。③赵云、阳群等都是蜀中名将。曲长、屯将是部曲中的将领。④突将、无前：蜀军中的冲锋将士。賨叟、青羌：蜀军中的少数民族部队。散骑、武骑：都是骑兵的名号。⑤图：对付。

【译文】

自从我到汉中，其间不过一年罢了，可是却失去了赵云、阳群、马玉、阎芝、丁立、白寿、刘郃、邓铜等将领，以及部曲中的、屯兵中的将官共七十多人，冲锋无前的将领，賨叟、青羌族将士以及散骑、武骑各路骑兵一千多人，这都是几十年来从四处聚合起来的精锐力量，不是一州所能具有的。如果再过几年，那就要损失全军的三分之二，那时拿什么兵力去消灭敌人呢？这是我不理解的第五点。

今民穷兵疲，而事不可息；事不可息，则住与行劳费正等。而不及早图之，欲以一州之地，与贼持久，此臣之未解六也。

【译文】

现在百姓穷困、兵士疲惫，可是战争不能停止。战争不能停止，那军队驻扎下来和去攻打敌人，所付出的辛劳和费用正好是相等的。既是这样，不趁现在考虑攻取北方，却想用一州之地，去和曹贼长期相持。这是我不理解的第六点。

夫难平者，事也。昔先帝败军于楚，当此时，曹操拊手[①]，谓天下已定。然后先帝东连吴越，西取巴蜀，举兵北征，夏侯授首[②]，此操之失计，而汉事将成也。然后吴更违盟，关羽毁败[③]，秭归蹉跌[④]，曹丕称帝。凡事如是，难可逆料。臣鞠躬尽力，死而后已；至于成败利钝，非臣之明所能逆覩（dǔ）也[⑤]。

①拊手：拍手。②授首：交出脑袋。③关羽毁败：孙权趁机用吕蒙计谋偷袭荆州，擒杀关羽父子。④本句指刘备亲自领兵伐吴，在秭归被吴将陆逊所败。蹉跌，失坠，喻失败。⑤覩：亦即“逆见”，预料。

【译文】

那些难以预测的就是战争。从前，先帝在楚地挫败，曹操拍手称快，认为天下已定。但是之后先帝伐吴，西取巴蜀，兴兵北伐，杀了夏侯渊，这是曹操的失算。看来光复汉室的大业就要成功了。但是后来东吴违背了盟约，关羽被杀，先帝在秭归又吃了败仗，曹丕称帝。事情就是这样难以预料。我只有鞠躬尽瘁，死而后已。至于是成还是败，是顺利还是困难，那就不是我的聪明才智所能预料的了。

【精彩赏析】

诸葛亮立论于汉贼不两立和敌强我弱的严峻事实，指出不能因“议者”的不同看法而有所动摇。事关蜀汉的安危，其忠贞壮烈之气，似又超过前表。表中“鞠躬尽力，死而后已”之句，正是作者在当时形势下所表露的坚贞誓言，读来令人肃然起敬。

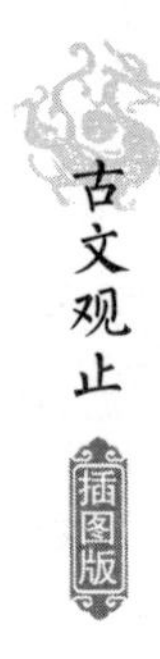

兰亭集序

王羲之

【题解】

永和九年（353 年）农历三月初三，王羲之在会稽山阴的兰亭参加了一场文人骚客的集会，参会者有当时名流共 41 人。集会的主要内容是“修禊”，后又举行“流觞曲水”，41 名名士分坐溪水两旁，依次作诗，做不出的要罚酒，共得诗 59 首，合成诗册。大家就推举此次聚会的发起者，即王羲之为其作序。王羲之乘着酒兴，写下 342 字，遂有了天下第一行书的《兰亭集序》。

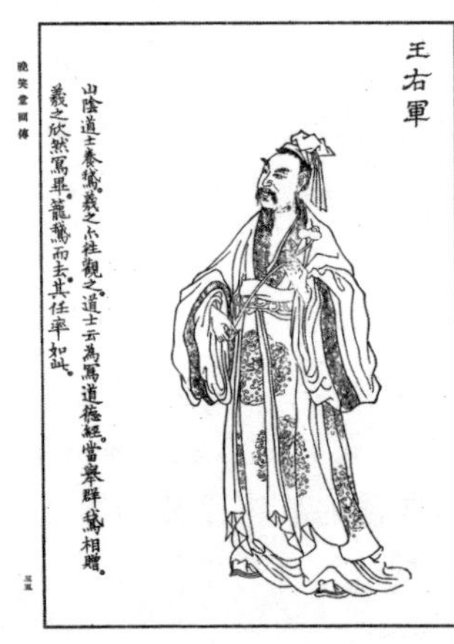

王羲之

永和九年，岁在癸（guǐ）丑，暮春①之初，会于会（kuài）稽②山阴之兰亭，修禊（xì）③事也。群贤毕④至，少长咸集。此地有崇山峻岭，茂林修竹；又有清流激湍，映带左右，引以为流觞曲水⑤，列坐其次。虽无丝竹管弦之盛，一觞一咏，亦足以畅叙幽情。是日也，天朗气清，惠风和畅，仰观宇宙之大，俯察品类之盛，所以游目骋⑥怀，足以极视听之娱，信可乐也。

①暮春：春季的最后一个月，即三月。②会稽：今浙江江苏一带。山阴：今浙江绍兴。③修禊：古代习俗，于阴历三月三日到河边，聚于水边嬉戏并洗涤身体，以此除去晦气与不详。事实上是古人一种游春活动。④毕：全，都。⑤流觞曲水：用漆制的酒杯盛酒，放入弯曲的水道中任其飘流，杯停在某人面前，某人就引杯饮酒。这是古人一种劝酒取乐的方式。⑥骋：使……奔驰。

【译文】

永和九年，也就是癸丑之年，在三月的开始，我们在会稽山阴的兰亭相聚，为了做修禊，众多的贤才能士都来到这里，老的和小的也聚集于此。兰亭这有高峻的山峰，茂密的树林，修长笔直的竹子。又有湍急的溪流环绕在亭子周围，用溪水做流觞曲水，人们排列在溪水两侧，虽然没有热闹的音乐来助兴，但只喝酒作诗就能来畅快地谈叙深藏的情感了。这一天，天气晴朗，空气清新，和风温暖，抬头看宇宙的宽广浩大，低头看大地上万物繁多，用此来舒展眼力，开阔胸怀，足够来极尽视听的娱乐，实在是很快乐。

夫人之相与，俯仰一世①，或取诸②怀抱，晤言③一室之内；或因寄所托，放浪形骸之外④。虽取舍万殊⑤，静躁⑥不同，当其欣于所遇，暂得于己，快然自足，曾不知老之将至。及其所之既倦⑦，情随事迁，感慨系⑧之矣。向⑨之所欣，俯仰之间，已为陈迹，犹不能不以之兴怀⑩。况修短随化⑪，终期⑫于尽。古人云："死生亦大矣。"岂不痛哉！

王羲之笼鹅图

①俯仰一世：很快地度过一生。俯仰：一俯一仰的时间，形容时间短。②取诸：从……中取得。③晤言：坦诚地交谈。④或因寄所托，放浪形骸之外：就着自己的爱好来寄托自己的情怀，过不受约束、放荡不羁的生活。⑤取舍万殊：各有各的爱好。⑥静躁：安静和躁动。⑦所之既倦：对喜爱的事物感到厌倦。⑧系：随着。⑨向：过去，从前。⑩以之兴怀：因其而引起心中的感触。⑪况修短随化：况且寿命的长短听从造化。⑫期：到，至。

【译文】

人和人之间交往，很快地就度过了一生，有的人在屋子中畅谈自己的抱负，有人凭着喜爱的事物寄托情怀，不羁地生活。虽然各有各的爱好，安静和躁动不相同，但当他们对所接触到的事物感到开心时，就在那时感到了满足，竟然不知道衰老就要到来。等到对喜爱的事物感到厌倦时，情感随着事物而变化，不由发出感慨。曾经喜欢的东西，转眼之间就成为了旧迹，不能不因此引发心中的感触。况且寿命的长短听从造化，最后都要消亡。古人说："死生毕竟是一件大事啊。"这怎能让人不悲痛万分呢？

每览昔人兴感之由，若合一契①，未尝不临文嗟悼，不能喻②之于怀。固知一死生为虚诞，齐彭殇为妄作③。后之视今，亦犹今之视昔。悲夫！故列叙时人④，录其所述，虽世殊事异，所以兴怀，其致⑤一也。后之览者，亦将有感于斯文。

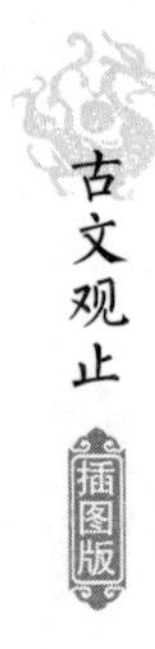

①契：符契，古代的一种信物。在符契上刻上字，剖而为二，各执一半，作为凭证。②喻：明白。③固，本来、当然。一，把……看作一样；齐，把……看作相等。虚诞，虚妄荒诞的话。殇，未成年死去的人。妄作，妄造、胡说。④故列叙时人：所以一个一个地记下当时参加的人。⑤致：思想情趣。

【译文】

每当看到古人感慨的原因，都像一张符契那样相合，难免在读前人文章时叹息哀伤，心里却不明白为什么会这样。本来知道把死和生等同起来的说法是不真实的，把长寿和短命等同起来的说法是妄造的。后来的人看待今人，就像是今人看待前人，这是多么可悲啊。所以一个一个地记下参加的人，留下他们的诗作。这样即使时代变化，事情不同于今日，但触发人们思想情怀的原因、情趣是一样的。后世的读者，也会因看到了这次集会的诗文而感慨万千了。

【精彩赏析】

关于本文的评论和流传下来的书法作品一样争论不休。金圣叹评“《兰亭序》真古今第一情种！”然而近代学者也有认为此文零碎拼凑、词不达意的。要想深刻地理解此文，便要深入东晋时期的时代大背景。社会动荡、民不聊生、饥荒连年、战乱频仍，很多人清醒地看待生死，很多人醉生梦死。王羲之便是直面生死的人，他有力地驳斥了老庄思想，这是本文思想上的可贵之处。

陈情表

李密

【题解】

表，是古代臣子写给皇帝的奏章。这篇表文是晋朝散文家李密呈给晋武帝的。司马炎废魏帝建立西晋王朝，为笼络人心，对蜀汉旧臣采取安抚政策，但是身为前朝遗臣的李密却不得不有所顾忌。于是，李密巧妙地利用“孝”来做文章，委婉曲折地表达了推辞之意。但是，文中抒情真挚动人，不矫饰造作，以至于晋武帝读后也发出了“士之有名，不虚然哉”的感慨，最终答应了李密的请求。

臣密言：臣以险衅（xìn）①，夙遭闵（mǐn）凶②，生孩六月，慈父见背③，行年四岁，舅夺母志。祖母刘悯臣孤弱，躬亲抚养。臣少多疾病，九岁不行④，零丁孤苦，至于成立。既无叔伯，终鲜兄弟，门衰祚（zuò）薄⑤，晚有儿息。外无期（jī）功强近之亲⑥，内无应门五尺之僮，茕茕（qióng）孑立⑦，形影相吊。而刘夙婴疾病，常在床蓐（rù），臣侍汤药，未曾废离。

①险衅：灾难祸患。②夙：幼年时。闵，通“悯”，指可忧患的事。凶，不幸。③见背：离我而去。④不行：不能走路。⑤祚：福分。⑥期功：古代以亲属关系的亲疏规定服丧时间的长短，服丧一年称“期”，九月称“大功”，五月称“小功”。⑦茕茕，孤单的样子。孑：孤单。

李密

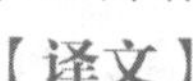

【译文】

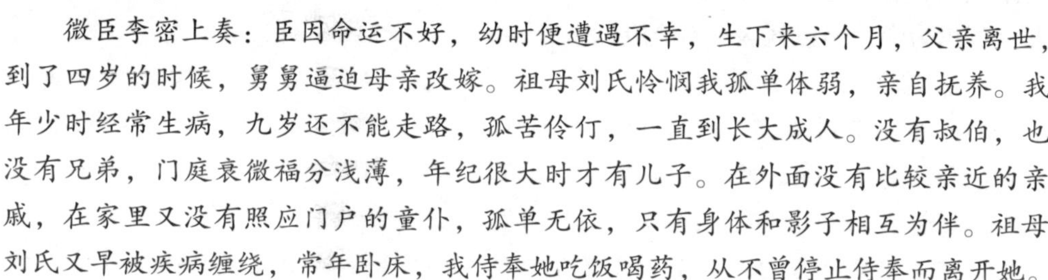

微臣李密上奏：臣因命运不好，幼时便遭遇不幸，生下来六个月，父亲离世，到了四岁的时候，舅舅逼迫母亲改嫁。祖母刘氏怜悯我孤单体弱，亲自抚养。我年少时经常生病，九岁还不能走路，孤苦伶仃，一直到长大成人。没有叔伯，也没有兄弟，门庭衰微福分浅薄，年纪很大时才有儿子。在外面没有比较亲近的亲戚，在家里又没有照应门户的童仆，孤单无依，只有身体和影子相互为伴。祖母刘氏又早被疾病缠绕，常年卧床，我侍奉她吃饭喝药，从不曾停止侍奉而离开她。

逮（dài）①奉圣朝，沐浴清化②。前太守臣逵，察臣孝廉③；后刺史臣荣，举臣秀才。臣以供养无主，辞不赴命。诏书特下，拜臣郎中，寻蒙国恩，除臣洗马④。猥（wěi）⑤以微贱，当侍东宫，非臣陨首所能上报。臣具以表闻，辞不就职。诏书切峻，责臣逋（bū）慢；郡县逼迫，催臣上道；州司临门，急于星火。臣欲奉诏奔驰，则刘病日笃⑥，欲苟顺私情，则告诉不许。臣之进退，实为狼狈。

①逮：等到。②清化：清明的教化。③察：推举。孝廉：“孝”指孝顺父母，“廉”指品行廉洁。④除：授予官职。洗马：太子的属官，在宫中服役，掌管图书。⑤猥：自谦之词。⑥笃：严重。

【译文】

晋朝建立后，我蒙受着清明的教化。前任太守逵，推举我为孝廉，后任刺史荣又推举我为秀才。我因为无人帮助赡养祖母，于是推辞不接受任命。朝廷又特地下了诏书，任命我为郎中，不久又承蒙国恩，被任命为太子洗马。我出身微贱，担当侍奉太子的官职，这不是我牺牲生命所能报答朝廷的。我将情况详细地上表报告，推辞不去就职。但是诏书急切严峻，责备我故意拖延态度傲慢；郡县长官催促我立刻上路，州官登门督促，比流星还要急迫。我很想遵从旨意赴京就职，但祖母刘氏的病日益严重，想要姑且顺从个人的私情，但不被允许。臣进退两难，实在狼狈。

李密牛角挂书

伏惟[1]圣朝以孝治天下，凡在故老，犹蒙矜育[2]，况臣孤苦，特为尤甚。且臣少仕伪朝，历职郎署，本图宦达，不矜[3]名节。今臣亡国贱俘，至微至陋，过蒙拔擢（zhuó），宠命优渥（wò），岂敢盘桓，有所希冀！但以刘日薄西山，气息奄奄，人命危浅，朝不虑夕。臣无祖母，无以至今日，祖母无臣，无以终余年，祖孙二人，更相为命，是以区区[4]不能废远。

①伏惟：旧时奏疏、书信中下级对上级常用的敬语。②矜育：怜惜抚育。③矜：矜持爱惜。④区区：形容自己的私情。

【译文】

晋朝是用孝道来治理天下，凡是年老德高的旧臣，尚且还受到怜悯养育，何况我尤其的孤苦呢。况且我年轻的时候，曾经是蜀汉的官，连续担任郎官职务，本来就希望通过做官显达，不顾及什么名声气节。现在我是一个低贱的亡国俘虏，最为卑微浅陋，受到过分提拔、优厚恩宠，哪还敢犹豫不决有非分之念呢？只是因为祖母刘氏生命将尽，气息微弱，生命垂危，有了早上可能没有晚上。我如果没有祖母，就没有今天；祖母如果没有我的照料，也无法度过她的余生。我们祖孙二人，互相维持生命，因此我的内心不愿废止奉养，远离祖母。

臣密今年四十有四，祖母刘今年九十有六，是臣尽节于陛下之日长，报养刘之日短也。乌鸟私情，愿乞终养。臣之辛苦，非独蜀之人士及二州牧伯所见明知，皇天后土，实所共鉴。愿陛下矜悯愚诚，听臣微志。庶刘侥幸，卒保余年。臣生当陨首，死当结草[1]。臣不胜犬马怖惧之情，谨拜表以闻。

①结草：用来作为报答恩人心愿的表示。

【译文】

微臣如今44岁了，祖母今年96岁了，因此我为陛下尽忠的日子还很长，而在祖母刘氏面前尽孝的日子已经不多了。我怀着乌鸦反哺的私情，乞求能够对祖母养老送终。我的辛酸苦楚，不但蜀地的百姓及益州、梁州的长官亲眼目睹清楚明白，就是天地神明也都看得清清楚楚。希望陛下能怜悯我愚昧的诚心，请满足我小小的心愿，使祖母刘氏能够安稳地度过她的余生。如此，我活着应报效朝廷，死了也要结草衔环来报答陛下的恩情。臣怀着牛马一样在主人面前恐惧的心情，恭敬地呈上此表来奏请陛下。

【精彩赏析】

古人云："读《出师表》不落泪者，其人必不忠；读《陈情表》不落泪者，其人必不孝。"本文最优秀的地方就是其动人的情感，作者将自己与祖母之间的生死相依的情感写得哀凄婉转。文中"茕茕孑立，形影相吊""日薄西山，气息奄奄，人命危浅，朝不虑夕""臣无祖母，无以至今日，祖母无臣，无以终余年"等句子形象生动，感人肺腑，令人不忍卒读。

归去来兮辞

陶渊明

【题解】

陶渊明，名潜，字元亮，号五柳先生，东晋著名的文学家，田园诗歌的创始人，被后世誉为"百世田园之主，千古隐逸之宗"。本文是陶渊明辞掉彭泽县令，在回家的船上所做，生动地表现了摆脱束缚、重获自由之后，得返自然的欣喜和愉悦之情。文章文笔清新流畅，音节和谐，是东晋难得一见的好文。

归去来兮，田园将芜（wú）胡不归①！既自以心为形役，奚（xī）惆怅而独悲？悟已往之不谏②，知来者之可追。实迷途其未远，觉今是而昨非。舟遥遥以轻飏（yáng），风飘飘而吹衣。问征夫以前路③，恨晨光之熹微④。

①芜：荒芜。胡：为什么。②谏：改变。③征夫：行人。④熹微：微弱的样子。

【译文】

回去吧，田地都要荒芜了怎么还不回去！自从心灵为身体束缚之后，是多么

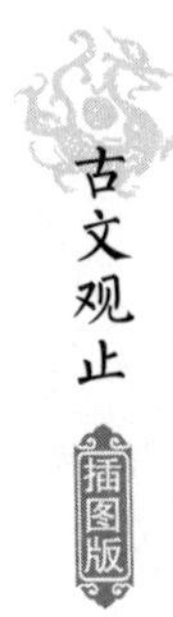

的惆怅悲伤？明白了以往的错误是无法改变了，不过知道未来还是可以补救的。误入歧途实在还不算远，觉察到了如今的选择是对的，而以前的做法是错的。小舟轻快地摇荡，微风轻柔地吹拂着衣襟。借问行人前方是何处，只恨晨光还是微弱朦胧。

陶渊明像

乃瞻衡宇①，载欣载奔。僮仆欢迎，稚子候门。三径就荒，松菊犹存。携幼入室，有酒盈樽。引壶觞（shāng）以自酌，眄（miǎn）庭柯以怡颜②。倚南窗以寄傲③，审容膝④之易安。园日涉以成趣，门虽设而常关。策扶老以流憩（qì）⑤，时矫首而遐观。云无心以出岫（xiù）⑥，鸟倦飞而知还。景翳（yì）翳以将入⑦，抚孤松而盘桓。

①衡宇：横木为门的房屋。②眄：看。庭柯：庭中的树。③寄傲：寄托傲世的情怀。④审：深知。容膝：只容得下双膝，形容屋子小。⑤扶老：拐杖。流憩：游赏休息。⑥岫：山峰。⑦景：通“影”，这里指日光。翳翳：昏暗的样子。

【译文】

刚刚看到家门，便高兴地飞奔过去。家僮出门迎接，幼儿在门庭等候。荒草长满小路，松树和菊花还依旧繁茂。带着孩子走进屋子，酒杯里已经盛满美酒。我端起酒杯，观看着庭院中的花草心旷神怡。靠着南窗寄托傲世的情怀，深知屋子虽小但踏实舒坦。每天在庭院中散步成为了一种乐趣，尽管有门但终日紧闭。拄着拐杖到处闲游，时不时地抬头远望。白云悠然地从山峰中飘过，鸟儿飞累了便知道回巢。日光渐渐暗淡，太阳将要落山，我抚摸着古松流连忘返。

归去来兮，请息交以绝游。世与我而相违，复驾言①兮焉求？悦亲戚之情话，乐琴书以消忧。农人告余以春及，将有事于西畴（chóu）②。或命巾车，或棹（zhào）孤舟。既窈窕以寻壑（hè），亦崎岖而经丘。木欣欣以向荣，泉涓涓而始流。善万物之得时③，感吾生之行休。

①驾：驾车。言：语气词。②畴：田地。③得时：得到生长的好时节。

【译文】

回去吧！谢绝与世俗的交游。世道与我的本心相违，还驾车去追求什么呢？

亲戚间的知心话让我感到快乐，陶醉在琴书的乐趣中忘记了忧愁。农夫告诉我春天到了，将要到西边田地耕种。有时驾车，有时划船。既可以循着曲折的河水进入山谷，也可以沿着山路走过山丘。树木欣欣向荣，泉水涓涓流淌。羡慕万物生长得如此繁盛，而我的生命却即将要停止了。

已矣乎！寓形宇内复几时！曷不委心①任去留？胡为遑遑②欲何之？

富贵非吾愿，帝乡不可期③。怀良辰以孤往，或植杖而耘耔④。登东皋（gāo）以舒啸⑤，临清流而赋诗。聊乘化以归尽⑥，乐夫天命复奚疑！

①委心：随心。②遑遑：心神不定的样子。③帝乡：仙境。④植杖：拐杖放在一边。耘耔：除草培土。⑤皋：高地。舒啸：舒气长啸。⑥化：自然万物变化的法则。

【译文】

算了吧！寄身在这天地之间还能有多长时间呢！为什么不按照自己的内心来决定去留呢？为什么还心神不宁地想去追寻点儿什么呢？富贵不是我的愿望，仙境不可寻求。希望在美好的日子，独自一人而行，或者放下拐杖在田间除草。登上东边山岗大声唱歌，在清溪边写作诗歌。姑且顺应自然的变化，终老余生吧，乐天知命还有什么好犹豫的！

渊明归去图

【精彩赏析】

王国维评价陶渊明在诗歌中创造出了“无我之境”，元好问评价陶诗“一曲天然万古新，豪华落尽见真淳”。陶诗的清新自然、不事雕琢在本文中有了很好的体现，其笔下的农村田园风光恬静自然。本文也表现了陶渊明对田园生活的喜爱，对自然本性的坚持。

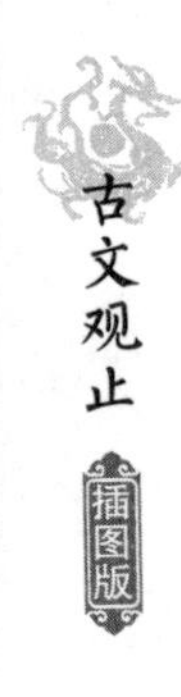

桃花源记

陶渊明

【题记】

本文是陶渊明《桃花源诗》的序文。在这篇文章中陶渊明描绘了一个“芳草鲜美，落英缤纷”的桃源圣境。这里安宁和平、民风淳朴，“黄发垂髫并怡然自乐”。可以说这是陶渊明追求向往的理想社会，同时又体现了对黑暗动荡、民不聊生的东晋社会现实的深刻批判。

晋太元[①]中，武陵人捕鱼为业。缘溪行，忘路之远近。忽逢桃花林，夹（jiá）岸数百步，中无杂树，芳草鲜美，落英缤纷。渔人甚异之。复前行，欲穷[②]其林。

①太元：东晋孝武帝年号。②穷：尽。

【译文】

晋太元年间，武陵有个以捕鱼为业的人。一天，他沿着小溪行船，忘记走了多远的路。忽然看到了一片桃花林，两岸数百步内没有其他的树木，芳草鲜美，落英缤纷。渔人感到很奇怪。又往前划去，想划到林子的尽头。

林尽水源，便得一山，山有小口，仿佛若有光。便舍（shě）船，从口入。初极狭，才通人。复行数十步，豁（huò）然开朗。土地平旷，屋舍（shè）俨（yǎn）然[①]，有良田美池桑竹之属[②]。阡（qiān）陌（mò）交通[③]，鸡犬相闻。其中往来种（zhòng）作，男女衣著（zhuó），悉如外人。黄发垂髫（tiáo）[④]，并怡然自乐。

①俨然：整齐的样子。②属：类。③阡陌：田间小路。交通：交错相通。④黄发：老人。垂髫：儿童。

【译文】

桃花林在溪水发源的地方没有了，便看见一座山，山下有个小洞，隐隐约约好像有光亮。渔人就弃船上岸，从小洞进入。起初洞口很窄，仅能容许一个人通过。渔人又向前走了几十步，豁然开朗。土地平坦广阔，房屋整整齐齐，有肥沃的土地、美丽的池塘、桑树竹林等。田间小路交错相通，能听到鸡鸣狗叫。村子里面，来往的行人，耕种劳作的人，男女的衣着都和外面的人一样，老人和小孩都高高兴兴，自得其乐。

见渔人，乃大惊，问所从来。具答之。便要（yāo）还家[①]，设酒杀鸡作食。村中闻有此人，咸（xián）来问讯。自云先世避秦时乱，率妻子邑（yì）人来此绝境，不复出焉，遂与外人间隔。问今是何世，乃不知有汉，无论魏晋。此人一一为具言所闻，皆叹惋。余人各复延[②]至其家，皆出酒食。停数日，辞去。此中人语（yù）云："不足为外人道也。"

①要：通"邀"。②延：延请。

【译文】

桃园里的人一见渔人，大为惊奇，问他是从哪里儿来的。渔人详尽地回答了他们，人们就把渔人请到自己家里，摆酒杀鸡做饭款待他。村里人听说来了这么一个客人，都来打听消息。他们说他们的祖先为了躲避秦时的战乱，率领妻子儿女和同乡人来到这个与外界隔绝的地方，就再也没出去了，于是就和外界的人隔绝了。他们问现在是什么朝代，竟然不知道有汉朝，更不必说魏朝和晋朝了。这个渔人一一地对桃源中的人详细地诉说他知道的事情，他们听了都很惊叹感慨。其余的人又各自邀请渔人到他们家里，都拿出酒菜饭食来款待他。渔人居住了几天，告辞离开。这里面的人叮嘱他说："这里的情况没必要对外界的人说啊！"

抚琴图

既出，得其船，便扶向路[①]，处处志[②]之。及郡下，诣（yì）[③]太守，说如此。太守即遣人随其往，寻向所志，遂迷，不复得路。

①扶：沿着。②志：做标记。③诣：拜见。

【译文】

渔人出来后，找到了他的船，就沿着先前的路回去，一路上处处做标记。到了武陵郡，便去拜见太守，说明了所见的情况。太守立即派人随同他前往，寻找先前所做的记号，竟然迷了路，再也找不到通向桃花源的路了。

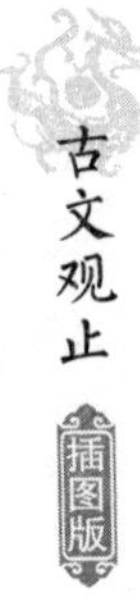

南阳刘子骥（jì）①，高尚士也，闻之，欣然规往。未果，寻②病终。后遂无问津者。

①南阳：今河南南阳。刘子骥：东晋隐士。②寻：不久。

【译文】

南阳有个刘子骥，是位清高的隐士，听说了这件事，兴致勃勃地打算前往，没有去成，不久就病死了。以后就不再有探访的人了。

【精彩赏析】

陶渊明的《桃花源记》自古以来便脍炙人口，广为流传。这是因为它为人们构建了一个躲避尘世的世外桃源。其描写形象逼真，使人读后如临其境，如见其景。虽不能至，但心向往之。

五柳先生传

陶渊明

【题记】

本文实际上是陶渊明的自传，只是借用他人的口吻，来讲述自己的志向和淡泊名利、崇尚自然的情趣和人生态度。文章延续陶渊明朴素自然的语言特点，刻画了一个遗世独立、清高脱俗的五柳先生的形象。

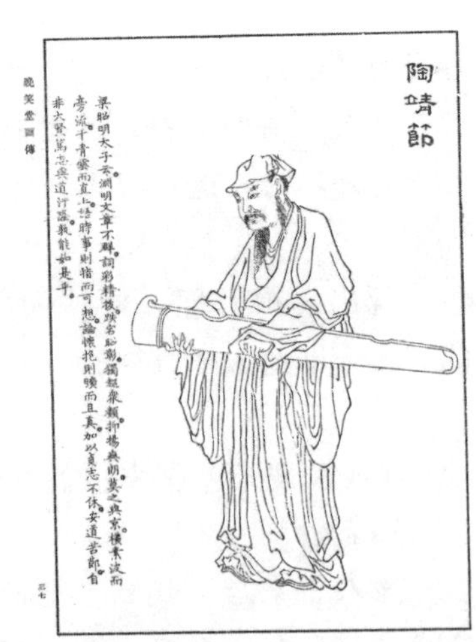

陶渊明

先生不知何许人也，亦不详其姓字，宅边有五柳树，因以为号焉。闲静少言，不慕荣利。好读书，不求甚解，每有会意，便欣然忘食。性嗜酒，家贫不能常得。亲旧知其如此，或置酒而招之。造饮辄尽①，期在必醉②。既醉而退，曾不吝情去留。环堵萧然③，不蔽风日；短褐穿结④，箪（dān）瓢屡空⑤，晏如也⑥。常著文章自娱，颇示己志。忘怀得失，以此自终。

①造：往，到。辄：就。②期，期望，希望。③环堵，周围都是土墙，形容居室简陋。萧然：空寂的样子。④短褐，用粗麻布衣做成的短上衣。⑤箪：盛饭竹器；瓢：舀水器。屡：经常。⑥晏如：安然自若的样子。

【译文】

先生不知道是哪里的人，也不清楚姓氏和名号，因为住宅旁边有五棵柳树，就以此为号了。五柳先生沉默寡言，不追慕荣华富贵。五柳先生喜欢读书，但不在字句的解释上过分深究；每当对书中的内容有所领会的时候，就会高兴得忘了吃饭。他生性喜欢喝酒，家里贫穷不能经常喝到。亲戚朋友知道他这种境况，有时摆了酒席来招待他；他去喝酒就喝个尽兴，希望喝醉。喝醉了就离开，毫不拘泥于去留。他的居室里空空荡荡，不能遮风避日；粗布短衣上打了补丁，盛饭的篮子和饮水的水瓢里经常是空的，而他却能安然自得。五柳先生常常以写文章自娱，很显示自己的志趣。他忘却世俗的得失，用这种心态度过自己的一生。

松下高士图

赞[①]曰：黔娄（qián lóu）有言[②]：“不戚戚于贫贱[③]，不汲汲于富贵[④]。”其言兹若人之俦（chóu）乎[⑤]？衔觞赋诗，以乐其志，无怀氏之民欤[⑥]？葛天氏之民欤？

①赞：传记结尾的评论性文字。②黔娄：战国时齐国的隐士。他死后，曾子前去吊丧。③戚戚：心情愁苦的样子。④汲汲：心情急切的样子。⑤若人：此人，指五柳先生。俦（chóu）：辈，同类。⑥无怀氏：跟下文的“葛天氏”都是传说中的上古帝王。据说在那个时代，人民生活安乐，恬淡自足，社会风气淳厚朴实。

【译文】

赞语说：黔娄曾经说过：“不苦恼于贫贱，不热衷于发财。”这话大概说的是五柳先生这类人吧？饮酒赋诗，为自己的人生选择感到快乐，不知道是无怀氏时候的百姓还是葛天氏治下的百姓？

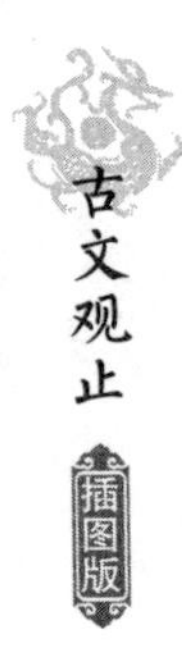

【精彩赏析】

文章采用了夹叙夹议的史传笔法，并且通过无名无姓的隐晦笔法，使传主显得神秘莫测，富有传奇色彩。简笔勾勒，但风神俱现。“不戚戚于贫贱，不汲汲于富贵”“衔觞赋诗，以乐其志”将五柳先生超然物外的形貌风骨刻画得入木三分、淋漓尽致。

北山移文

孔稚珪

【题解】

孔稚珪（447—501），字德璋，会稽山阴（今浙江绍兴）人。少涉学，有美誉。爱山水，善诗文。《齐书》有传，有《孔詹事集》。“移”是一种文体，相当于现在的通告，多用于晓谕或责备，本文旨在揭露和讽刺那些伪装隐居以求利禄的文人。

钟山之英①，草堂之灵，驰烟驿路②，勒（lè）移山庭③。

①英：英灵。②驿路：通驿车的大路。③勒：刻。

【译文】

钟山的英魂，草堂的神灵，从驿路驰骋而来，把这篇移文镌刻在山崖之上。

夫以耿介拔俗之标①，潇洒出尘之想，度白雪以方洁，干青云而直上，吾方知之矣。若其亭亭物表，皎皎霞外，芥千金而不眄②，屣万乘其如脱③，闻凤吹于洛浦（pǔ）④，值薪歌于延濑（lài）⑤，固亦有焉。岂期终始参差，苍黄反复，泪翟子之悲⑥，恸朱公之哭。乍回迹以心染，或先贞而后黩（dú），何其谬哉！呜呼，尚生不存，仲氏既往，山阿寂寥，千载谁赏！

①标：风度、格调。②芥：小草，此处用作动词。眄：斜视。③屣：草鞋，此处用作动词。万乘：指天子。④“闻凤吹”句：《列仙传》：“王子乔，周灵王太

子晋，好吹笙作凤鸣，常游于伊、洛之间。”浦：水边。⑤“值薪歌”句：《文选》吕向注：“苏门先生游于延濑，见一人采薪，谓之曰：‘子以终此乎？’采薪人曰：‘吾闻圣人无怀，以道德为心，何怪乎而为哀也。’遂为歌二章而去。”濑：水流沙石上。⑥翟子：墨翟。

【译文】

那些人超然物外，洁身自好，视千金如芥草，不屑一顾，视万乘如敝屣，挥手抛弃，在洛水之滨听仙人吹笙作凤鸣，在延濑听隐士采薪行歌，这种人固然是有的。哪里想到他们不能始终如一，反复无常，如墨翟悲素丝，如杨朱泣歧路。刚到山中来隐居，内心却牵念尘世，开始还是很纯净的，后来又变的多么肮脏，这是多么荒谬啊！唉，尚生、仲氏都已逝去，山林寂寞清冷，千秋万年，还有谁来欣赏！

高士图

世有周子，隽（jùn）俗之士①，既文既博，亦玄亦史②。然而学遁东鲁③，习隐南郭④，窃吹草堂⑤，滥巾北岳。诱我松桂，欺我云壑。虽假容于江皋（gāo）⑥，乃缨情于好爵⑦。

①周子：周颙（yóng）。隽俗：卓立世俗。②玄：熟悉《老子》《易经》玄学，老庄之道。③东鲁：指颜阖（hé）。④南郭：《庄子·齐物论》：“南郭子綦隐机而坐，仰天嗒然，似丧其偶。”⑤窃吹：用“滥竽充数”的典故。⑥江皋：江岸。这里指隐士所居的钟山。⑦缨情：系情，忘不了。

【译文】

当世有一位周先生，是位不同流俗的俊才，他有文采，学问渊博，既通玄学，又长于史学。可是他偏学颜阖遁世，仿效南郭归隐，在草堂里滥竽充数，住在北山冒充隐士。哄骗我山中松桂，欺骗我云崖涧壑，虽然在江边山上假装隐居，心里却牵挂着高官厚禄。

其始至也，将欲排巢父，拉许由①，傲百氏，蔑王侯，风情张日②，霜气横秋。或叹幽人长往，或怨王孙不游。谈空空于释部③，核玄玄于道流④，务光何足比，涓子不能俦（chóu）⑤。

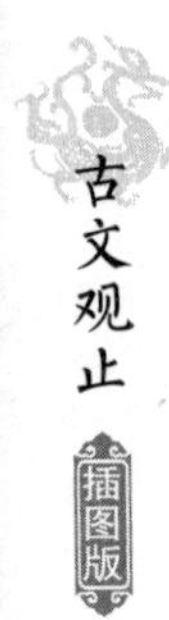

①巢父、许由：都是尧时隐士。②张：遮蔽。③空空：佛家义理。释部：佛家之书。④核：研究。玄玄：道家义理。道流：道家之学。⑤务光、涓子：都是传说中的隐士。俦：匹敌。

【译文】

当他刚归隐的时候，很想压倒巢父、许由；瞧不起百家的学说，王侯的尊荣。风度高于太阳，志气凛如秋霜。一会儿慨叹当今没有幽居的隐士，一会儿又怪王孙不来交游。高谈佛家的“四大皆空”，深究道家的“玄之又玄”，自以为上古的务光、涓子之辈，都无法和他相比。

及其鸣驺（zōu）入谷[①]，鹤书赴陇[②]，形驰魄散，志变神动。尔乃眉轩席次，袂（mèi）耸筵上，焚芰（jì）制而裂荷衣，抗尘容而走俗状。风云凄其带愤，石泉咽而下怆，望林峦而有失，顾草木而如丧。

①鸣驺：指使者的车马。②鹤书：指诏书。陇：山阜。

【译文】

等到皇帝派了使者前呼后拥，将征召的诏书送至山中，他立刻手舞足蹈、得意忘形，改变志向，暗自心动。在筵席上眉飞色舞，高谈阔论，烧掉了隐居时用芰荷做成的衣服，露出了庸俗之态。风云悲凄含愤，石下泉水幽咽怨怒，远望树林和山峦若有所失，回看花草树木如丧亲人。

至其钮金章，绾（wǎn）墨绶[①]，跨属城之雄，冠百里之首，张英风于海甸，驰妙誉于浙右。道帙（zhì）长摈[②]，法筵久埋，敲扑喧嚣犯其虑，牒诉倥偬（kǒng zǒng）装其怀[③]。琴歌既断，酒赋无续，常绸缪于结课[④]，每纷纶于折狱，笼张赵于往图，架卓鲁于前箓[⑤]，希踪三辅豪[⑥]，驰声九州牧。使我高霞孤映，明月独举，青松落阴，白云谁侣？磵（jiàn）户摧绝无与归[⑦]，石径荒凉徒延伫。至于还飙（biāo）入幕，写雾出楹，蕙帐空兮夜鹤怨，山人去兮晓猿惊。昔闻投簪逸海岸，今见解兰缚尘缨[⑧]。

①纽：系。金章：铜印。绾：系。墨绶：黑色的印带。②道帙：道家的经典。摈：抛弃。③牒诉：诉讼状纸。倥偬：事务繁忙迫切的样子。④绸缪：纠缠。结课：计算赋税。⑤架：超越。卓鲁：卓茂、鲁恭。两人都是东汉的循吏。箓簿籍。⑥希踪：追慕踪迹。⑦磵户：山边的房屋。⑧兰：用兰做的佩饰，隐士所佩。缚尘缨：束缚于尘网。

【译文】

等到他佩着铜印，系着黑色的绶带，成了一郡之长，声势之大冠于各县令之首，威风遍及海滨，美名传到浙东。道家经典已经抛掷忘却，讲佛法的坐席也已尘封。鞭打罪犯的喧嚣之声干扰了他的思绪，文书诉讼装满了心胸。弹琴奏乐已经停止，饮酒赋诗早成回忆，常常被赋税之类的事牵绊，为断案而繁忙，只想政绩超过张敞和赵广汉，功德在卓茂和鲁恭之上，希望能成为三辅令尹或九州刺史。他使山中的朝霞孤照，明月独悬，青松徒洒绿荫，白云有谁为伴？涧谷石门崩落，没有人归来，石径荒凉，还等待何人。旋风吹入帷幕，云雾飘出房间，兰帐空垂，夜间的飞鹤哀鸣，山中的隐士离去，清晨的山猿也感到吃惊。曾听说有人弃官隐居，而今却见到有人解下了隐士的佩兰戴上了俗世中的冠缨。

于是南岳献嘲，北陇腾笑，列壑争讥，攒（zǎn）峰竦诮[①]。慨游子之我欺，悲无人以赴吊。故其林惭无尽，涧愧不歇，秋桂遣风，春萝罢月。骋西山之逸议[②]，驰东皋之素谒。[③]

①攒峰：密聚在一起的山峰。竦：同“耸”，跳动。竦诮：嘲笑、讥讽的意思。②骋：传播。逸议：隐逸高士的清议。③驰，传播。素谒：高尚有德者的言论。

【译文】

于是南山嘲讽，北岭耻笑，深谷争相讥讽，群峰嘲笑，感叹被那位游子欺骗，伤心的是连慰问的人都没有。因此，山林羞耻，山涧非常惭愧，秋桂不飘香风，春萝避开月色。西山传出隐逸的清议，东皋传出高尚有德者的议论。

今又促装下邑，浪栧（yè）上京[①]，虽情殷于魏阙，或假步于山扃（jiōng）[②]。岂可使芳杜厚颜，薜荔蒙耻，碧岭再辱，丹崖重滓（zǐ）[③]，尘游躅（zhú）于蕙路[④]，污渌池以洗耳。宜扃岫幌（xiù huǎng）[⑤]，掩云关，敛轻雾，藏鸣湍。截来辕于谷口，杜妄辔于郊端[⑥]。于是丛条瞋胆，叠颖怒魄[⑦]，或飞柯以折轮，乍低枝而扫迹。请回俗士驾，为君谢逋（bū）客[⑧]。

①浪栧：鼓棹，驾舟。②假步：借住。山扃：指北山。③重滓：再次蒙受污辱。④游躅：隐者留下的足迹。⑤岫幌：犹言山穴的窗户。岫，山穴。幌，帷幕。⑥杜：堵塞。妄辔：肆意乱闯的车马。⑦叠颖：重重叠叠的草穗。⑧君：北山山神。逋：逃亡。

【译文】

听说周先生正在山阴整理行装，乘着船赶赴京城，虽然他心系朝廷，但或许

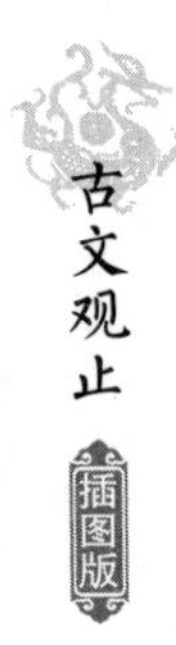

会再到山里来住。岂可让芳草厚颜相待，薜荔蒙羞，碧岭受辱，丹崖再被污浊。踩脏了兰蕙小径，使清池浑浊。应当紧闭北山的窗户，掩上云门，收起轻雾，藏匿泉流。到山口去拦截他的车，将乱闯的马截止在郊外。于是山中的树丛和重叠的草芒大怒，有的扬起枝柯打折他的车轮，有的低垂枝叶以遮蔽他的路径。请俗客回去吧，我们代山神谢绝你这位逃客。

【精彩赏析】

本文通篇用赋，铺采摛文，洋洋洒洒。作者通过丰富的想象和拟人的手法，描绘出北山自然景物对假隐士的厌恶和躲避之情，写得栩栩如生、有滋有味，表达了对假隐士的厌恶和痛恨。

谏太宗十思疏

魏征

【题解】

魏征，字玄成，是唐朝著名的政治家和历史学家。他年轻时参加了隋末的农民起义，后追随李世民成为了他的重要辅臣。本文便是魏征呈给唐太宗的一篇奏折。面对唐太宗日益骄纵的情形，魏征十分担忧，于是在这篇奏折中详细地提出了十个非常重要的问题，唐太宗看后主动向魏征道歉，表示改过自新。这里的十条建议对于后世的君主同样具有借鉴意义。

唐太宗

臣闻：求木之长者，必固其根本；欲流之远者，必浚（jùn）其泉源①；思国之安者，必积其德义。源不深而望流之远，根不固而求木之长，德不厚而思国之治，臣虽下愚，知其不可，而况于明哲乎？人君当神器之重②，居域中之大，不念居安思危，戒奢以俭，斯亦伐根以求木茂，塞源而欲流长也。

①浚：疏通，深挖。②当：主持，掌握。神器：指帝位、政权。

【译文】

臣听说：想让树木长得高大，一定要稳固它的根基；想要水流得长远，一定要疏通它的源头；要使国家稳定，一定要积聚它的道德仁义。源头不深却希望河水流得长远，根基不稳却要求树木长得高大，道德不深厚却想国家安定，臣虽愚笨，然而也知道这是不可能的，何况陛下这样明智的人呢？国君居于帝位，处在天地间最高的地位。不居安思危，戒除奢侈而实行节俭，这就像砍掉树根要求树木茂盛，阻塞水源却希望水流得长远一样啊。

凡昔元首①，承天景命②，善始者实繁，克终者盖寡。岂取之易、守之难乎？盖在殷忧③，必竭诚以待下；既得志，则纵情以傲物。竭诚，则吴、越为一体；傲物，则骨肉为行路④。虽董之以严刑⑤，震之以威怒，终苟免而不怀仁，貌恭而不心服。怨不在大，可畏惟人；载舟覆舟，所宜深慎。

①元首：国君。②景：重大。③殷忧：深沉地忧虑。④行路：陌生人。⑤董：督责，监督。

唐代壁画

【译文】

以往所有君主，承受上天的重大使命，创业时做得好的实在很多，但坚持到底的却很少。难道打天下容易，守天下就难了吗？大概是因为在深重的忧患当中必须竭尽诚意对待臣下，得志以后，就放纵自己傲视他人。竭尽诚意，即使吴和越这样的仇敌也能结成同盟。傲慢地对待别人，就是骨肉至亲也会行同陌路。如果这样，那么即使用严刑来监督他们，用严威震慑他们，结果只不过使臣下子民苟且生活只为免除罪罚，却不感念皇上的仁德，表面上恭顺而内心并不悦服。怨恨不在大小，可怕的是百姓；百姓能拥护你当皇帝，也能推翻你的统治，这是应当特别谨慎的。

魏征塑像

君人者，诚能见可欲①，则思知足以自戒；将有作②，则思知止以安人；念高危，则思谦冲而自牧③；惧满溢，则思江海下百川；乐盘游④，则思三驱以为度⑤；忧懈怠，则思慎始而敬终；虑壅蔽⑥，则思虚心以纳下；惧谗邪，则思正身以黜恶；恩所加，则思无因喜以谬赏；罚所及，则思无以怒而滥刑。总此十

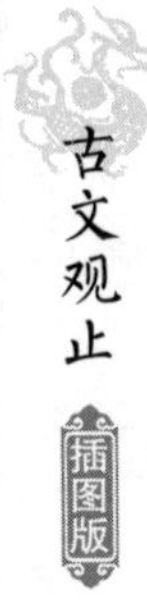

思，宏兹九德⑦，简能而任之，择善而从之，则智者尽其谋，勇者竭其力，仁者播其惠，信者效其忠；文武并用，垂拱而治。何必劳神苦思，代百司之职役哉？

①可欲：喜爱的东西。②作：大兴土木，营建宫殿等劳民伤财的工程。③谦冲：谦虚。冲：虚。自牧：自我约束。引用了《易经》"谦谦君子，卑以自牧"的意思。④盘游：娱乐游逸，指从事打猎。⑤三驱：一年打猎三次。⑥壅蔽：堵塞，蒙蔽。⑦宏兹九德：扩大九德的修养。宏：使……光大。兹：此。九德，即"宽而栗，柔而立，愿而恭，乱而敬，扰而毅，直而温，简而廉，刚而塞，强而义"。见于《尚书·洪范》。

【译文】

作为人君，如果看见自己喜爱的东西，就想到知足来警惕自己；将要兴建宫室土木，就想到适可而止使百姓安宁；想到君王位高，就想到谦虚、加强自身的修养；害怕骄傲自满，就想到江海巨大是因为能居于百川之下；流连田猎时，就想到古人说的"一年三次"的限度；忧虑自己松懈懒惰时，就想到谨慎做事有始有终；怕自己被蒙蔽视听，就想到虚心听取臣民的意见；担心有谗邪的人在自己身边，就想到正心修身，斥退邪恶的人；施加恩惠，就想到不要因为偏爱而给予不正当的奖赏。施行惩罚，就想到不要因为生气而滥用刑罚。总括这十思，弘扬这九德的修养，选拔有才能的人而任用他们，选择好的意见采纳它，那么智者施展他们的全部才能，勇士就会竭尽他们的力量，仁者就会广施他们的恩德，诚信的人就会报效他们的忠心；文臣武将都能被重用，皇上不必亲自处理政务也会国泰民安。哪里用得着劳心费神，代行百官的职务呢！

【精彩赏析】

该篇奏疏全文多用骈句，善用排比，气韵流畅，文笔工稳，一气呵成，朗朗上口。气势雄壮有力，说理深刻透彻，论证严谨缜密，警示振聋发聩，如醍醐灌顶。

为徐敬业讨武曌檄

骆宾王

【题解】

骆宾王，“初唐四杰”之一，诗文独步一时。这篇檄文是其代表作之一。公元684年，武后废掉中宗自立为帝，并大肆地杀戮、迫害李氏子孙和前朝功臣。柳州司马徐敬业起兵反武，作为幕僚，骆宾王便写了这篇檄文。文章列举了武后的种种罪行，义正词严，强劲有力地揭露了武后的残暴和凶险。又用气壮山河的语言鼓励讨武的将士，展现了必胜的决心。文章起阖开阔，气势逼人，虽有夸大之词，但并不妨碍其成为千古佳作。

骆宾王

伪临朝武氏者，性非和顺，地实寒微。昔充太宗下陈①，曾以更衣入侍。洎（jì）乎晚节②，秽乱春宫③。潜隐先帝之私，阴图后庭之嬖（bì）④。入门见嫉，蛾眉不肯让人；掩袖工谗⑤，狐媚偏能惑主。践元后于翚翟（huī dí）⑥，陷吾君于聚麀（yōu）⑦。加以虺蜴（huǐ yì）为心⑧，豺狼成性，近狎邪僻，残害忠良，杀姊屠兄，弑君鸩母。人神之所同嫉，天地之所不容。犹复包藏祸心，窥窃神器。君之爱子，幽之于别宫；贼之宗盟，委之以重任。呜呼！霍子孟之不作，朱虚侯之已亡。燕啄皇孙，知汉祚之将尽；龙漦（chí）帝后⑨，识夏庭之遽（jù）衰⑩。

①下陈：古代统治者充实于府库、内宫的财物、妾婢，亦称“下陈”。这里指武则天曾充当过唐太宗的才人。②洎：等到。晚节：后来。③春宫：亦称东宫。④嬖：宠爱。⑤掩袖工谗：说武则天善于进谗害人。⑥元后：正宫皇后。翚翟：用美丽鸟羽织成的衣服，指皇后的礼服。⑦聚麀：多匹牡鹿共有一匹牝鹿。⑧虺，毒蛇。蜴，蜥蜴。⑨漦：涎沫。⑩遽，急速。

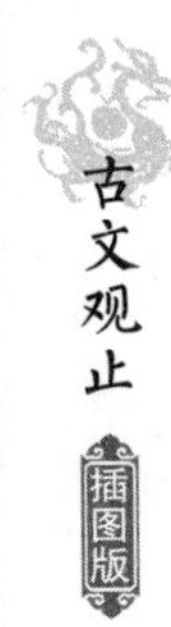

【译文】

非法把持朝政的武氏，不是温柔和顺之辈，出身卑下寒微。从前是太宗皇帝的才人，曾利用服侍皇上的机会而得到皇上的恩宠。到了后来，不顾伦常秽乱于太子的宫殿。隐瞒先帝对她的宠幸，谋求在宫中专宠。入宫妃嫔都遭到她的嫉妒，她不允许别人的美貌超过自己；她偏偏善于卖弄风情，像狐狸精那样迷住了皇上。终于穿着华丽的礼服，登上皇后的宝座，陷君王于乱伦之境。加上心如蛇蝎，凶残成性，亲近奸佞，残害忠良，杀戮兄姊，谋杀君王，毒死母亲。人神共怒，天地不容。她还包藏祸心，图谋篡位。皇上的爱子，被幽禁在冷宫里；而她的亲属党羽，却委以重任。唉！霍光这样的忠臣再也不见出现；刘章那样强悍的宗室也已消亡了。“燕啄皇孙”歌谣出现，人们知道汉室将亡；孽龙的口水流淌在帝王的宫庭里，标志着夏朝将亡。

唐三彩碗

敬业皇唐旧臣，公侯冢子①。奉先君之成业，荷本朝之厚恩。宋微子之兴悲②，良有以也；袁君山之流涕③，岂徒然哉！是用气愤风云，志安社稷。因天下之失望，顺宇内之推心，爰举义旗，誓清妖孽。南连百越，北尽三河，铁骑成群，玉轴相接。海陵红粟④，仓储之积靡穷；江浦黄旗，匡复之功何远？班声动而北风起，剑气冲而南斗平。喑（yīn）呜则山岳崩颓，叱咤则风云变色。以此制敌，何敌不摧；以此攻城，何城不克！

①冢子：嫡长子。②宋微子：微子名启，是殷纣王的庶兄。殷亡后，微子去朝见周王，路过荒废了的殷旧都，作《麦秀歌》来寄托亡国之悲。这里是徐敬业的自喻。③袁君山：东汉时人桓谭，字君山。汉光武帝时为给事中，因反对当时盛行的图谶，而被贬县丞，忧郁而死。④海陵：古县名，在今江苏省泰州市，汉代曾在此置粮仓。红粟：陈年的粟，堆积时久，故而呈红色。

【译文】

徐敬业是大唐的元老重臣，公侯的长子，奉行先帝遗训，身受本朝厚恩。宋微子亡国而悲，确实有原因；桓谭贬谪而泣，难道是毫无道理的吗！因此气愤而起风云，目的是江山安定。依随着百姓的失望情绪，顺应民心所向，于是高举义旗，决心要消除妖物。南至百越，北到三河，铁骑成群，战车相连。海陵的粟米，仓库的储存，应有尽有；大江之滨，旌旗飘扬，光复大唐的日子指日可待！战马嘶鸣，北风呼啸，剑气冲天，直逼星斗。怒气使山岳动摇，呼喊使风云变色。以这样的军队对付敌人，什么敌人打不垮；以这样的军队攻城略地，还有什么城池攻不下！

公等或居汉位，或叶周亲，或膺（yīng）重寄于话言[①]，或受顾命于宣室。言犹在耳，忠岂忘心？一抔（póu）之土未干，六尺之孤安在？倘能转祸为福，送往事居[②]，共立勤王之勋，无废旧君之命，凡诸爵赏，同指山河。若其眷恋穷城，徘徊歧路，坐昧先机之兆，必贻（yí）后至之诛[③]。试看今日之域中，竟是谁家之天下！

①膺：承受。②送往事居：送走死去的，侍奉在生的。往，指高宗。居，指中宗。③贻：遗下，留下。

【译文】

诸位有的是世袭的爵位，有的是皇室的姻亲，有的承担重任，有的是辅政大臣。先帝的话语好像还在耳边，对先王的忠诚岂能忘却？先帝的坟土尚未干透，幼主被贬到哪里去了？如果能转祸难为福祉，送别旧主，扶持新君，共同建立匡救王室的功勋，不废弃先皇的遗命，那么各种封爵赏赐，都可以山河为凭证。如果留恋眼下之利，在关键时刻犹疑不决，错过有利的征兆，就一定自取灭亡。请看今日的天下，到底是哪家的天下！

武则天的无字碑

【精彩赏析】

奇文雄辩，示之以大义，动之以利害。骆宾王在这篇战斗檄文中展示了他气干牛斗的才华和豪情。“试看今日之域中，竟是谁家之天下！”大有王者之气。徐敬业的义军终究灰飞烟灭，骆宾王也“不知所终”，然而这篇文字流传千古仍熠熠生辉。

滕王阁序

王勃

【题解】

王勃，“初唐四杰”之中最富才情的一位，也是英年早逝的一位。因一篇《檄英王鸡》惹怒了唐高宗，故而被赶出了王府。父亲也因此被贬到交趾做县令。此篇文章便是在去交趾省亲的途中，在洪州都督阎某的重阳宴席上所作。王勃的这篇骈文，一扫六朝骈俪文铺采绮丽、空洞无物之气，借用历史典故，于美文中显精神，抒发了意气风发却遭冷遇的有志青年内心的苦闷和无奈。

豫章故郡①，洪都新府。星分翼轸（zhěn）②，地接衡庐。襟三江而带五湖，控蛮荆而引瓯（ōu）越③。物华天宝，龙光射牛斗之墟；人杰地灵，徐孺下陈蕃（fān）之榻④。雄州雾列，俊采星驰，台隍（huáng）枕夷夏之交⑤，宾主尽东南之美。都督阎公之雅望，棨（qǐ）戟遥临⑥；宇文新州之懿（yì）范⑦，襜（chān）帷（wéi）暂驻⑧。十旬休假，胜友如云；千里逢迎，高朋满座。腾蛟起凤，孟学士之词宗⑨；紫电清霜，王将军之武库⑩。家君作宰，路出名区；童子何知，躬逢胜饯。

滕王阁

①豫章：滕王阁在今江西省南昌市。南昌，为汉豫章郡治。②星分翼轸：翼轸，二星宿名。古人以二十八星宿的位置来划分地上的相应区域。③蛮荆：古楚地，今湖北、湖南一带。引：连接。瓯越：古越地，即今浙江地区。④徐孺：徐孺子的省称。东汉豫章南昌人。据《后汉书·徐稚传》，东汉名士陈蕃为豫章太守，不接宾客，唯徐稚来访时，才设一睡榻，徐稚去后又悬置起来。⑤台隍：指洪州。枕：占据，地处。夷夏之交：古时称东南为蛮夷之地。中原称华夏，洪州处于二地之间。⑥棨戟：外有赤黑色缯作套的木戟，古代大官出行时用。这里代指仪仗。遥临：远道来临。⑦宇文新州：复姓宇文的新州刺史。懿范：好榜样。⑧襜帷：车上的帷幕，这里代指车马。暂驻：暂时停留。⑨孟学士：名未详。词宗：文坛宗主。⑩王将军：王姓的将军，名未详。武库：武器库。

【译文】

这里是汉代的南昌郡城，如今是洪州都督府，天上的方位属于翼、轸两星宿的分野，地上连结着衡山和庐山。以三江为衣襟，以五湖为衣带，控制楚地，连接闽越。这里有物类精华、天产珍宝，宝剑的光芒直冲上牛、斗二星之间。人中有英杰，大地有灵气，陈蕃专为徐孺设下几榻。雄伟的洪州城，房屋像雾般罗列，英俊的人才，像繁星一样活跃。城池座落在夷夏交界之地，主人与宾客，汇集了东南地区的青年才俊。都督阎公，享有崇高的名望，远道来到洪州坐镇；宇文州牧，是美德的楷模，赴任途中在此暂留。正逢十日休假的日子，杰出的朋

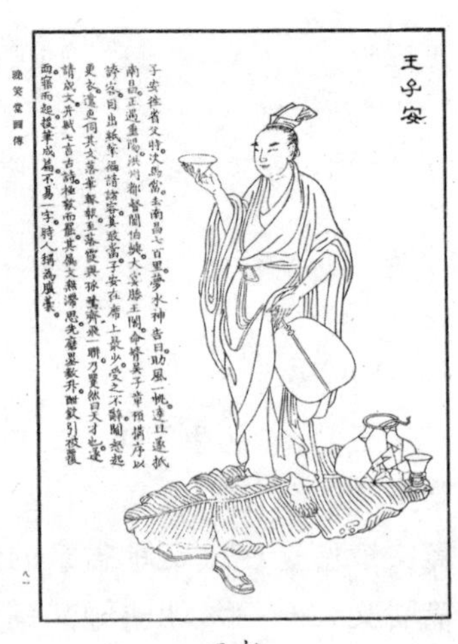

王勃

友云集，高贵的宾客，也都不远千里来此聚会。文坛领袖孟学士，其文采像腾起的蛟龙、飞舞的彩凤，王将军的武库里，藏有像紫电、青霜一样锋利的宝剑。父亲在交趾做县令，我在探亲途中路过这方宝地；我年幼无知，竟有幸亲自参加了这次盛大的宴会。

时维九月，序属三秋[①]。潦（lǎo）水尽而寒潭清[②]，烟光凝而暮山紫。俨（yǎn）骖騑（cān fēi）于上路[③]，访风景于崇阿（ē）[④]。临帝子之长洲，得天人之旧馆[⑤]。层峦耸翠，上出重霄；飞阁流丹，下临无地。鹤汀（tīng）凫（fú）渚（zhǔ），穷岛屿之萦（yíng）回；桂殿兰宫，即冈峦之体势。

①三秋：古人称七、八、九月为孟秋、仲秋、季秋，三秋即季秋，九月。②潦水：雨后的积水。③俨：整齐的样子。骖騑：驾车的马匹。上路：高高的道路。④访：看。崇阿：高大的山陵。⑤临、得：到。帝子、天人：都指滕王李元婴。长洲：滕王阁前赣江中的沙洲。

【译文】

时值九月深秋，积水消尽，潭水清澈，云烟凝结在暮霭中，山峦呈现一片紫色。在高高的山路上驾着马车，在崇山峻岭中访求风景。来到昔日帝子的长洲，找到仙人居住过的宫殿。这里山峦重叠，山峰耸入云霄。凌空的楼阁，红色的阁道犹如飞翔在天空，从阁上看深不见底。白鹤、野鸭栖息的小洲，极尽岛屿的迂折回环之势，威严的宫殿，依照起伏的山峦而建。

披绣闼（tà）[①]，俯雕甍（méng）[②]。山原旷其盈视，川泽纡（yū）其骇瞩。闾（lú）阎（yán）扑地[③]，钟鸣鼎食之家；舸（gě）舰弥津，青雀黄龙之舳（zhú）。云销雨霁（jì），彩彻区明。落霞与孤鹜（wù）齐飞[④]，秋水共长天一色。渔舟唱晚，响穷彭蠡（lǐ）之滨[⑤]；雁阵惊寒，声断衡阳之浦[⑥]。

①披：开。绣闼：绘饰华美的门。②雕甍：雕饰华美的屋脊。③闾阎：里门，这里代指房屋。扑：满。④鹜：大雁。⑤彭蠡：古代大泽，即今鄱阳湖。⑥衡阳：今属湖南省。断：止。浦：水边、岸边。

【译文】

打开雕花的阁门，俯视华美的屋脊，山峰平原尽收眼底，湖川曲折令人惊叹。房屋密集，不少富贵人家。船只塞满了渡口，都是雕刻着青雀黄龙花纹的大船。雨过天晴，虹消云散，阳光朗照。落霞与孤雁一起飞翔，秋水长天连成一片。傍晚渔舟中传来歌声，响彻彭蠡湖滨，雁群因寒意而长鸣，到衡阳岸边方止。

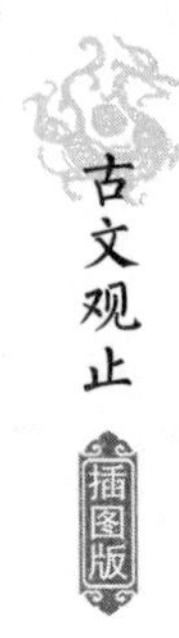

遥吟俯畅，逸兴遄（chuán）飞。爽籁发而清风生，纤歌凝而白云遏（è）。睢（suī）园绿竹[①]，气凌彭泽之樽[②]；邺（yè）水朱华[③]，光照临川之笔[④]。四美具，二难并。穷睇眄（dì miǎn）于中天[⑤]，极娱游于暇日。天高地迥（jiǒng），觉宇宙之无穷；兴尽悲来，识盈虚之有数。望长安于日下，目吴会（kuài）于云间[⑥]。地势极而南溟（míng）深[⑦]，天柱高而北辰远。关山难越，谁悲失路之人；萍水相逢，尽是他乡之客。怀帝阍（hūn）而不见[⑧]，奉宣室以何年[⑨]？

①睢园，即汉梁孝王菟园，梁孝王曾在园中聚集文人饮酒赋诗。②彭泽：县名，在今江西湖口县东，此代指陶潜。樽：酒器。③邺水：三曹常在此雅集作诗。朱华：荷花。④临川，郡名，治所在今江西省抚州市，代指谢灵运。⑤睇眄：看。中天：长天。⑥吴会：古代绍兴的别称，绍兴古称吴会、会稽。⑦南溟：南方的大海。⑧帝阍：天帝的守门人。⑨奉宣室，代指入朝做官。宣室，汉未央宫正殿，为皇帝召见大臣议事之处。

【译文】

放眼远望，心胸顿时舒畅，兴致兴起，排箫的音响引来了清风，柔缓的歌声令白云陶醉。像在睢园竹林的聚会，宴会上的人酒量超过陶渊明，像在邺水赞咏莲花，席上人的文采胜过谢灵运。良辰、美景、赏心、乐事这四种美好的事物都已经齐备，贤主、嘉宾千载难逢。向天空中远眺，在假日里尽享欢娱。天高地远，令人感到宇宙的无穷。欢乐逝去，悲哀袭来，我想到了事物的兴衰成败是有定数的。远望长安，东看吴会，陆地的尽头是深不可测的大海，北斗星多么遥远，天柱山高不可攀。关山重重难以跨越，有谁同情不得志的人？萍水相逢，大家都是异乡之客。心系朝廷，却不被召见，什么时候才能像贾谊那样去侍奉君王呢？

嗟（jiē）乎！时运不齐，命途多舛（chuǎn）；冯唐易老[①]，李广难封。屈贾谊于长沙，非无圣主；窜梁鸿于海曲[②]，岂乏明时？所赖君子见机，达人知命。老当益壮，宁移白首之心？穷且益坚，不坠青云之志。酌贪泉而觉爽，处涸辙（hé zhé）以犹欢。北海虽赊（shē）[③]，扶摇可接；东隅（yú）已逝，桑榆非晚。孟尝高洁[④]，空余报国之情；阮籍猖狂[⑤]，岂效穷途之哭！

①冯唐易老：冯唐在汉文帝、汉景帝时不被重用，汉武帝时被举荐，已九十多岁。②梁鸿：东汉人，作《五噫歌》讽刺朝廷，因此得罪汉章帝，避居齐鲁、吴中。③赊：远。④孟尝：孟尝字伯周，东汉会稽上虞人。以廉洁奉公著称。桓帝时，屡次被荐举，终不见用。⑤阮籍：字嗣宗，晋代名士，不满世事，常驾车

出游，路不通时就痛哭而返。

【译文】

唉！命运不顺，路途艰险。冯唐容易老，李广封侯难。把贾谊贬到长沙，并不是没有贤明的君主；梁鸿到海边隐居，难道不是在政治昌明的时代吗？不过是君子能够察觉事物的先兆，通达的人知道自己的命数罢了。年纪大了应当更有壮志，哪能在白发苍苍时改变自己的心志？处境艰难反该更加坚强，不能放弃凌云之志。这样即使喝了贪泉的水，仍然觉得心清无尘；处在干涸的车辙中，还能乐观开朗。北海虽然遥远，乘着旋风还是可以到达；过去的时光虽然已经消逝，珍惜将来的日子还不算晚。孟尝品行高洁，却空有报国之心；阮籍狂放不羁，怎能效仿他在无路可走时便恸哭而返？

勃，三尺微命，一介书生。无路请缨[①]，等终军之弱冠（guàn）[②]；有怀投笔，慕宗悫（què）之长风[③]。舍簪（zān）笏（hù）于百龄[④]，奉晨昏于万里[⑤]。非谢家之宝树[⑥]，接孟氏之芳邻[⑦]。他日趋庭，叨（tāo）陪鲤对[⑧]；今兹捧袂（mèi）[⑨]，喜托龙门。杨意不逢[⑩]，抚凌云而自惜；钟期既遇，奏流水以何惭？

①请缨：请求皇帝赐予长缨，指为国效力。②等，相同。终军：终军字子云，汉代济南人。20岁时曾请缨收复南越。弱冠，古人20岁行冠礼，表示成年。③宗悫：宗悫字元干，南朝宋南阳人，年少时就抱负远大，说“愿乘长风破万里浪”。④簪笏：冠簪、笏板。这里代指官职地位。百龄：百年，犹“一生”。⑤奉晨昏：侍奉父母。⑥非谢家之宝树：指谢玄，比喻好子弟。⑦接孟氏之芳邻：“接”通“结”，结交。指孟母三迁的故事。⑧鲤：孔鲤，孔子之子。⑨捧袂：举起双袖，表示恭敬。⑩杨意不逢：杨意，杨得意的省称。

【译文】

我，地位卑微，一个书生。虽然和终军的年龄相同却没有报国的机会；像班超那样有投笔从戎的豪情，也有宗悫“乘风破浪”的壮志。而今放弃一生的功名，到万里之外去侍奉父亲。不是谢玄那样的人才，却结识了诸位名家。过些天到父亲那里聆听教诲，一定像孔鲤那样有礼；今天有幸参加宴会，如登龙门。司马相如倘若没有杨得意的引荐，虽有文才也只能独自叹惋。既然遇到钟子期那样的知音，演奏高山流水的乐曲又有什么羞愧的呢？

呜呼！胜地不常，盛筵（yán）难再；兰亭已矣[①]，梓（zǐ）泽丘墟[②]。临别赠言，幸承恩于伟饯；登高作赋，是所望于群公。敢竭鄙怀，恭疏短引[③]；一言均赋，四韵俱成。请洒潘江，各倾陆海云尔[④]。

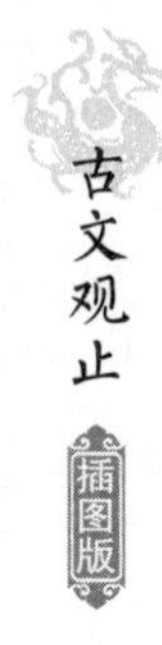

滕王高阁临江渚，佩玉鸣鸾罢歌舞。画栋朝飞南浦云，珠帘暮卷西山雨。

闲云潭影日悠悠，物换星移几度秋。阁中帝子今何在？槛外长江空自流。

①兰亭：指兰亭雅集。②梓泽：即东晋石崇的金谷园，故址在今河南省洛阳市西北。③恭疏短引：恭敬地写下一篇小序。④潘江、陆海：钟嵘《诗品》用以形容潘岳、陆机的才华。这里形容宾客的文采。

【译文】

唉！名胜不能长存，盛宴难逢。兰亭集会的盛况已成陈迹，繁华的金谷园也变为废墟。有幸参加这次盛宴，故写小文以纪念；登高作赋，那就指望在座诸公了。竭尽心力，恭敬地写下这篇小序，我的一首四韵小诗也已写成。请各位像潘岳、陆机那样，展现江海般的文才吧。

【精彩赏析】

这是骈文中的上乘之作，铺采摛文，秀美的山川、盛大的集会、丝竹管弦之胜，贤者雅士之众，一一展现。王勃杰出的创作才华在这篇文章中尽情展现。作者娴熟地用典，令文章深刻丰富，不肤浅苍白，将自己怀才不遇、报国无门的痛楚和躬逢盛会的喜悦一并表达，自然流露。情景俱佳，不愧为传世佳作。

春夜宴桃李园序

李白

【题解】

李白，字太白，唐代著名诗人。其诗潇洒俊逸、天马行空，其文自然流畅，情思交融。这篇小品文记述了李白和众兄弟在一次春日夜宴中饮酒赋诗的场景，抒发了诗人对自然和生命的热爱。

夫天地者，万物之逆旅也[①]；光阴者，百代之过客也。而浮生若梦，为欢几何？古人秉烛夜游，良有以也[②]。况阳春召我以烟景，大块假我以文章[③]。会桃李之芳园，序天伦之乐事。群季俊秀[④]，皆为惠连[⑤]；吾人咏歌，独惭康乐。幽赏未已，高谈转清。开琼筵以坐花，飞羽觞（shāng）而醉月⑥。不有佳咏，何伸雅怀？如诗不成，罚依金谷酒数⑦。

①逆旅：客舍。逆：迎接。旅：客。②良：的确。以：原因。③大块：大地。假：借，提供、赐予的意思。文章：绚丽的文采。④群季：诸弟。⑤惠连：谢惠连，南朝诗人，十岁能作诗文。⑥觞：古代一种酒器，作鸟雀状，有头尾羽翼。⑦金谷酒数：金谷，园名。泛指宴会上罚酒三杯的常例。

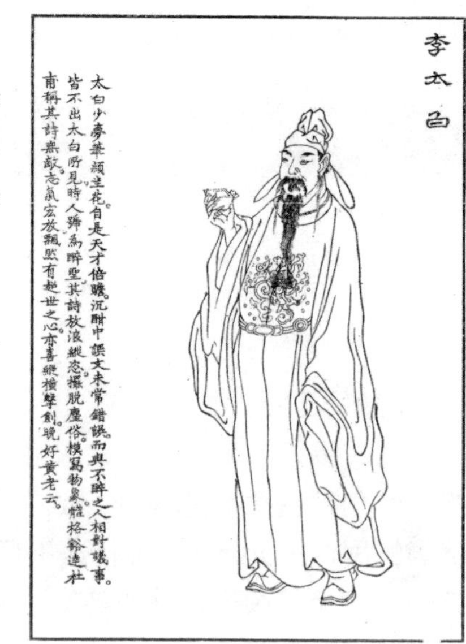

李白像

【译文】

天地是万物的旅舍，时光是百代的过客，人生无常恰似梦幻，欢乐的日子能有多少呢？古人拿着蜡烛在夜晚游玩，的确是有原因的啊！何况春天用秀美诗意的景色在招引着我们，大自然把锦绣风光赐予我们。我们相聚在桃李芬芳的花园里，畅叙兄弟间的快乐事。弟弟们英俊多才，个个都有谢惠连那样的才情，大家赋诗吟唱，唯有我因不如谢灵运而惭愧。静静地欣赏桃园美景，纵情高论又转向清言雅语。摆开筵席来坐赏桃花，传递酒杯，醉倒在月光之下。没有好诗，怎能抒发高雅的情怀？倘若有人作不成，就要按照金谷园宴客赋诗的先例，罚酒三杯。

【精彩赏析】

本文109字，既描绘了桃李园春夜的盛景，写出了兄弟相聚的喜悦之情，又抒发了人生短暂、及时行乐的思考。笔势开合，如行云流水，文笔流畅，豪情纵横！文字不多，但多为警语，“夫天地者，万物之逆旅也；光阴者，百代之过客也。”只此一句，就令多少文人拍案叫绝，自愧弗如啊！

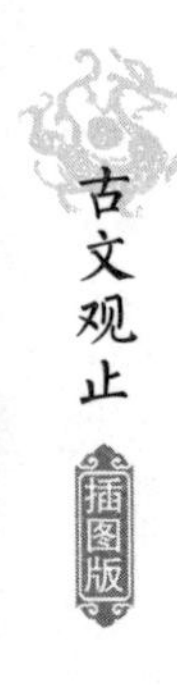

陋室铭

刘禹锡

【题解】

刘禹锡，字梦得，唐代著名的文学家，思想家。刘禹锡生活在安史之乱后的中唐时期，忧国忧民，抱负远大。但仕途不顺，长期被贬。但他并不消极颓废，他的诗文中常常抒发自己乐观坦荡、坚守高洁、不流世俗的人生理想。这篇小文也是这样的文章。

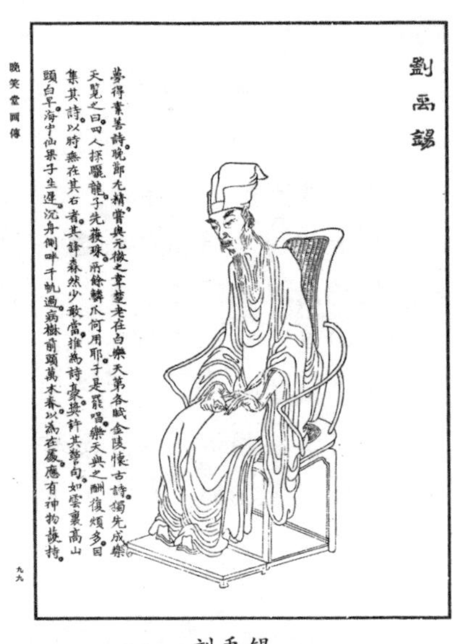

刘禹锡

山不在高，有仙则名。水不在深，有龙则灵。斯是陋室，惟吾德馨。苔痕上阶绿，草色入帘青。谈笑有鸿儒①，往来无白丁②。可以调素琴③，阅金经④。无丝竹之乱耳，无案牍（dú）之劳形⑤。南阳诸葛庐，西蜀子云亭。孔子云："何陋之有？"

①鸿儒：即大学问家。②白丁：平民，这里指没有什么学问的人。③素琴：不加装饰的古琴。④金经：即《金刚经》。⑤案牍：官府的公文。

【译文】

山不在高，有仙人居住就会负有盛名。水不在深，有蛟龙就会显示神灵。这小屋虽然简陋，但我的德行却远近闻名。碧绿的青苔布满台阶，青翠的草色映入眼帘。和博学之士谈笑风生，交往的都是有学问的人。可以谈古琴，读经文。没有丝竹管弦的喧闹，没有批阅公文的劳累。如同南阳的诸葛庐，又如西蜀的子云亭。孔子云："那有什么简陋的呢！"

【精彩赏析】

此篇小文虽然精短，但情趣盎然。选景择物，看似随意，实则另有深意。仙人、蛟龙的高标超然，青苔、小草的坚定旺盛，古琴、经文的娴静高雅，诸葛、子云的淡泊从容，都是作者高尚人格和理想人生的写照。看似波澜不惊的小文，实则是作者不屈于污浊尘世、黑暗官场的宣言。

阿房宫赋

杜牧

【题解】

杜牧，字牧之，晚唐著名诗人，与李商隐并称为“小李杜”。杜牧生活在动荡衰落的晚唐时代，深为大唐的命运担忧。面对统治者的骄奢淫逸、大兴土木，置百姓于水火而不顾，杜牧借用秦亡之旧事加以告诫和警示，便有了这篇千载以下无出其右的《阿房宫赋》。

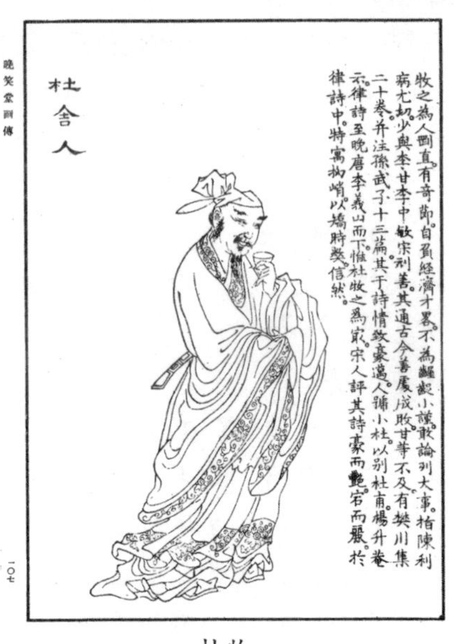

杜牧

六王毕①，四海一，蜀山兀，阿房出。覆压三百余里，隔离天日。骊山北构而西折②，直走咸阳。二川溶溶，流入宫墙。五步一楼，十步一阁；廊腰缦回，檐牙高啄；各抱地势，钩心斗角③。盘盘焉，囷（qūn）囷焉④，蜂房水涡⑤，矗不知其几千万落。长桥卧波，未云何龙？复道行空⑥，不霁何虹？高低冥迷，不知西东。歌台暖响，春光融融；舞殿冷袖，风雨凄凄。一日之内，一宫之间，而气候不齐。

①六王毕：六国灭亡了。②北构而西折：从骊山北边建起，折而向西。③钩心：指各种建筑物都向中心区攒聚。斗角，指屋角互相对峙。④囷囷：曲折回旋的样子。⑤蜂房水涡：指像蜂房、水涡一样密集。⑥复道：在楼阁之间架木筑成的通道。

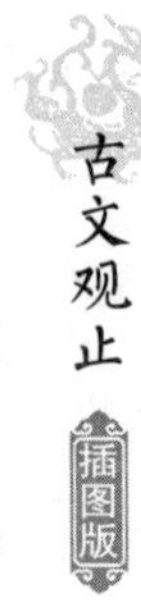

【译文】

六国灭亡了，天下一统，蜀山光秃秃了，阿房宫建成了。它绵延三百多里，宫殿高耸遮住了太阳。它从骊山向北建筑，再往西转弯，一直到咸阳。渭水、樊川浩浩荡荡，流进宫墙里边。五步一座楼，十步一个阁，走廊曲折回环，排列整齐的飞檐像鸟嘴向高处啄着。楼阁各依地势的高低而建筑，房心勾连，屋角相斗。盘绕交错，曲折回旋，建筑如密集的蜂房，如旋转的水涡，高高地耸立着。不知道有几千万座。没有生云，哪里会有龙？原来是一座长桥横跨水上。不是雨过天晴，哪里会有彩虹？原来是修建的复道。房屋高低不一，幽深迷离，使人不能分辨方向。歌声温柔和暖，有如春光一般；舞袖飘拂生风，有如风雨凄凉。一天里边，一座宫殿之中，气候却大不相同。

妃嫔媵嫱（fēi pín yìng qiáng）①，王子皇孙，辞楼下殿②，辇（niǎn）来于秦，朝歌夜弦，为秦宫人。明星荧荧，开妆镜也；绿云扰扰，梳晓鬟也；渭流涨腻，弃脂水也；烟斜雾横，焚椒兰也③。雷霆乍惊，宫车过也；辘辘远听，杳（yǎo）不知其所之也④。一肌一容，尽态极妍（yán）⑤，缦（màn）立远视⑥，而望幸焉。有不得见者，三十六年。

①妃嫔媵嫱：统指六国王侯的宫妃。②辞楼下殿：辞别六国的楼阁宫殿。③椒兰：用来焚烧以熏衣物的香料。④杳：远。⑤态：指姿态的美好。妍：美丽。⑥缦立：久立。

【译文】

六国的宫妃和王子皇孙，辞别六国的宫殿，坐着辇车来到秦国。她们早上歌唱，晚上奏乐，成为秦国的宫人。明星闪烁，这是宫妃们打开了梳妆镜；青云纷扰，这是宫妃们在梳理发髻；渭水涨起一层油腻，这是宫妃们倒掉的胭脂水；烟雾缭绕空际，这是宫中在焚烧香料；雷霆突然震响，这是宫车驶过的声音；辘辘的车声越听越远，不知道它去往何处了。每一位宫女都打扮得极其美丽，久久地站着，远远地望着，期盼着皇帝的临幸。有的宫女竟整整三十六年没能见到皇帝。

燕赵之收藏，韩魏之经营，齐楚之精英，几世几年，剽（piāo）掠其人，倚叠如山。一旦不能有，输来其间。鼎铛（chēng）玉石①，金块珠砾②，弃掷逦迤（lǐ yǐ）③，秦人视之，亦不甚惜。嗟乎！一人之心，千万人之心也。秦爱纷奢，人亦念其家。奈何取之尽锱铢（zī zhū）④，用之如泥沙？使负栋之柱，多于南亩之农夫；架梁之椽（chuán）⑤，多于机上之工女；钉头磷磷，多于在庾之粟粒；瓦缝参差，多于周身之帛缕；直栏横槛，多于九土之城郭；管弦呕哑，多于市人之言语。使天下之人，不敢言而敢怒。独夫之心，日益骄固。戍卒叫，函谷举，楚人一炬，可怜焦土！

①鼎铛玉石：把宝鼎看作铁锅，把美玉看作石头，铛，平底锅。②金块珠砾：把黄金看作土块，把珍珠看作石子。③迤逦：连续不断。④锱铢：古代非常小的重量单位，锱、铢连用，极言其细微。⑤椽：柱子。

【译文】

六国收藏的金银珠宝，多少代多少年，从他们的百姓那里掠夺来，堆叠得像山一样。一夕之间国家灭亡了，都运送到阿房宫里来。宝鼎被当作铁锅，美玉被当作顽石，黄金如土块，珍珠如沙子，丢弃得到处都是，在秦人来看，并不觉得可惜。唉！一个人的心，也就是千万人的心啊。秦皇喜欢奢侈，百姓也顾念着自己的家。怎么能掠取宝物时一点都不放过，挥霍起来竟像对待泥沙一样，致使支撑房屋的柱子，比田地里的农夫还多；架在梁上的椽子，比织机上的女工还多；梁柱上的钉头，比粮仓里的粟粒还多；参差不齐的瓦缝，比丝缕还多；或直或横的栏杆，比九州的城郭还多；管弦的嘈杂，比市民的言语还多。这让天下的百姓，口里不敢说，心里却愤怒。可是那昏庸的秦始皇，越发地骄傲顽固。结果戍边的陈胜、吴广振臂一呼，刘邦攻下了函谷关，楚王项羽放一把火，可惜那阿房宫化为一片焦土。

呜呼！灭六国者，六国也，非秦也；族秦者，秦也，非天下也。嗟夫！使六国各爱其人，则足以拒秦；使秦复爱六国之人，则递三世可至万世而为君，谁得而族灭也？秦人不暇自哀，而后人哀之；后人哀之而不鉴之，亦使后人而复哀后人也。

【译文】

唉！灭亡六国的是六国自己，不是秦国啊。族灭秦国的是秦自己，不是天下的百姓啊！唉！假使六国各自爱护本国百姓，就完全可以抵抗秦国。假使秦王朝又爱护六国的百姓，那么皇位就可以传到三世乃至传到万世，谁能够灭亡它呢？秦人还没来得及哀伤就亡国，而后人却替他们感到悲哀；假使后人悲哀却不以之为鉴，也只会使更后来的人又来哀悼这后人啊。

【精彩赏析】

该篇赋文运用比喻、夸张、铺陈的手法来极写阿房宫的奢华壮观。语言华美，气韵流畅，但并无华而不实之感。最后转为议论，过渡自然，运用一系列的排比，将秦始皇的贪婪和残暴揭露得一览无遗，不繁琐冗长，恰到好处。

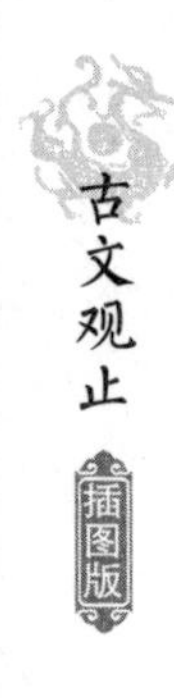

原道

韩愈

【题解】

韩愈，字退之。中唐时期著名的文学家、政治家。是文学史上著名的“古文运动”的倡导者，主张“文章合为时而著，歌诗合为事而作”，促进了散文的发展。中唐时期，社会动乱，藩镇割据和朝内党争是两大祸患，百姓生活在水深火热之中，而统治者却潜心拜佛求仙，荒疏政事，于是，韩愈从儒家正统思想出发，反对佛教和道教，这篇文章就是由此产生的。

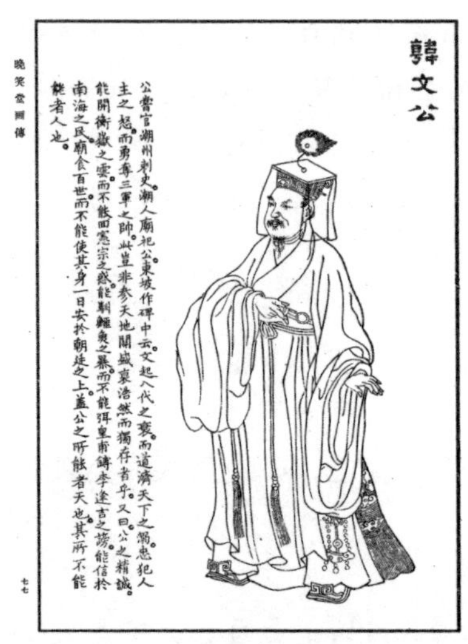

韩愈

博爱之谓仁，行而宜之之谓义，由是而之焉之谓道，足乎己而无待于外之谓德。仁与义为定名，道与德为虚位。故道有君子小人，而德有凶有吉。老子之小仁义，非毁之也，其见者小也。坐井而观天，曰天小者，非天小也。彼以煦煦（xù）为仁①，孑孑（jié）为义②，其小之也则宜。其所谓道，道其所道，非吾所谓道也。其所谓德，德其所德，非吾所谓德也。凡吾所谓道德云者，合仁与义言之也，天下之公言也。老子之所谓道德云者，去仁与义言之也，一人之私言也。

①煦煦：和蔼的样子。这里指小恩小惠。②孑孑：琐屑细小的样子。

【译文】

博爱叫作“仁”，实现仁且恰到好处就是“义”，由“仁”到“义”的过程便是“道”，使自身完善满足而不去依靠外界的力量就是“德”。仁和义的意义是确定的，道和德的意义是不确定的。所以道有君子和小人之别，而德有吉德和凶德。老子轻视仁义，并不是诋毁它，而是因为他眼界狭小。好比坐在井里看天的人，说天很小，其实天并不小。老子把小恩小惠当作仁，把谨小慎微当作义，他轻视仁义就是自然的事了。老子所说的道，是把他认为的道当作道，不是我们所说的道。他所说的德，是把他推崇的德当作德，不是我们所说的德。凡是我们所说的道德，都是结合仁和义说的，是天下的公论。老子所说的道德，是抛开了仁和义来讲的，只是他一个人的说法罢了。

周道衰，孔子没，火于秦①，黄老于汉②，佛于晋、魏、梁、隋之间。其言道德仁义者，不入于杨③，则归于墨④；不入于老，则归于佛。入于彼，必出于此。入者主之，出者奴之；入者附之，出者污之⑤。噫！后之人其欲闻仁义道德之说，孰从而听之？老者曰："孔子，吾师之弟子也。"佛者曰："孔子，吾师之弟子也。"为孔子者，习闻其说，乐其诞而自小也⑥，亦曰"吾师亦尝师之"云尔。不惟举之于口，而又笔之于其书。噫！后之人虽欲闻仁义道德之说，其孰从而求之？甚矣，人之好怪也⑦，不求其端⑧，不讯其末⑨，惟怪之欲闻。

韩愈雕像

①火于秦：秦始皇焚书之事。②黄老：道家流派。黄帝和老子。③杨：杨朱，战国时哲学家，主张"轻物重生""为我"，和儒家和墨家对立。④墨：墨翟，战国初年的思想家，主张"兼爱""薄葬"，和儒家对立。⑤污：污蔑，诋毁。⑥诞：荒诞。自小：自己轻视自己。⑦好：喜爱。⑧端：来源。⑨讯：寻求。末：根源。

【译文】

周道衰落，孔子去世，秦始皇焚书，黄老学说盛行于汉代，佛教盛行于晋、魏、梁、隋之间。那时谈论道德仁义的人，不是杨朱学派，就是墨翟学派；不归于道教，就归于佛教。归了那家，必然轻视别家。尊崇所归入的学派，就贬低其它的学派；依附归入的学派，就污蔑其他学派。唉！后世的人想知道仁义道德的学说，听从谁的呢？道家说："孔子是我们老师的学生。"佛家说："孔子是我们老师的学生。"研究孔学的人，听惯了他们的说教，欣然接受他们的荒诞言论而妄自菲薄，也说"我们的老师曾向他们学习"之类的话。不仅在口头说，而且又把它写在书上。唉！后世的人即使要想知道关于仁义道德的学说，又该向谁去请教呢？人们喜欢怪诞的言论真是太过分了！他们不探求事情的起源，不考察事情的始末，只喜欢听怪诞的言论。

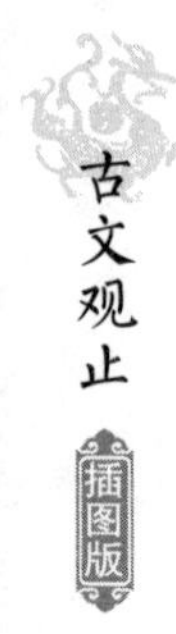

古之为民者四，今之为民者六。古之教者处其一，今之教者处其三。农之家一，而食粟之家六。工之家一，而用器之家六。贾之家一，而资焉之家六。奈之何民不穷且盗也？古之时，人之害多矣。有圣人者立，然后教之以相生相养之道。为之君，为之师。驱其虫蛇禽兽，而处之中土。寒然后为之衣，饥然后为之食。木处而颠①，土处而病也，然后为之宫室。为之工以赡其器用，为之贾以通其有无，为之医药以济其夭死，为之葬埋祭祀以长其恩爱，为之礼以次其先后，为之乐以宣其湮（yān）郁②，为之政以率其怠倦，为之刑以锄其强梗。相欺也，为之符、玺、斗斛、权衡以信之③。相夺也，为之城郭甲兵以守之。害至而为之备，患生而为之防。今其言曰："圣人不死，大盗不止。剖斗折衡④，而民不争。"呜呼！其亦不思而已矣。如古之无圣人，人之类灭久矣。何也？无羽毛鳞介以居寒热也，无爪牙以争食也。

①颠：跌落。②宣：宣泄。湮郁：郁闷。③符：古代一种凭证，刻有文字，双方各执一半，合以验真伪。玺：玉制的印章。斗斛：量器。权衡：秤锤及秤杆。信：凭证。④剖斗折衡：砸烂斗斛，折断秤杆。

【译文】

古代百姓分四类，如今百姓分六类。古代教化百姓的人只是其中的一类，今天却有三类。种田的只有一家，要吃粮食的有六家；务工的只有一家，要供应六家的器用；经商的只有一家，却要供应六家。百姓怎能不因穷困而去偷盗呢？古时候，百姓面临的灾害很多。有圣人出世，教给百姓相生相养的方法，做他们的君王，当他们的老师。驱赶那些蛇虫禽兽，把人们安顿在中原。受冻就教他们做衣裳，挨饿就教他们种庄稼。住在树上容易掉下来，住在洞穴里容易生病，于是就教导他们建造房屋。教导他们做工匠，供应生活用具；教导他们经商，让他们互通有无；发明医药，拯救那些短命而死的人；制定丧葬祭祀的制度，以增进相互间的恩爱感情；制定礼节，分明尊卑秩序；创制音乐，让人们宣泄心中的烦闷；制定政令，督促那些懒惰的人；制定刑罚，以惩治强暴。因为有人欺骗，于是又制作符节、印玺、斗斛、秤尺，作为凭信。因为抢劫的事，设置了城池、盔甲、兵器来守卫家国。总之，灾害来了就找防备的方法；灾害来了，就及早预防。如今道家却说："圣人不死，大盗就不会停止。砸烂斗斛、折断秤尺，百姓就不会争夺了。"唉！这都是胡乱说出的话罢了。如果古代没有圣人，人类早就灭亡了。为什么呢？因为人们没有羽毛鳞甲以适应严寒酷暑，也没有强硬的爪牙来夺取食物。

是故君者，出令者也；臣者，行君之令而致之民者也；民者，出粟米麻丝，作器皿，通货财，以事其上者也。君不出令，则失其所以为君；臣不行君之令而致之民，则失其所以为臣；民不出粟米麻丝，作器皿，通货财，以事其上，则诛。今其法曰，必弃而君臣，去而父子，禁而相生相养之道，以求其所谓清净寂灭者。呜呼！其亦幸而出于三代之后，不见黜于禹、汤、文、武、周公、孔子也。其亦不幸而不出于三代之前，不见正于禹、汤、文、武、周公、孔子也。

【译文】

因此，君王是发布命令的；臣子，是执行君王的命令并且传达给百姓的；百姓，是生产粮食、丝麻，制作器物，交流商品，来侍奉在上统治的人的。君王不发布命令，就丧失了作为君王的资格；臣子不执行君王的命令并且传达到百姓，就失去了作为臣子的资格；百姓不生产粮食、丝麻，不制作器物、不交流商品来供应在上统治的人，就应该受到惩罚。如今佛家却说，一定要抛弃你们的君臣之义，消除你们的父子之情，禁止你们相生相养的办法，以便追求他们所说的清净寂灭的境界。唉！他们幸亏在三代之后出生，没有被夏禹、商汤、周文王、周武王、周公、孔子所贬斥。他们没有出生在三代以前又是不幸的，因为没有受到夏禹、商汤、周文王、周武王、周公、孔子的纠正。

帝之与王，其号虽殊，其所以为圣一也。夏葛而冬裘①，渴饮而饥食，其事虽殊，其所以为智一也。今其言曰："曷不为太古之无事"？"是亦责冬之裘者曰："曷不为葛之之易也？"责饥之食者曰："曷不为饮之之易也？"传曰："古之欲明明德于天下者，先治其国；欲治其国者，先齐其家；欲齐其家者，先修其身；欲修其身者，先正其心；欲正其心者，先诚其意。"然则古之所谓正心而诚意者，将以有为也。今也欲治其心而外天下国家，灭其天常，子焉而不父其父，臣焉而不君其君，民焉而不事其事。孔子之作《春秋》也，诸侯用夷礼则夷之，进于中国则中国之。经曰："夷狄之有君，不如诸夏之亡。"《诗》曰：戎狄是膺②，荆舒是惩③"今也举夷狄之法，而加之先王之教之上，几何其不胥而为夷也？④

①葛：植物，可织葛布。古时作夏衣。裘：动物毛皮。②膺：攻伐。③荆舒：古代指东南方的少数民族。④几何：差不多。胥：沦落。

【译文】

五帝与三王，他们的称号虽然不同，但他们成为圣人的原因是相同的。夏天穿葛衣，冬天穿裘皮，渴了喝水，饿了吃饭，这些事情虽然不同，但它们作为生存智慧的原因是一样的。而今道家却说："为什么不实行远古的无为而治呢？"就好象责怪冬天穿皮衣的人："为什么不穿简便的葛衣呢？"怪饿了要吃饭的人："为什么不光喝水，岂不简单！"《礼记》说："在古代想要德被天下的人，一定要先治理好他的国家；要治理好他的国家，一定要先整顿好他的家庭；要整顿好他的

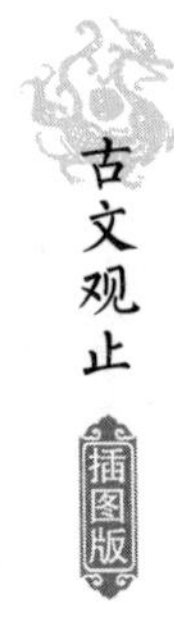

家庭，必须先进行自身的修养；要进行自我修养，必须先端正自己的思想；要端正自己的思想，必须先使自己意念真纯。”可见古人所谓正心和诚意，都是为了要有所作为。如今那些修心养性的人，却想抛开天下，灭绝人性，做儿子的不把父亲当作父亲，做臣子的不把君王当作君王，百姓不做他们该做的事。孔子作《春秋》，那些采用夷狄礼仪的诸侯，就把他们作为夷狄；对于采用中原礼俗的诸侯，就把他们作为中原的国家。《论语》说：“即使夷狄有君主，还不如中原国家没有君主。”《诗经》说：“攻击夷狄，惩罚荆舒。”如今，却尊崇夷狄礼法，把它抬高到先王的政教之上，那么我们差不多都要沦为夷狄了？

夫所谓先王之教者，何也？博爱之谓仁，行而宜之之谓义。由是而之焉之谓道。足乎己无待于外之谓德。其文：《诗》《书》《易》《春秋》；其法：礼、乐、刑、政；其民：士、农、工、贾；其位：君臣、父子、师友、宾主、昆弟、夫妇；其服：麻、丝；其居：宫、室；其食：粟米、果蔬、鱼肉。其为道易明，而其为教易行也。是故以之为己，则顺而祥；以之为人，则爱而公；以之为心，则和而平；以之为天下国家，无所处而不当。是故生则得其情，死则尽其常。效焉而天神假①，庙焉而人鬼飨②。曰：“斯道也，何道也？”曰：“斯吾所谓道也，非向所谓老与佛之道也。尧以是传之舜，舜以是传之禹，禹以是传之汤，汤以是传之文、武、周公，文、武、周公传之孔子，孔子传之孟轲，轲之死，不得其传焉。荀与扬也③，择焉而不精，语焉而不详。由周公而上，上而为君，故其事行。由周公而下，下而为臣，故其说长。然则如之何而可也？曰：“不塞不流，不止不行。人其人，火其书，庐其居。明先王之道以道之，鳏（guān）寡孤独废疾者有养也④。其亦庶乎其可也！”

①假：通“格”，到。②庙：祭祖。飨：享用。③荀：荀子，战国末年思想家、教育家。扬：扬雄，字子云，西汉末年文学家、思想家。④鳏：老而无妻。独：老而无子。

【译文】

我所谓先王的政教，是什么呢？博爱即称之为仁，做合乎仁的事情即称为义。从仁义再向前就是道。修养自身而不依赖外界的叫作德。讲仁义道德的书有《诗经》《尚书》《易经》《春秋》；体现仁义道德的礼法有礼仪、音乐、刑法、政令；它们教化的百姓分为士、农、工、商；它们的伦理次序是君臣、父子、师友、宾主、兄弟、夫妇；它们规定的衣服是麻、布、丝、绸；它们的居处是房屋；它们的食物是粮食、瓜果、蔬菜、鱼肉；它们的理论是很易懂的，它们的教化是很容易推行的。所以，用它们约束自己，就能和顺吉祥；用它们来对待别人，就能做到博爱公正；用它们来修心养性，就能平和宁静；用它们来治理国家，可以到处适用。因此，人活着就能感受到人间的情谊，死了也会受到合乎纲常的礼遇。祭天则天神降临，祭祖则祖先享用。有人问："这个道是什么道？"我说："这是我所说的道，不是刚才所说的道家和佛家的道。这个道从尧传给舜，舜传给禹，禹传给汤，汤传给文王、武王、周公，文王、武王、周公传给孔子，孔子传给孟轲，孟轲死后，没能继续传下去。只有荀卿和扬雄，从中吸取过一些东西，但选得不精，论述得也并不全面。从周公以上，继承道的都是做君王的，所以儒道能够实行；从周公以下，继承的都是在下做臣子的，所以他们的学说能够长久流传。那么，怎么办才能使儒道实行呢？我认为：不堵塞佛老之道，儒道就不会得到流传；不禁止佛老之道，儒道就不能推行。必须让和尚、道士还俗，烧掉佛经道书，把佛寺、道观变成平民的住宅。讲述先王之道来教化他们，使鳏夫、寡妇、孤儿、老人、残疾人得到照料，这样做也就差不多可以了！

【精彩赏析】

韩愈主张"文以载道"，反对南北朝以来的骈俪文，主张先秦时期的质朴的文风。这种主张在本文中突出地体现了出来。文章语言平易浅白，通晓易懂，论述清晰，说理透彻，一气呵成，显示了韩愈非凡的笔力。

原毁

韩愈

【题解】

韩愈在仕途上并不得意，屡因为百姓谋利而受到朝廷内部的排挤惨遭贬黜，因为谏阻皇帝迎取佛骨险些被处死。韩愈深感人心叵测，仕途黑暗，他的很多文章都表现了对统治者以及所谓的"谦谦君子"的抨击和讽刺。本文就是借"古今君子"的不同，来分析毁谤的本质和来源。

古之君子，其责己也重以周①，其待人也轻以约②。重以周，故不怠；轻以约，故人乐为善。闻古之人有舜者，其为人也，仁义人也。求其所以为舜者，责于己曰："彼，人也；予，人也。彼能是，而我乃不能是！"早夜以思，去其不如

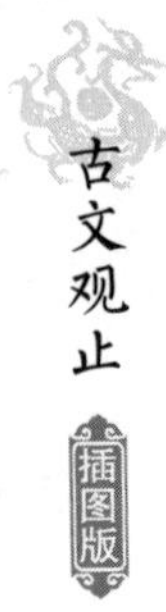

舜者，就其如舜者。闻古之人有周公者，其为人也，多才与艺人也。求其所以为周公者，责于己曰："彼，人也；予，人也。彼能是，而我乃不能是！"早夜以思，去其不如周公者，就其如周公者。舜，大圣人也，后世无及焉；周公，大圣人也，后世无及焉。是人也，乃曰："不如舜，不如周公，吾之病也。"是不亦责于身者重以周乎！其于人也，曰："彼人也，能有是，是足为良人矣；能善是，是足为艺人矣。"取其一，不责其二；即其新，不究其旧：恐恐然惟惧其人之不得为善之利。一善易修也，一艺易能也，其于人也，乃曰："能有是，是亦足矣。"曰："能善是，是亦足矣。"不亦待于人者轻以约乎？

①责：要求。②轻：宽容。约：简略。

【译文】

古代的君子，他要求自己严格而全面，他要求别人宽容而平易。严格而周密，所以不懈怠；宽容而简约，所以人乐于行善。听说古人中有个叫舜的，他的为人，是个仁义的人；寻求舜所以成为舜的原因，君子对自己要求说："他，是人，我，也是人；他能这样，而我却不能这样！"早晨晚上都在思考，改正那些不如舜的地方，发扬那些与舜相似的地方。听说古人中有个叫周公的，他的为人，是个多才多艺的人；寻求周公所以为周公的原因，对自己要求："他，是人，我也是人；他能够这样，而我却不能这样！"早晨晚上都在思考，去掉那些不如周公的地方，发扬那些像周公的地方。舜，是大圣人，后世没有人能赶上他。周公，是大圣人，后世没有人能赶上他，这人就说："不如舜，不如周公，这是我的缺点。"这不就是对自己要求严格全面吗？对待别人，就说："那个人，能有这些优点，就算得上一个善良的人了；能擅长这些事，就是一个有才艺的人了。"肯定他好的方面，而不苛求他的不足；肯定他现在的表现，不追究他的过去如何，提心吊胆地只怕那个人得不到做好事的益处。一件好事容易做到，一种技艺容易学会。可是，他看待别人，却说："能够这样，就足够了。"又说："能擅长这些就够了。"这不就是宽容平易待人吗？

韩愈陵园

今之君子则不然。其责人也详，其待己也廉。详，故人难于为善；廉，故自取也少。己未有善，曰："我善是，是亦足矣。"己未有能，曰："我能是，是亦足矣。"外以欺于人，内以欺于心，未少有得而止矣，不亦待其身者已廉乎？其于人也，曰："彼虽能是，其人不足称也；彼虽善是，其用不足称也。"举其一，不计其十；究其旧，不图其新：恐恐然惟惧其人之有闻也。是不亦责于人者已详乎？夫是之谓不以众人待其身，而以圣人望于人，吾未见其尊己也。

【译文】

现在的君子却不是这样。他要求别人够全面，要求自己却很少。对人要求全面了，所以别人就做不成好事；对自己要求少，所以自己的收获也就少。自己没有什么优点，却说："我有这点优点，这也就够了。"自己没有什么才能，却说："我有这点技能，这也就够了。"对外欺骗别人，对内欺骗自己，还没有什么收获就停止了，不也是对自己要求太少吗？他对别人，就会说："他虽然有才能，他的为人不足称赞。他虽然擅长这些，他这点本事不值得称赞。"抓住他的一点，不顾虑他其他的方面，追究人家的过去，不看他现在的表现，提心吊胆地只怕别人有了声望。这不也是对别人求全责备吗？这就叫作不拿一般人的标准要求自己，却用圣人那样高的标准要求别人，我看不出这是尊重自己。

虽然，为是者，有本有原，怠与忌之谓也。怠者不能修①，而忌者畏人修。吾尝试之矣，尝试语于众曰："某良士，某良士。"其应者，必其人之与也；不然，则其所疏远不与同其利者也；不然，则其畏也。不若是，强者必怒于言，懦者必怒于色矣。又尝语于众曰："某非良士，某非良士。"其不应者，必其人之与也，不然，则其所疏远不与同其利者也，不然，则其畏也。不若是，强者必说于言，懦者必说于色矣。是故事修而谤兴，德高而毁来。呜呼！士之处此世，而望名誉之光，道德之行，难已！将有作于上者，得吾说而存之，其国家可几而理欤！

①修：上进之心。

【译文】

虽然如此，这样做的人是有他的原因，那就是懒惰和嫉妒。懒惰的人丧失了上进之心，而嫉妒的人害怕别人进步。我曾经试验过，曾经试着对众人说："某某是个好人，某某是个好人。"同意的人，一定是那个人的朋友；要不，就是和他不十分亲近、没有利害关系的人；要不，就是害怕他的人。如果不是这样，厉害的人一定毫不客气地说出反对的话，懦弱的人一定会怒形于色了。又曾经对众人说："某某不是好人，某某不是好人。"那些不同意的人，一定是那人的朋友；要不，就是和他疏远、没有利害关系的人；要不，就是害怕他的人。如果不是这样，厉害的人一定会高兴地说出赞同的话，懦弱的人一定会喜形于色。所以，一个人有所成就，诽谤也就跟着来了，声望提高了，诬蔑也随着来了。唉！读书人生活在这个世上，希望声名显著，道德畅行，真是太难了。打算在朝廷有所作为的人，

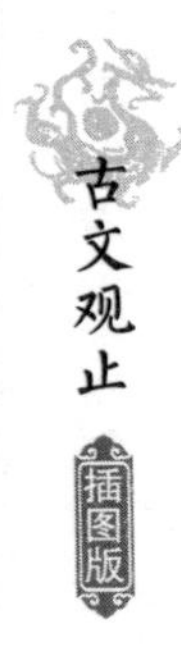

如果能牢记我所说的话，大概国家就可以治理好了吧。

【精彩赏析】

作者将古今君子在“对已”和“待人”两个方面进行了对比，说明今之“君子”毁谤别人源于懈怠和妒忌的道理。最具特色的就是最后“假语试人”的论据，真实地揭露了伪君子的真面目，入木三分，发人深省。

杂说一

韩愈

【题解】

这是韩愈《马说》的姊妹篇。文章借龙喻君主，借云喻臣民，通过论述龙与云的关系，来暗指君臣的相处之道。

龙嘘气成云，云固弗灵于龙也。然龙乘是气，茫洋穷乎玄间①，薄日月②，伏光景③，感震电，神变化④，水下土⑤，汩陵谷⑥，云亦灵怪矣哉！

①玄间：宇宙。②薄：迫近。③景：通“影”。④神变化：变化莫测。⑤水：下雨。⑥汩：淹没。

【译文】

龙吐气成云，云本来不比龙灵异。然而龙乘着这云气，在浩森苍茫的太空中遨游，接近日月，遮蔽它们的光芒，震起雷电，变化莫测，雨水降落淹没山谷，这云也是灵怪的呢！

云，龙之所能使为灵也；若龙之灵，则非云之所能使为灵也。然龙弗得云，无以神其灵矣。失其所凭依，信不可欤！异哉！其所凭依，乃其所自为也。《易》曰：“云从龙。”既曰龙，云从之矣。

【译文】

云，是龙使它具有灵气；像龙那样的灵异，却不是云能够使它那样的。然而龙没有云，就没有令自己显灵的办法。失去了它的依靠，的确是不可以啊！真是奇怪啊！它所凭借依靠的，是它自己所造就的云。《周易》说：“云追随龙。”那么叫作龙，就应该有云跟从啊！

【精彩赏析】

全篇文字仅百许，然而论述清晰，层次分明，寓理深刻。将云龙相依相神的道理说得十分透彻，进而表达了作者对君臣关系的独到见解。圣君、贤臣缺一不可。

马说

韩愈

【题解】

物不平则鸣。本文借千里马，含蓄地指责了统治者的昏聩无能、不能任人唯贤，导致人才无用武之地。借物喻人，表达了作者对统治者埋没人才的不满和壮志难酬、报国无门的满腔愤懑之情。

世有伯乐①，然后有千里马。千里马常有，而伯乐不常有。故虽有名马，只辱于奴隶人之手，骈（pián）死于槽（cáo）枥（lì）之间②，不以千里称也。

①伯乐：孙阳。春秋时人，擅长相马。②骈：两马并驾。骈死：并列而死。槽枥：马厩。

唐·韩干　马图

【译文】

世上有了伯乐，然后有千里马。千里马是常有的，然而伯乐并不常见。因此，即使有名贵的马，也只能辱没在奴隶之类的人手中，和普通的马一起死在马厩里，而不能以日行千里而闻名。

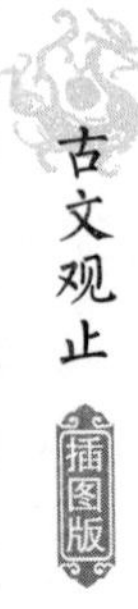

马之千里者，一食或尽粟一石。食（sì）马者不知其能千里而食也。是马也，虽有千里之能，食不饱，力不足，才美不外见，且欲与常马等不可得，安求其能千里也？策之不以其道①，食之不能尽其材，鸣之而不能通其意，执策而临之，曰："天下无马！"呜呼！其真无马邪②？其真不知马也！

①策：马鞭。②其：难道。

【译文】

能日行千里的马，有时一顿就要吃掉一石粮食。养马的人不知道它是千里马，按照普通马来喂养。这千里马，虽然有能跑千里的才能，吃不饱，力量不够，美好的才能也不能表现出来。况且，想让它和平常的马一样都不能够，哪里还能要求它日行千里呢？驾驭它，不能按照正确的方法，喂养它，不能满足它的食量，马儿嘶鸣，也没人能理解它的心意，却拿着马鞭对它说："天下没有好马啊！"唉！难道真的没有马吗？是他们不知道辨认好马罢了！

清·黄慎　伯乐相马图

【精彩赏析】

韩愈这篇小文可以说是脍炙人口的佳作，短小精悍，发人深思，借物喻人，含蓄委婉。从正反两方面展开论述，写出了千里马面临的困境以及食马者的迂腐无知，一吐内心的不平之气。

师说

韩愈

【题解】

"说"是议论文的一种。本篇是论述跟随老师学习的道理的，也是韩愈针对当时社会的不良风气展开议论的文章。文中韩愈反复强调从师学习的重要性，抨击了士大夫"耻学于师"的错误做法，鼓励后辈书生要善于从师，要遵循从师之道。

古之学者必有师。师者，所以传道受业解惑也。人非生而知之者，孰能无惑？惑而不从师，其为惑也，终不解矣。生乎吾前，其闻道也固先乎吾，吾从而师之；生乎吾后，其闻道也亦先乎吾，吾从而师之。吾师道也，夫庸知其年之先后生于吾乎①？是故无贵无贱，无长无少②，道之所存，师之所存也。

①夫庸：哪里。②无：无论。

孔子学琴师襄

【译文】

古代的读书人都有自己的老师。老师是传授道理教习技能解决疑惑的人。人不是一下生就明白道理的，谁能没有疑惑呢？有了疑惑，却不跟随老师学习，那么那些疑惑，始终不能解决。比我年长的人，他明白道理本来在我之前，我跟随并且以他为师；比我年纪小的人，他明白的道理要是也比我早，我跟随他并且以他为师。我学习知识，哪里用得着知道他年龄比我大还是比我小呢？因此，无论贵贱，无论老少，只要是道理所在的地方，就是老师所在的地方。

嗟乎！师道之不传也久矣！欲人之无惑也难矣！古之圣人，其出人也远矣，犹且从师而问焉；今之众人，其下圣人也亦远矣，而耻学于师。是故圣益圣，愚益愚。圣人之所以为圣，愚人之所以为愚，其皆出于此乎？爱其子，择师而教之；于其身也，则耻师焉，惑矣。彼童子之师，授之书而习其句读者①，非吾所谓传其道解其惑者也。句读之不知，惑之不解，或师焉，或不焉，小学而大遗，吾未见其明也。巫医乐师百工之人，不耻相师。士大夫之族，曰师曰弟子云者，则群聚而笑之。问之，则曰："彼与彼年相若也，道相似也。位卑则足羞，官盛则近谀②。"呜呼！师道之不复可知矣。巫医乐师百工之人，君子不齿③，今其智乃反不能及，其可怪也欤！

①句读：文章的断句。②谀：谄媚。③不齿：不屑，鄙视。

【译文】

唉，古代从师学习的风尚不流传已经很久了，想要人没有疑惑是很困难的啊！古代的圣人，他们远超出一般人，尚且跟从老师学习；现在的一般人，他们的才智远不如圣人，却以向老师学习为耻。因此圣人更加圣明，愚人更加愚昧。圣人

之所以能成为圣人，愚人之所以能成为愚人，大概都出于这个原因吧？人们爱他们的孩子，就选择老师来教他，但是他们自己呢，却以跟从老师学习为耻，真是糊涂啊！那些孩子们的老师，是教他们读书，学习断句的，不是我所说的能传授他们道理，解答他们疑难问题的人。不通晓句读，不能解决疑惑，有的句读向老师学习，有的却不向老师学习；小的方面倒要学习，大的方面反而放弃，我没看出他的聪明所在。巫医乐师和工匠这些人，不以互相学习为耻。士大夫这类人，称“老师”称“弟子”的，就聚在一起讥笑人家。问他们为什么笑，就说：“他和他年龄差不多，道德学问也差不多，以地位比自己低的人为师，就觉得羞耻，以官职高的人为师，就近乎谄媚了。”唉！跟从老师学习的风尚不能恢复，由此可知了。巫医乐师和工匠这些人，君子们不屑，现在他们的智慧竟反而赶不上那些人，难道不是件奇怪的事吗！

孔子问礼老聃

圣人无常师。孔子师郯（tán）子、苌（cháng）弘、师襄、老聃（dān）①。郯子之徒，其贤不及孔子。孔子曰：“三人行，则必有我师。”是故弟子不必不如师，师不必贤于弟子，闻道有先后，术业有专攻②，如是而已。

①郯子：春秋时郯国的国君，相传孔子曾向他请教官职。苌弘：东周敬王的大夫，相传孔子曾向他请教古乐。师襄：春秋时鲁国的乐官，相传孔子曾向他学琴。老聃：即老子，道家学派创始人。相传孔子曾向他学习周礼。②术业：某种专业知识。专攻：专门研究。

【译文】

孔子没有固定的老师。孔子曾以郯子、苌弘、师襄、老聃为师。郯子这些人，他们的贤能都比不上孔子。孔子说：“几个人一起走，一定有可以当我的老师的人。”因此学生不一定就不如老师，老师也不一定非比学生贤能，听到的道理有早有晚，学问技艺各有专长，如此而已。

李氏子蟠（pán）①，年十七，好古文，六艺经传皆通习之②，不拘于时，学于余。余嘉其能行古道，作师说以贻之③。

①李氏子蟠：韩愈的弟子。②六艺，指六经，即《诗》《书》《礼》《乐》《易》《春

秋》。经传，经文和传文。传，古称解释经文的著作为传。③贻：赠送，赠予。

【译文】

李家的孩子李蟠，年十七，喜欢读古文，通习六经的经文和传文。不被时俗影响，向我学习。我赞许他能够遵行古人从师的风尚，便写了这篇《师说》赠给他。

【精彩赏析】

韩愈被称为“百代文宗”，并不为过。这篇《师说》可以说是其倡导古文运动的一篇宣言书，也是向门阀权贵发起的挑战书。此文写成的第二年，韩愈被贬，此文也是被贬的原因之一。此文层层递进，论证严密，纵论古今，的确将士大夫的自以为是的丑态刻画得淋漓尽致。惹起众怒，便是意料中事了。

送孟东野序

韩愈

【题解】

孟东野，即孟郊。终生贫寒凄苦。韩愈与之交厚，很看重孟郊的才能。此文是孟郊 50 岁时赴任县令时，韩愈赠给他的文章，以示勉励。文章围绕“不平则鸣”，分析了文人和时代的关系，借此讽刺当权者对人才的埋没和摧残。

大凡物不得其平则鸣：草木之无声，风挠之鸣。水之无声，风荡之鸣。其跃也，或激之；其趋也①，或梗之②；其沸也，或炙之③。金石之无声，或击之鸣。人之于言也亦然，有不得已者而后言。其歌也有思，其哭也有怀，凡出乎口而为声者，其皆有弗平者乎！

①趋：急行，水流很快。②梗：阻塞。③炙：烧。

【译文】

大凡事物处在不平静的时候就会发出声音：草木本来没有声音，风摇动它就发出声响。水本来没有声音，

孟郊塑像

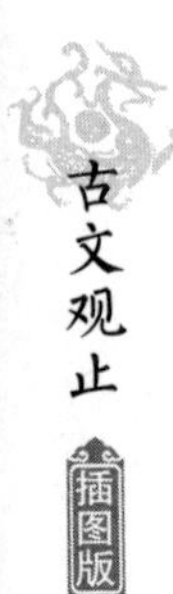

风激荡它就发出声响。水浪翻腾，是有东西在阻挡它；水流得很急，是有东西阻塞了它；水沸腾了，是有火在烧它。金属石器本来没有声音，有人敲击它就发出音响。人说话也同样如此，到了不得已的时候才会说话。人们唱歌是为了寄托情怀，人们哭泣是因为有所感动，凡是从口中发出而成为声音的，大概都因为不能平静这个原因吧！

乐也者，郁于中而泄于外者也，择其善鸣者而假之鸣。金、石、丝、竹、匏（páo）、土、革、木八者①，物之善鸣者也。维天之于时也亦然，择其善鸣者而假之鸣。是故以鸟鸣春，以雷鸣夏，以虫鸣秋，以风鸣冬。四时之相推敚（duó）②，其必有不得其平者乎！其于人也亦然。人声之精者为言，文辞之于言，又其精也，尤择其善鸣者而假之鸣。

①金、石、丝、竹、匏、土、革、木：指我国古代用这八种质料制成的各类乐器的总称，也称“八音”。②推敚：推移。

【译文】

音乐是人们用来抒发心中郁闷的。人们选择最适合发音的东西来奏乐。金、石、丝、竹、匏、土、革、木这八种乐器，是事物中最善于发声的。上天对于四季也是这样，选择最善于发声的事物借它来发声。于是，春天用鸟鸣，夏天用雷鸣，秋天让虫鸣，冬天让风鸣。四季推移变化，也一定有其不能平静的原因吧？这个道理对于人来说也是一样的。人类声音的精华是语言，文辞在语言之中，又是它的精华，所以要选择善于表达的人，凭借他们来表达意见。

其在唐、虞①，咎陶（gāo yáo）、禹②，其善鸣者也，而假以鸣，夔（kuí）弗能以文辞鸣③，又自假于《韶》以鸣。夏之时，五子以其歌鸣。伊尹鸣殷，周公鸣周。凡载于《诗》《书》六艺，皆鸣之善者也。周之衰，孔子之徒鸣之，其声大而远。传曰：“天将以夫子为木铎。”其弗信矣乎！其末也，庄周以其荒唐之辞鸣。楚，大国也，其亡也以屈原鸣。臧孙辰、孟轲、荀卿，以道鸣者也④。杨朱、墨翟（dí）、管夷吾、晏婴、老聃、申不害、韩非、慎到、田骈（pián）、邹衍、尸佼、孙武、张仪、苏秦之属⑤，皆以其术鸣。秦之兴，李斯鸣之。汉之时，司马迁、相如、扬雄，最其善鸣者也。其下魏晋氏，鸣者不及于古，然亦未尝绝也。就其善者，其声清以浮，其节数以急⑥，其辞淫以哀，其志弛以肆；其为言也，乱杂而无章。将天丑其德莫之顾邪？何为乎不鸣其善鸣者也！

①唐、虞：尧帝国号为唐，舜帝国号为虞。②咎陶：也作咎繇、皋陶。传说

为舜帝之臣，主管刑狱之事。禹：夏朝开国君主。传说治洪水有功，舜让位于他。③夔：传说是舜时的乐官。④臧孙辰：即春秋时鲁国大夫臧文仲。孟轲：即孟子，是继孔子之后最著名的儒学大师。著有《孟子》。荀卿：即荀子。战国时赵国人，儒家学者，著有《荀子》。⑤杨朱：字子居，战国时魏国人。墨翟：即墨子。管夷吾：字仲，春秋时齐国人，辅佐齐桓公称霸。晏婴：即晏子。字平仲，春秋时齐景公贤相，以节俭力行，显名诸侯。申不害：战国时郑国人。著有《申子》。慎到：战国时赵国人，著有《慎子》。田骈：战国时齐国人。著《田子》二十五篇，今已佚。邹衍：战国时齐国人，阴阳家的代表人物。尸佼：战国时晋国人。著有《尸子》。孙武：即孙子。春秋时齐国人。著名军事家，著有《孙子兵法》。张仪：战国时魏国人，纵横家的代表人物。苏秦：战国时东周洛阳人，著名纵横家。⑥数：屡次。

【译文】

唐尧、虞舜时，咎陶、禹是最善于表达的，因而借助他俩发出时代的声音。夔不能用文辞来表达，他就借《韶》乐来表达。夏朝的时候，太康的五个弟弟用他们的歌声来表达。殷朝善于表达的是伊尹，周朝善于表达的是周公。凡是记载在《诗经》《尚书》等儒家经典上的文字，都是表达得最好的。周朝衰落时，孔子一派发出声音，声音洪大又传播遥远。《论语》上说："上天将使孔子成为宣扬教化的人。"这难道不是真的吗？周朝末年，庄周用他那漫无边际的文辞来鸣。楚国是大国，它灭亡时，靠着屈原的诗歌来表达。臧孙辰、孟轲、荀卿等人用他们的学说来表达。杨朱、墨翟、管夷吾、晏婴、老聃、申不害、韩非、慎到、田骈、邹衍、尸佼、孙武、张仪、苏秦这些人，都通过各自的主张来鸣。秦朝兴起，李斯鸣。汉朝，司马迁、司马相如、扬雄，是其中最善于表达的人。此后的魏朝、晋朝，能表达的人赶不上古代，但也并未绝迹。就其比较好的来说，他们文辞清灵而高浮，节奏细密而急迫，辞藻艳丽而伤感，志趣颓废而空虚；他们的文章，杂乱没有章法。大概是上天厌弃丑德败行而不愿照顾他们吧？为什么不让那些善鸣的人出来表达呢！

唐之有天下，陈子昂、苏源明、元结、李白、杜甫、李观①，皆以其所能鸣。其存而在下者，孟郊东野始以其诗鸣。其高出魏晋，不懈而及于古，其他浸淫乎汉氏②矣。从吾游者，李翱、张籍其尤也。三子者之鸣信善矣，抑不知天将和其声而使鸣国家之盛邪，抑将穷饿其身，思愁其心肠，而使自鸣其不幸邪？三子者之命，则悬乎天矣。其在上也奚以喜，其在下也奚以悲！东野之役于江南也，有若不释然者，故吾道其命于天者以解之。

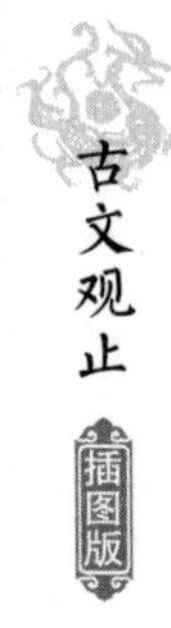

①苏源明：字弱夫，武功人，天宝年间进士。元结：字次山，河南洛阳人。有《元次山文集》。李观：字元宾。与韩愈同登进士第。擅长散文。②浸淫：逐渐渗透。接近。

【译文】

唐朝夺得天下之后，陈子昂、苏源明、元结、李白、杜甫、李观，都凭他们各自的才华来表达心声。其后当世的人中，孟郊用他的诗歌来抒发感情。他的诗超过了魏晋，其中的佳作已达到了上古诗作的水平，其他诗也都接近了汉朝的水平。同我交往的人中，李翱、张籍大概是最出众的。他们三位的表达确实好。但不知道上天要用他们的声音表达国家的强盛呢，还是将让他们贫穷饥饿，愁肠百结，为自身的不幸遭遇悲歌呢？他们三位的命运，就掌握在上天的手里了。即使身居高位有什么可喜的，身沉下僚又有什么可悲的！东野将到江南地区去就任县尉，心里好像有想不开的事情，所以我讲这番命由天定的话来排解他心中的不快。

【精彩赏析】

文章层层深入，论贯古今，历数历朝历代的代表人物，来阐述中心，结构紧凑，有条不紊。开头的比喻论证和后文的事实论证，使得本篇文章内容充实且富于变化，韩愈的确不愧为散文大家。

送李愿归盘谷序

韩愈

【题解】

这是韩愈写给隐居在盘古的好友的文章。文章借李愿之口，抨击了得权者作威作福、不可一世的丑态，赞扬隐逸者纤尘不染、超凡脱俗的高洁品质。二者相对比，让世人做出谁为真丈夫的判断。

太行之阳有盘谷①。盘谷之间，泉甘而土肥，草木丛茂，居民鲜少。或曰：“谓其环两山之间，故曰‘盘’。”或曰：“是谷也，宅幽而势阻，隐者之所盘旋。”友人李愿居之②。

①阳：山的南面叫阳。盘谷：在今河南济源北。②李愿：韩愈的朋友，因仕途不顺，隐居盘古。

【译文】

太行山的南面有个盘古。盘谷中间，泉水甘甜，土地肥沃，草木茂盛，居民很少。有人说："那里两面环山，所以叫'盘'。"有人说："这个山谷，地处幽静而且山势险阻，隐士留恋的地方。"朋友李愿就隐居在那里。

愿之言曰："人之称大丈夫者，我知之矣：利泽施于人，名声昭于时，坐于庙朝，进退百官，而佐天子出令；其在外，则树旗旄，罗弓矢，武夫前呵，从者塞途，供给之人，各执其物，夹道而疾驰。喜有赏，怒有刑。才畯满前[①]，道古今而誉盛德，入耳而不烦。曲眉丰颊，清声而便（pián）体[②]，秀外而惠中，飘轻裾（jū）[③]，翳（yì）[④]长袖，粉白黛绿者，列屋而闲居，妒宠而负恃，争妍而取怜。大丈夫之遇知于天子、用力于当世者之所为也。吾非恶此而逃之，是有命焉，不可幸而致也。

①才畯：才能出众的人。畯，同"俊"。②便体：轻盈的体态。③裾：衣服的前后襟。④翳：遮蔽，掩映。

【译文】

李愿说："那些被称为大丈夫的人，我是了解的：他们把恩惠施给别人，声名张显于世，在朝参与政事，任免百官，辅佐皇帝发号施令。到了朝廷外面，就树起旗帜，陈设弓箭，武夫吆喝开道，随从堵塞道路，仆役各自拿着物品，在路旁飞快地奔跑。他们高兴时就赏赐，发怒时就任意处罚。他们身边围着很多才能出众的人，谈古论今，歌颂他们的美德，这些话叫人听了也不会觉得厌烦。那些眉毛弯弯，面容丰满，声音清脆，体态美好，容貌秀丽，内心聪慧，起舞时衣襟飘动，长长的衣袖遮掩面容，面施脂粉，青黛画眉的女子，闲住在房屋中，自恃貌美，比美争宠；一心要获取主人的怜爱。这就是那些受到皇帝重用，得权于当世的大丈夫的所作所为啊！我并非厌恶这些而逃离尘世，只是命中注定而不能有福得到啊！

穷居而野处，升高而望远，坐茂树以终日，濯清泉以自洁。采于山，美可茹[①]；钓于水，鲜可食。起居无时，惟适之安。与其有誉于前，孰若无毁于其后；与其有乐于身，孰若无忧于其心。车服不维[②]，刀锯不加[③]，理乱不知，黜陟（chù zhì）不闻[④]。大丈夫不遇于时者之所为也，我则行之。

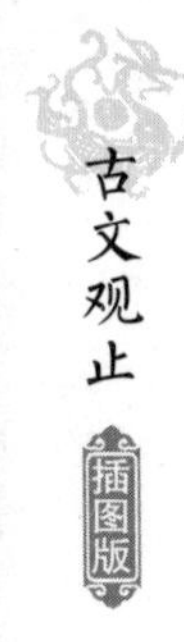

①茹：吃。②车服：车辆和服饰。维：约束。③刀锯：指刑具。④黜陟：指官吏的进退或升降。

【译文】

生活贫穷，居住在荒远的地方，登上高处眺望远方，整天坐在茂盛的大树上，用清泉洗去身上的污秽。在山林中采摘，有美味可以食用；在水边垂钓，鱼虾新鲜可口。起床休息没有固定的时间，只要舒适即可。有人在面前称赞自己，哪里比得上在身后无人诋毁；在身体上享受乐趣，哪里比得上内心的无忧无虑。车辆和服饰不加约束，不受刑罚的威胁，不管天下的治乱，不管官职的升迁。大丈夫生不逢时所做的事情，我就是这样去做的。

伺候于公卿之门，奔走于形势之途，足将进而趑趄（zī jū）①，口将言而嗫嚅（niè rú）②，处污秽而不羞，触刑辟（bì）而诛戮③，侥幸于万一，老死而后止者，其于为人，贤不肖何如也？”

①趑趄：踌躇不前。②嗫嚅：欲言又止的样子。③刑辟：刑法。

【译文】

“侍候在权贵的门下，奔走在仕途之路，想要举脚进门却踌躇不前，想要开口说话却欲言又止。处于污浊之中而不知羞耻，触犯法律而受到诛杀。希望争取每一个官运发达的机会，直到老死才肯停止。这样的人在为人方面，究竟是好呢还是不好呢？”

昌黎韩愈，闻其言而壮之，与之酒而为之歌曰：“盘之中，维子之宫；盘之土，维子之稼；盘之泉，可濯可沿；盘之阻，谁争子所？窈而深，廓其有容①；缭（liáo）而曲②，如往而复。嗟盘之乐兮，乐且无央；虎豹远迹兮，蛟龙遁藏；鬼神守护兮，呵禁不祥。饮且食兮寿而康，无不足兮奚所望！膏吾车兮秣吾马③，从子于盘兮，终吾生以徜徉！”

①廓其有容：广阔而有所容。②缭：屈曲。③膏：上油。秣：喂养。

【译文】

昌黎韩愈听了李愿这番话，称赞他的豪壮，为他斟酒并作了一首歌：“盘谷之中，就是您的居室；盘谷的土地，就是您的庄稼；盘谷的水，可以洗涤也可以沿途游览；盘谷险阻，有谁来争夺您的住所？盘谷幽静深远，广阔远大；山谷回环曲折，像是走了过去又走回来。啊，盘谷的乐趣啊，其乐无穷。虎豹远远地离开，蛟龙逃避躲藏。鬼神保护您啊，禁止不祥之物的接近。吃喝不愁，长寿健康。没有什么不满足啊也就没什么奢望！给我的车子加好油啊，喂饱我的马，我要跟随您到盘谷中去啊，在余生中自由自在地漫游。”

【精彩赏析】

全篇采用了对比的手法，褒贬鲜明，借李愿也抒发作者自己的不平之气和愤懑之情。文章还运用了楚辞的体例，为李愿作歌，声韵优美，言语流畅，充分地表达了作者对李愿的赞美之情和对隐逸生活的向往之情。

送董邵南序

韩愈

【题解】

董邵南，韩愈的朋友，屡考进士未中，故而心灰意懒，失意离京。于是，韩愈写了这篇文章送给他以示宽慰和劝勉。

燕赵古称多感慨悲歌之士。董生举进士①，屡不得志于有司②，怀抱利器③，郁郁适兹土④。吾知其必有合也。董生勉乎哉！

①董生：指董邵南。②有司：相关部门。③利器：比喻杰出的才能。④兹土：这块地方。

【译文】

燕赵自古多慷慨悲壮的人。董生考取进士，一直不被考官赏识，空怀一身才能，怀着郁闷的心情去那个地方。我知道他一定会有一番作为。董生要继续努力啊！

夫以子之不遇时，苟慕义强仁者皆爱惜焉。矧（shěn）燕赵之士出乎其性者哉①！然吾尝闻风俗与化移易，吾恶知其今不异于古所云邪？聊以吾子之行卜之也。董生勉乎哉！

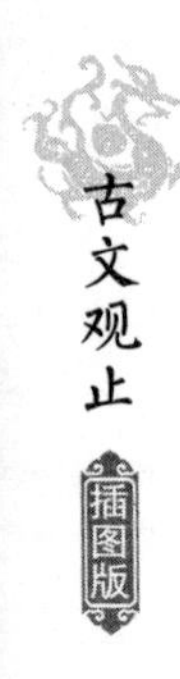

①矧：况且。

【译文】

像你这样生不逢时，只要是仰慕而且推行仁义的人都会喜爱怜惜。况且燕、赵的义士奉行仁义是出于他们的本性呢！然而，我曾听说风俗随着教化而改变，我不知道现在和古时是否并无差别？姑且用你此行去验证吧。董生努力吧！

吾因子有所感矣。为我吊望诸君之墓，而观于其市，复有昔时屠狗者乎？为我谢曰："明天子在上，可以出而仕矣。"

【译文】

我因为你而心有所感。为我吊唁那些人的坟墓，并且在集市上看看，还有当年的杀狗的人吗？替我向他致意："今天子圣明，可以出来做官。"

【精彩赏析】

韩愈善于写短文，不足百字，也能写得含蓄蕴藉，富有深意。本文借燕赵之士的忠义勇敢，来鼓励年轻后辈不要消极遁世，而应该积极出世，为朝廷效力。

祭十二郎文

韩愈

【题解】

南宋学者赵与时在《宾退录》中写道："读诸葛孔明《出师表》而不堕泪者，其人必不忠。读李令伯《陈情表》而不堕泪者，其人必不孝。读韩退之《祭十二郎文》而不堕泪者，其人必不友。"十二郎是韩愈的侄子，排行十二。韩愈自小由兄嫂抚养，和十二郎一起长大，二人的叔侄之情十分深厚。这篇千古佳作就是韩愈祭奠十二郎所作。

年、月、日，季父愈闻汝丧之七日①，乃能衔哀致诚，使建中远具时羞之奠②，告汝十二郎之灵：

①季父：叔父。②建中：韩愈的家人。时羞：应时的鲜美食品。

【译文】

某年、某月、某日，叔父韩愈在听说你去世后的第七天，才得以含着哀痛向你表达心意，让建中在远方备办了应时的鲜美食品作为祭品，告慰你十二郎的在天之灵：

呜呼！吾少孤，及长，不省所怙[①]，惟兄嫂是依。中年，兄殁南方，吾与汝俱幼，从嫂归葬河阳。既又与汝就食江南。零丁孤苦，未尝一日相离也。吾上有三兄，皆不幸早世。承先人后者，在孙惟汝，在子惟吾。两世一身，形单影只。嫂尝抚汝指吾而言曰："韩氏两世，惟此而已！"汝时尤小，当不复记忆。吾时虽能记忆，亦未知其言之悲也。

①省：知道。怙：这里指父亲。

【译文】

唉！我自幼丧父，等到长大，不知道父亲的模样，只有依靠兄嫂抚养。哥哥正当中年时，死在了南方的贬所。我和你都还小，跟随嫂嫂把灵柩送回河阳老家安葬。随后又和你到江南谋生。孤苦伶仃，一天也未曾分开过。我上面本来有三个哥哥，都不幸早死。继承先人的后代，在孙子辈里只有你，在儿子辈里只有我。韩家子孙两代各剩一人，孤孤单单。嫂子曾经抚摸着你的头，指着我说："韩氏两代，就只有你们这两个了！"那时你还小，应该记不得了。我当时虽然能够记事，但也还不能体会她话中的悲凉啊！

吾年十九，始来京城。其后四年，而归视汝。又四年，吾往河阳省坟墓，遇汝从嫂丧来葬。又二年，吾佐董丞相于汴（biàn）州[①]，汝来省吾。止一岁，请归取其孥（nú）[②]。明年，丞相薨（hōng）[③]。吾去汴州，汝不果来。是年，吾佐戎徐州[④]，使取汝者始行，吾又罢去，汝又不果来。吾念汝从于东，东亦客也，不可以久；图久远者，莫如西归，将成家而致汝。呜呼！孰谓汝遽（jù）去吾而殁乎！吾与汝俱少年，以为虽暂相别，终当久相与处。故舍汝而旅食京师，以求斗斛（hú）之禄[⑤]。诚知其如此，虽万乘之公相，吾不以一日辍汝而就也。

①董丞相：唐德宗时期的御史大夫，曾做过汴州刺史。汴州：今河南开封。②孥：家属。③薨：唐代二品以上的官员死去称作"薨"。④佐戎：辅助军事。⑤斛：古代的量器。斗斛之禄：微薄的俸禄。

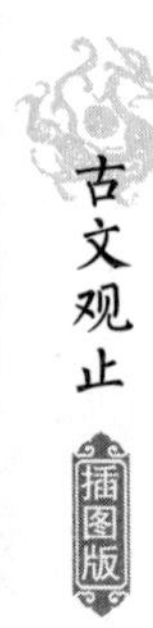

【译文】

我19岁时，初次来到京城。四年以后，才回去看你。又过了四年，我去河阳祭祖，碰上你护送嫂嫂的灵柩来安葬。又过了两年，我在汴州辅佐董丞相，你来探望我，留下住了一年，你请求回去接家人。第二年，董丞相去世，我离开汴州，你最后没能来成。这一年，我到徐州辅佐军务，派去接你的人刚动身，我又被免职，你又没来成。我想你跟我在汴州、徐州，也是客居，不可能久住；从长远来看，不如我回到家乡，等在那里安下家再让你来。唉！谁能料到你竟突然离我而死呢？我和你都年少时，以为只是暂时分别，终究会长久在一起的。因此离开你而旅居长安，寻求微薄的俸禄。如果知道会这样，即使让我做尊贵的公卿宰相，我也不愿意离开你一天而去赴任啊！

去年，孟东野往。吾书与汝曰："吾年未四十，而视茫茫，而发苍苍，而齿牙动摇。念诸父与诸兄，皆康强而早世。如吾之衰者，其能久存乎？吾不可去，汝不肯来，恐旦暮死，而汝抱无涯之戚也！"孰谓少者殁而长者存，强者夭而病者全乎！

【译文】

去年，孟东野到你那里去。我给你写信说："我年纪未到四十，却视力模糊，白发苍苍，牙齿松动。想到各位父兄，都于健康的壮年早逝。像我这样体弱的人，难道能长寿吗？我不能够到你那去，你又不肯来，恐怕一朝死去，你将会无尽哀伤的！"谁知年轻的死去，年老的存活，强壮的早夭，多病的还活着呢！

呜呼！其信然邪？其梦邪？其传之非其真邪？信也，吾兄之盛德而夭其嗣乎？汝之纯明而不克蒙其泽乎①？少者、强者而夭殁，长者、衰者而存全乎？未可以为信也。梦也，传之非其真也，东野之书，耿兰之报②，何为而在吾侧也？呜呼！其信然矣！吾兄之盛德而夭其嗣矣！汝之纯明宜业其家者，不克蒙其泽矣！所谓天者诚难测，而神者诚难明矣！所谓理者不可推，而寿者不可知矣！

①克：能。②耿兰：十二郎的仆人。

【译文】

唉！这是真的呢？还是在做梦？还是传来的消息不是真的呢？如果是真的，我兄长品德高尚反而失去了后代吗？你纯正聪慧却不能承受他的恩泽吗？年轻力壮的人早早逝去，年长体弱的人却保全性命吗？实在不能够相信啊！如果是梦境，传来的消息是假的，东野的书信，耿兰的来报，为什么就在身边呢？唉，难道是真的吗！我兄长身负盛德却后继无人了！你冰雪聪明却不能承受他的恩泽啊！所谓上天，实在难以揣测，所谓神灵，实在难以知道！所谓天理，实在不能够推断，所谓寿命，根本不可预知啊！

虽然，吾自今年来，苍苍者或化而为白矣，动摇者或脱而落矣。毛血日益衰，志气日益微，几何不从汝而死也。死而有知，其几何离；其无知，悲不几时，而不悲者无穷期矣。

【译文】

即使这样，我自今年以来，花白的头花变得全白了，松动的牙齿有的已经脱落了。身体越发衰弱了，精神也越来越差了，没多久就会随你而去了。如泉下有知，那么又能分离多久呢；如死后无知，悲痛的时间不多了，不悲痛的时间将是漫长无尽的。

汝之子始十岁，吾之子始五岁。少而强者不可保，如此孩提者，又可冀其成立邪？呜呼哀哉！呜呼哀哉！

【译文】

你的儿子刚刚十岁，我的儿子刚刚五岁。年轻力壮的人尚不能保全，这样的小孩子，又能盼着他长大成人吗？唉！悲痛不已啊！

汝去年书云："比得软脚病①，往往而剧。"吾曰："是疾也，江南之人，常常有之。"未始以为忧也。呜呼！其竟以此而殒其生乎？抑别有疾而至斯极乎？

①比：近来。

【译文】

你去年在书信中写道："近来得了软脚病，常常剧痛。"我说："这种病，江南的人，常常得。"开始并没有担心，唉！难道你竟因此而丧命吗？还是另有其他的疾病导致不幸呢？

汝之书，六月十七日也。东野云，汝殁以六月二日；耿兰之报无月日。盖东野之使者，不知问家人以月日；如耿兰之报，不知当言月日。东野与吾书，乃问使者，使者妄称以应之乎。其然乎？其不然乎？

【译文】

你的信，是六月十七日写的。东野说，你死在六月二日；耿兰并未说具体日期。大概是因为东野派去的人，不知道向家人问明日期；像耿兰的报信，不知道言明日期。东野给我写书信时，询问使者你的死期，使者不过随便一说。是这样

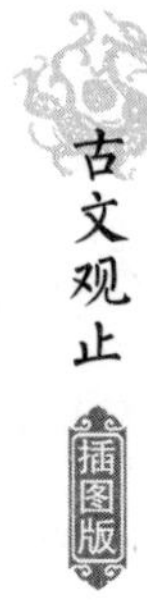

吗？还是不是这样？

今吾使建中祭汝，吊汝之孤与汝之乳母。彼有食，可守以待终丧，则待终丧而取以来；如不能守以终丧，则遂取以来。其余奴婢，并令守汝丧。吾力能改葬，终葬汝于先人之兆，然后惟其所愿。

【译文】

现在我派建中来祭奠你，安慰你的孩子和你的乳母。他们有粮食，能够守到丧期结束，就等到丧期结束后再把他们接来；如果不能守到丧期结束，我就马上把他们接来。剩下的奴婢，叫他们一起守丧。如果我有能力迁葬，最后一定把你安葬在祖坟旁，这样以后，才算了却我的心愿。

呜呼！汝病吾不知时，汝殁吾不知日，生不能相养以共居，殁不得抚汝以尽哀，敛不凭其棺，窆（biǎn）不临其穴①。吾行负神明，而使汝夭；不孝不慈，而不能与汝相养以生，相守以死。一在天之涯，一在地之角，生而影不与吾形相依，死而魂不与吾梦相接。吾实为之，其又何尤！彼苍者天，曷其有极！自今以往，吾其无意于人世矣！当求数顷之田于伊颍之上②，以待余年，教吾子与汝子，幸其成；长吾女与汝女，待其嫁，如此而已。

①窆：落葬。②伊颍：韩愈的家乡。

【译文】

唉！我不知道你什么时候生的病，也不知道你去世的时间，活着的时候不能住在一起互相照顾，死的时候不能抚尸痛哭来表达我的哀思，入殓时没在棺前守灵，入葬时也没有亲临你的墓地。我做了什么忤逆神灵的事情，才使你这么早死去，我对父母不孝，对后辈不慈，不能与你一起生活，又不能和你一块死去。一个在天涯，一个在地角。活着的时候不能形影相依，死后魂灵也不出现在我的梦中，这都是我自己造成的，又能抱怨谁呢？天哪，我的悲痛哪里有尽头呢？从今而后，我真的不想活在这人世间了！应当回到家乡种上几亩田地，来度过余生，教育我们的孩子，希望他们能够长大成人；把我们的女儿养大，等待她们出嫁，仅此而已。

呜呼，言有穷而情不可终，汝其知也邪？其不知也邪？呜呼哀哉！尚飨！

【译文】

唉！言语有穷尽的时候而哀痛之情却不能终止，你是知道呢？还是不知道呢？悲哀啊！希望享用祭品吧！

【精彩赏析】

本文的可贵之处在于以情动人，将相依为命的叔侄之情描绘得淋漓尽致。韩愈突破了祭文的传统格式，采用散文的形式，便于自由地抒情。通过与亡者的对话，将二人的往事一一道来，情真意切，历历在目，可谓“字字是血，字字是泪”。

柳子厚墓志铭

韩愈

【题解】

柳子厚，即柳宗元，中唐杰出的文学家和政治家。是韩愈的好友，也是在古文运动中与他并肩作战的战友。但同样，柳宗元在仕途上也屡遭贬谪，不能得志。元和十四年（819 年），柳宗元在播州去世，韩愈为他写了这篇墓志铭，来祭奠这位好友。墓志铭是悼念死者的一种文体，“志”主要记叙死者的生平；“铭”主要歌颂死者，寄托哀思。

子厚，讳宗元。七世祖庆①，为拓跋魏侍中，封济阴公。曾伯祖奭（shì），为唐宰相，与褚遂良、韩瑗俱得罪武后，死高宗朝。皇考讳镇②，以事母弃太常博士，求为县令江南。其后以不能媚权贵，失御史。权贵人死，乃复拜侍御史。号为刚直，所与游皆当世名人。

①七世：史书记柳宗元七世祖柳庆在北魏时任侍中，入北周封为平齐公。②皇考：先父。

【译文】

子厚，名字叫宗元。七世祖柳庆，做过北魏的侍中，被封为济阴公。曾祖柳奭，做过唐朝的宰相，同褚遂良、韩瑗都因得罪了武后，在高宗时被处死。父亲叫柳镇，因为侍奉母亲放弃了太常博士的官位，请求到江南做县令。后来因为他不肯谄媚权贵，丢了御史的官职。直到那个权贵死了，才又被任命为侍御史。以刚毅正直闻名，与他交往的都是当时的名人。

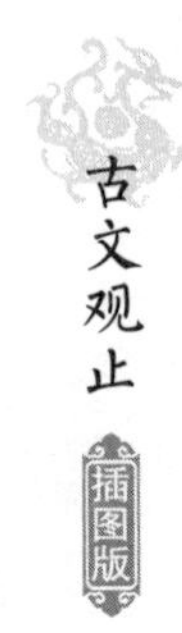

子厚少精敏，无不通达。逮（dài）其父时，虽少年，已自成人，能取进士第，崭然见头角。众谓柳氏有子矣。其后以博学宏词[①]，授集贤殿正字[②]。俊杰廉悍[③]，议论证据今古，出入经史百子，踔（chuō）厉风发[④]，率常屈其座人。名声大振，一时皆慕与之交。诸公要人，争欲令出我门下，交口荐誉之。

①博学宏词：柳宗元于796年中博学宏词科，年二十四。②集贤殿：书院，掌刊辑经籍，搜求佚书。正字：掌管编校典籍、刊正文字的工作。③廉悍：方正廉洁，有骨气。④踔厉风发：言辞奋发，见识高远。

【译文】

子厚年少时就很精明聪慧，没有不明白的事。他父亲在世时，他虽然很年轻，但已经成才，考中进士，才华显露崭露头角，大家都说柳家后继有人了。后来又通过博学宏词科的考试，被授予集贤殿的官职。他才能出众，正直勇敢，发表议论时能旁征博引，精通经史和诸子百家，言辞犀利，侃侃而谈，常常使在座的人折服。因此声名鹊起，一时间人们都敬慕他而且希望与他交往。那些公卿贵人争着想让他成为自己的门生，都推荐赞誉他。

贞元十九年，由蓝田尉拜监察御史。顺宗即位，拜礼部员外郎。遇用事者得罪[①]，例出为刺史[②]。未至，又例贬永州司马。居闲，益自刻苦，务记览，为词章，泛滥停蓄[③]，为深博无涯涘（sì）[④]，而自肆于山水间。

①用事者：掌权者。②例出：按规定遣出。③泛滥：文笔恣肆。停蓄：文笔雄厚。④无涯涘：无边际。涯、涘，均是水边。

【译文】

贞元十九年，由蓝田县尉调任监察御史。顺宗即位后，又升为礼部员外郎。正巧赶上当权人获罪，子厚也被按例贬出京城当刺史。还未到任，又被依例贬为永州司马。身处闲置的官位上，更加刻苦为学，专心读书，写作诗文，文笔汪洋恣肆，雄厚凝练，像海水那样广博无尽，而他自己则纵情于山水之间。

元和中，尝例召至京师；又偕出为刺史，而子厚得柳州。既至，叹曰："是岂不足为政邪？"因其土俗[①]，为设教禁[②]，州人顺赖。其俗以男女质钱，约不时赎，子本相侔（móu）[③]，则没为奴婢。子厚与设方计，悉令赎归。其尤贫力不能者，令书其佣，足相当，则使归其质。观察使下其法于他州，比一岁[④]，免而归者且千人。衡湘以南为进士者，皆以子厚为师，其经承子厚口讲指画为文词者，悉有法度可观。

①因：按照。土俗：当地的风俗。②教禁：教谕和禁令。③子：子金，即利息。本：本金。相侔：相等。④比：将近。

【译文】

元和年间，按例一起奉召回到京师，又一起被遣出做刺史，子厚分在柳州。到任之后，他慨叹道："这里难道做不出政绩吗？"按照当地的风俗，为柳州制订了教谕和禁令，全州百姓都顺从并信赖他。当地风俗用儿女做抵押向人借钱，约定如果不能按时赎回，利息与本金相等时，人质就被没收做奴婢。子厚为此替借债人想办法，把他们的子女赎了回来。那些特别穷的没有偿还能力的，就让债主记下子女的工钱，到工钱足够抵消债务时，就让债主归还人质。观察使把这个办法推广到别的州县，一年后，免除佣工回家的将近一千人。衡山、湘水以南准备考进士的人，都把子厚当作老师，那些经过子厚亲授和指点的人所写的文章，全都是合乎规范的。

其召至京师而复为刺史也，中山刘梦得禹锡亦在遣中①，当诣播州。子厚泣曰："播州非人所居，而梦得亲在堂，吾不忍梦得之穷②，无辞以白其大人③；且万无母子俱往理。"请于朝，将拜疏，愿以柳易播，虽重得罪，死不恨。遇有以梦得事白上者，梦得于是改刺连州。呜呼！士穷乃见节义。今夫平居里巷相慕悦，酒食游戏相徵逐④，诩诩（xǔ）强（qiǎng）笑语以相取下⑤，握手出肺肝相示，指天日涕泣，誓生死不相背负，真若可信；一旦临小利害，仅如毛发比，反眼若不相识。落陷穽（jǐng）⑥，不一引手救，反挤之，又下石焉者，皆是也。此宜禽兽夷狄所不忍为，而其人自视以为得计。闻子厚之风，亦可以少愧矣。

①中山：今河北定县。刘梦得：刘禹锡。②穷：困窘。③大人：父母。此指刘禹锡之母。④徵逐：往来频繁。⑤诩诩：夸大的样子。强：勉强，做作。取下：指采取谦下的态度。⑥陷穽：圈套，祸难。

【译文】

被召回京师又再次被遣出做刺史时，中山人刘梦得禹锡也在被遣之列，应当去播州。子厚流着泪说："播州不是人能住的地方，况且梦得有老母在堂，我不忍心看到梦得处境艰难，他没有办法告诉他的母亲；况且绝没有母子一同前往的道理。"我向朝廷请求，并准备呈递奏章，愿意拿柳州换播州，即使再度获罪，死也无憾。正遇上有人把梦得的情况告诉了皇上，梦得因此改任连州刺史。呜呼！读书人到了穷途末路，才看得出朋友的义气！一些人，平日街坊邻里互相交好，觥筹交错，来往频繁，夸夸其谈，强颜欢笑，互相尊重，握着手作出如出肺腑之状给对方看，指着太阳发誓不论生死都不背弃，像真的一样。一旦遇到小小的利益冲突，仅仅像发丝

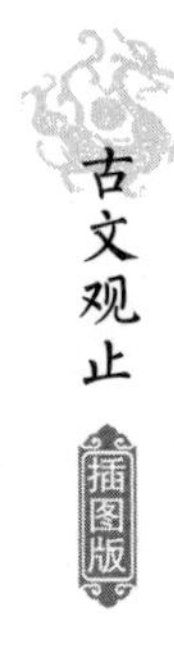

般细小的好处，便翻脸不认人，朋友落入陷阱，不伸手去救，反而借机排挤他，还往下扔石头，到处都是这样的人啊！这是连那些禽兽和野蛮人都不愿意做的，而那些人却不以为意。他们听到子厚的高尚风节，也应该觉得惭愧了！

子厚前时少年，勇于为人，不自贵重顾籍①，谓功业可立就，故坐废退。既退，又无相知有气力得位者推挽，故卒死于穷裔②。材不为世用，道不行于时也。使子厚在台省时③，自持其身，已能如司马刺史时，亦自不斥；斥时，有人力能举之，且必复用不穷。然子厚斥不久，穷不极，虽有出于人，其文学辞章，必不能自力，以致必传于后如今，无疑也。虽使子厚得所愿，为将相于一时，以彼易此，孰得孰失，必有能辨之者。

①顾籍：顾惜。②穷裔：穷困的边远地方。③台省：御史台和尚书省。

【译文】

子厚从前年少时，勇于帮助别人，不顾惜自己，认为功名事业可以一蹴而就，所以受到牵连而被贬。贬谪后，又没有熟识而有力量有地位的人推荐，所以最后死在荒远之地，才干不能为世间所用，抱负不能施展。如果子厚当时在御史台、尚书省做官时，能谨慎约束自己，像在担任司马、刺史时那样，也自然不会被贬官了；贬官后，如果有人能够推举他，将一定会被任用，不至穷困潦倒。然而若是子厚被贬时间不长，仕途上困境未达到极点，虽然能够在官场中出人头地，但他的文章一定不会有这样的长进，如今天这样流传后世，这是毫无疑问的。即使让子厚实现他的愿望，官至将相，拿那个换这个，什么是得，什么是失？一定能有分辨它的人。

子厚以元和十四年十一月八日卒，年四十七。以十五年七月十日，归葬万年先人墓侧。子厚有子男二人：长曰周六，始四岁；季曰周七，子厚卒乃生。女子二人，皆幼。其得归葬也，费皆出观察使河东裴君行立。行立有节概，重然诺①，与子厚结交，子厚亦为之尽，竟赖其力。葬子厚于万年之墓者，舅弟卢遵。遵，涿（zhuō）人②，性谨慎，学问不厌。自子厚之斥，遵从而家焉，逮其死不去。既往葬子厚，又将经纪其家，庶几有始终者。

①重然诺：讲信用。②涿：今河北涿县。

【译文】

子厚在元和十四年十一月初八去世，终年四十七岁。在十五年七月初十，安葬在万年县祖先墓地的旁边。子厚有两个儿子：大的叫周六，才四岁；小的叫周七，是子厚去世后才出生的。两个女儿，都还小。他能够回乡安葬，费用都出于观察使河东人裴行立先生。行立先生为人重情重义，与子厚是朋友，子厚对他也很尽心，最后依靠他办理了后事。把子厚安葬到万年县墓地的，是他的表弟卢遵。卢遵是涿州人，性情谨慎，做学问永不满足。自从子厚被贬，卢遵就跟随他住在一起，直到他去世也没有离开。送子厚归葬，又安排料理子厚的家事，可以说是个讲义气的人了。

铭曰："是惟子厚之室，既固既安，以利其嗣人。"

【译文】

铭文说："这是子厚安息之地，既牢固又安逸，为后世子孙造福。"

【精彩赏析】

本篇文章可以说"哀而不伤"。韩愈的哀思渗透在字里行间，平静自然地流淌，将柳宗元生前的秉性品质、政绩功劳娓娓道来，称赞其心怀百姓、重情重义的襟怀和品质。不夸张，不渲染，不呼天抢地，却感人肺腑。

捕蛇者说

柳宗元

【题解】

柳宗元，字子厚，河东人，故世称柳河东，中唐时期著名的政治家、文学家、思想家。政治上积极主张变革，文学上倡导"古文运动"。主要文学成就集中在散文创作上，著述颇丰。他的作品大都反映现实，关心百姓疾苦。《捕蛇者说》便是其代表作品。

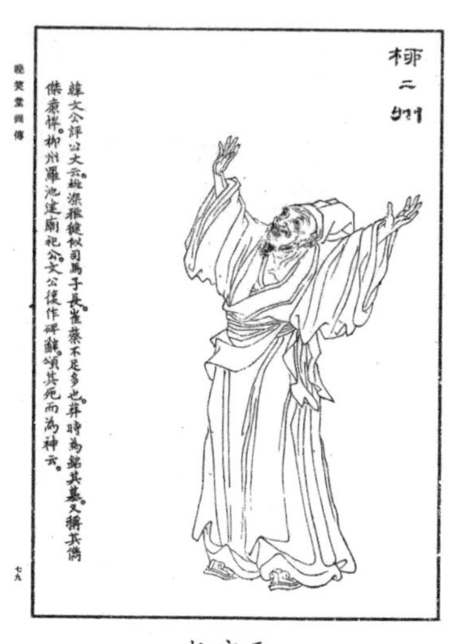

柳宗元

永州之野产异蛇，黑质而白章[①]；触草木，尽死；以啮（niè）人，无御之者。然得而腊（xī）之以为饵[②]，可以已大风、挛踠（luán wǎn）、瘘

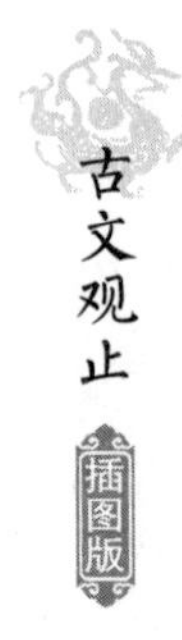

(lòu)、疠(lì)[③]，去死肌[④]，杀三虫[⑤]。其始，太医以王命聚之，岁赋其二，募有能捕之者，当(dàng)其租入。永之人争奔走焉。

①质：原指质地，在这里指蛇的身体。章，花纹。②腊：指把蛇肉晾干。③挛踠：肢体弯曲不能伸直。瘘：颈部生毒疮。疠：恶疮。④去死肌：去除腐肉。⑤三虫：人体内的寄生虫。

【译文】

永州的野外出产一种奇异的蛇，它周身黑色的底子白色的花纹；这种蛇碰到草木，草木全都枯死；如果蛇咬了人，没有能够解除蛇毒的办法。然而捉到后把它晾干用来作成药饵，可以用来治愈大风、挛踠、瘘、疠，去除死肉，杀死人体内的寄生虫。起初，太医用皇帝的命令征集这种蛇，每年征收两次，招募能够捕捉这种蛇的人，抵他的赋税。永州的人都争着去做捕蛇这件差事。

有蒋氏者，专其利三世矣。问之，则曰："吾祖死于是，吾父死于是。今吾嗣(sì)为之十二年，几(jī)死者数(shuò)矣。"言之，貌若甚戚者。余悲之，且曰："若毒之乎[①]？余将告于莅(lì)事者[②]，更(gēng)若役，复若赋，则何如？"蒋氏大戚，汪然出涕曰："君将哀而生之乎？则吾斯役之不幸，未若复吾赋不幸之甚也。向吾不为斯役，则久已病矣[③]。自吾氏三世居是乡，积于今六十岁矣，而乡邻之生日蹙(cù)[④]。殚(dān)其地之出，竭其庐之入，号呼而转徙，饥渴而顿踣(bó)[⑤]，触风雨，犯寒暑，呼嘘毒疠(lì)[⑥]，往往而死者相藉(jiè)也。曩(nǎng)与吾祖居者[⑦]，今其室十无一焉，与吾父居者，今其室十无二三焉，与吾居十二年者，今其室十无四五焉，非死则徙尔，而吾以捕蛇独存。悍吏之来吾乡，叫嚣乎东西，隳(huī)突乎南北[⑧]，哗然而骇者，虽鸡狗不得宁焉。吾恂恂(xún xún)而起[⑨]，视其缶(fǒu)，而吾蛇尚存，则弛然而卧。谨食(sì)之，时而献焉。退而甘食其土之有，以尽吾齿。盖一岁之犯死者二焉，其余则熙熙而乐，岂若吾乡邻之旦旦有是哉！今虽死乎此，比吾乡邻之死则已后矣，又安敢毒耶？"

①若：你。毒：怨恨。②莅事者：管理政事的人，指地方官。③病：困苦不堪。④蹙：窘迫。⑤顿踣：(劳累地)跌倒在地上。⑥疠：这里指疫气。⑦曩：从前。⑧隳突：骚扰。⑨恂恂：小心谨慎的样子；提心吊胆的样子。

【译文】

有个姓蒋的人家，享有这种捕蛇而不纳税的好处三代了。我问他，他说："我的祖父死在捕蛇这件事上，我父亲也死在这件事上。现在我继承祖业干这差事也已十二年了，有好几次险些丧命。”他说这番话时，神情像是很悲伤。我很同情他，就说：“你怨恨这差事吗？我可以告诉地方官，让他更换你的差事，恢复你的赋税，怎么样？”蒋氏听了更加悲伤，满眼含泪地说：“您是可怜我想我活下去吗？我这差事的不幸，还比不上恢复我赋税遭受的不幸呢。如果我不干这差事，那我早已困苦不堪了。自从我家三代住到这个地方，累计到现在，已经六十年了，可乡邻们的生活一天天地窘迫，把他们土地上种出的粮食全都拿去，把他们家里的收入也尽数拿去交租税仍不够，只得号啕痛苦辗转逃亡，又饥又渴倒在地上，顶着狂风暴雨，冒着严寒酷暑，呼吸着带毒的疫气，一个接一个死去，处处死人相压。从前和我祖父同住在这里的，现在十户当中剩不下一户了；和我父亲住在一起的人家，现在十户当中只有不到两三户了；和我一起住了十二年的人家，现在十户当中不到四五户了。那些人不是死了就是迁走了。可是我却因为捕蛇这个差事活了下来。凶暴的官吏来到我乡，到处叫嚣，四处骚扰，那种嚣张的样子惊扰了乡间的平静，即使鸡狗也不得安宁呢！我就小心翼翼地起来，看看我的瓦罐，我的蛇还在，就放心地躺下了。我小心地喂养蛇，按规定的日子把它献上去。回家后有滋有味地吃着田地种出的粮食，度过我的余年，一年当中冒死的情况只是两次，其余时间我都可以快快乐乐地过日子。哪像我的乡邻们天天都在危险之中呢！现在即使死在这差事上，和死去的乡邻相比，我已经在后面了，又怎么怨恨捕蛇这差事呢？”

余闻而愈悲。孔子曰：“苛政猛于虎也。”吾尝疑乎是，今以蒋氏观之，犹信。呜呼！孰知赋敛之毒有甚是蛇者乎？故为之说，以俟（sì）夫（fú）观人风者得焉。[①]

①俟：等到。人风：民风。

【译文】

我听后越发悲伤。孔子说：“严苛的政治比老虎还要凶猛啊！”我曾经怀疑过这句话，现在从蒋氏的遭遇来看，还是可信的。唉！谁知道赋税的毒害比这种毒蛇更厉害呢！所以写了这篇文章，以期待那些考察民情的人从中得到想要的东西。

【精彩赏析】

这篇小文运用对比的手法，突出表现了“赋敛之毒”甚于“蛇毒”，从而揭示了民间百姓生存于水火之中的惨状，希望引起当权者的重视。这篇文章的批判性极强，在于作者独辟蹊径，借“捕蛇者”之口道出了天下百姓的苦衷，也说出了苛政的残酷。

梓人传

柳宗元

【题解】

梓人指木匠、建筑工匠。本文借梓人的“善用工”“善度材”来阐释宰相管理国家的道理和方法。作者在文中详细地叙述了梓人出色的建筑才能和管理才能，并发出由衷地赞叹，体现了作者对于管理者的期待，以及自己在安邦治国上的政治主张。

柳宗元塑像

裴封叔之第，在光德里①。有梓人款其门②，愿佣隙宇而处焉③。所职，寻引、规矩、绳墨，家不居砻斫（lóng zhuó）之器④。问其能，曰：“吾善度材，视栋宇之制，高深圆方短长之宜，吾指使而群工役焉。舍我，众莫能就一宇。故食于官府，吾受禄三倍；作于私家，吾收其直大半焉。”他日，入其室，其床阙足而不能理，曰：“将求他工。”余甚笑之，谓其无能而贪禄嗜货者。

①光德里：今西安市西南。②梓人：木工，建筑工匠。款：叩。③隙宇：空房。④砻：磨。斫：砍。

【译文】

裴封叔的家，在光德里。有位木匠敲他的门，希望租间空屋子住，用替屋主人干活来代替房租。他随手拿的是些度量长短，规划方圆和校正曲直的工具，家里没有磨砺和砍削的器具。问他有什么本领，他说：“我善于计算，测量木材。观看房屋的规模，高深，圆方，长短是否合适；我负责指挥发令，而由众工匠去干。离了我，大家就不能建成一栋房子。所以在官府干活，我得到的俸禄比别人多三倍；在私人家里干活，我取全部报酬的一大半。”后来有一天，我进了他的屋中。

他的床缺了腿却不修理，说："将要请别的工匠来修理。"我耻笑他，认为他是没有才能却贪图俸禄，喜爱钱财的人。

其后京兆尹将饰官署，余往过焉。委群材，会群工，或执斧斤，或执刀锯，皆环立向之。梓人左持引，右执杖，而中处焉。量栋宇之任①，视木之能，举挥其杖，曰"斧！"彼执斧者奔而右；顾而指曰："锯！"彼执锯者趋而左。俄而，斤者斫，刀者削，皆视其色，俟其言②，莫敢自断者。其不胜任者，怒而退之，亦莫敢愠焉。画宫于堵③，盈尺而曲尽其制，计其毫厘而构大厦，无进退焉。既成，书于上栋曰："某年、某月、某日、某建"，则其姓字也。凡执用之工不在列。余圜视大骇④，然后知其术之工大矣。

①栋宇之任：房屋的规模。②俟：等到。③堵：墙。④圜：瞪着眼睛。

【译文】

后来京兆尹要装修官署，我前去拜访他。看见材料堆积在一起，工匠们聚在一起，有的拿着斧头，有的拿着刀锯，都围着那个木匠站成一圈。工匠左手拿着尺，右手拿着手杖，站在他们中间。估量房屋的规模，观察木材的承重，挥舞手杖，说："斧头！"那些拿斧头的人就跑到右边；回头指挥说："锯！"那些拿着锯的人就赶往左边。一会儿，拿斧子的砍，拿刀的削，全都看着他的脸色，等待他的发话，没有一个敢自作主张的。那些不能胜任的人，被他生气地斥退了，也不敢有一点怨恨。他在墙上画出官署房子的图样，一尺大小的图样却详尽地画出了建筑规模。按照微小的尺寸计算，建造起高楼大厦，没有一丝差错。建成后，在上栋上写道：某年某月某日某某修建，是他的姓名。凡是被他役使的工匠都不在上面列名。我瞪大眼睛看着，感到非常惊讶，然后我才知道他技术的精湛和伟大啊！

继而叹曰：彼将舍其手艺，专其心智，而能知体要者欤！吾闻劳心者役人，劳力者役于人。彼其劳心者欤！能者用而智者谋，彼其智者欤！是足为佐天子，相天下法矣。物莫近乎此也。彼为天下者本于人。其执役者，为徒隶，为乡师、里胥①；其上为下士；又其上为中士，为上士；又其上为大夫，为卿，为公。离而为六职，判而为百役。外薄四海，有方伯、连率②。郡有守，邑有宰，皆有佐政③；其下有胥吏，又其下皆有啬夫、版尹以就役焉④，犹众工之各有执技以食力也。

①乡师：一乡之长。里胥：一里之长。②方伯：古代诸侯的领袖；连率：盟主、统帅；二者均指地方长官。③佐政：副职。④啬夫：相当于乡官，主管诉讼和赋税。版尹：管户口的小官。

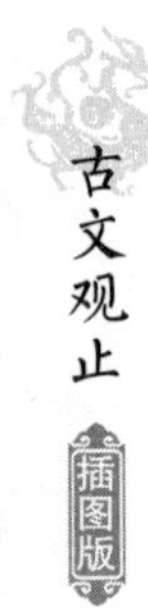

【译文】

接着我就感叹：他放弃了他的手艺，专门使用头脑，因此能够掌握全局要领吧？我听说“劳心的人役使别人，劳力的人被别人役使”；他大概就是劳心的人吧！有技能的人出力，有才智的人出智，他大概是有才智的人吧？这足可以让辅佐天子，担任宰相的人学习啊！事情没有比这再相近似的了。那些干活的人是徒隶，是乡师里胥；他们上面有下士，再上面有中士，上士，再上面有大夫、卿、公。大概分为六种职责，细分可有百种。都城之外靠近边境的地方，有方伯、连率。郡有郡守，县有县令，并且都有人辅政；他们下面还有胥吏，再下面还有啬夫、版尹服役，很像工匠各自凭借本事谋生。

彼佐天子相天下者，举而加焉，指而使焉，条其纲纪而盈缩焉，齐其法制而整顿焉；犹梓人之有规矩、绳墨以定制也。择天下之士，使称其职；居天下之人，使安其业。视都知野，视野知国，视国知天下，其远迩细大，可手据其图而究焉，犹梓人画宫于堵，而绩于成也。能者进而由之，使无所德；不能者退而休之，亦莫敢愠。不衒能，不矜名，不亲小劳，不侵众官，日与天下之英才，讨论其大经，犹梓人之善运众工而不伐艺也。夫然后相道得而万国理矣。

【译文】

那辅佐天子，做天下宰相的人，推荐人才，分配职责，发出命令，指派任务，整顿纲纪，统筹增减，整顿法制使其完备；这就好像梓人有正方圆和定曲直的工具而绘制出图样似的。选择天下的官吏，使他们适合自己的职务；安置天下的老百姓，使他们安居乐业。看了国都就了解了郊外，看了郊外就了解了诸侯国，看了诸侯国就了解了整个天下，那些远近大小的国事，可以根据手中的图本来研究，这就好像梓人在墙上绘画官署房子的图样，而完成工程一样。把有才能的人提拔上来，并充分发挥他的本领，使他不必对人感恩戴德；把没有才能的人辞退，让他休息，他也不敢恼恨。不夸耀自己的才能，不妄自尊大，虚图功名，不亲自去做琐碎的事情，不干涉众官的工作，每天和天下的杰出的人才一起讨论治国之道。这和梓人善于调度众工匠而不自夸手艺一样。这样，才算明白了为相的道理，各诸侯国才得到了治理。

相道既得，万国既理，天下举首而望曰：“吾相之功也！”后之人循迹而慕曰：“彼相之才也！”士或谈殷、周之理者，曰：“伊、傅、周、召。”其百执事之勤劳，而不得纪焉；犹梓人自名其功，而执用者不列也。大哉相乎！通是道者，所谓相而已矣。其不知体要者反此；以恪勤为公[①]，以簿书为尊[②]，炫能矜名，亲小劳，侵众官，窃取六职、百役之事，听听于府庭[③]，而遗其大者远者焉，所谓不通是道者也。犹梓人而不知绳墨之曲直，规矩之方圆，寻引之短长，姑夺众工之斧斤刀锯以佐其艺，又不能备其工，以至败绩，用而无所成也，不亦谬欤！

①恪勤：谨慎勤恳。②簿书：文书。③听听：争辩。

【译文】

明白了做宰相的道理，天下安定，百姓抬头仰望道："都是我们丞相的功劳！"后世人遵循他成功的轨迹仰慕地说："他真是做宰相的人才啊！"读书人说起治理商周的人，就会说起"伊尹、傅说、周公和召公"。至于众多的做具体事务的人，则没有提及。像梓人自己夸耀功名，而执行的人却不起眼。宰相太伟大了！通晓这个道理，就是所说的"相"。那些不懂的人与此相反：他们谨小慎微，以抄写官文、薄册为重责，夸耀自己的才能，骄傲自大，亲自去做那些微小琐碎的事情，干涉众官的工作，把部下应做的事拿来自己做，并得意地夸耀自己，丢掉了那些重要的事情。这是所说的不懂得做宰相的人。这就像梓人不懂得绳墨可正曲直，规矩可画方圆，寻引可量长短，夺取工匠们的斧子刀锯来帮助他们发挥技艺，却又不能完成他们的工作，以致事情失败，任用了百官却没有成功一样。这不是很荒谬的吗？

或曰："彼主为室者，傥或发其私智[①]，牵制梓人之虑，夺其世守，而道谋是用[②]。虽不能成功，岂其罪耶？亦在任之而已！"余曰："不然！夫绳墨诚陈，规矩诚设，高者不可抑而下也，狭者不可张而广也。由我则固，不由我则圮[③]。彼将乐去固而就圮也，则卷其术，默其智，悠尔而去。不屈吾道，是诚良梓人耳！其或嗜其货利，忍而不能舍也，丧其制量，屈而不能守也，栋桡屋坏[④]，则曰：'非我罪也'！可乎哉？可乎哉？"

①傥：同"倘"，倘若，假如的意思。②道谋：过路人的意见。③圮：倒塌。④桡：弯曲。

【译文】

有人说："如果房子的主人，依照他的想法，干涉木匠的规划，不采用师傅世代相传的经验，听取过路人的意见，最后房屋倒塌，难道是木匠师傅的过错吗？那是因为主人不信任木工师傅导致的！"我说："不是这样！因为高低长宽测量都很明确，高的地方不能随意变低，窄小的不能随意扩大。如果按照我的想法，房子就很坚固，不按照我的设计图，房子就会倒塌。如果主人愿意房舍不牢固，木匠师傅只好带着自己的技术和智慧，欣然离去。坚持自己的想法，才是真正的好木匠呀！反之，如果贪图钱财，容忍主人的错误，不坚持房子的建筑原则，有一天房梁弯曲，房倒屋塌，木匠师傅就推卸说：'这不是我的过错呀！'可以这样吗？可以这样吗？"

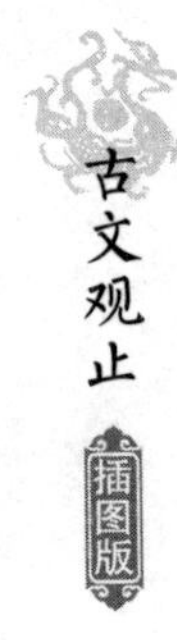

余谓梓人之道类于相，故书而藏之。梓人，盖古之审曲面势者，今谓之"都料匠"云。余所遇者，杨氏，潜其名。

【译文】

我认为做木匠师傅与做宰相的道理很像，所以特地记下来收藏起来。木匠师傅，大概就是古时被称为审察材料曲直的人，在今天被称为"都料匠"。我所遇到的这位木匠师傅，他姓杨，名潜。

【精彩赏析】

这篇文章借木匠杨潜讲了管理者的智慧。"劳心者治人，劳力者治于人"，木匠师傅和宰相同样应该不妄自尊大、干涉过度，要有全局观，要统筹兼顾。这不仅对当时的宰相做出了警示，对于现代社会的管理也同样具有借鉴意义。

愚溪诗序

柳宗元

【题解】

柳宗元在改革失败后，被贬柳州。本文是其为《八愚诗》做的序，借命名溪水、小池、山丘、清泉为"愚"，来表达自己对统治者颠倒是非、不分忠奸的讽刺，借写山水的清明，来抒发自己内心的郁闷和不平之气。

灌水之阳有溪焉①，东流入于潇水。或曰：冉氏尝居也，故姓是溪为冉溪。或曰：可以染也，名之以其能，故谓之染溪。予以愚触罪，谪潇水上。爱是溪，入二三里，得其尤绝者家焉。古有愚公谷，今余家是溪，而名莫能定，士之居者，犹龂龂（yín）然②，不可以不更也，故更之为愚溪。

①灌水：湘江的支流，在今广西一带。阳：水的北面。②龂龂：争论不休的样子。

【译文】

灌水的北面有一条小溪，向东流入潇水。有人说，过去有个姓冉的人住在这里，所以把这条溪水叫作冉溪。还有人说，溪水可以用来染色，所以用它的功能命名为染溪。我因愚拙犯罪，被贬到潇水。喜欢这条溪水，沿着它走了二三里，发现一个风景绝佳的地方，就在这里安家。古代有愚公谷，如今我把家安置在这条溪水旁，可是它的名字没人能定，住在这里的百姓还在争论不休，看来不能不改名了，所以改名为愚溪。

愚溪之上，买小丘，为愚丘。自愚丘东北行六十步，得泉焉，又买居之，为愚泉。愚泉凡六穴，皆出山下平地，盖上出也。合流屈曲而南，为愚沟。遂负土累石，塞其隘，为愚池。愚池之东为愚堂。其南为愚亭。池之中为愚岛。嘉木异石错置，皆山水之奇者，以余故，咸以愚辱焉。

【译文】

我在愚溪上面买了个小丘，命名为愚丘。从愚丘往东北走六十步，发现一处泉水，又买下来居住，称它为愚泉。愚泉共有六个泉眼，都从山下平地流出，泉水都是往上涌出的。泉水合流后弯曲向南流去，经过的地方就称作愚沟。于是运土堆石，堵住狭窄的水道，筑成了愚池。愚池的东面是愚堂，南面是愚亭。池子中央是愚岛。美好的树木和奇异的岩石参差错落，这些都是山水中奇特的景致，因为我的缘故，都用愚字玷污了它们。

夫水，智者乐也。今是溪独见辱于愚，何哉？盖其流甚下，不可以溉灌。又峻急多坻（chí）石①，大舟不可入也。幽邃（suì）浅狭②，蛟龙不屑，不能兴云雨，无以利世，而适类于余，然则虽辱而愚之，可也。

①坻：水中小舟。②邃：深远。

【译文】

智者喜爱水。可现在这条溪水却被愚字辱没，为什么呢？大概因为水道很低，不能用来灌溉。又水流湍急，有很多浅滩和石头，大船进不去；幽深浅狭，蛟龙又不屑于此，不能兴云雨，对世人没有什么好处，正像我这类人。既然如此，那么即使是玷辱了它，用愚字来称呼，也是可以的。

宁武子“邦无道则愚”①，智而为愚者也；颜子“终日不违如愚”②，睿而为愚者也。皆不得为真愚。今予遭有道而违于理，悖于事，故凡为愚者，莫我若也。夫然，则天下莫能争是溪，余得专而名焉。

①宁武子：春秋时卫国大夫。国家太平时就聪明，国家动乱时就装傻。②颜子：颜回。颜回跟从孔子学习，从不提出反对的观点，好像愚笨，其实学得最好。

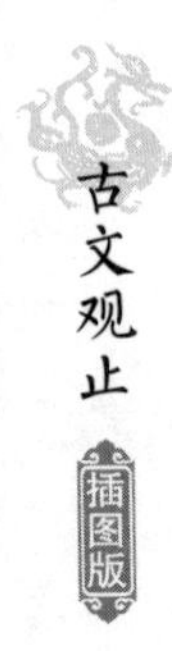

【译文】

宁武子"在国家动乱时就显得很愚蠢"，是聪明人故意装疯卖傻。颜子"从来不提与老师不同的见解，像是很愚笨"，也是明智的人而故意表现得很愚笨。他们都不是真正的愚。如今我在盛世时却做出违背事理的事情，所以没有像我这么愚蠢的人了。因此，天下人谁也不能和我争这条溪水，我有权利给它命名。

溪虽莫利于世，而善鉴万类，清莹秀澈，锵（qiāng）鸣金石，能使愚者喜笑眷慕，乐而不能去也。余虽不合于俗，亦颇以文墨自慰，漱涤万物，牢笼百态，而无所避之。以愚辞歌愚溪，则茫然而不违，昏然而同归，超鸿蒙①，混希夷②，寂寥而莫我知也。于是作《八愚诗》，记于溪石上。

①鸿蒙：宇宙混沌的状态。②希夷：清净空虚的境界。

【译文】

溪水虽对世人没有什么好处，可它却能映照万物，清秀明澈，发出金石般的清脆响声，能使愚人的心情愉悦，对它眷恋不舍。我虽然不合世俗，也还能写文章来稍稍安慰自己，用文字洗涤万物，写出世间百态，而毫无避忌。我用愚拙的言辞歌唱愚溪，觉得茫茫然与愚溪不相背离，昏昏然似乎与愚溪同归，超越天地宇宙，融入虚空，寂寞之中达到忘我的境界。于是作《八愚诗》，记在溪石上。

【精彩赏析】

全文处处见愚，处处写愚，实则都是作者在运用反语的手法，来讽刺统治者的愚昧无知，昏聩无能。"违理""装愚"看似愚人所为，实则是古今智者的共同特点。这篇小品文看似平淡，实则寄寓着柳宗元内心深处无法宣泄的悲愤和无奈。

种树郭橐驼传

柳宗元

【题解】

这篇文章写了一个驼背的种树人。通过写其种树之法来阐明柳宗元的政治观点，即顺其自然，让百姓休养生息，减少对百姓的侵扰。文章短小精悍，富有理趣，这也是柳宗元散文的突出特点。

郭橐（tuó）驼[①]，不知始何名。病偻（lóu）[②]，隆然伏行，有类橐驼者，故乡人号之“驼”。驼闻之，曰：“甚善。名我固当。”因舍其名，亦自谓橐驼云。

①橐驼：骆驼。②偻：一种病，患者会鸡胸或是驼背。

【译文】

郭橐驼，不知道最初叫什么名字。由于得了佝偻病，走路时驼背俯着身子，就像骆驼一样，所以乡里人叫他“橐驼”。橐驼听说后，说：“这个名字很好啊，这样称呼我确实恰当。”于是他舍弃了原来的名字，也自称起“橐驼”来。

其乡曰丰乐乡，在长安西。驼业种树，凡长安豪家富人为观游及卖果者，皆争迎取养。视驼所种树，或移徙，无不活，且硕茂，早实以蕃（fān）[①]。他植者虽窥伺效慕，莫能如也。有问之，对曰：“橐驼非能使木寿且孳（zī）也[②]，能顺木之天，以致其性焉尔。凡植木之性，其本欲舒[③]，其培欲平[④]，其土欲故，其筑欲密。既然已，勿动勿虑，去不复顾。其莳（shì）也若子[⑤]，其置也若弃，则其天者全而其性得矣。故吾不害其长而已，非有能硕茂之也；不抑耗其实而已，非有能早而蕃之也。他植者则不然，根拳而土易，其培之也，若不过焉则不及。苟有能反是者，则又爱之太殷，忧之太勤，旦视而暮抚，已去而复顾，甚者爪其肤以验其生枯，摇其本以观其疏密，而木之性日以离矣。虽曰爱之，其实害之；虽曰忧之，其实仇之，故不我若也。吾又何能为哉！”

①蕃：繁多。②孳：果实繁多。③本：树根。④培：培土。⑤莳：栽种。

【译文】

他居住的地方叫丰乐乡，在长安城西边。郭橐驼以种树为职业，凡是长安城里种植花木以供观赏的富豪人家和做水果买卖的人，都争相雇佣他。看橐驼种的树，即使是移植来的，也没有不成活的，而且长得高大茂盛，结果实早而且多。其他种树的人，即使暗中观察效仿，也没有谁能比得上。有人问他种树种得好的原因，他回答说：“不是我能够使树木活得长久而且果实繁茂，只不过是顺应树木的天性，让它按照自身的习性生长罢了。所有树木生长，它的树根要舒展，它的培土要均匀，它根下的土要用原来培育树苗的土，捣土要结实。这样做了以后，就不要再动，不要再担心它，离开后无须回头看它。栽种时要像对待孩子一样细心，栽好后就放置一旁不要再管，那么树木的天性不受破坏，它的习性就得以保全。所以我只不过不妨碍它的生长罢了，并没有能使它长得高大茂盛的办法；只

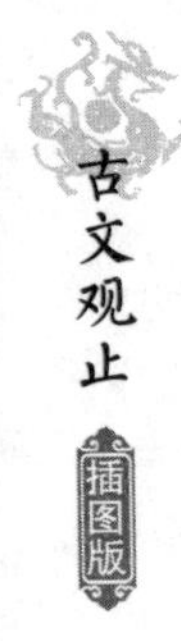

不过不减少它结果罢了，也并没有能使它果实结得早又多的办法。别的种树人却不是这样，树根蜷曲又用生土；培土的时候，不是过紧就是太松。如果有能不这样做的人，又照顾得太勤，担忧得过多，早晨看晚上摸，已经离开了，又回头去看看。更严重的，甚至抓破它的树皮来确定它是死是活，摇动它的树根来观察土是松是紧，这样树木的天性就渐渐丧失了。虽然说是爱它，实际上是害了它，虽说是担心它，这实际上是仇恨它。所以他们不如我。我又能做什么呢？”

问者曰：“以子之道，移之官理，可乎？”驼曰：“我知种树而已，官理，非吾业也。然吾居乡，见长人者好烦其令①，若甚怜焉，而卒以祸。旦暮吏来而呼曰：‘官命促尔耕，勖（xù）尔植②，督尔获，早缫（sāo）而绪③，早织而缕，字而幼孩④，遂而鸡豚。’鸣鼓而聚之，击木而召之。吾小人辍飧饔（sūny ōng）以劳吏者⑤，且不得暇，又何以蕃吾生而安吾性耶？故病且怠。若是，则与吾业者其亦有类乎？”

①长人者：长官，官吏。②勖：勉励。③缫：抽丝。而：你、你们。绪：丝头。④字：养育。⑤飧饔：晚饭、早饭。

【译文】

问的人说：“把你种树的方法，用到做官治民上，可行吗？”橐驼说：“我只知道种树罢了，做官治民不是我的职业。但是我住在乡里，看见那些官吏喜欢不厌其烦发号施令，好像是很关爱百姓啊，但百姓最终反受其害。衙差一天到晚跑来大喊：‘官府让我们命令：催促你们耕地，勉励你们种植，督促你们收获，快点抽丝，快点织布，养育好你们的小孩，喂大你们的鸡和猪。’一会儿打鼓，一会儿鼓梆，我们这些小百姓，即使立刻放下碗筷去迎接那些官吏尚且不得空暇，又哪能子孙兴旺、安心生活呢？所以我们才困苦疲乏到这种地步，这与那些种树的人的行为大概有相似的地方吧！”

问者嘻曰：“不亦善夫！吾问养树，得养人术。”传其事以为官戒。

【译文】

问的人赞叹说：“这不是很好吗？我问养树的方法，得到了治理百姓的方法。”把这件事记下来作为为官者的警示吧。

【精彩赏析】

本文带有强烈的寓言和政论色彩，具有强烈的讽喻性。中唐时期，社会动荡，官吏横征暴敛，民不聊生。柳宗元借养树之法，道出为官之道，希望统治者能够让百姓休养生息、发展生产、繁衍子嗣，减少对百姓的侵扰，这也是柳宗元在“永贞革新”中的主要政治主张。

小石城山记

柳宗元

【题解】

本文也是柳宗元著名的“永州八记”之一。文中写了永州城内的一座石头山的奇特景致，由此引发了作者对造物者的怀疑，并且感叹胜景却不能处于胜地，反而流落蛮荒，毫无用处。这恰是作者自比，是感慨自己命运之作。

自西山道口径北，逾黄茅岭而下，有二道：其一西出，寻之无所得；其一少（shāo）北而东，不过四十丈，土断而川分，有积石横当其垠（yín）①。其上，为睥（pì）睨（nì）梁欐（lì）之形②，其旁出堡坞（wù）③，有若门焉，窥之正黑，投以小石，洞然有水声，其响之激越，良久乃已。环之可上，望甚远。无土壤而生嘉树美箭④，益奇而坚。其疏数（cù）偃（yǎn）仰⑤，类智者所施设也。

①垠：边际、界限。②睥睨：城上如齿状的矮墙。梁欐：栋梁。这里指山石堆积形似城上望楼一类的建筑。③堡坞：像小城堡的石头。④箭：小竹子。⑤疏数偃仰：疏密起伏。数：密。偃：俯。

【译文】

从西山路口一直向北走，越过黄茅岭往下走，有两条路：一条向西走，沿着它走过去什么也没有；另一条偏北向东去，只走了四十丈，路就被一条河流截断了，有石山横挡在路的尽头。石山顶部生成矮墙和栋梁的形状，旁边又凸出一块好像堡垒，有一个像门的洞。从洞往里探望一片漆黑，丢一块小石头进去，“咚”地一下有水声，那声音很洪亮，好久才消失。可以盘绕石山登到山顶，站在上面可以望得很远。山上没有泥土却长着很好的树木和竹子，形状奇特质地坚实。其分布疏密有致、高低参差，好像是有智慧的人特意安排布置的。

柳宗元衣冠冢

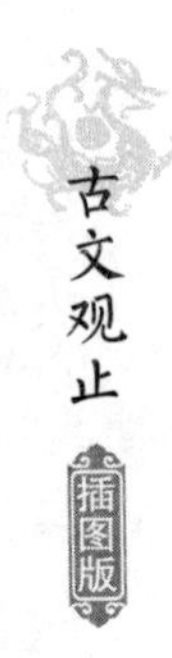

嘻！吾疑造物者之有无久矣，及是，愈以为诚有。又怪其不为之中州[①]，而列是夷狄[②]，更（gēng）千百年不得一售其伎[③]，是固劳而无用，神者倘（tǎng）不宜如是，则其果无乎？或曰：“以慰夫贤而辱于此者。”或曰：“其气之灵，不为伟人，而独为是物，故楚之南少人而多石。”是二者，余未信之。

①中州：中原地区。②夷狄：古时对少数民族的称呼。③更：经历。伎：姿态。

【译文】

唉！我怀疑造物者的有无已很久了，到了这儿，更加认为造物者的确存在。但又奇怪他不把这小石城山放到中原，却把它摆在蛮夷之地，经过千百年也不能显示自己奇异的姿态，这简直是白白费力却毫无用处，神灵似乎不会这样做的。那么神灵果真不存在吗？有人说：“造物者之所以这样安排是用这胜景来安慰那些被贬在此地的贤人。”有人说：“这地方山川钟灵不孕育伟人，而唯独产这奇山怪石，所以楚地的南部少出人才而多产奇峰怪石。”这两种说法，我都不信。

【精彩赏析】

文章写景生动形象，抒情自然，说理直接。将自己内心怀才不遇的苦闷寄予在景物描写中，借景抒情，情曲旨远。

贺进士王参元失火书

柳宗元

【题解】

王参元，唐宪宗元和二年进士。家境富裕，但因一场大火，财产消失殆尽。本文就是柳宗元在得知此事之后，写给王参元的书信。本来是想表示慰问，却表达了自己的祝贺，作者详细地表达了自己的想法和祝贺的原因。

得杨八书[①]，知足下遇火灾，家无余储。仆始闻而骇，中而疑，终乃大喜。盖将吊而更以贺也。道远言略，犹未能究知其状，若果荡焉泯焉而悉无有[②]，乃吾所以尤贺者也。

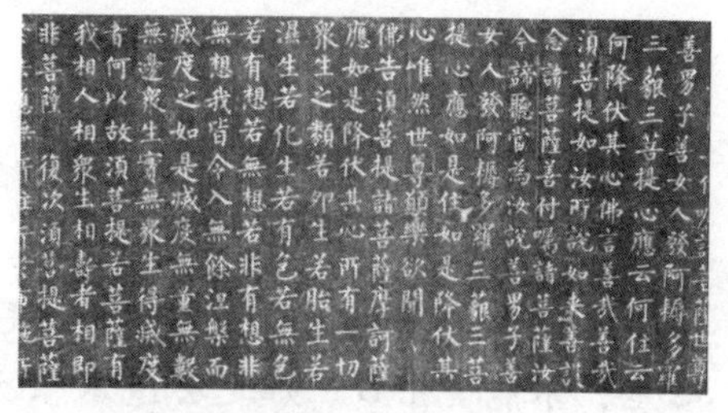
柳宗元书《金刚经》

①杨八：柳宗元的亲戚，王参元的朋友。②荡焉泯焉：荡然无存的样子。

【译文】

收到杨八的信，知道您遭遇火灾，家里没有一点东西留下来。我开始听到很吃惊，接着是怀疑，最后竟感到非常高兴。本来准备安慰您，现在却改变主意，要向您道喜了。相隔很远信上写得又很简单，还不能彻底知晓家里的情形，如果真是什么都没有了，我就更要因此向您道喜。

足下勤奉养，乐朝夕，惟恬安无事是望也。今乃有焚炀赫烈之虞①，以震骇左右，而脂膏滫瀡（xiǔ suǐ）之具②，或以不给，吾是以始而骇也。凡人之言皆曰：盈虚倚伏，去来之不可常。或将大有为也，乃始厄困震悸③，于是有水火之孽④，有群小之愠⑤。劳苦变动，而后能光明，古之人皆然。斯道辽阔诞漫⑥，虽圣人不能以是必信，是故中而疑也。

①焚炀赫烈：火灾。虞：意外。②滫瀡：这里指淀粉一类烹调用的东西，泛指食物。③厄困震悸：震动惊惧。④孽：祸患。⑤愠：怨恨愤怒。⑥诞漫：荒诞。

【译文】

您一向殷勤地奉养双亲，日子过得很安乐，只希望全家平安无事。现在竟然发生意外的大火灾，吓坏了您及家人，甚至日常饭食恐怕也不能供应，因此刚一听到这消息我大吃一惊。人们常说，祸福相依，互为因果，得失无常。一个人在将要大有作为之前，都要经受开始的种种磨难和惊吓，因此遭受水火之灾，小人之害。受尽劳苦变动，然后才获得显赫的成就。古代的仁人志士都是这样。但是，这种道理空洞荒诞，即使是圣人也不能确定其真实可信。所以，我接着就感到怀疑。

以足下读古人书，为文章，善小学①，其为多能若是，而进不能出群士之上，以取显贵者，盖无他焉。京城人多言足下家有积货，士之好廉名者，皆畏忌，不敢道足下之善，独自得之，心蓄之，衔忍②而不出诸口。以公道之难明，而世之多嫌也。一出口，则嗤嗤者以为得重赂③。

①小学：旧时对文字学、音韵学、训诂学的总称。②衔忍：藏在心里。③嗤

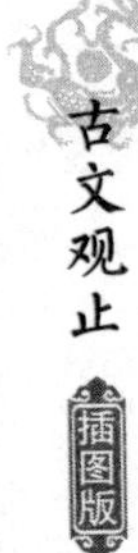

嗤者：讥讽别人的人。赂：贿赂。

【译文】

您能读古人的书，能写文章，精通小学，才能卓越，可是不能超过一般读书人，取得高官厚禄，没有别的缘故。只因为京城的人大多说您家财丰厚，那些爱惜自己清白名声的官员，都害怕顾忌，不敢称赞您的优点，只是自己知道，放在心里，不能说出口。加之公道不容易说清，世上的人多喜欢猜忌。一说出称赞您的话，那些爱嘲讽的人就认为那人一定是得了您的厚礼。

仆自贞元十五年，见足下之文章，蓄之者盖六七年未尝言。是仆私一身而负公道久矣，非特负足下也。及为御史尚书郎，自以幸为天子近臣，得奋其舌，思以发明足下之郁塞①。然时称道于行列②，犹有顾视而窃笑者。仆良恨修己之不亮，素誉之不立，而为世嫌之所加，常与孟几道言而痛之。乃今幸为天火之所涤荡，凡众之疑虑，举为灰埃。黔其庐③，赭其垣④，以示其无有。而足下之才能，乃可以显白而不污，其实出矣。是祝融、回禄之相吾子也⑤。则仆与几道十年之相知，不若兹火一夕之为足下誉也。宥而彰之⑥，使夫蓄于心者，咸得开其喙⑦；发策决科者⑧，授子而不栗。虽欲如向之蓄缩受侮，其可得乎？于兹吾有望于子，是以终乃大喜也。

①发明：说明。②行列：同僚。③黔：黑色，这里指烧黑了。④赭其垣：烤红了。⑤祝融、回禄：传说中火神的名字。⑥宥：宽容。⑦喙：鸟兽的嘴。这里借指人的嘴。⑧策：策问。科：科举取士。

【译文】

我从贞元十五年看到您写的文章，放在心里大概有六七年了，从来没说过。这是我只顾一己之私而违背公道，不只是对不起您呀！等到我做了御史尚书郎，庆幸自己做了皇上身边的臣子，能够有说话的机会，想着利用这样的条件来说明足下不能上达的隐情。但是，我在同事面前称赞您时，还有回头互相递眼色，偷笑我的。我实在遗憾自己的品德修养不能使人信任，没有树立好的声望，竟让世人猜疑我。我常常和孟几道谈起此情，深感痛心。现在幸好您的家财被天火烧光了，所有人们的猜忌疑虑也变为灰尘。烧黑了您的房屋，烤红了您家的墙壁，显示您一无所有。而您的才能，才可以表白清楚，再不被谣言所辱没。您的真才实学也可以显露出来。这是火神菩萨在帮助你啊！这样看来，我和几道十年来对您的了解，还比不上这次火灾一个晚上给您带来的名声。以后大家都会原谅您，可以公开称赞您的才能了，那些有话藏在心里的人，都能毫无顾忌地为您说话了；主持考试的，可以大胆录取您。现在，我就是想要像过去那样遭受质疑，被人嘲笑，可能吗？从此，我对您寄予了很大希望，因此，最后我反而感到高兴。

古者列国有灾，同位者皆相吊。许不吊灾①，君子恶之。今吾之所陈若是，有以异乎古，故将吊而更以贺也。颜、曾之养②，其为乐也大矣，又何阙焉？

①许：许国。②颜、曾：颜回、曾参。

【译文】

在古代，诸侯国有灾祸，其他诸侯国都表示慰问。有一次许国没有这样做，君子都憎恶之。现在，我说的事情和古代的有不同，本来准备慰问您，却变得要向您道喜。像颜渊那样安于清贫，像曾参那样供养父母，感到的快乐也超过旁人，还缺少什么呢？

【精彩赏析】

本文下笔奇特，一反常理，设置悬念，又层层释疑，说明了自己之所以祝贺的理由；构思精致，在巧妙的行文中揭露了严酷的社会现实。十年相知，不如一夕之火，揭露了扭曲怪诞的社会风气，表达了作者内心的不平。

待漏院记

王禹偁

【题解】

王禹偁，北宋太宗时进士，是北宋具有代表性的政治革新派，在文坛上也倡导扫除绮丽浮华的文风，主张文笔的浅显易懂，清新自然。待漏院是宰相上朝前休息的地方，文章主要告诫宰相身居要职，担负社稷民生，要勤于政务，一心为民。

王禹偁

天道不言，而品物亨①，岁功成者②，何谓也？四时之吏、五行之佐③，宣其气矣。圣人不言而百姓亲、万邦

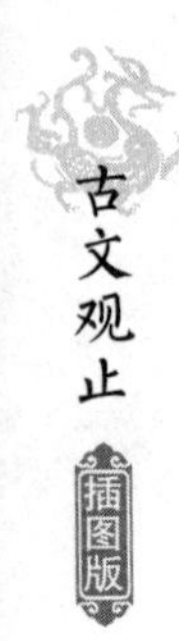

宁者，何谓也？三公论道，六卿分职，张其教矣。是知君逸于上，臣劳于下，法乎天也。古之善相天下者，自皋、夔至房、魏[4]，可数也，是不独有其德，亦皆务于勤耳，况夙兴夜寐，以事一人。卿大夫犹然，况宰相乎！朝廷自国初因旧制，设宰臣待漏院于丹凤门之右，示勤政也。至若北阙向曙，东方未明，相君启行，煌煌火城；相君至止，哕哕（huì）銮声[5]。金门未辟[6]，玉漏犹滴，撤盖下车，于焉以息。待漏之际，相君其有思乎？

①品物：众物，万物。亨：通达顺利。②岁功：一年农事的收获。③四时：春夏秋冬。五行：金木水火土。④“皋”，即皋陶，相传曾被舜选为掌管刑法的官。夔：尧舜时的乐官。⑤哕哕：象声词，徐缓而有节奏的响声。⑥金门：又称金马门，汉代官署门旁有铜马，所以叫金马门。

【译文】

天道不说话，而万物生长，年年有成，这是为什么呢？那是因为掌管四时、五行的天官们使风调雨顺。皇帝不说话，而百姓和睦相亲，四方安宁，这是为什么呢？那是因为三公商讨治国方针，六卿职责分明，宣传政令推广教化。因此知道，国君在上清静安逸，臣子在下勤勉为公，是效法天道。古代善于治理国家的，从皋陶、夔到房玄龄、魏征，屈指可数。这些人不但有德行，而且都勤于政务。早起晚睡为国效力。连卿大夫都如此，何况宰相呢！朝廷从开国初就沿袭前代的制度，在丹凤门西边设立宰相待漏院，这是表示崇尚勤政。当北面的宫楼上映着一线曙光，东方还未大亮，宰相就动身启行，仪仗队的灯火照耀全城。宰相驾到，车马铿然有声。这时宫门未开，玉漏声残，侍从撩开车上帷盖，主人下车到待漏院暂息。在等候朝见的时候，宰相大概想得很多吧！

其或兆民未安，思所泰之；四夷未附，思所来之。兵革未息，何以弭之[1]；田畴多芜，何以辟之。贤人在野，我将进之；佞臣立朝，我将斥之。六气不和，灾眚（shěng）荐至[2]，愿避位以禳之[3]；五刑未措，欺诈日生，请修德以厘之[4]。忧心忡忡，待旦而入，九门既启，四聪甚迩[5]。相君言焉，时君纳焉。皇风于是乎清夷，苍生以之而富庶。若然，总百官、食万钱，非幸也，宜也。

①弭：停止，消除。②眚：原义为日食或月食，后引申为灾异。荐：相当于“一再”“屡次”。③禳：除邪消灾的祭祀。④厘：改变，改正。⑤聪：耳明，指消息。迩：近。

【译文】

或许在想，百姓尚未安定，怎样使百姓安居乐业；四方少数民族尚未归附，怎样使他们归顺。战事未平，怎样使它平息；田野荒芜，怎样使百姓去开垦。贤能尚未任用，我将推荐他们；奸臣在朝，我将贬斥他们。气候反常，灾害频发，我愿意辞去相位来乞求上天；各种刑罚尚不健全，欺诈行为不断发生，将请求施行教化来矫正他们。怀着深深的忧虑，等待天明入宫。宫门打开后，四方的信息都传达给皇上。宰相向皇帝表达意见，皇帝采纳了他的建议。于是风气清明安定，百姓因此而富裕。如能这样，宰相位居百官之上，享受优厚的俸禄，那就不是侥幸所得，是应该得到的。

其或私仇未复，思所逐之；旧恩未报，思所荣之。子女玉帛，何以致之；车马器玩，何以取之。奸人附势，我将陟（zhì）之①；直士抗言，我将黜（chù）之②。三时告灾，上有忧色，构巧词以悦之；群吏弄法，君闻怨言，进谄容以媚之。私心慆慆（tāo）③，假寐而坐，九门既开，重瞳屡回④。相君言焉，时君惑焉。政柄于是乎隳哉，帝位以之而危矣。若然，则下死狱、投远方，非不幸也，亦宜也。

①陟：升迁。②黜：贬谪。③慆慆：纷乱不息的样子。④重瞳：这里指天子的眼睛。屡回：迷惑不解的样子。

【译文】

也有的在想，我有私仇未报，怎样驱逐仇敌；有旧恩未报，怎样使恩人荣华富贵。惦记着金钱美女，想方设法到手；车马古玩，怎样能取得。奸邪小人依附自己，便考虑如何提拔他们；忠臣直言进谏，便考虑怎样罢免他们。春夏秋三季各地报告灾情，皇上忧虑，便考虑怎样用花言巧语取悦皇帝；众官徇私枉法，国君听到举报，便考虑怎样奉承献媚求得皇上的欢心。为私事心绪纷乱，强闭着眼假睡。宫门开了，宰相提出建议，皇上被他蒙惑，朝政由此而毁坏，皇位也因此而动摇。如果这样，那么宰相就算被打入死牢，或流放远地，不是不幸，而是完全应该的。

是知一国之政，万人之命，悬于宰相，可不慎欤？复有无毁无誉，旅进旅退，窃位而苟禄，备员而全身者，亦无所取焉。

【译文】

由此知道一个国家的朝政，万千百姓的命运，都悬于宰相一人之手，能不谨慎吗？还有那些无人诋毁也无人称赞，跟随众人进退，占据官位却毫无作为保全自身的人，也没什么可取的。

棘寺小吏王某为文①，请志院壁，用规于执政者。

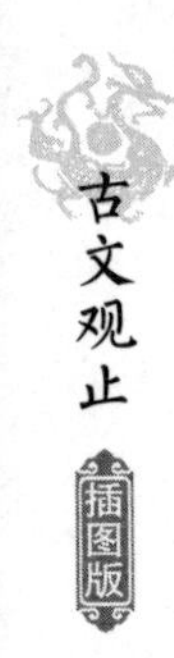

①棘寺：大理寺的别称。

【译文】

大理寺小官吏王禹偁撰写此文，希望能记录在待漏院壁上，用以告诫执政的大臣。

【精彩赏析】

文章主要刻画了三种宰相的形象，勤政为民者，以权谋私者，中庸自保者，运用对比衬托的方法，让人印象深刻。文章最后直言将此文刻在待漏院的墙上，更体现了作者的耿直，这也使宰相们深为不满，最终将王禹偁贬黜黄州。

黄冈竹楼记

王禹偁

【题解】

这是王禹偁被贬到黄冈时所作的一篇散文。文章借写竹楼，来表达作者对竹楼的小别之情，借竹楼里的生活，来写贬谪生活中的苦中作乐。作者虽然官场失意，却在黄冈的自然山水中找到了解脱，寻得了一片让心灵栖息的竹林。

黄冈之地多竹，大者如椽（chuán）①。竹工破之，刳（kū）去其节②，用代陶瓦。比屋皆然③，以其价廉而工省也。

①椽：椽子，架在屋顶承受屋瓦的木条。②刳：削剔，挖空。③比屋：挨家挨户。比，紧挨，靠近。

【译文】

黄冈此地产竹，粗大的像架梁的椽子。竹匠剖开它，挖去竹节，用来代替陶瓦。家家户户的房屋都是这样，因为它价格便宜而且又省工。

子城西北隅，雉堞（dié）圮（pǐ）毁①，蓁莽荒秽②，因作小楼二间，与月波楼通。远吞山光，平挹（yì）江濑③，幽阒（qù）辽敻（xiòng）④，不可具状。

夏宜急雨，有瀑布声；冬宜密雪，有碎玉声。宜鼓琴，琴调虚畅；宜咏诗，诗韵清绝；宜围棋，子声丁丁然；宜投壶，矢声铮铮然；皆竹楼之所助也。

①雉堞圮毁：城上矮墙倒塌毁坏。雉堞，城上的矮墙。②蓁莽：繁茂的野草。③平：平视。挹：看。江濑：浅水。④幽阒辽敻：幽静辽阔。幽阒，清幽静寂。敻，远、辽阔。

【译文】

子城西北角上，断壁颓垣上，杂草丛生，于是建了两间小竹楼，与月波楼相接连。登上竹楼，远眺山色，平视江滩、碧波。那清幽静谧、辽阔绵远的景象，实在无法详细地描绘出来。夏天下急雨时最好，雨打在竹楼上发出像瀑布一样的声响；冬天下大雪也很好，竹楼会发出好像碎玉的敲击声；这里适宜弹琴，琴声和谐清脆；这里适宜吟诗，诗味清新雅致；这里适宜下棋，棋子悦耳动听，这里适宜投壶，箭声铮铮悦耳。这些美好的事物都是竹楼所给予的。

公退之暇，被鹤氅（chǎng）衣[①]，戴华阳巾[②]，手执《周易》一卷，焚香默坐，消遣世虑。江山之外，第见风帆沙鸟，烟云竹树而已。待其酒力醒，茶烟歇，送夕阳，迎素月，亦谪居之胜概也。彼齐云、落星[③]，高则高矣；井干、丽谯[④]，华则华矣；止于贮妓女，藏歌舞，非骚人之事，吾所不取。

①鹤氅衣：用鸟羽制的披风。②华阳巾：道士所戴的头巾。③齐云、落星：均为古代名楼。④井干、丽谯：为古代名楼。

【译文】

办完公事后的空闲时间，披着鹤氅，戴着华阳巾，手执一卷《周易》，焚香静坐在楼中，排除世俗杂念。江山胜景之外，只见水上风帆，沙上禽鸟，烟云竹树而已。等到酒醒之后，茶炉的烟火已经熄灭，送走落日，迎来明月，这也是谪居生活中的快乐所在啊。那齐云、落星两楼，高是高的；井干、丽谯两楼，美则美矣，只是用来蓄养妓女和歌妓舞女，不是风雅之士的所作所为，我是不赞成的。

吾闻竹工云："竹之为瓦，仅十稔（rěn）[①]；若重覆之，得二十稔。"噫！吾以至道乙未岁[②]，自翰林出滁上，丙申，移广陵；丁酉，又入西掖；戊戌岁除日，有齐安之命；己亥闰三月，到郡。四年之间，奔走不暇；未知明年又在何处，岂惧竹楼之易朽乎！幸后之人与我同志，嗣而葺之[③]，庶斯楼之不朽也！

咸平二年八月十五日记。

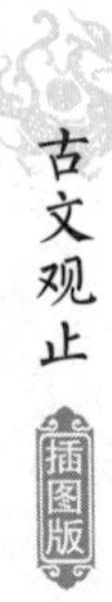

①稔：谷子一熟叫作一稔，引申指一年。②至道乙未岁：宋太宗至道元年，作者因讪谤朝廷罪由翰林学士贬至滁州。③嗣而葺之：继我之意而常常修缮它。嗣，接续、继承。葺，修整。

【译文】

我听竹匠说："竹瓦只能用十年，如果铺两层，能用二十年。"唉，我在至道元年，由翰林学士被贬到滁州，丙申年转到扬州，丁酉年又调入中书省，咸平元年除夕又接到贬往齐安的调令，今年闰三月来到齐安郡。四年之间，奔走不停，不知道明年又在何处，难道还怕竹楼容易败坏吗？希望后来的人与我志趣相同，能够常常修缮它，那么这座竹楼也许就不会朽烂了。

咸平二年八月十五日记。

【精彩赏析】

本篇散文将情感融入到写景叙事当中，通过竹楼的景致来抒发内心的情怀。结构严谨，构思巧妙，多用排比，轻快自然，表达了作者淡然潇洒的情趣。

岳阳楼记

范仲淹

【题解】

范仲淹，北宋著名的政治家、文学家。在政治上主张革新，进行了"庆历新政"，仅推行一年便以失败而告终。本文就写在革新变法失败后，范仲淹被贬之时。文中表达了对古今迁客骚人只拘囿于个人得失荣辱的批判，抒发了作者胸怀天下的理想抱负。

庆历四年春[①]，滕（téng）子京谪守巴陵郡[②]。越明年，政通人和，百废具兴。乃重修岳阳楼，增其旧制，刻唐贤今人诗赋于其上。属（zhǔ）予作文以记之[③]。

①庆历四年：庆历，宋仁宗年号。②滕子京，名宗谅，字子京，范仲淹的朋友。巴陵：郡名，即岳州，治所在今湖南省岳阳市。③属，同“嘱”，嘱托。作文，创作文章。

【译文】

庆历四年的春天，滕子京贬谪到岳州做太守。到了第二年，政事通达，百姓和乐，很多荒废的事业又重新兴办起来了。于是重新修建了岳阳楼，扩大它旧有的规模，还在上面刻上唐代贤人和当代人的诗赋，滕子京嘱咐我写一篇文章用来记述这件事。

范仲淹塑像

予观夫（fú）巴陵胜状，在洞庭一湖。衔远山，吞长江，浩浩汤汤（shāng），横无际涯；朝晖夕阴，气象万千。此则岳阳楼之大观也。前人之述备矣。然则北通巫峡，南极潇湘，迁客骚人，多会于此，览物之情，得无异乎？

【译文】

我看那巴陵郡的壮观景色，集中在洞庭湖上。湖水连接着远处的群山，吞吐长江，江水浩荡，宽阔无边；一天里时阴时晴，景象千变万化。这就是岳阳楼的雄伟景象。前人对它的描述已经很详尽了。然而，因为这里北通巫峡，南至潇水、湘水，被贬谪的官吏和诗人，大多在这里聚会。因自然景物触发的感情，恐怕有所不同吧？

岳阳楼

若夫淫雨霏霏，连月不开；阴风怒号，浊浪排空；日星隐曜（yào）[①]，山岳潜形；商旅不行，樯（qiáng）倾楫（jí）摧[②]；薄暮冥冥，虎啸猿啼。登斯楼也，则有去国怀乡，忧谗畏讥，满目萧然，感极而悲者矣。

①曜，光辉，光芒。②樯倾楫摧：桅杆倒下，船桨折断。樯，桅杆。楫，桨。倾，倒下。

【译文】

如果遇上阴雨连绵，整个月没有晴天，寒风怒吼，浊浪冲天，太阳和星星都隐

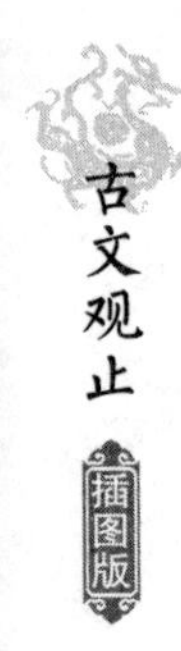

藏了光辉，山岳隐没了形体；来往的商旅无法通行，桅杆倒下，船桨断折；到了晚上，天色昏暗，虎啸猿啼。这时登上岳阳楼，就会产生远离国都、怀念家乡的幽情，担心被诽谤、惧怕被指责的感觉，满眼是萧条的景象，感慨悲伤到了极点。

至若春和景明，波澜不惊，上下天光，一碧万顷；沙鸥翔集，锦鳞游泳，岸芷（zhǐ）汀（tīng）兰①，郁郁青青。而或长烟一空，皓月千里，浮光跃金，静影沉璧；渔歌互答，此乐何极！登斯楼也，则有心旷神怡，宠辱偕忘，把酒临风，其喜洋洋者矣。

①芷：香草的一种。汀：水边平地。

【译文】

至于春风和暖，阳光明媚的日子，湖面风平浪静，水天相接，一片碧绿，广阔无际；沙鸥时而飞翔，时而栖息，各色鱼儿在湖中畅游，岸上的小草和沙洲上的兰花，香气浓郁，青翠欲滴。而有时大片烟雾完全消散，皎洁的月光一泻千里，水波闪耀着金光；静静的月影好似沉入水中的碧玉；渔夫的歌声互相唱和，这样的乐趣哪有穷尽！这时登上岳阳楼，就会有心旷神怡、忘却荣辱得失的畅快，举起酒杯面对和风，真是无限的喜悦！

嗟夫！予尝求古仁人之心，或异二者之为，何哉？不以物喜，不以己悲；居庙堂之高则忧其民①；处江湖之远则忧其君②。是进亦忧，退亦忧。然则何时而乐耶？其必曰："先天下之忧而忧，后天下之乐而乐"欤。噫！微斯人③，吾谁与归？

时六年九月十五日。

①庙，宗庙。堂，殿堂。庙堂：指朝廷。②江湖：僻远的地方。③微，没有。斯人，这样的人。

【译文】

唉！我曾经探求过古代仁人的心境，或许不同于以上两种，这是为什么呢？他们不因为外物的好坏和个人的得失或喜或悲；在朝廷作官为百姓担忧；不在朝廷为君王担忧。在朝为官也担忧，在野为民也担忧。既然这样，那么，什么时候才能快乐呢？那一定要说"在天下人忧虑之前忧虑，在天下人快乐之后再快乐"吧？唉！如果没有这种人，我同谁一道呢？

写于庆历六年九月十五日。

【精彩赏析】

本文章融写景、记事、抒情于一体，写出了岳阳楼周围的胜景，通过描写不同人群的不同情感，来表达作者以天下苍生为己任的远大抱负。文章情辞激昂，意味深长。

谏院题名记

司马光

【题解】

司马光，北宋著名的政治家、史学家。他主编的《资治通鉴》是我国历史上编年体通史的代表作。谏院是向皇帝进献建议的机构。作者通过此文来告诫谏官应该清正廉明，尽职尽责。

古者谏无官，自公卿大夫，至于工商，无不得谏者。汉兴以来，始置官。夫以天下之政，四海之众，得失利病，萃于一官使言之①，其为任亦重矣。居是官者，当志其大，舍其细；先其急，后其缓；专利国家而不为身谋。彼汲汲于名者，犹汲汲于利也，其间相去何远哉？

①萃：聚集。

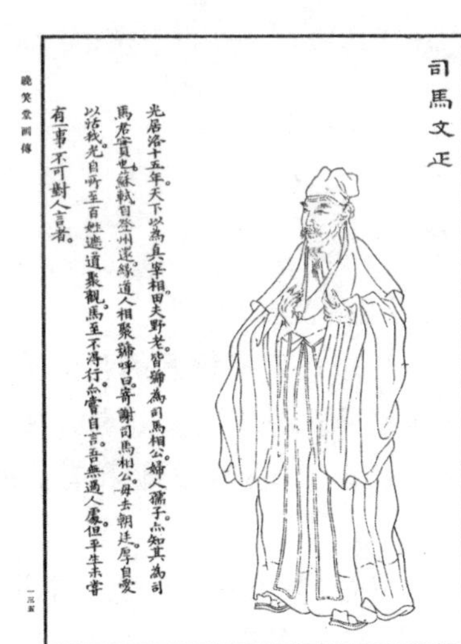

司马光

【译文】

古时没有专门进谏的官职，从公卿大夫到从事手工业和经商的人，都可以规劝君王。汉朝开始，才设置谏官一职。将天下的政事，四海的百姓，国家社稷的得失利弊，都聚集在谏官身上，谏官的责任也很重啊！担任这个职务的人，应当注意重大的方面，舍弃细微的地方；先说情况紧急的事，后说不要紧的事；只为国家作贡献而不要谋求一己私利。那些在功名上急切追求的人，一定会贪图利益。这两者的差距又有多远呢？

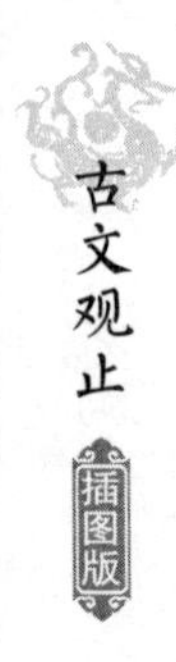

天禧初，真宗诏置谏官六员，责其职事。庆历中，钱君始书其名于版，光恐久而漫灭。嘉祐八年，刻著于石。后之人将历指其名而议之曰："某也忠，某也诈，某也直，某也曲。"呜呼！可不惧哉！

【译文】

天禧初年的时候，真宗下诏设立谏官六名，来监督皇帝的行为。庆历年间，钱君开始将谏官的名字书写在文书上，我恐怕日子长了名字会磨灭掉。在嘉祐八年时，将谏官的名字刻在石头上。以后的人就可以指着名字议论道："这个人是忠臣，这个人是奸臣，这个人正直，这个人偏邪。"哎，那可是一件令人害怕的事啊！

【精彩赏析】

本文简洁直接，朴素自然。在短小的篇章中，点出了谏官的重大职责和道德约束，以此敦促谏官们留下清明的名声，受后辈的尊崇和敬仰。

袁州州学记

李觏

【题解】

李觏，宋代著名的哲学家，终生从事教育事业，后来被范仲淹推荐到京都太学当老师。本文主要记录了袁州学馆建成一事，说明了儒家教化的重要性和必要性，赞扬了朝廷的英明和官员的睿智，也对后辈儒生提出了要求。

皇帝二十有三年①，制诏州县立学。惟时守令，有哲有愚。有屈力殚虑，祗（zhǐ）顺德意②；有假官借师，苟具文书③。或连数城，亡诵弦声。倡而不和，教尼不行④。

①皇帝：宋仁宗。②祗：恭敬。③苟：随便。④尼：阻止。

【译文】

仁宗皇帝二十三年，下诏命令各州县设立学馆。那时的州县长官，有的贤明，有的愚昧。有的尽心竭力地施行政令，恭敬地顺应皇帝旨意；有的假装充当官、师，随便写一道奉诏文书。一连几座城邑，没有诵读的声音。上面倡导而地方不响应，使得政教受阻，不能推行。

三十有二年，范阳祖君无泽知袁州。始至，进诸生，知学宫阙状。大惧人材放失，儒效阔疏①，亡以称上意旨。通判颍川陈君侁，闻而是之，议以克合。相旧夫子庙，狭隘不足改为，乃营治之东。厥土燥刚②，厥位面阳，厥材孔良③。殿堂门庑，黝（yǒu）垩（è）丹漆④，举以法。故生师有舍，庖有廪次。百尔器备，并手偕作。工善吏勤，晨夜展力，越明年成。

①儒效：儒家教育。阔疏：淡薄。②厥：其。③孔：很。④黝：淡黑色。垩：白色土。

【译文】

仁宗三十二年，范阳人祖无泽任袁州知州。刚到，就召见儒生，了解学馆缺失的情况。深深担心人才流失，儒家教化淡薄，不能合乎皇上旨意。颍川人陈侁通判，听了认为很对，意见与祖无泽一致。他们一同视察了旧有的夫子庙，觉得太狭窄，不适合改建为学馆，于是决定在城东建造新学馆。那儿土地干燥坚硬，地势朝南，建筑材料很优良。学馆的陶瓦、墙壁、大门、房廊，有深灰、雪白、朱红、漆黑诸色，完全合乎法度。能够使学生、老师都有住所，厨房、粮仓都有相应的安排。各种器物准备齐全，大家精诚合作，工匠技艺高超，官吏勤劳不懈，从早到晚地努力，过了一年，学馆建成了。

舍菜且有日①，盱（xū）江李觏谂（shěn）于众曰②："惟四代之学，考诸经可见已。秦以山西鏖六国，欲帝万世，刘氏一呼，而关门不守，武夫健将，卖降恐后，何耶？诗书之道废，人惟见利而不闻义焉耳。孝武乘丰富③，世祖出戎行④，皆孳孳学术⑤。俗化之厚，延于灵、献⑥。草茅危言者⑦，折首而不悔；功烈震主者，闻命而释兵；群雄相视，不敢去臣位，尚数十年。教道之结人心如此。今代遭圣神，尔袁得贤君，俾尔由庠序⑧，践古人之迹。天下治，则谭礼乐以陶吾民：一有不幸，尤当仗大节，为臣死忠，为子死孝。使人有所赖，且有所法。是惟朝家教学之意。若其弄笔墨以徼利达而已⑨，岂徒二三子之羞，抑亦为国者之忧。"

至和元年夏某月甲子日作记。

①舍菜：古代入学开始时举行的一种仪式。即向孔子牌位献上芹藻一类菜蔬。②盱江：水名，在今江西东部，谂：规劝，告诉；勉励。③孝武：汉武帝刘彻。④世祖：东汉光武帝刘秀。⑤孳孳：致力于。⑥灵、献：东汉灵帝和献帝。⑦草

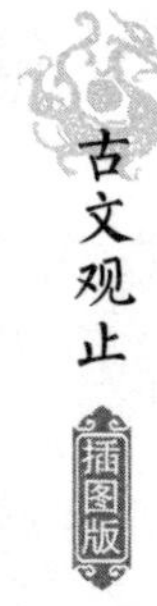

茅：在野未出仕的人。⑧庠序：学校。⑨徼：通“邀”，邀请。

【译文】

在即将开学祭祀先师之时，盱江人李觏劝勉众人说：“虞、夏、商、周四代办学，我们只须查阅经书就可以知道。秦始皇凭借崤山以西之地，与六国鏖战，想世代称帝，然而刘邦振臂一呼，却连关门也守不住。武官战将，争相投降，这是为什么呢？那是因为秦国废弃了诗书教化，众人只顾私利忘记大义的缘故。汉武帝即位于民富国强之际，光武帝出身于行伍，都极力推行儒道，民风淳厚，一直影响到汉灵帝、汉献帝的时代。当时，那些隐居山野而敢直言的人，即使有杀身之祸也不反悔；那些功勋卓著、震慑天下的人，一听到天子的命令就放下了武器。各路诸侯虎视眈眈，却谁都不敢称帝，这种局面维持了数十年。儒家的道义竟能维系人心到如此地步。如今遇到了圣明天子，你们袁州人又遇到了贤明的长官，使你们能通过学馆的教化，追随古代先贤的遗迹。天下太平的时候，则可以用礼乐来陶冶百姓的性情；出现变故时，就可以坚守节操，为臣的为国尽忠，为子的为父尽孝。学了儒道，可以使人有所效法，有了精神支柱。这就是朝廷倡导教化的原因。如果只学舞文弄墨的本领去追求名利，那岂止是你们的羞耻，还将是国人的忧患。”

甲午元年夏，某月甲子日记。

【精彩赏析】

文章善于说理，长于举例对比，文笔开阖，逻辑缜密。通过古今史实的引用，来说明儒家教育的重要性。文章也借官吏执行政令的方式不一，来揭露官场中蝇营狗苟之徒，不务正事、毫无作为、尸位素餐的卑劣行径。

朋党论

欧阳修

【题解】

欧阳修，字永叔，北宋著名的政治家、文学家，“唐宋八大家”之一。北宋时期的“永贞改革”遭到了保守派的一致反对，范仲淹等人被诬陷相互勾结、自成“朋党”。欧阳修为范仲淹等人辩护便写下了这篇文章。

臣闻朋党之说，自古有之，惟幸人君辨其君子小人而已。大凡君子与君子以同道为朋，小人与小人以同利为朋，此自然之理也。

【译文】

臣听说关于朋党的说法，是自古就有的，只是希望君主能分清君子小人罢了。君子与君子大都因志趣相同结为朋党，小人和小人则因利益相同结为朋党，这是很自然的道理。

然臣谓小人无朋，惟君子则有之。其故何哉？小人所好者禄利也，所贪者财货也。当其同利之时，暂相党引以为朋者，伪也；及其见利而争先，或利尽而交疏，则反相贼害，虽其兄弟亲戚，不能相保。故臣谓小人无朋，其暂为朋者，伪也。君子则不然。所守者道义，所行者忠信，所惜者名节。以之修身，则同道而相益；以之事国，则同心而共济；终始如一，此君子之朋也。故为人君者，但当退小人之伪朋，用君子之真朋，则天下治矣。

【译文】

不过臣以为：小人并无朋党，只有君子才有朋党。这是为何呢？小人所贪爱的是钱财利禄。当他们同能获利的时候，暂时地互相勾结成为朋党，那是虚假的；等到他们见到利益便你争我抢，或者利益已尽而少于来往，就会反过来互相残害，即使是兄弟亲族，也不会保全。所以我说小人并无朋党，只是暂时结为朋党，是虚假的。君子就不是这样。他们坚守道义，履行忠信，爱惜名节。用这些来提高自身修养，那么志趣相同就能相互补益；任用君子为国家做事，那么同心同德就能共同辅助；始终如一，这就是君子的朋党啊。所以做君主的，只要斥退小人的假朋党，任用君子的真朋党，那么天下就会长治久安了。

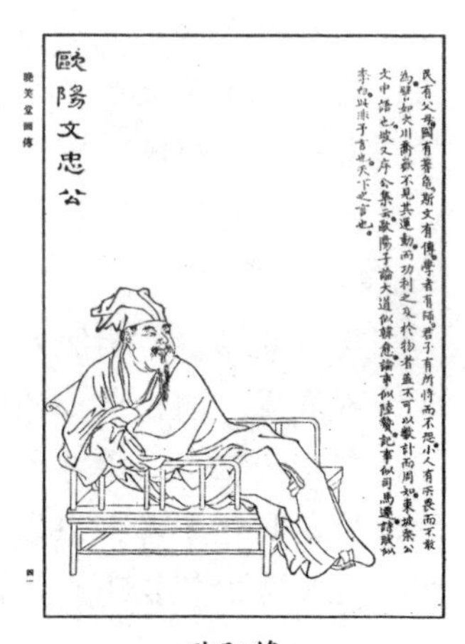

欧阳修

尧之时，小人共工、驩兜（huān dōu）等四人为一朋[①]，君子八元、八恺十六人为一朋[②]。舜佐尧，退四凶小人之朋，而进元、恺君子之朋，尧之天下大治。及舜自为天子，而皋、夔、稷、契等二十二人并列于朝[③]，更相称美，更相推让，凡二十二人为一朋，而舜皆用之，天下亦大治。《书》曰：“纣有臣亿万，惟亿万心；周有臣三千，惟一心。”纣之时，亿万人各异心，可谓不为朋矣，然纣以亡国。周武王之臣，三千人为一大朋，而周用以兴。后汉献帝时，尽取天下名士

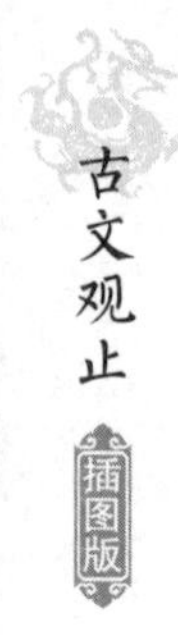

囚禁之，目为党人。及黄巾贼起，汉室大乱，后方悔悟，尽解党人而释之，然已无救矣。唐之晚年，渐起朋党之论。及昭宗时，尽杀朝之名士，或投之黄河，曰："此辈清流，可投浊流。"而唐遂亡矣。

①共工、驩兜等四人：指共工、驩兜、鲧、三苗部落首领，后人称为"四凶"。②八元、八恺十六人：传说中上古高辛氏和高阳氏时期的有德的16个人。③皋、夔、稷、契：舜时的贤臣。

【译文】

尧的时候，小人共工、驩兜等四人结为一党，君子八元、八恺等16人结为一个朋党。舜辅佐尧，斥退"四凶"的小人朋党，而重用元、恺的君子朋党，尧的天下因此安定。等到舜自己做了天子，皋陶、夔、稷、契等22人同仕于朝廷，他们互相推荐，互相谦让，一共22人结为一个朋党，虞舜全部任用他们，天下也因此大治。《尚书》上说："商纣有亿万臣民，却是亿万条心；周有三千臣民，却是一条心。"商纣王的时候，亿万人各存异心，就谈不上朋党了，于是纣王因此而亡国。周武王的臣下，三千人结成一个大朋党，因此而兴盛。后汉献帝的时候，把天下名士都关押起来，视作"党人"。等到黄巾军起义，汉王朝大乱，然后才悔悟，解除禁锢释放了他们，可是已经无法挽救了。唐朝末期，逐渐生出朋党。到了昭宗时，把朝廷中的名士全都杀了，有的被投入黄河，说"这些人自命为清流，应当把他们投到浊流中去"。而唐朝紧接着就灭亡了。

夫前世之主，能使人人异心不为朋，莫如纣；能禁绝善人为朋，莫如汉献帝；能诛戮清流之朋，莫如唐昭宗之世；然皆乱亡其国。更相称美推让而不自疑，莫如舜之二十二臣，舜亦不疑而皆用之；然而后世不诮舜为二十二人朋党所欺，而称舜为聪明之圣者，以能辨君子与小人也。周武之世，举其国之臣三千人共为一朋，自古为朋之多且大，莫如周；然周用此以兴者，善人虽多而不厌也。

【译文】

前代的君主，能使人人异心不结为朋党的，非商纣王莫属；能阻止好人结为朋党的，非汉献帝莫属；能杀害名士君子的朋党的，非唐昭宗莫属；但是都因国家混乱最后灭亡。互相推举谦让而不猜疑的，谁也不及舜的22位大臣，舜也毫无疑忌地任用他们；但是后世并不讥笑舜被22人的朋党所欺骗，却称赞舜是聪明的圣主，因为他能区别君子和小人。周武王时，全国所有的三千臣子结成一个朋党，自古以来又多又浩大的朋党，谁也不及周朝；然而周朝因此而兴盛，原因就在于贤明之士虽然多而君子却不感到满足。

嗟呼！兴亡治乱之迹，为人君者，可以鉴矣。

【译文】

唉！兴盛衰亡安定动乱的历史，作为国君的人，可以以之为鉴了。

【精彩赏析】

文章贯通古今，旁征博引，来论述“君子方有朋党”一说，来间接地为范仲淹等人辩护，并提醒人君要“用君子，斥小人”，明辨忠奸。文章思路清晰，气势从容，又锋芒毕露，契合实际，针砭时弊，充分地体现了欧阳修散文的特点。

释秘演诗集序

欧阳修

【题解】

秘演是与欧阳修交好的和尚。本文是欧阳修为秘演的诗集所做的序言，称赞了两个人不迎合世俗、自守高洁的品质和志趣。通过两个人的生平遭际，来感叹贤才名士老死山野市井的凄凉，也表达了对朝廷不能任人唯贤的不满。

予少以进士游京师，因得尽交当世之贤豪。然犹以谓国家臣一四海①，休兵革，养息天下以无事者四十年，而智谋雄伟非常之士，无所用其能者，往往伏而不出，山林屠贩②，必有老死而世莫见者，欲从而求之不可得。其后得吾亡友石曼卿③。

①国家：指当时的朝廷。臣一：臣服，统一。四海：指全国。②山林屠贩：指隐居山林做屠夫、商贩的隐士。③石曼卿：北宋诗人，他一生遭遇冷落，不得志。

【译文】

我年轻时因考进士游学京城，因而有机会遍交当时的贤者豪杰。然而我还是认为：国家统一四方臣服，不兴战事，休养生息，天下太平了40年，而那些无处施展才能的智者贤才，就往往蛰伏不出，隐居山林，从事商贾，必定有老死其间而不被世人发现的，想要访求他们是不能的。后来却认识了我的亡友石曼卿。

曼卿为人，廓然有大志，时人不能用其材，曼卿亦不屈以求合。无所放其意，则往往从布衣野老酣嬉[①]，淋漓颠倒而不厌[②]。予疑所谓伏而不见者，庶几狎（xiá）而得之，故尝喜从曼卿游，欲因以阴求天下奇士。

①布衣：百姓。野老：乡村老人。酣嬉：尽情喝酒，尽情嬉游。②庶几：或许。狎：接近而且态度随便。

【译文】

曼卿的为人，胸襟开阔有大志，今人不能重视他的才能，曼卿也不委屈自己迎合世人。没有施展抱负的地方，就常常跟乡间老人饮酒嬉戏，痛快颠狂也不满足。我怀疑所谓隐居而不被发现的人，或许接近这人才能得到，所以曾经喜欢跟从曼卿游玩，想借此暗中访求天下奇士。

浮屠秘演者[①]，与曼卿交最久，亦能遗外世俗，以气节自高。二人欢然无所间。曼卿隐于酒，秘演隐于浮屠，皆奇男子也。然喜为歌诗以自娱，当其极饮大醉，歌吟笑呼，以适天下之乐，何其壮也！一时贤士，皆愿从其游，予亦时至其室。十年之间，秘演北渡河，东之济、郓[②]，无所合，困而归，曼卿已死，秘演亦老病。嗟夫！二人者，予乃见其盛衰，则予亦将老矣！

①浮屠：和尚。②济、郓：济州，郓州，均在山东省。

【译文】

和尚秘演，和曼卿交往最久，也超脱在世俗之外，坚守清高。两个人相处融洽无嫌隙。曼卿隐匿于酒肆，秘演隐匿于佛教，都是奇男子。然而又都喜欢以吟诗为乐。当他们狂饮大醉之时，歌唱吟咏，狂笑大叫，以求得天下的乐趣，多么豪迈啊！当时的贤士，都愿意跟从他们交往，我也常常到他们那里做客。十年间，秘演北渡黄河，东到济州、郓州，没有遇到志同道合的人，困顿潦倒而归。这时曼卿已经死了，秘演也是又老又病。唉！这两个人，我竟看到他们从盛年到衰老，那么我也将要老了吧！

夫曼卿诗辞清绝，尤称秘演之作，以为雅健有诗人之意。秘演状貌雄杰，其胸中浩然。既习于佛，无所用，独其诗可行于世。而懒不自惜，已老，胠（qū）其橐（tuó）①，尚得三四百篇，皆可喜者。

①胠：打开。橐：袋子。

【译文】

曼卿的诗极其清秀，他更欣赏秘演的作品，认为秘演的诗雅致刚健，有诗人的意趣。秘演相貌出众，又胸怀浩然正气。既然已经学了佛，也就没有可用之处了，只有他的诗歌能够流传于世。可是他自己懒散不爱惜，年老之后，打开他的箱子，还能找到三四百首，都是令人赞赏的佳作。

曼卿死，秘演漠然无所向。闻东南多山水，其巅崖崛峍（lù）①，江涛汹涌，甚可壮也，遂欲往游焉。足以知其老而志在也。于其将行，为叙其诗，因道其盛时以悲其衰。

庆历二年十二月二十八日庐陵欧阳修序。

①崛峍：高峻陡峭。

【译文】

曼卿死后，秘演寂寞无处可去。听说东南地区多山水，那里山峰悬崖高俊陡峭，江水汹涌，十分壮观，便想到那去游玩。足见他人虽暮年可是壮心不已。在他临行之时，我为他的诗集写了序言，以此回顾他的壮年来感慨其落寞的晚年。

庆历二年，十二月二十八日庐陵欧阳修作序。

【精彩赏析】

文章笔法精炼，寥寥几笔便勾勒出了石、秘两人的精神风骨，形象呼之欲出。行文叙事有条不紊，情感饱满，赞誉感叹相间，更体现了作者内心爱之敬之、叹之惜之的复杂情感。

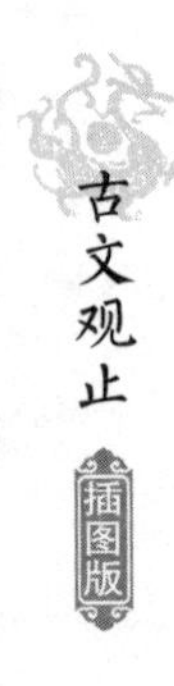

梅圣俞诗集序

欧阳修

【题解】

本文是欧阳修为梅尧臣的诗集所做的序。欧阳修在梅尧臣死后整理他的诗集，在序言中介绍了梅尧臣穷困潦倒的一生，抒发了对其平生遭际的感伤和不平，表达了自己对“诗人少达而多穷”、作诗“穷而后工”的看法。

予闻世谓诗人少达而多穷①，夫岂然哉？盖世所传诗者，多出于古穷人之辞也。凡士之蕴其所有，而不得施于世者，多喜自放于山巅水涯之外，见虫鱼草木、风云鸟兽之状类，往往探其奇怪，内有忧思感愤之郁积，其兴于怨刺，以道羁臣寡妇之所叹，而写人情之难言。盖愈穷则愈工。然则非诗之能穷人，殆穷者而后工也。

①达、穷：相对的两个词，指仕途上的如意和不得志。

【译文】

我听到世人说：诗人官场得意的少，困厄的多。难道真是这样吗？大概是因为世上流传的诗歌，多出于古代失意诗人的笔下吧。大凡胸怀才情又不能施展于世的诗人，大都喜爱放浪到山间水边，看见虫鱼草木风云鸟兽等事物，常常探究它们的奇特怪异之处，内心郁积的忧愁愤懑之情，寄托在怨恨讽刺之中，道出了逐臣寡妇的心声，而写出了人们难于言传的感受。大概越坎坷困顿诗词就越发高妙，然而并非诗歌使人穷困潦倒，恐怕是穷困潦倒后才能写出好诗来。

予友梅圣俞①，少以荫补为吏②，累举进士，辄抑于有司，困于州县，凡十余年。年今五十，犹从辟书③，为人之佐，郁其所蓄不得奋见于事业。其家宛陵，幼习于诗，自为童子，出语已惊其长老。既长，学乎六经仁义之说，其为文章，简古纯粹，不求苟说于世。世之人徒知其诗而已。然时无贤愚，语诗者必求之圣俞；圣俞亦自以其不得志者，乐于诗而发之，故其平生所作，于诗尤多。世既知之矣，而未有荐于上者。昔王文康公尝见而叹曰：“二百年无此作矣！”虽知之深，亦不果荐也。若使其幸得用于朝廷，作为雅、颂，以歌咏大宋之功德，荐之清庙，而追商、周、鲁颂之作者，岂不伟欤！奈何使其老不得志，而为穷者之诗，乃徒发于虫鱼物类、羁愁感叹之言。世徒喜其工，不知其穷之久而将老也！可不惜哉！

①梅圣俞：梅尧臣。北宋著名的诗人。②荫补：官位承袭制度。③辟书：受聘文书。

【译文】

我的朋友梅圣俞，年轻承袭官位当了小官，屡次参加进士考试，总是遭到主考部门的压制，在州县上滞留了十多年。年已五十了，还要接受聘书，为别人办事。郁积着才能智慧，不能在事业上充分地表现出来。他家乡在宛陵，从小写诗，还是个孩子的时候，写出的诗句就让父老长辈震惊了。等到长大，学习了儒家的学问，他写的文章古朴纯正，不迎合取悦于世人，因此世人只知道他会写诗罢了。然而时人不论贤愚，只要谈论诗歌，定会向圣俞请教。圣俞也爱把自己的不得志，通过诗歌发泄出来，因此他生平的作品，以诗歌居多。世人已经知道他了，却没有人向朝廷推荐他。从前王文康公曾看到他的诗作，慨叹地说：“二百年没有这样的作品了！”虽然对他了解很深，可还是没有推荐他。假使他有幸被朝廷任用，写出如《诗经》中雅、颂那样的诗作，来歌颂大宋的功业，献给宗庙，堪比商颂、周颂、鲁颂，难道不是很伟大吗？可惜他到老也不得志，只能写穷困者的诗，只能白白地在虫鱼物类上，抒发羁旅感叹。世人只喜爱他诗歌的工巧，却不知道他潦倒已久将要老死，怎能不令人叹惋呢？

圣俞诗既多，不自收拾。其妻之兄子谢景初，惧其多而易失也，取其自洛阳至于吴兴以来所作，次为十卷。予尝嗜圣俞诗，而患不能尽得之，遽喜谢氏之能类次也，辄序而藏之。

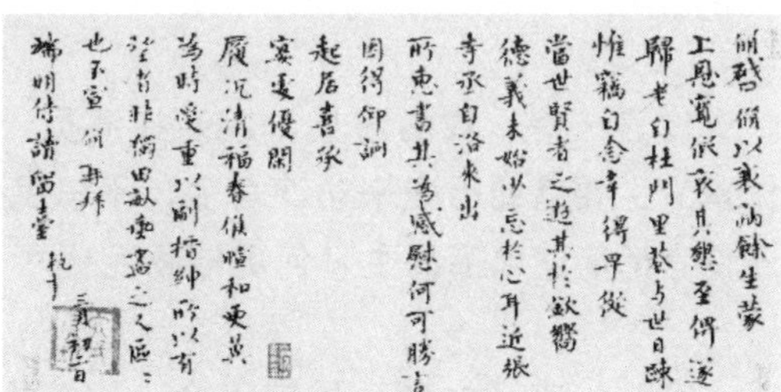
欧阳修书法作品

【译文】

圣俞的诗很多，自己却不整理。他的内侄谢景初，担心太多容易散逸，选择他从洛阳到吴兴这段时间的作品，编为十卷。我曾经酷爱圣俞的诗作，担心不能全部得到它，谢氏能为它分类编排，我十分高兴，就为之作序并保存起来。

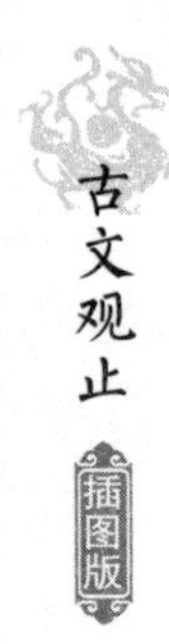

其后十五年，圣俞以疾卒于京师，余既哭而铭之，因索于其家，得其遗稿千余篇，并旧所藏，掇其尤者，六百七十七篇，为一十五卷。呜呼！吾于圣俞诗论之详矣，故不复云。

庐陵欧阳修序。

【译文】

那之后过了15年，圣俞因病在京师去世，我痛哭着为他写好了墓志铭，便向他家求取他的诗，得到他的遗稿一千多篇，连同先前所保存的，选出其中特别好的，共677篇，分为15卷。唉，我对圣俞的诗歌已经评论得很详尽了，所以不再重复。

庐陵欧阳修序。

【精彩赏析】

文章以“穷而后工”贯穿全文，中心突出，夹叙夹议，独具匠心。吴楚材等在《古文观止》中说：“‘穷而后工’四字，是欧公独创之言，实为千古不易之论。”由此文可知矣。

五代史伶官传序

欧阳修

【题解】

伶官：伶，戏曲演员，或杂技演员；宫廷里供统治者娱乐的人物。欧阳修写作本文主要借助历史来劝谏君主，不思民生、不思进取、奢华淫乐就会痛失天下！连伶官都能使天下易主，何况他物呢！

呜呼！盛衰之理，虽曰天命，岂非人事哉！原庄宗之所以得天下[①]，与其所以失之者，可以知之矣。

①原：推究。庄宗：五代后唐庄宗李存勖。

【译文】

唉！盛衰的道理，虽说是天命，难道说不是因为人事造成的吗？推究庄宗取得天下和失去天下的原因，就可以明白这一点了。

世言晋王之将终也[①]，以三矢赐庄宗而告之曰："梁，吾仇也[②]；燕王[③]，吾所立；契丹与吾约为兄弟，而皆背晋以归梁。此三者，吾遗恨也。与尔三矢，尔其无忘乃父之志！"庄宗受而藏之于庙。其后用兵，则遣从事以一少牢告庙[④]，请其矢，盛以锦囊，负而前驱，及凯旋而纳之。

①晋王：李克用。因镇压黄巢起义有功，被封为晋王。②梁：后梁太祖朱温。③燕王：刘守光，背晋归梁。④一少牢：用猪、羊各一头作祭品。牢，祭祀用的牲畜。

【译文】

世人说晋王临死时，把三枝箭赐给庄宗，并告诉他说："梁国是我的仇敌；燕王是我立起来的；契丹与我约为兄弟，可是后来都背叛我去投靠了梁。这三件事是我终生的遗憾。交给你三枝箭，你千万不要忘记你父亲报仇的志愿。"庄宗受箭收藏在祖庙里。以后庄宗出兵打仗，就派手下的随从用猪羊去祭告祖先，从宗庙里恭敬地取出箭来，装在丝织口袋里，背着在军前开路，等战胜后归来，再把箭放回宗庙。

方其系燕父子以组[①]，函梁君臣之首，入于太庙，还矢先王，而告以成功，其意气之盛，可谓壮哉！及仇雠（chóu）已灭[②]，天下已定，一夫夜呼，乱者四应，仓皇东出，未见贼而士卒离散，君臣相顾，不知所归。至于誓天断发，泣下沾襟，何其衰也！岂得之难而失之易欤？抑本其成败之迹，而皆自于人欤？

①组：丝带，这里指绳索。②仇雠：仇敌。

【译文】

当他用绳子绑着燕王父子，用木匣装着梁国君臣的头，走进祖庙，把箭交还到晋王的灵前，告诉晋王大仇已报，他那神情气概，是多么威风！等到仇敌已经消灭，天下已经安定，一人在夜里发难，作乱的人四面响应，他慌忙行动逃奔，还没见到乱贼，部下就纷纷逃散，君臣们相望，不知道到哪里去好。到了割下头发来对天发誓，痛苦得眼泪沾湿衣襟，又是多么的衰败呢！难道说是取得天下困难，而失去天下容易吗？还是认真推究他成功失败的原因，都是由于人事决定呢？

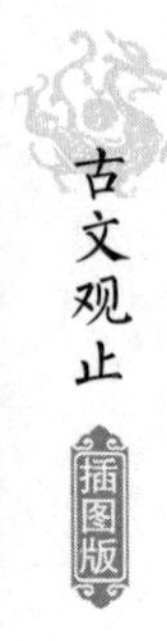

《书》曰："满招损，谦得益。"[1]忧劳可以兴国，逸豫可以亡身，自然之理也。故方其盛也，举天下之豪杰，莫能与之争；及其衰也，数十伶人困之，而身死国灭，为天下笑。夫祸患常积于忽微，而智勇多困于所溺[2]，岂独伶人也哉！作《伶官传》。

①《书》曰句：语出《尚书·大禹谟》。②所溺：所沉迷的人或事物。

【译文】

《尚书》上说："自满招致祸患，谦虚带来益处。"忧劳可以使国家兴盛，安乐享受可以使自身灭亡，这是自然的道理。因此，当他兴盛时，全天下的豪杰，没有谁能和他抗衡；到他衰败时，数十个乐官就把他困住，最后身死国灭，被天下人耻笑。祸患常常是由点滴小事积累而酿成的，而聪明英勇的人，也多因沉溺于某种爱好之中，结果陷于困穷，这是普遍规律，难道仅仅是乐工的事吗？于是写了这篇《伶官传》。

【精彩赏析】

本文短小精悍，言简意赅。通过历史兴衰荣辱的对比变化，来点出"忧劳可以兴国，逸豫可以亡身"的主旨。笔力雄健，情词恳切，具有极强的说服力。

五代史宦官传论

欧阳修

自古宦者乱人之国，其源深于女祸。女，色而已。宦者之害，非一端也。

【译文】

自古以来，宦官扰乱国家，这根源比女色的祸患还要深。女子，美色罢了。宦官的危害，就不是简单的一件事了。

盖其用事也近而习[1]，其为心也专而忍。能以小善中人之意，小信固人之心，使人主必信而亲之。待其已信，然后惧以祸福而把持之。虽有忠臣、硕士列于朝廷，而人主以为去已疏远，不若起居饮食、前后左右之亲可恃也。故前后左右者日益亲，而忠臣、硕士日益疏，而人主之势日益孤。势孤，则惧祸之心日益切，而把持者日益牢。安危出其喜怒，祸患伏于帷闼（tà）[2]，则向之所谓可恃者，乃所以为患也。患已深而觉之，欲与疏远之臣图左右之亲近，缓之则养祸而益深，急之则挟人主以为质。虽有圣智，不能与谋。谋之而不可为，为之而不可成，至其甚，则俱伤而两败。故其大者亡国，其次亡身，而使奸豪得借以为资而起，至抉其种类，尽杀以快天下之心而后已。此前史所载宦者之祸常如此者，非一世也。

①近：接近君主。习：亲狎。②帷闼：宫室之内。

【译文】

因为宦官经常在君王左右做事，亲近服侍。他们的心思专一，善于忍耐。能讨好以迎合君王的心意，能在小处表现忠诚来骗取君主的信任，使得君王相信而依赖他们。等到取得君王的信任，然后拿祸患恐吓君王近以把持朝政。即使有忠臣贤士在朝，而君王认为与自己疏远，不像宦官服侍起居饮食，不离自己前后左右，这样亲近可靠。所以对前后左右的宦官日益亲近，对忠臣贤士日益疏远，君王的势力日益孤立。势力越孤立，恐惧祸乱的心情就越发厉害，而宦官对君王的掌控就愈发牢固。国家的安危取决于他们的喜怒，祸患潜伏在宫门之中。那么昔日所谓可以依赖信任的人，就是为患作乱的人。等到君王觉得祸患已深，想与被疏远的忠臣贤士策划除掉左右亲近的宦官。行事缓慢，就会导致更大的灾祸；行事急促，那么宦官就会挟持君王为人质，这时即使有圣人贤士的智慧，也不能一起谋划。即使谋划了也不能实行，实行了也很难成功。如果事情发展到极其严重的地步，就会两败俱伤。所以，重则国家倾覆，小则君王身死。而使奸雄借机起事，网罗宦官一党，将他们斩尽杀绝使天下人之心大快才罢休。以前史书上记载的宦官之患，常常就是这样，并不是一朝一代如此。

夫为人主者，非欲养祸于内而疏忠臣、硕士于外，盖其渐积而势使之然也。夫女色之惑，不幸而不悟，而祸斯及矣。使其一悟，捽而去之可也。宦者之为祸，虽欲悔悟，而势有不得而去也，唐昭宗之事是已。故曰“深于女祸者”，谓此也。可不戒哉？

【译文】

为君王的人，也不想养祸患在宫内，而疏远忠臣贤士于宫外，只是渐渐积累而时势使他那样。女色的媚惑人，如果不幸而不觉悟，那么祸患就会来临。假使他一旦觉悟，揪起头发，将她驱逐就可以了。宦官为祸患，虽然想悔悟，但时势使君王不能将他们赶走，唐昭宗的事就是这样。所以说“宦官的祸患深于女色的祸患”，即指如此。怎么能不引以为戒呢？

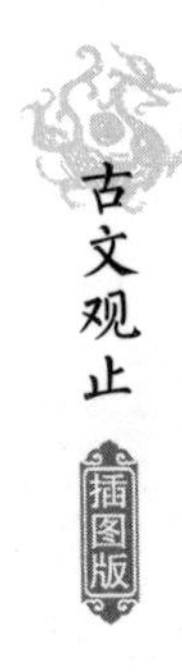

醉翁亭记

欧阳修

【题解】

此文是欧阳修被贬滁州时所作。文章描写了滁州的自然景色，同时又描写了官民同游的其乐融融的场景。在这篇山水游记生动优美的描写中，作者表达了对百姓休养生息的赞同，同时也抒发了自己内心深处的忧伤。

环滁（chú）皆山也[①]。其西南诸峰，林壑（hè）尤美[②]。望之蔚然而深秀者，琅琊（láng yá）也。山行六七里，渐闻水声潺（chán）潺，而泻出于两峰之间者，酿泉也。峰回路转，有亭翼然临于泉上者，醉翁亭也。作亭者谁？山之僧智仙也。名之者谁？太守自谓也。太守与客来饮于此，饮少辄（zhé）醉，而年又最高，故自号曰“醉翁”也。醉翁之意不在酒，在乎山水之间也。山水之乐，得之心而寓之酒也。

醉翁亭

①滁：滁州，今安徽省滁州市琅琊区。②壑：山谷。

【译文】

滁州四周都是山。西南的几座山峰，树林和山谷特别优美。一眼望去树木茂盛，幽深又秀美的，就是琅琊山。沿着山路走六七里，渐渐听到水声潺潺，从两峰之间倾泻而出的，就是酿泉。山峰回环，山路折弯，有一座亭子像鸟儿张开翅膀一样架在泉上，那就是醉翁亭。建造这亭子的人是谁呢？是山上的和尚智仙。给它命名的又是谁呢？太守用自己的名字来命名。太守和他的宾客们来这儿饮酒，喝一点儿就醉了；而且年纪又最大，所以自号“醉翁”。醉翁的意趣不在喝酒，而在于欣赏山中的美景。欣赏山中美景的乐趣，领会在心里，寄托在酒中。

若夫（fú）日出而林霏开[①]，云归而岩穴（xué）暝（míng）[②]，晦（huì）明变化者[③]，山间之朝暮也。野芳发而幽香，佳木秀而繁阴，风霜高洁，水落而石出者，山间之四时也。朝而往，暮而归，四时之景不同，而乐亦无穷也。

①林霏：树林中的雾气。霏，原指雨、雾纷飞，此处指雾气。②暝：昏暗。③晦明：指天气阴晴明暗。

【译文】

如果太阳升起，山林里的雾气消散；云气聚拢来，山谷就变得昏暗；或暗或明，变化不一，这就是山间的清晨和傍晚。野花开放，散发清幽的香味；树木繁茂，形成浓密的绿荫；霜色高洁，秋高气爽，水落石出，这就是山中四季的变化。清晨前往，傍晚归来，四季的景色不同，乐趣也是无穷无尽的。

至于负者歌于途，行者休于树，前者呼，后者应，伛（yǔ）偻（lǚ）提携[①]，往来而不绝者，滁人游也。临溪而渔，溪深而鱼肥。酿泉为酒，泉香而酒洌（liè）；山肴（yáo）野蔌（sù）[②]，杂然而前陈者，太守宴也。宴酣（hān）之乐[③]，非丝非竹，射者中，弈者胜，觥（gōng）筹交错[④]，起坐而喧哗者，众宾欢也。苍颜白发，颓（tuí）然乎其间者，太守醉也。

①伛偻：腰弯背曲的样子，这里指老年人。提携：指搀扶着走的小孩子。②山肴：野味。野蔌：野菜。蔌，菜蔬。③酣：尽情地喝酒。④觥筹交错：酒杯和酒筹相错杂。

【译文】

至于背着东西的人在路上唱歌，赶路的人在树下休息，前面的招呼，后面的答应，老人弯着腰，大人领着小孩，往来不断的行人，是出游的滁州人。到溪边钓鱼，水深鱼肥；用酿泉造酒，泉水香甜，酒味醇清；山珍野菜，陈列在面前，那是太守设置的宴席。宴会酣畅的乐趣，不在于音乐；投壶的中了，下棋的赢了，酒杯交互错杂；时起时坐，大声喧哗，是宾客们欢乐的场景。脸色苍老、满头白发的老人，醉卧在众人中间，是太守喝醉了。

已而夕阳在山，人影散乱，太守归而宾客从也。树林阴翳（yì），鸣声上下，游人去而禽鸟乐也。然而禽鸟知山林之乐，而不知人之乐；人知从太守游而乐，而不知太守之乐其乐也。醉能同其乐，醒能述以文者，太守也。太守谓谁？庐陵欧阳修也。

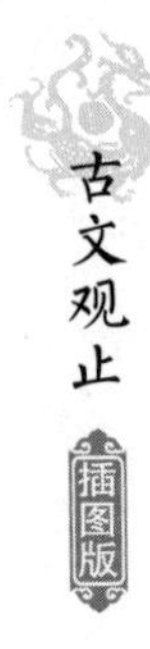

【译文】

不久，太阳下山了，人影散乱，宾客们跟随太守回去了。树林枝叶繁茂，一片鸟鸣，是游人离开鸟儿快乐。然而鸟儿只知道山林中的乐趣，却不知道人们的快乐。人们知道跟随太守游玩的快乐，却不知道太守以他们的快乐为快乐啊。醉了能够和大家一同欢乐，醒来能把乐事记叙成文的人，那就是太守。太守是谁？是庐陵欧阳修。

【精彩赏析】

该篇山水游记采用了骈散结合的形式，句式参差，寓情于景，介绍滁州自然景象的同时，又描写了滁州百姓和太守出游的欢乐场景，文笔鲜活，令人如临其境。

秋声赋

欧阳修

【题解】

文人悲秋是中国文化传统的典型现象。作者在夜晚听闻秋风即兴悲秋之意，联想到万物寥落，生命将亡，不由心生伤感，故而写出此篇文章，表达自己内心的凄凉和伤感。

欧阳子方夜读书，闻有声自西南来者，悚（sǒng）然而听之，曰：“异哉！”初淅沥以萧飒，忽奔腾而砰湃①，如波涛夜惊，风雨骤至。其触于物也，鏦鏦（cōng）铮铮②，金铁皆鸣；又如赴敌之兵，衔枚疾走，不闻号令，但闻人马之行声。予谓童子：“此何声也？汝出视之。”童子曰：“星月皎洁，明河在天，四无人声，声在树间。”

①砰湃：同“澎湃”，波涛汹涌的声音。②鏦鏦铮铮：金属相击的声音。

【译文】

欧阳先生夜里正在读书，听到有声音从西南传来，心里不禁一惊，惊道：“奇怪啊！”这声音初听时像淅沥的雨声，萧飒的风声，然后忽然变得奔腾澎湃，像是夜间波涛突起，风雨骤至。它碰到物体，铿锵有力，好像金属撞击的声音，又像袭击敌人的军队，衔枚夜行，听不到任何号令，只听见有人马行进的声音。我对童子说：“这是什么声音？你出去看看。”童子回答说：“月色皎洁，银河高悬中天，四下里没有人的声音，那声音是从树林间传来的。”

予曰：“噫嘻悲哉！此秋声也，胡为乎来哉？盖夫秋之为状也：其色惨淡，烟霏云敛；其容清明，天高日晶[①]；其气栗冽[②]，砭（biān）人肌骨[③]；其意萧条，山川寂寥。故其为声也，凄凄切切，呼号奋发。丰草绿缛而争茂[④]，佳木葱茏而可悦；草拂之而色变，木遭之而叶脱。其所以摧败零落者，乃一气之余烈。夫秋，刑官也[⑤]，于时为阴；又兵象也，于行为金，是谓天地之义气，常以肃杀而为心。天之于物，春生秋实，故其在乐也，商声主西方之音[⑥]，夷则为七月之律。商，伤也，物既老而悲伤；夷，戮也，物过盛而当杀。”

①日晶：日光明亮。晶，亮。②栗冽：寒冷。③砭：古代用来治病的石针，这里引申为刺的意思。④绿缛：碧绿繁茂。⑤刑官：执掌刑狱的官。⑥商声：五声之一。

【译文】

我叹道：“唉，可悲啊！这就是秋声呀，它为何而来呢？秋天的样子大概是这样，它的色调惨淡、烟云散去；它的形貌清新明丽，天高云淡，阳光明亮；它的气候寒冷，刺人肌骨；它的意境寂寞萧条，了无生气，山川寂寥。所以它发出的声音凄凄切切，愤慨呼号。绿草丰茂，树木茂盛让人快乐。然而，一旦秋风吹起，吹过草地，草便变色，树叶凋落。它能摧残花草，使树木凋零的原因，便是一种自然之气的余威。秋天，是刑官执法的季节，它在时令上，属于阴；秋天又是战争的象征，在五行上属于金。这便是所说的“天地之义气”，它常常以肃杀为意志。自然对于万物，在春天让他们生长，在秋天让他们结果。所以，秋天在音乐的五声中又属商声。商声是代表西方的声音，夷则是七月的曲律之名。商，也就是‘伤’的意思，万物衰老，都会感到悲伤。夷，是杀戮的意思，草木过了繁盛期就应该走向衰亡。”

“嗟夫！草木无情，有时飘零[①]。人为动物，惟物之灵；百忧感其心，万事劳其形；有动乎中，必摇其精。而况思其力之所不及，忧其智之所不能；宜其渥然丹者为槁木[②]，黟（yī）然黑者为星星[③]。奈何非金石之质，欲与草木而争荣？念谁为之戕贼，亦何恨乎秋声！”

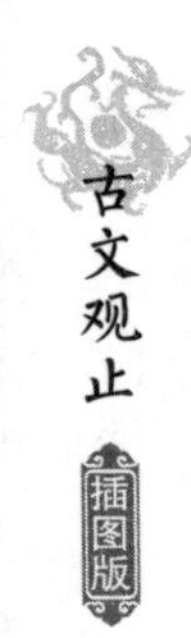

①有时：有固定时限。②渥：红润的脸色。③黟：黑。星星：鬓发花白的样子。

【译文】

“唉！草木是无情之物，但终有衰败零落之时。人为动物，是万物中最有灵性的；百般忧虑扰乱他的心绪，无数的事来劳累他的身体；内心受到外物触动，就会耗费心神。更何况常常惦记着自己力所不及的事情，担心自己的智慧不能解决的问题；红润的面色变得形如槁木，乌黑的头发变花白。为什么要以并非金石的身体，去和草木争一时的繁盛呢？应当认真考虑是谁给自己带来残害，又何必去怨恨这秋声呢？”

童子莫对，垂头而睡。但闻四壁虫声唧唧，如助予之叹息。

【译文】

书童没有回答，低头沉沉睡去。只听见四周虫声唧唧，像在附和我的叹息。

【精彩赏析】

文章融写景、叙事、议论、抒情为一体，句式参差错落，富有变化，具有音乐的美感。这也是欧阳修散文的一大特色。这篇文章主要描写作者的心声和感受，寓无形于有形，具有较强的艺术感染力。

祭石曼卿文

欧阳修

【题解】

石曼卿，北宋著名的诗人，政客。本文写于其去世 26 年后。此时欧阳修已 61 岁，一生经历宦海浮沉，看透世态炎凉。在好友石曼卿祭日，写下这篇悼文，既追忆先友，又表达了自己对世事的失望。

维治平四年七月日①，具官欧阳修，谨遣尚书都省令史李敭，至于太清②，以清酌庶羞之奠③，致祭于亡友曼卿之墓下，而吊之以文曰：

①维：发语词。②太清：地名，在今河南商丘东南，是石曼卿葬地。③清酌庶羞：清酌，祭奠时所用之酒。庶，各种。羞，通“馐”，食品，这里指祭品。

【译文】

治平四年七月某日，具官欧阳修，谨派尚书都省令史李敭前往太清，用清酒和几样菜肴作为祭品，在亡友曼卿的墓前祭奠，并写一篇祭文以示哀悼：

石曼卿半身像

呜呼曼卿！生而为英[①]，死而为灵。其同乎万物生死，而复归于无物者，暂聚之形；不与万物共尽，而卓然其不朽者，后世之名。此自古圣贤，莫不皆然，而著在简册者[②]，昭如日星[③]。

①英：英雄、英杰。②简册：指史籍。③昭：明亮。

【译文】

唉，曼卿啊！生前是英雄，死后必是神灵！那跟万物一样有生死，而又回归到无物的境地的，是暂时聚合的肉身；那不跟万物同归于尽，而超脱尘物的，是流传后世的名声。这是自古以来的圣贤，都是如此的；那些被载入史册的名字，就像太阳星辰一样明亮耀眼。

呜呼曼卿！吾不见子久矣，犹能仿佛子之平生。其轩昂磊落，突兀峥嵘而埋藏于地下者，意其不化为朽壤，而为金玉之精[①]。不然，生长松之千尺，产灵芝而九茎[②]。奈何荒烟野蔓，荆棘纵横；风凄露下，走磷飞萤[③]！但见牧童樵叟，歌吟上下，与夫惊禽骇兽，悲鸣踯躅而咿嘤[④]。今固如此，更千秋而万岁兮，安知其不穴藏狐貉与鼯鼪（wú shēng）[⑤]？此自古圣贤亦皆然兮，独不见夫累累乎旷野与荒城！

石曼卿《饯叶道卿题名》

①精：精华。②九茎：被当作珍贵祥瑞之物。③磷：一种非金属元素，夜间常见于坟间及荒野。俗称鬼火。④悲鸣踯躅而咿嘤：这里指野兽来回徘徊，禽鸟悲鸣惊叫。⑤狐貉：兽名，形似狐狸。鼯，鼠的一种，亦称飞鼠。鼪，黄鼠狼。

【译文】

唉！曼卿啊！我已经很久未曾见到你了，可是还能想象你生前的模样。你器宇轩昂，光明磊落，埋葬在地下的遗体，我猜想不会化为腐朽的土壤，应该会变成金玉精华。不然的话，就会长成千尺青松，或者九茎灵芝。为什么坟墓偏偏是荒烟弥漫，蔓草荆棘丛生，寒风凄凄，冷露淋淋，磷火闪闪，萤虫纷飞？只见牧童和砍柴的老者，唱着歌在其间走动；还有那些受惊的飞禽走兽，徘徊悲鸣不肯离开。现在已经这样了，经过千万年之后，怎知道狐狸、老鼠和黄鼬等畜生不会在这里挖洞造穴？自古以来，圣贤都如此，难道没看见那旷野上一个个荒坟？

呜呼曼卿！盛衰之理，吾固知其如此，而感念畴昔[①]，悲凉凄怆，不觉临风而陨涕者，有愧夫太上之忘情[②]。尚飨（xiǎng）！[③]

①畴昔：往昔，从前。②太上：最高，也指圣人。忘情：超脱了人世一切情感。③尚飨：祭文套语，表示希望死者鬼神来享用祭品之意。尚，这里是希望的意思。

【译文】

唉！曼卿啊！由盛而衰的道理，我本来早就知道是这样的。但怀念以前的时光，便感到悲凉心伤，禁不住迎风落泪的我，也只能因达不到圣人淡然忘情的境界而深感惭愧。希望你能够享用祭品。

【精彩赏析】

文章按照悼文的格式，先写石曼卿的为人品格超群脱俗，之后写如今坟前的凄凉景象，形成了鲜明的对比，表达了对逝者的哀思悼念，也抒发了对古圣先贤共同命运的感慨。文人将记叙、描写、抒情、议论融为一体，使文章情深意长，极其哀婉。

泷冈阡表

欧阳修

【题解】

阡表，就是写在墓碑上的碑文。这篇碑文是欧阳修在父亲去世60年之后写的，主要追忆和赞美了父母的美好品质，并借自己的仕途发展，来表明祖上的贤明及其对后代子孙的庇佑之恩。

呜呼！惟我皇考崇公①，卜吉于泷（shuāng）冈之六十年②，其子修始克表于其阡（qiān）③。非敢缓也，盖有待也。

①皇考：指亡父。崇公：欧阳修的父亲，名观，字仲宾，追封崇国公。②泷冈：地名。在江西省凤凰山上。卜吉：指风水先生找到一块好坟地。③阡：墓道。

【译文】

唉！我的父亲崇国公，占卜吉地安葬在泷冈60年之后，他的儿子修才能够在墓道上立碑，并不敢有意拖延，是因为有所等待。

修不幸，生四岁而孤。太夫人守节自誓①；居穷，自力于衣食，以长以教，俾至于成人。太夫人告之曰：汝父为吏廉，而好施与，喜宾客；其俸禄虽薄，常不使有余。曰："毋以是为我累。"故其亡也，无一瓦之覆，一垄之植，以庇而为生；吾何恃而能自守邪？吾于汝父，知其一二，以有待于汝也。自吾为汝家妇，不及事吾姑②；然知汝父之能养也。汝孤而幼，吾不能知汝之必有立；然知汝父之必将有后也。吾之始归也③，汝父免于母丧方逾年，岁时祭祀，则必涕泣，曰："祭而丰，不如养之薄也。"间御酒食，则又涕泣，曰："昔常不足，而今有余，其何及也！"吾始一二见之，以为新免于丧适然耳④。既而其后常然，至其终身，未尝不然。吾虽不及事姑，而以此知汝父之能养也。汝父为吏，尝夜烛治官书，屡废而叹。吾问之，则曰："此死狱也，我求其生不得尔。"吾曰："生可求乎？"曰：

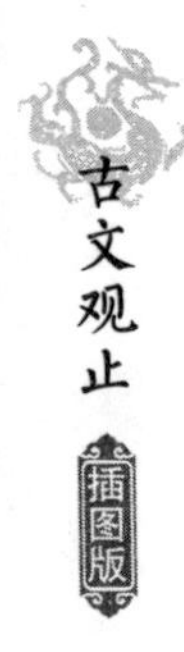

“求其生而不得，则死者与我皆无恨也；矧（shěn）求而有得邪[5]，以其有得，则知不求而死者有恨也。夫常求其生，犹失之死，而世常求其死也。”回顾乳者抱汝而立于旁，因指而叹，曰：“术者谓我岁行在戌将死，使其言然，吾不及见儿之立也，后当以我语告之。”其平居教他子弟，常用此语，吾耳熟焉，故能详也。其施于外事，吾不能知；其居于家，无所矜饰，而所为如此，是真发于中者邪！呜呼！其心厚于仁者邪！此吾知汝父之必将有后也。汝其勉之！夫养不必丰，要于孝；利虽不得博于物，要其心之厚于仁。吾不能教汝，此汝父之志也。”修泣而志之，不敢忘。

①太夫人：指欧阳修的母亲郑氏。②姑：丈夫的母亲。③始归：才嫁过来的时候。古时女子出嫁称归。④适然：偶然这样。⑤矧：况且。

【译文】

我不幸，四岁时父亲去世了，母亲立志守节，家境贫困，母亲靠自己的力量维持生活，边抚养我边教育我，使我长大成人。母亲告诉我说：“你父亲做官清廉，乐善好施，广交朋友，俸禄微薄，常常所剩无几。他说：‘不要让我为钱财所累！’所以他离世后，没有留下任何田产来维系我们母子的生存。我依靠什么守节呢？我了解你的父亲，因此把希望寄托在你身上。从我嫁到你父亲家，没赶上侍奉婆婆，但我知道你父亲很孝顺。你自幼失去父亲，我不知道你将来能否有出息，但我知道你父亲一定后继有人。我刚出嫁时，你父亲服完母丧刚一年。岁末祭祖，他总是流泪说：‘祭品再丰富，也不如生前微薄奉养啊。’偶然吃些好的酒菜，他也会流泪说：‘从前娘在时生活紧迫，如今富足有余，又无法让她享受到！’最初我看到他这样，还以为是母丧不久才这样。后来却经常如此，直到去世。我虽然没来得及侍奉婆婆，可从这一点能看出你父亲十分孝顺。你父亲做官，曾经在夜里秉烛查看公文，他多次停下来叹气。我问他，就说：‘这是一个判了死罪的案子，我想为他找条活路却不能。’我问：‘可以给死囚找生路吗？’他说：‘想为他寻求生路却无法办到，那么，也就没有什么遗憾了，况且能为他们找到生路呢！正因为有得到赦免的，才明白不认真查案而被处死的人可能有遗恨啊。经常为死囚求生路，还不免错杀无辜；何况这世上总有人想置人于死地呢？’他回头看见奶妈抱着你站在旁边，于是指着你感叹道：‘算命的说我遇上戌年就会死，假使他的话灵验了，我就看不见儿子长大成人了，将来你要把我的话告诉他。’他也常常以此教育其他晚辈，我听惯了所以记得很清楚。他在外面怎么样，我不知道；但他在家里，从不装腔作势，他为人忠厚，是发自内心的。唉！他是很重视仁的啊！我因此知道，你父亲一定后继有人。你一定要努力啊！孝顺父母，不一定供养丰厚，最重要的是孝敬之心；恩惠虽然不能遍及所有人，但重在有仁爱之心。

我没什么可教你的，这些都是你父亲的遗愿。”我流着泪记下母亲的教诲，从不敢忘记。

先公少孤力学，咸平三年进士及第，为道州判官，泗绵二州推官；又为泰州判官。享年五十有九，葬沙溪之泷冈。

【译文】

先父年幼丧父，发奋读书，咸平三年考中进士，任道州判官，泗、绵二州推官，又担任泰州判官，享年59岁，葬在沙溪的泷岗。

太夫人姓郑氏，考讳德仪①，世为江南名族。太夫人恭俭仁爱而有礼；初封福昌县太君，进封乐安、安康、彭城三郡太君。自其家少微时，治其家以俭约，其后常不使过之，曰：“吾儿不能苟合于世，俭薄所以居患难也。”其后修贬夷陵②，太夫人言笑自若，曰：“汝家故贫贱也，吾处之有素矣。汝能安之，吾亦安矣。”

①考：亡父。讳：名讳。②夷陵：县名，今湖北省宜昌市东南。

【译文】

太夫人姓郑，她亡父的名讳是德仪，世代是江南有声望的大户人家。太夫人恭顺、节俭、仁爱有礼；起初封为福昌县太君，进封为乐安、安康、彭城三郡太君。自从家道中落，她就简约持家，后来也不许花费过多，她说：”我的儿子不能迎合世人，要简约持家，要未雨绸缪，防患未然。”后来，我被贬夷陵，太夫人言笑如常，说：“你的家本就贫贱，我已经习惯了。你如果能安乐对待，我也就安心了。”

自先公之亡二十年，修始得禄而养。又十有二年，列官于朝，始得赠封其亲。又十年，修为龙图阁直学士、尚书吏部郎中，留守南京，太夫人以疾终于官舍，享年七十有二。又八年，修以非才入副枢密，遂参政事，又七年而罢。自登二府，天子推恩，褒其三世。盖自嘉祐以来，逢国大庆，必加宠锡。皇曾祖府君，累赠金紫光禄大夫、太师、中书令；曾祖妣，累封楚国太夫人。皇祖府君，累赠金紫光禄大夫、太师、中书令兼尚书令；祖妣，累封吴国太夫人。皇考崇公，累赠金紫光禄大夫、太师、中书令兼尚书令；皇妣，累封越国太夫人。今上初郊，皇考赐爵为崇国公，太夫人进号魏国。

【译文】

先父死后20年，我才做官来供养母亲。又过了12年，列位于朝廷做京官，才获得赠封双亲。又过了10年，我担任龙图阁直学士、尚书吏部郎中，留守南

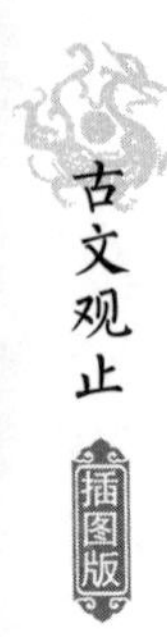

京。母亲在官邸病逝，享年72岁。又过了八年，我虽不才却做了朝廷的副枢密使，进为参知政事，又过了七年才解除职务。自从进入军、政二府后，天子施恩，褒奖三代宗亲。自仁宗嘉祐年以来，每逢大庆，朝廷都对我的先祖加以赐恩。曾祖父累赠为金紫光禄大夫、太师、中书令，曾祖母累赠为楚国太夫人。祖父累赠为金紫光禄大夫、太师、中书令兼尚书令，祖母累赠为吴国太夫人。先父崇国公累赠为金紫光禄大夫、太师、中书令兼尚书令，先母累赠为越国太夫人。当今圣上初次祭天，就将先父赐爵为崇国公，先母进爵为魏国太夫人。

于是小子修泣而言曰："呜呼！为善无不报，而迟速有时[①]，此理之常也。惟我祖考，积善成德，宜享其隆，虽不克有于其躬[②]，而赐爵受封，显荣褒大，实有三朝之锡命[③]，是足以表见于后世，而庇赖其子孙矣。"乃列其世谱，具刻于碑，既又载我皇考崇公之遗训，太夫人之所以教，而有待于修者，并揭于阡。俾知夫小子修之德薄能鲜，遭时窃位，而幸全大节，不辱其先者，其来有自。

①迟速：快慢。②躬：亲自。③锡命：诰封。

【译文】

于是我流着泪说："唉！做善事没有不受到回报的，只是或迟或早，这是常理。我先祖和父亲，积善成德，理应享有如此的恩宠，虽然他们在有生之年不能享受，但是赐爵受封，荣耀显贵，具有三朝恩赏诰封，这足够显扬于后世，庇荫后世子孙。"于是罗列家族的谱系，详细地刻在石碑上，接着又把先父崇国公的遗训，以及太夫人的训话，以及对我的期待，都写在阡表上，好让大家知道我德行浅薄，能力有限，只是生逢其时才能得到了高位，有幸保全名节，没有辱没先祖，都由于以上的原因。

熙宁三年，岁次庚戌，四月辛酉朔，十有五日乙亥，男推诚、保德、崇仁、翊（yì）戴功臣，观文殿学士，特进，行兵部尚书，知青州军州事，兼管内劝农使，充京东路安抚使，上柱国，乐安郡开国公，食邑四千三百户，食实封一千二百户，修表。

【译文】

神宗熙宁三年，庚戌年，四月初一辛酉，十五日乙亥，子推诚保德崇仁翊戴功臣，观文殿学士、特进、行兵部尚书、知青州军州事，兼管内劝农使、充任京东路安抚使、上柱国、乐安郡开国公，食邑四千三百户、食实封一千二百户，欧阳修立表。

【**精彩赏析**】

本篇表文文字朴素，情感真挚，尤其是追忆父母生前的品德言行，将父母的形象生动真实地表现出来，音容笑貌如在眼前。虽然是一篇碑文，但却突出体现了欧阳修别具一格的文风。

刑赏忠厚之至论

苏轼

【**题解**】

苏轼，字子瞻，号东坡居士。北宋著名的政治家、文学家，豪放词的代表之一，唐宋八大家之一，被称为“古今第一全才”。本文是苏轼在科举考试中写的一篇考场作文，他凭借此文获得了主考官欧阳修的赏识。

尧、舜、禹、汤、文、武、成、康之际，何其爱民之深，忧民之切，而待天下以君子长者之道也。有一善，从而赏之，又从而咏歌嗟叹之，所以乐其始而勉其终。有一不善，从而罚之，又从而哀矜惩创之，所以弃其旧而开其新。故其吁俞之声①，欢休惨戚②，见于虞、夏、商、周之书。成、康既没，穆王立，而周道始衰，然犹命其臣吕侯③，而告之以祥刑④。其言忧而不伤，威而不怒，慈爱而能断，恻然有哀怜无辜之心，故孔子犹有取焉。

①吁俞：吁，疑怪声；俞，回应。②欢休：和善。惨戚：悲哀。③吕侯：周穆王之臣，为司寇。周穆王用其言论作刑法。④祥刑：刑而谓之祥者，即刑期无刑之意，故其祥莫大焉。

苏轼

【译文】

唐尧、虞舜、夏禹、商汤、周文王、周武王、周成王、周康王的时候，他们是多么地关爱百姓、深切地为百姓担忧，用君子长者的方法来对待天下人。有人做了好事，不但奖赏他，还用歌曲赞美他，是为了奖励他的开始并鼓励他坚持到底；有人做了坏事，不仅处罚他，又可怜惩罚他，是为了让他改正错误而开始新的生活。因此，质疑的声音、悲伤欢乐的情感，在虞、夏、商、周的历史书籍里都可以见到。成王、康王死后，穆王即位，周朝便开始衰落。然而穆王还是吩咐大臣吕侯，告诉他慎用刑罚。他说的话忧愁却不哀伤，威严却不愤怒，慈爱却又果断，有哀怜无罪者的慈悲之心。因此，孔子认为他还是可取的。

《传》曰："赏疑从与[①]，所以广恩也；罚疑从去[②]，所以慎刑也。"当尧之时，皋陶为士。将杀人，皋陶曰"杀之"三，尧曰"宥之"三。故天下畏皋陶执法之坚，而乐尧用刑之宽。四岳曰"鲧可用"[③]，尧曰："不可，鲧方命圮族"[④]，既而曰："试之"。何尧之不听皋陶之杀人，而从四岳之用鲧也？然则圣人之意，盖亦可见矣。

①赏疑从与：言与赏而疑，则宁可与之。②罚疑从去：言当罚而疑，则宁可去之。③四岳：分掌四方之诸侯。鲧：传说大禹之父，四凶之一。④方命：逆命。圮族：败类。

【译文】

《尚书》传文说："不确定是否赏赐就赏赐，目的是推广恩泽；不确定是否处罚就不罚，目的是慎用刑法。"尧当政时，皋陶当掌管刑罚的官。要处死一个人，皋陶多次说当杀，尧帝却连连说应当宽恕。所以天下人都因皋陶执法坚决害怕他，而赞美尧帝宽容仁厚。四岳说："鲧可以任用。"尧说："不可！鲧违抗命令，杀害同族。"过后，他还是说："试用一下吧。"为什么尧不听从皋陶杀人的主张，却听从四岳任用鲧的建议呢？那么圣人的心意，大概可以看出来了。

东坡赏砚图

《书》曰："罪疑惟轻，功疑惟重。与其杀不辜，宁失不经[①]。"呜呼，尽之矣。可以赏，可以无赏，赏之过乎仁；可以罚，可以无罚，罚之过乎义。过乎仁，不失为君子；过乎义，则流而入于忍人[②]。故仁可过也，义不可过也。古者赏不以爵禄，刑不以刀锯。赏之以爵禄，是赏之道行于爵禄之所加，而不行于爵禄之所不加也。刑之以刀锯，是刑之威施于刀锯之所及，而不施于刀锯之所不及也。先王知天下之善不胜赏，而爵禄不足以劝也；知天下之恶不胜刑，而刀锯不足以裁也。是故疑则举而归之于仁，以君子长者之道待天下，使天下相率而归于君子长者之道。故曰：忠厚之至也。

①宁失不经：宁可失职犯错误。②忍人：谓性情狠戾之人。

【译文】

《尚书》说："罪行轻重不确定时，从轻处置；功劳大小难确定时，从厚奖赏。与其错杀无辜的人，宁可失职犯错。"唉！这句话完全表现出忠厚之意。可以赏也可以不赏，赏就超过了仁；可以罚也可以不罚时，罚就超出了义。过于仁慈，不失为一个君子；超出义法，就过于残忍了。因此，仁慈可以超过，义法是不可超过的。古人不拿爵位和俸禄奖赏，不用刀锯处罚人。用爵位、俸禄行赏，只对能得到爵位、俸禄的人起作用，对不能得到爵位和俸禄的人起不了作用。用刀锯作刑具，只对受刑的人起作用，对不受刑的人不起作用。古代帝王知道天下的善行是赏不完的，拿爵位俸禄做奖赏起不到鼓励的作用；也知道天下的罪恶是罚不完的，用刀锯来制裁也起不到震慑的作用。所以当赏罚不能确定的时候，就以仁的方法来处理。用君子长者的宽厚仁慈对待天下人，使天下人都回归到君子长者的忠厚之道上来，所以说这是忠厚到了极点啊！

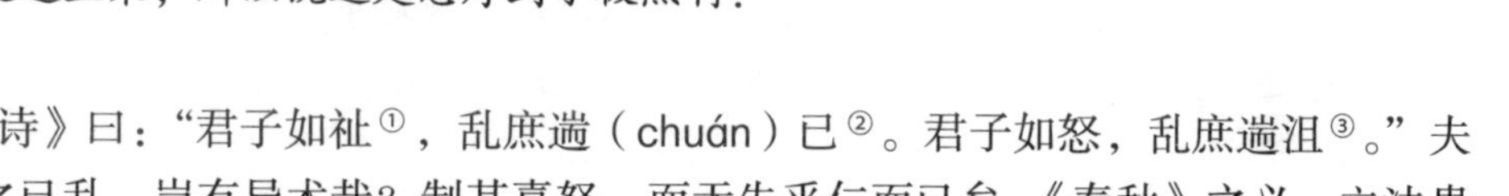

《诗》曰："君子如祉[①]，乱庶遄（chuán）已[②]。君子如怒，乱庶遄沮[③]。"夫君子之已乱，岂有异术哉？制其喜怒，而无失乎仁而已矣。《春秋》之义，立法贵严，而责人贵宽。因其褒贬之义，以制赏罚，亦忠厚之至也。

①祉：喜悦。②遄：快速。③沮：停止。

【译文】

《诗经》说："君子如果乐于纳谏，祸乱就会快速止息；君子如果怒斥谗言，祸乱也会快速停止。"君子平息祸乱，难道有特殊的方法吗？适时地控制自己的喜怒，不违背仁的原则罢了。《春秋》的大义，立法贵严，责人贵宽。根据它的褒贬原则来制定赏罚办法，这也是忠厚之至啊！

【精彩赏析】

本文的主要特色就是摒弃了当时流行的艰涩浮华的文风，运用质朴自然、平白晓畅的文字，来论述自己的观点。气势流畅，又富于变化，虽然内容略显空洞，但仍不失为科举文章中的佳作。

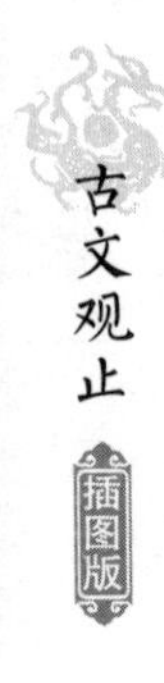

范增论

苏轼

【题解】

范增，项羽的亚父、重要谋臣。本文是苏轼针对范增写的一篇论文，主要围绕范增的出走展开讨论，进而分析范增性格中的弱点，精于算计，也失于算计，感叹他聪明反被聪明误。

汉用陈平计，间疏楚君臣。项羽疑范增与汉有私，稍夺其权。增大怒曰："天下事大定矣，君王自为之，愿赐骸骨，归卒伍。"未至彭城，疽发背，死。

【译文】

刘邦采用了陈平的计策，离间楚国君臣。项羽怀疑范增和刘邦私下勾结，渐渐剥夺他的权力。范增大怒说："天下大事已经基本确定了，君王自己去做吧。我请求告老还乡。"回乡时，还没到彭城，就因背上恶疮发作而死。

苏子曰："增之去，善矣。不去，羽必杀增。独恨其不早尔。"然则当以何事去？增劝羽杀沛公，羽不听，终以此失天下，当以是去耶？曰："否。增之欲杀沛公，人臣之分也；羽之不杀，犹有君人之度也。增曷为以此去哉？《易》曰：'知几其神乎！'《诗》曰：'如彼雨雪，先集维霰。'增之去，当于羽杀卿子冠军时也。"

【译文】

苏子说："范增离开是好事。若不离去，项羽一定会杀他。只遗憾他没有早早离开而已。"既然这样那么范增应当为何事离开呢？范增劝项羽杀沛公，项羽不听；终因此失去天下，应当因此离去吗？回答说："不。范增想要杀死沛公，是做臣子的职责；项羽不杀刘邦，也还有君王的度量。范增怎能为此离去呢？《易经》说：'知道选择恰当时机，那不是很聪明吗？'《诗经》说：'观察气象，若要下雪，水汽必定先聚集成霰。'范增离去，应当在项羽杀卿子冠军的时候。"

陈涉之得民也，以项燕、扶苏。项氏之兴也，以立楚怀王孙心；而诸侯叛之也，以弑义帝。且义帝之立，增为谋主矣。义帝之存亡，岂独为楚之盛衰，亦增之所与同祸福也；未有义帝亡而增独能久存者也。羽之杀卿子冠军也，是弑义帝之兆也。其弑义帝，则疑增之本也，岂必待陈平哉？物必先腐也，而后虫生之；人必先疑也，而后谗入之。陈平虽智，安能间无疑之主哉？

【译文】

陈涉能够得民心，因为借助了楚将项燕和公子扶苏的名义。项氏的兴盛，因为拥立了楚怀王孙子熊心；而诸侯背叛他，因为他谋杀了义帝。况且拥立义帝，范增是主谋。义帝的存亡，岂止决定楚国的盛衰，范增也与此休戚相关。绝没有义帝被杀，而范增能够存活的道理。项羽杀卿子冠军，就是谋杀义帝的先兆。他杀义帝，就是怀疑范增的根源。难道一定等到陈平吗？事物必定先腐烂了，然后才能生蛆虫；人必定先生疑，然后才会听信谗言。陈平虽说智慧过人，又怎么能够离间没有疑心的君主呢？

吾尝论义帝，天下之贤主也。独遣沛公入关，而不遣项羽；识卿子冠军于稠人之中，而擢为上将，不贤而能如是乎？羽既矫杀卿子冠军，义帝必不能堪，非羽弑帝，则帝杀羽，不待智者而后知也。增始劝项梁立义帝，诸侯以此服从。中道而弑之，非增之意也。夫岂独非其意，将必力争而不听也。不用其言，而杀其所立，羽之疑增必自是始矣。

【译文】

我曾经评论义帝，说他是天下的贤君。只派沛公入关，而不派项羽；在众人之中识别卿子冠军，并且提拔他做上将军，若不是贤明之君能做到这些吗？项羽既然假托君王之命杀死了卿子冠军，义帝必然不能容忍。因此，不是项羽谋杀义帝，就是义帝杀了项羽，这即使不是智者也可知道。范增开始劝项梁拥立义帝，诸侯因此而服从。中途谋杀义帝，并不是范增的主意。其实非但不是他的主意，而且他一定是力争却没有被接受。不采用他的忠告，而杀死他所拥立之人，项羽怀疑范增，一定是从这时就开始了。

方羽杀卿子冠军，增与羽比肩而事义帝，君臣之分未定也。为增计者，力能诛羽则诛之，不能则去之，岂不毅然大丈夫也哉？增年七十，合则留，不合即去，不以此时明去就之分，而欲依羽以成功名，陋矣！虽然，增，高帝之所畏也；增不去，项羽不亡。亦人杰也哉！

【译文】

在项羽杀卿子冠军之时，项羽和范增并肩侍奉义帝，还没有确定君臣之身份。

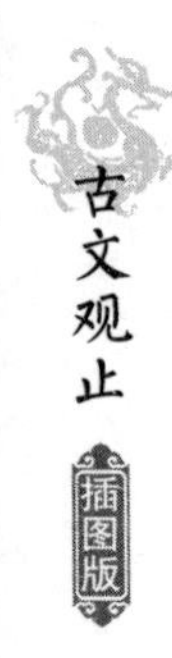

替范增考虑，能诛杀项羽就杀了他，不能杀他就离开他，岂不是毅然决然的男子汉吗？范增已经70岁，相处融洽就留下来，意见不合就离开他，不在这个时候弄清去留，却想依靠项羽而成就功名，浅陋啊！即使这样，范增，还是汉高祖畏惧的人。范增不离开，项羽就不会灭亡。范增也是人中的豪杰呀！

【精彩赏析】

本文结构清晰，逻辑紧密，层层递进。主要运用史实和假设，来分析评论范增这一历史人物。文章立意不俗，推敲精密，论证严谨，是苏轼论文中的上乘之作。

石钟山记

苏轼

【题解】

本文记述了作者探求石钟山名字由来的经过。通过与郦道元和李渤二人的对比，得出了做事不能凭借主观判断，必要“目见耳闻”方可下结论的观点。文章描写了夜游石钟山的奇妙景致，也阐发了作者夜游后的感慨，寓写景、抒情、议论为一体。

《水经》云：“彭蠡之口有石钟山焉。”①郦元以为下临深潭，微风鼓浪，水石相搏，声如洪钟。是说也，人常疑之。今以钟磬置水中，虽大风浪不能鸣也，而况石乎！至唐李渤始访其遗踪②，得双石于潭上，扣而聆之，南声函胡③，北音清越，枹（fú）止响腾④，余韵徐歇。自以为得之矣。然是说也，余尤疑之。石之铿（kēng）然有声者，所在皆是也，而此独以钟名，何哉？

①石钟山，在江西省湖口县鄱阳湖东岸，有南、北二山。②李渤：唐朝洛阳人，写过一篇《辨石钟山记》。遗踪：旧址，陈迹。③函胡，通“含糊”。④枹止响腾：鼓槌停止了（敲击），声音还在传播。腾，传播。

【译文】

《水经》说：“鄱阳湖的湖口有一座石钟山。”郦道元认为石钟山下临深潭，微风吹动波浪，水和石头互相拍打，发出洪钟般的声音。这个说法，常常受到人们的怀疑。如今把钟放在水中，即使大风大浪也不能使它发出声响，何况是石头呢！

到了唐代李渤才访求石钟山的旧址，在潭水边找到两块石头，敲击它们，聆听它们的声音，南边那座山的山石发声模糊，北边那座山的石头声音清脆响亮，停止了敲击，声音还在传播，余音慢慢地消失。他自己认为找到了这个石钟山名字的由来。但是这个说法，我更加怀疑。敲击后能发出声响的石头，到处都是，可唯独这座山用钟来命名，为什么呢？

元丰七年六月丁丑，余自齐安舟行适临汝，而长子迈将赴饶之德兴尉，送之至湖口，因得观所谓石钟者。寺僧使小童持斧，于乱石间择其一二扣之，硿硿（kōng）焉[①]。余固笑而不信也。至莫（mù）夜月明，独与迈乘小舟，至绝壁下。大石侧立千尺，如猛兽奇鬼，森然欲搏人；而山上栖鹘（hú）[②]，闻人声亦惊起，磔磔（zhé）云霄间[③]；又有若老人咳且笑于山谷中者，或曰此鹳鹤也[④]。余方心动欲还，而大声发于水上，噌吰（chēng hóng）如钟鼓不绝[⑤]。舟人大恐。徐而察之，则山下皆石穴罅（xià）[⑥]，不知其浅深，微波入焉，涵澹澎湃而为此也。舟回至两山间，将入港口，有大石当中流，可坐百人，空中而多窍，与风水相吞吐，有窾（kuǎn）坎镗（táng）鞳（tà）之声[⑦]，与向之噌吰者相应，如乐作焉。因笑谓迈曰：“汝识（zhì）之乎？噌吰者，周景王之无射（yì）也[⑧]；窾坎镗鞳者，魏庄子之歌钟也[⑨]。古之人不余欺也！”

（明）张路　《苏轼回翰林院图》

①硿硿焉：硿硿地（发出响声）。②栖鹘：宿巢的老鹰。鹘，鹰的一种。③磔磔：鸟鸣声。④鹳鹤：水鸟名，似鹤而顶不红，颈和嘴都比鹤长。⑤噌吰：这里形容钟声洪亮。⑥罅：裂缝。⑦窾坎镗鞳：窾坎，击物声。镗鞳，钟鼓声。⑧周景王之无射：《国语》记载，周景王二十三年铸成“无射”钟。⑨庄子，魏绛的谥号。歌钟，古乐器。

【译文】

元丰七年六月初九，我从齐安坐船到临汝去，大儿子苏迈要去饶州就任德兴县的县尉，我送他到湖口，因此能够看到所说的石钟山。庙里的和尚让小童拿着斧头，在乱石中间选择其中的两块撞击它们，发出硿硿的声音，我当然觉得很好笑并不相信。到了晚上，月光明亮，我独自和苏迈划着小船，来到绝壁下面。巨大的山石矗

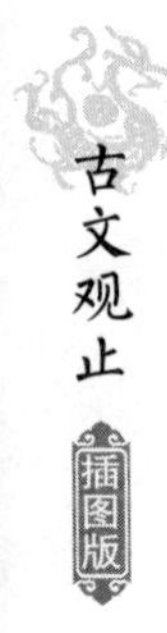

立着，有千尺高，好像凶猛的野兽和奇异的鬼怪，阴森森地，好像要攻击我们；山上栖息的老鹰，听到人声也受惊飞起来，在云霄间发出磔磔的声响；又有像老人在山谷中咳嗽和大笑的声音，有人说这是鹳鹤。我正害怕想要回去，忽然从水上发出巨大的声响，像不断地敲钟击鼓。船夫很害怕。我仔细观察，山下都是石穴和缝隙，不知它们有多深，水波冲进里面，在空隙里激荡所以才发出声音。船回到两山之间，将要进入港口，有块大石头立在水流中央，上面可坐百来个人，石头中空而且有许多窟窿，吞吐水浪，发出窾坎镗鞳的声音，同先前噌吰的声音相互应和，如同奏乐。于是我笑着对苏迈说："你知道吗？刚才那样的声音，就像周景王无射钟的乐声；现在这种响声，像是魏庄子歌钟的声音。古人没有欺骗我们啊！"

事不目见耳闻，而臆断其有无，可乎？郦元之所见闻，殆与余同，而言之不详；士大夫终不肯以小舟夜泊绝壁之下，故莫能知；而渔工水师虽知而不能言。此世所以不传也。而陋者乃以斧斤考击而求之，自以为得其实。余是以记之，盖叹郦元之简，而笑李渤之陋也。

【译文】

事情眼未亲见，耳未听闻，只凭主观去猜测它有或没有，可以吗？郦道元的见闻，大概和我一样，但是讲述得不详细；士大夫终究不愿划着小船在夜里停靠在悬崖之下，所以没有人能知道；渔人和船夫，虽然知道真相却不能记载下来。这就是石钟山得名由来没有流传于世的原因。然而浅陋的人竟然用斧头敲打石头来寻求石钟山得名的原因，自以为找到了真相。我因此记下这件事，叹惜郦道元的记载简略，嘲笑李渤见识的浅陋。

【精彩赏析】

文章语言生动形象，尤其是写夜游一段，描写大石和水声，运用比喻，写出了景象的奇特。议论精当，说理透彻。

前赤壁赋

苏轼

【题解】

此文写于苏轼被贬黄州之后，记述了他与友人同游黄冈赤壁的经过。文中描写了夜晚赤壁的壮美景象，通过主客对话，抒发了对生命和功业的感慨。表现了作者的旷达乐观，也表现了仕途失意的怅惘和哀伤。

壬戌之秋①，七月既望②，苏子与客泛舟游于赤壁之下。清风徐来，水波不兴。举酒属客③，诵《明月》之诗，歌“窈窕”之章。少焉，月出于东山之上，徘徊于斗牛之间。白露横江，水光接天。纵一苇之所如，凌万顷之茫然。浩浩乎如冯虚御风④，而不知其所止；飘飘乎如遗世独立，羽化而登仙。

东坡图

①壬戌：宋神宗元丰五年，岁在壬戌。②既望：既，过了；望，农历十五日。③属：通“嘱”（zhǔ），致意，此处引申为“劝酒”的意思。④冯：通“凭”，乘。虚：太空。御：驾御。

【译文】

壬戌年秋，七月十六日，苏轼与友人在赤壁下泛舟游玩。清风吹来，水波平静。举起酒杯向友人敬酒，吟诵着《诗经·陈风·月出》诗中“舒窈纠合，劳心悄兮”一章。过一会儿，明月从东山上升起，徘徊在斗宿与牛宿之间。白茫茫的雾气弥漫在江面上，水光连天。任凭小船儿飘荡，越过茫然万顷的江面。情思浩荡，如同乘风飞行，却不知道在哪里停止，飘然遗世，超越凡尘，像是成了神仙，进入仙境。

于是饮酒乐甚，扣舷而歌之。歌曰：“桂棹兮兰桨，击空明兮溯流光。渺渺兮予

怀，望美人兮天一方。”客有吹洞箫者，依歌而和之。其声呜呜然，如怨如慕①，如泣如诉；余音袅袅，不绝如缕。舞幽壑之潜蛟，泣孤舟之嫠妇②。

①怨：哀怨。慕：眷恋。②嫠：孤居的妇女，在这里指寡妇。

【译文】

这时酒兴正盛，叩击着船舷唱起歌来。歌中唱到“桂木棹呀香兰桨，拍打水面啊，迎着波光。我的心境悠远啊，想念的美人啊在水一方”。客人吹起洞箫，伴着歌声的节奏，洞箫呜呜：像是怨恨，又像是思慕，像是哭泣，又像是倾诉，余音袅袅，凄切忧伤，如同细丝绵长不断。箫声啊，使深谷中的蛟龙起舞，使孤舟上的寡妇落泪。

苏子愀（qiǎo）然，正襟危坐，而问客曰：“何为其然也？”客曰：“‘月明星稀，乌鹊南飞。’此非曹孟德之诗乎？西望夏口，东望武昌，山川相缪①，郁乎苍苍，此非孟德之困于周郎者乎？方其破荆州，下江陵，顺流而东也，舳舻（zhú lú）千里②，旌旗蔽空，酾（shī）酒临江③，横槊（shuò）赋诗④，固一世之雄也，而今安在哉？况吾与子渔樵于江渚之上，侣鱼虾而友麋（mí）鹿，驾一叶之扁（piān）舟，举匏（páo）樽以相属⑤。寄蜉（fú）蝣于天地⑥，渺沧海之一粟。哀吾生之须臾，羡长江之无穷。挟飞仙以遨游，抱明月而长终。知不可乎骤得，托遗响于悲风。”

东坡行吟图

①缪：通“缭”，盘绕。②舳舻：战船前后相接。这里指战船。③酾酒：斟酒。④横槊：横执长矛。⑤匏樽：盛酒的容器。⑥蜉蝣：一种昆虫，夏秋之交生于水边，生命短暂，仅数小时。此句比喻人生之短暂。

【译文】

苏轼面露悲伤，他整理衣裳端坐，向客人问道：“为什么这样悲凉呢？”同伴回答：“‘月明星稀，乌鹊南飞’，这不是曹孟德的诗吗？这里向西可以望到夏口，向东可以望到武昌，山川连绵不绝，一片苍翠。这不正是曹孟德被周瑜所围困的地方吗？当初他攻下荆州，夺得江陵，沿长江顺流东下，战船接连千里，旌旗遮住了天空，在江上洒酒祭奠，横执长矛吟诗赋诗，实在是一代枭雄，而今天又在哪里呢？何况我与你在江边捕鱼砍柴，与鱼虾作伴，与麋鹿为友，驾着这一叶小舟，举起杯盏相互敬酒。就如同置身于广阔的天地的小小蜉蝣，像沧海中的一粒粟米那样渺小。哀叹我们的一生如此短暂，羡慕长江无穷无尽。多希望与仙人携手遨游，与明月共存世间。我知道这不可能得到，只得将遗憾化为箫音，寄托给悲凉的秋风罢了。”

苏子曰：“客亦知夫水与月乎？逝者如斯，而未尝往也；盈虚者如彼，而卒莫消长也。盖将自其变者而观之，则天地曾不能以一瞬；自其不变者而观之，则物与我皆无尽也，而又何羡乎！且夫天地之间，物各有主，苟非吾之所有，虽一毫而莫取。惟江上之清风，与山间之明月，耳得之而为声，目遇之而成色，取之无禁，用之不竭。是造物者之无尽藏也，而吾与子之所共适。”

【译文】

苏轼说：“你可知道那水与月？就像这江水总是在流动，其实并没有流动；像那时圆时缺的月亮，到最后并没有增加或减少。可见，从事物变化的一面看来，天地间没有一瞬间不发生变化；而从事物不变的一面看来，万物与人的生命都无穷无尽，又有什么可羡慕的呢？何况天地之间，凡物各有自己的归属，若不是属于你的，即使一分一毫也不能求取。只有江上的清风，和山间的明月，听到了便成为声音，看到了便成了景色，取得这些不会有人禁止，享用这些也不会穷尽。这是造物者无穷的宝藏，你我尽可以一起享用。”

客喜而笑，洗盏更酌①。肴核既尽②，杯盘狼藉。相与枕藉乎舟中③，不知东方之既白。

①更酌：再次饮酒。②肴核既尽：荤菜和果品。既：已经。③枕藉：相互枕着垫着。

【译文】

客人听后高兴地笑了，清洗杯盏重新斟酒。菜肴和果品都吃完了，只剩下桌上的杯碟零乱。大家在船里互相枕着睡去，不知不觉天已经亮了。

【精彩赏析】

文章语言优美，情韵深挚，意象连贯，结构严谨。融写景、议论、抒情为一体，达到了景、理、情三者的完美融合。文章既充满诗情画意，又富有哲理情思，是优秀的散文作品。

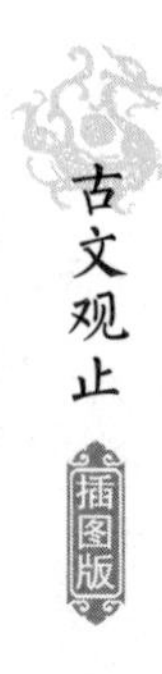

后赤壁赋

苏轼

【题解】

和《前赤壁赋》相比，《后赤壁赋》的文字就略显凄凉和消沉了。时隔三个月，苏轼描写了冬日里的赤壁，景象萧条，壮观之气全然不见了。用诗人的话来说，即“曾日月之几何，而江山不可复识矣”。

是岁十月之望，步自雪堂，将归于临皋。二客从予过黄泥之坂（bǎn）①。霜露既降，木叶尽脱，人影在地，仰见明月，顾而乐之，行歌相答。已而叹曰：“有客无酒，有酒无肴，月白风清，如此良夜何！”客曰：“今者薄暮，举网得鱼，巨口细鳞，状如松江之鲈。顾安所得酒乎？”归而谋诸妇。妇曰：“我有斗酒，藏之久矣，以待子不时之需。”于是携酒与鱼，复游于赤壁之下。江流有声，断岸千尺；山高月小，水落石出。曾日月之几何，而江山不可复识矣。予乃摄衣而上，履巉（chán）岩②，披蒙茸③，踞虎豹，登虬龙，攀栖鹘之危巢，俯冯（píng）夷之幽宫④。盖二客不能从焉。划然长啸，草木震动，山鸣谷应，风起水涌。予亦悄然而悲，肃然而恐，凛乎其不可留也。反而登舟，放乎中流，听其所止而休焉。时夜将半，四顾寂寥。适有孤鹤，横江东来。翅如车轮，玄裳缟衣⑤，戛然长鸣，掠予舟而西也。

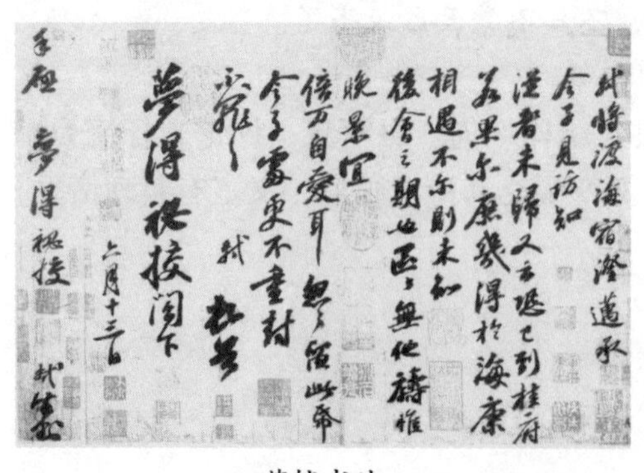

苏轼书法

①黄泥之坂：黄冈东面东坡附近的山坡叫“黄泥坂”。坂，斜坡，山坡。②履：践，踏。巉岩：险峻的山石。③披蒙茸：分开乱草。蒙茸，杂乱的丛草。④冯夷：水神。幽：深。⑤玄：黑。裳：下服。缟，白。衣：上衣。

【译文】

这年十月十五日，我从雪堂出发，

准备回临皋。有两位客人陪着我一起走过黄泥坂。这时霜露已降，树叶全都脱落。我们的身影倒映在地上，抬头望见明月高悬。四下欣赏，感到十分快乐；于是边走边唱，相互酬答。过了一会儿，我叹惜地说："有客人无酒，有酒无菜。月色皎洁，清风吹拂，如此美好的夜晚，我们怎么度过呢？"一位客人说："今天傍晚，我撒网捕了条鱼，大嘴巴，细鳞片，形状就像吴淞江的鲈鱼。不过，哪里能弄到酒呢？"我回家和妻子商量，妻子说："我有一斗酒，保藏了很久，为了应急所需。"就这样，我们携带着酒和鱼，再次到赤壁游览。长江流水涛涛，江岸高耸峻峭；山峰高耸，月亮显得小了，水位降低，礁石显露。才相隔多少日子，江山的景象已经认不出了！我撩起衣襟上岸，踏着险峻的山岩，拨开纷杂的野草；蹲在形如虎豹的怪石上，偶尔拽住形如虬龙的树枝，攀上猛禽做窝的悬崖，向下看水神冯夷的深宫。两位客人未能跟着我攀到这个极高处。我大声长啸，震动草木，高山与我共鸣，深谷回荡着我的声音，大风刮起，波浪汹涌。我也感到凄凉悲哀，不禁恐惧而屏息静默，觉得这里令人害怕，不可久留。回到船上，把船划到江心，任凭它漂流到哪里就停在哪里。这时快到半夜，四周一看，觉得很是冷清寂寞。正好有一只鹤，横穿江面从东边飞过，翅膀像车轮一样，尾部的羽毛像是黑裙，身上的白羽如同洁白的衣裳，它拉长声音叫着，从我们的船旁向西飞去。

须臾客去，予亦就睡。梦一道士，羽衣蹁跹①，过临皋之下，揖予而言曰："赤壁之游乐乎？"问其姓名，俯而不答。"呜呼！噫嘻！我知之矣。畴昔之夜，飞鸣而过我者，非子也邪？"道士顾笑，予亦惊寤②。开户视之，不见其处。

①蹁跹：轻快的样子。②寤：觉，醒。

【译文】

过了一会儿，客人走了，我也回家睡觉。梦见一位道士，穿着羽毛织成的衣裳，轻快地走来，路过临皋亭，拱手作揖对我说："赤壁之游快乐吗？"我问他的姓名，他低头不回答。"啊！哎呀！我知道了。昨天晚上，边飞边叫着从我身边经过的，不是你吗？"道士回头笑了起来，我也忽然惊醒。开窗一看，却不见踪影了。

【精彩赏析】

本文的精彩之处，莫过于仙鹤、道士的神来之笔，用白衣蹁跹、自来自去的仙人，来表达自己对于自由自在、无烦恼的向往，间接地表达了此时内心的怅惘和苦闷。

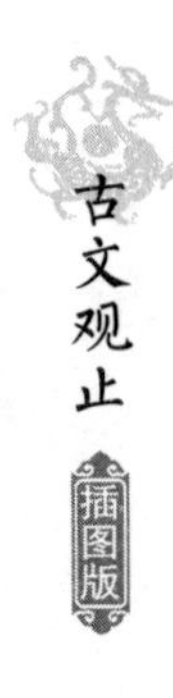

方山子传

苏轼

【题解】

方山子，真名陈慥，字季常。早年做官，晚年时隐居，与苏轼有交往。本文是苏轼被贬黄州之后，偶遇旧友之后，为陈慥作的传记。文中写了陈慥少年时的侠义心肠、壮年时的英气风发以及晚年时的淡然脱俗，进而感慨人生变迁，命运无常。

方山子，光、黄①间隐人也。少时慕朱家、郭解为人②，闾里之侠皆宗之③。稍壮，折节读书，欲以此驰骋当世，然终不遇。晚乃遁于光、黄间，曰岐亭。庵居蔬食，不与世相闻；弃车马，毁冠服，徒步往来山中，人莫识也。见其所著帽，方耸而高，曰："此岂古方山冠之遗像乎④？"因谓之方山子。

①光、黄：即光州和黄州。②朱家、郭解：西汉时的游侠。③闾里：乡里。宗：推崇，归附。④方山冠：汉代祭祀宗庙时乐舞者所戴的一种帽子。唐宋时，隐者常喜戴。

【译文】

方山子，是光州、黄州一带的隐士。年轻时，仰慕汉代游侠朱家、郭解的为人，乡里的游侠之士都推崇他。壮年时，改变志趣，发奋读书，想以此来扬名于世，但是始终未能受到赏识。于是晚年隐居在光州、黄州一带名叫岐亭的地方。住茅屋，吃蔬菜，不与世俗来往。不坐车骑马，舍弃了原来的衣帽，徒步来往，没有人认识他。人们见他戴的帽子方方的又很高，就说："这不就是古代方山冠遗留下来的样子吗？"因此就叫他"方山子"。

余谪居于黄，过岐亭，适见焉。曰："呜呼！此吾故人陈慥季常也，何为而在此？"方山子亦矍然，问余所以至此者，余告之故。俯而不答，仰而笑。呼余宿其家，环堵萧然，而妻子奴婢，皆有自得之意。

【译文】

我贬官蛰居黄州，有一次经过岐亭时，碰巧见到了他。我说："哎呀，这是我的老朋友陈慥陈季常呀，怎么会住在这里的呢？"方山子也十分惊讶，问我到这里来的原因。我把原因告诉了他，他低头不语，接着仰天大笑，请我到他家去住。他家里房舍简陋，然而他的妻儿奴仆都一副怡然自得的样子。

余既耸然异之。独念方山子少时，使酒好剑，用财如粪土。前十有九年，余在岐山，见方山子从两骑，挟二矢，游西山。鹊起于前，使骑逐而射之，不获；方山子怒马独出，一发得之。因与余马上论用兵及古今成败，自谓一时豪士。今几日耳，精悍之色犹见于眉间，而岂山中之人哉？

【译文】

我也十分惊讶。回想起方山子年少的时候，酗酒任性，喜欢舞剑，挥金如土。十九年前，我在岐山，看到方山子带着两名随从，骑着马身藏两箭，在西山打猎。只见前方一鹊飞起，他便叫随从追赶射鹊，未能射中；方山子独自跃马向前，一箭射中飞鹊。于是，他就在马上与我谈论起用兵之道及古今成败之事，自认为是世间豪侠之士。到如今已经过去好久了，一股英气依然在眉宇间显现，他怎么会是一位隐居山中的人呢？

然方山子世有勋阀，当得官，使从事于其间，今已显闻。而其家在洛阳，园宅壮丽与公侯等；河北有田，岁得帛千匹，亦足富乐。皆弃不取，独来穷山中，此岂无得而然哉？

【译文】

然而，方山子的家，世代功勋卓著，理应得到官职，假如他能在官场，到现在一定声名显赫。而他家在洛阳，园林宅舍壮美富丽和公侯之家不相上下；在河北还有田产，每年可得上千匹的丝帛，这些也足以使生活富足安乐。然而他都抛开不去享用，偏偏来到穷山之中，不是心有所得，又怎能如此呢？

余闻光、黄间多异人，往往阳狂垢污，不可得而见，方山子傥见之欤？

【译文】

我听说光州、黄州一带有很多奇人逸士，常常装疯卖傻、衣衫破旧，但是未能见到，方山子或许能遇见他们吧？

【精彩赏析】

文章寥寥几笔就将方山子的特征勾勒出来，形象神采全出。文章虽是为方山子做传，但实则寄予着作者自己的体会和情感。方山子的消极避世，也恰恰体现了黄州时期的苏轼还有着仕途苦闷、人生无常的消极情绪。

六国论

苏辙

【题解】

苏辙，字子由，苏轼之弟。与父亲苏洵、兄长苏轼并称“三苏”。是北宋著名的文学家，“唐宋八大家”之一。本文是作者对于战国时期六国灭亡原因的思考，提出了六国灭亡是因为“当时之士虑患之疏而见利之浅，且不知天下之势”，六国不能联合一致，各自为战，最后自取灭亡。

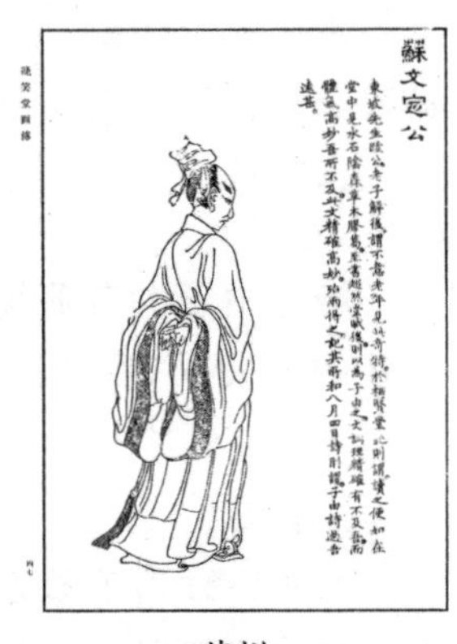

苏辙

尝读六国世家，窃怪天下之诸侯，以五倍之地、十倍之众，发愤西向，以攻山西千里之秦，而不免于死亡。常为之深思远虑，以为必有可以自安之计，盖未尝不咎其当时之士虑患之疏而见利之浅，且不知天下之势也。

【译文】

我曾经读《史记》中的六国世家，心里奇怪的是，天下的诸侯国，凭借五倍于秦国大的土地、十倍于秦国的军队，全力向西攻打崤山西边方圆千里的秦国，却免不了灭亡的命运。我常为这件事认真地思考，认为六国一定可以有保全自己的计策，我难免责怪那时候的谋臣，对忧患的考虑如此粗陋，对利害的认识又是如此肤浅，并且不能了解天下的形势！

夫秦之所与诸侯争天下者，不在齐、楚、燕、赵也，而在韩、魏之郊；诸侯之所与秦争天下者，不在齐、楚、燕、赵也，而在韩、魏之野。秦之有韩、魏，譬如人之有腹心之疾也。韩、魏塞秦之冲，而蔽山东之诸侯，故夫天下之所重者，莫如韩、魏也。昔者范雎用于秦而收韩，商鞅用于秦而收魏，昭王未得韩、魏之心，而出兵以攻齐之刚、寿，而范雎以为忧。然则秦之所忌者可以见矣。

【译文】

那秦国要和诸侯争夺天下的重点，不是齐、楚、燕、赵等国，而是在韩、魏的边境上；诸侯要和秦国争夺天下的目标，也不是放在齐、楚、燕、赵等国，而是在韩、魏的边境上。秦国有邻国韩魏，就好比人有心腹之患；韩、魏两国阻碍了秦国出入的要道，又掩护着崤山东边的诸侯国，所以全天下看重的地方，没有比得上韩、魏两国了。从前范雎被秦国重用征服了韩国，商鞅被秦国重用就去笼络魏国。秦昭王在还没获得韩、魏的臣服时，却出兵去攻打齐国的刚、寿一带，范雎为此十分担忧。既然这样，那么秦国害怕的事情，就可以看出了。

秦之用兵于燕、赵，秦之危事也。越韩过魏，而攻人之国都，燕、赵拒之于前，而韩、魏乘之于后，此危道也。而秦之攻燕、赵，未尝有韩、魏之忧，则韩、魏之附秦故也。夫韩、魏诸侯之障，而使秦人得出入于其间，此岂知天下之势邪！委区区之韩、魏，以当强虎狼之秦，彼安得不折而入于秦哉？韩、魏折而入于秦，然后秦人得通其兵于东诸侯，而使天下遍受其祸。

【译文】

秦国要对燕、赵两国用兵是件危险的事情。越过韩、魏两国，去攻打其他诸侯国，燕、赵在前面抵挡它，韩、魏从后面偷袭他，这是多么危险啊。可是当秦国去攻打燕、赵时，从不曾有对韩、魏的顾虑，就是因为韩、魏归附了秦国。韩、魏是诸侯各国的屏障，却让秦国军队在他们的国境内自由进出，这哪里是了解天下的形势啊？只凭小小的韩、魏两国，去抵挡虎狼一般强横的秦国，他们怎能不屈服而归附秦国呢？韩、魏一旦屈服而臣服秦国，从此以后秦国就可以出动军队直达东边各国，而使天下诸国遍受战祸。

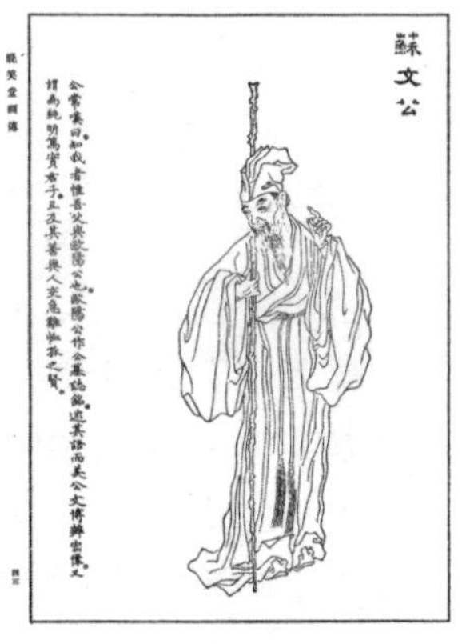

苏洵

夫韩、魏不能独当秦，而天下之诸侯，藉之以蔽其西，故莫如厚韩亲魏以摈秦。秦人不敢逾韩、魏以窥齐、楚、燕、赵之国，而齐、楚、燕、赵之国，因得以自完于其间矣。以四无事之国，佐当寇之韩、魏，使韩、魏无东顾之忧，而为天下出身以当秦兵；以二国委秦，而四国休息于内，以阴助其急，若此，可以应夫无穷，彼秦者将何为哉！不知出此，而乃贪疆场尺寸之利，背盟败约，以自相屠灭，秦兵未出，而天下诸侯已自困矣。至于秦人得伺其隙以取其国，可不悲哉！

【译文】

那韩、魏不能单独抵挡秦国，而天下的诸侯却可以靠着他们抵御西边的秦国，所以不如亲近韩、魏来抵御秦国。秦国就不敢跨越韩、魏，来图谋攻打齐、楚、燕、赵四国，然后齐、楚、燕、赵四国，就可以使自己的国家安定了。凭着四个

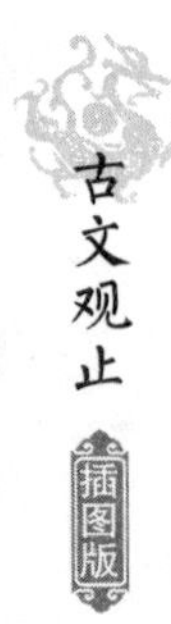

没有战事的国家，协助面临劲敌威胁的韩、魏两国，让韩、魏没有对东方各国的担忧，替天下挺身而出来抵挡秦国军队；以韩、魏两国对付秦国，其余四国在后方休养生息，来暗中救济，像这样，就可以应付任何情况了，那秦国还能做什么呢？诸侯们不知道采用这样的策略，竟贪图边境上方寸之地的利益，违背盟约，自相残杀，秦国的军队还没出动，天下的诸侯各国就已经使自己陷入困境了。直到让秦国人能够乘虚而入占领了他们的国家，难道不是可悲的事吗！

【精彩赏析】

本文运用正反对比和假设论证的方法，重点论述了韩魏和其他各国对于天下形势的认识不足和战略部署错误的观点。逻辑紧密，语言简练，是比较优秀的议论性散文。

上枢密使韩太尉书

苏辙

【题解】

韩琦像

韩太尉，即韩琦，宋神宗时任宰相，是当时的名臣。此文是苏辙 19 岁考中进士后写给韩琦的一封自荐信，希望得到宰相的推荐和赏识。这类的文章难免都有些溢美之词，但本文还是其中较为优秀的一篇。

太尉执事①：辙生好为文，思之至深。以为文者气之所形，然文不可以学而能，气可以养而致。孟子曰：“吾善养吾浩然之气。”今观其文章，宽厚宏博，充乎天地之间，称其气之小大。太史公行天下，周览四海名山大川，与燕、赵间豪俊交游，故其文疏荡，颇有奇气。此二子者，岂尝执笔学为如此之文哉？其气充乎其中而溢乎其貌，动乎其言而见乎其文，而不自知也。

①执事：这里指太尉旁边的办事人员。

【译文】

太尉阁下：苏辙生性喜好写文章，对此思考得很深入。我认为文章是人精神气质的外在体现，文章不是单靠学习就能写好的，精神气质可以通过培养而获得。孟子说："我善于修养我的浩然正气。"如今看他的文章，宽厚宏伟博大，充满天地之间，同他的浩然之气相衬。司马迁走遍天下，游览天下的名山大川，和燕、赵之间的英雄豪杰交往，所以他的文章洒脱，气质独特。这两个人，难道曾经拿笔学写这种文章吗？这是因为他们的精神气质充满于心而流露在外表，发于言语而成为文章，而他们自己并未意识到。

辙生十有九年矣。其居家所与游者，不过其邻里乡党之人。所见不过数百里之间，无高山大野可登览以自广。百氏之书，虽无所不读，然皆古人之陈迹，不足以激发其志气。恐遂汩没[①]，故决然舍去，求天下奇闻壮观，以知天地之广大。过秦、汉之故都，恣观终南、嵩、华之高[②]，北顾黄河之奔流，慨然想见古之豪杰。至京师，仰观天子宫阙之壮，与仓廪、府库、城池、苑囿之富且大也，而后知天下之巨丽。见翰林欧阳公，听其议论之宏辩，观其容貌之秀伟，与其门人贤士大夫游，而后知天下之文章聚乎此也。太尉以才略冠天下，天下之所恃以无忧，四夷之所惮以不敢发，入则周公、召公，出则方叔、召虎[③]。而辙也未之见焉。

①汩没：埋没。②恣：纵情、恣意。③方叔、召虎：周宣王时期的名臣。

【译文】

苏辙出生已经19年了。我住在家里所交往的，不过是左邻右舍同乡的人。所看到的，不过是数百里之内的地方，没有高山旷野，可以登临以开阔心胸。诸子百家的著述，虽然无所不读，但都是古人陈旧的东西，不能激发自己的志气。我担心就此埋没，所以断然离开家乡，去探求天下的奇观，去了解天地的广大。我经过秦朝、汉朝的故都，纵情游览终南山、嵩山、华山的高峻，向北眺望奔腾的黄河，不禁想起古代的英雄豪杰。到了京城，仰观皇宫的壮丽，粮仓府库、城池苑囿的富足和广大，这才知道天下的广阔富丽。见到翰林学士欧阳公，聆听了他宏辩的议论，看到了他秀伟的容貌，同他门下的士大夫交游，然后才知道天下的文章精华都聚集在这里了。太尉以雄才大略闻名天下，国家依靠您而没有忧患，四方国家惧怕您而不敢侵犯，在朝廷之中像周公、召公一样辅助君王，领兵出征像方叔、召虎一样建功立业。可是，至今尚未亲见。

且夫人之学也，不志其大，虽多而何为？辙之来也，于山见终南、嵩、华之高，于水见黄河之大且深，于人见欧阳公，而犹以为未见太尉也。故愿得观贤人

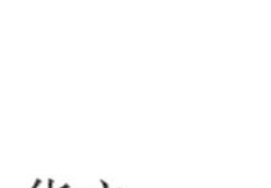

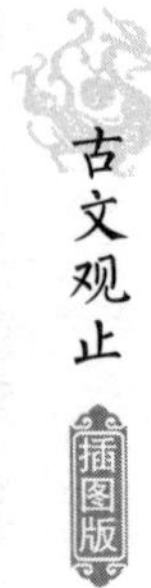

之光耀，闻一言以自壮，然后可以尽天下之大观而无憾者矣。

【译文】

况且一个人学习，如果志向不远大，即使学得再多又有什么用呢？苏辙这次来，游山看到了终南山、嵩山、华山的高峻；观水看到了黄河的深远；交游看到了欧阳公，可是尚未拜见您则是一件憾事。所以希望能够一睹您的风采，就是听您的一句教诲也足以激发自己雄心壮志，这样就可以说是看遍了天下的壮观而没有什么遗憾了。

辙年少，未能通习吏事。向之来，非有取于斗升之禄，偶然得之，非其所乐。然幸得赐归待选，使得优游数年之间，将以益治其文，且学为政。太尉苟以为可教而辱教之，又幸矣！

【译文】

苏辙年轻，还不能通晓做官的事情。先前来京，并不是为了谋取微薄的俸禄，偶然得到了它，也不是自己喜欢的。然而有幸得到恩赐还乡待用，使我能够悠闲地度过几年，回去将更好地研习文章，并且学习为官之道。太尉假如认为我还可以教诲并且屈尊教导我的话，那更使我感到幸运了。

【精彩赏析】

文章构思新巧，并不直言写作的目的，而是先从自身养气、治文着手，最后点出目的，过渡自然，层层照应，不落俗套。

黄州快哉亭记

苏辙

【题解】

本文是作者谪居时所作，主要描写了快哉亭周围的景象，赞扬了主人乐观旷达的精神品质，也以此自勉，为困境中的自己寻找精神支持，同时，也安慰同是天涯沦落人的张梦得和兄长苏轼。

江出西陵，始得平地，其流奔放肆大。南合沅、湘①，北合汉沔（miǎn）②，其势益张。至于赤壁之下，波流浸灌，与海相若。清河张君梦得谪居齐安，即其庐之西南为亭，以览观江流之胜，而余兄子瞻名之曰“快哉”。

①沅，沅水（也称沅江）。湘，湘江。两水都在长江南岸，流入洞庭湖，注入长江。②汉沔，就是汉水。

【译文】

长江出了西陵峡，开始进入平地，水波奔放浩大。南边与沅水、湘水合流，北边与汉水汇聚，水势更加壮阔。流到赤壁之下，水流浩大，和大海一样。清河张梦得贬官后居住在齐安，于是在房舍的西南修建了一座亭子，用来观赏长江的胜景。而我的哥哥子瞻给这座亭子起名叫“快哉亭”。

盖亭之所见，南北百里，东西一舍（shè）[①]。涛澜汹涌，风云开阖（hé）。昼则舟楫出没于其前，夜则鱼龙悲啸于其下。变化倏忽，动心骇目，不可久视。今乃得玩之几席之上，举目而足。西望武昌诸山，冈陵起伏，草木行列，烟消日出。渔夫樵父之舍，皆可指数。此其所以为“快哉”者也。至于长洲之滨，故城之墟，曹孟德、孙仲谋之所睥睨（pìnì）[②]，周瑜、陆逊之所驰骛[③]。其流风遗迹，亦足以称快世俗。

①一舍：三十里。古代行军每天走三十里宿营。②睥睨：斜视的样子，引申为傲视。③驰骛：驰马，形容他们驰骋疆场。

【译文】

在亭子里能看到长江南北上百里、东西三十里。波涛汹涌，风云变幻。白天船只在亭前来往出没；夜间鱼龙在亭下的江水中悲声长啸。景物变幻，触目惊心，不能欣赏太久。如今竟然能够在几案竹席上欣赏这些景色，抬起眼就可以了。向西眺望武昌的群山，山脉连绵起伏，草木浓密成荫，烟消云散，阳光普照，渔夫、樵夫的房屋，都可以一一数清。这就是把亭子称为“快哉”的原因。至于长江岸边，古城的废墟，是曹操、孙权窥视的地方，是周瑜、陆逊驰骋的地方，那些流传下来的古迹，也足够让人称快。

昔楚襄王从宋玉、景差于兰台之宫，有风飒然至者，王披襟当之，曰：“快哉此风！寡人所与庶人共者耶？”宋玉曰：“此独大王之雄风耳，庶人安得共之！”玉之言盖有讽焉。夫风无雌雄之异，而人有遇不遇之变；楚王之所以为乐，与庶人之所以为忧，此则人之变也，而风何与焉？士生于世，使其中不自得，将何往而非病？使其中坦然，不以物伤性，将何适而非快？今张君不以谪为患，收会稽

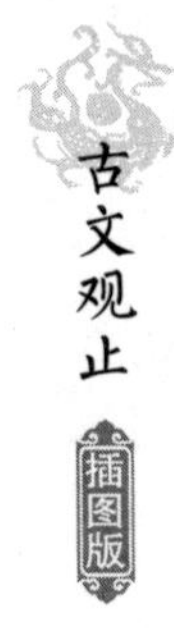

之余，而自放山水之间，此其中宜有以过人者。将蓬户瓮牖，无所不快；而况乎濯长江之清流，揖西山之白云，穷耳目之胜以自适也哉！不然，连山绝壑，长林古木，振之以清风，照之以明月，此皆骚人思士之所以悲伤憔悴而不能胜者，乌睹其为快也哉！

【译文】

当初，楚襄王让宋玉、景差跟随着游兰台宫。听着飒飒风声，楚王敞开衣襟，迎着风，说："这风畅快啊！这是我和百姓所共有的吧。"宋玉说："这只是大王的雄风罢了，百姓怎么能和您共享呢？"宋玉的话大概有讽喻的意味吧。那风并没有雄雌之别，而人有逢时、不逢时的区别。楚王感到快乐的原因，而百姓感到忧愁的原因，这是人们的境遇不同，与风何干呢？读书人生活在世上，假使心中不快乐，到哪里能没有痛苦呢？假使心胸坦荡，不因外物改变本性，在什么地方会不快乐呢？而今，张梦得不把被贬官作为愁事，在公事之余，到山水之间释放身心，这是他心胸超过常人的地方。即使是蓬草做门，破瓦为窗，都没有觉得不快乐，更何况在清澈的长江中洗去污浊，面对西山的白云，尽享美景来使自己安适呢？不然的话，连绵的山峰，幽深的沟壑，辽阔的森林，参天的古木，清风吹拂，明月高照，这些都是引起失意的文人士大夫感伤不能忍受的景色，哪里看得出是快乐呢！

元丰六年十一月朔日，赵郡苏辙记。

【译文】

元丰六年十一月初一，赵郡苏辙记。

【精彩赏析】

文章写景叙事，同时融情理于其中。文笔从容，开阖有度，景物生动，情感自然，使景情自然融合，无斧凿之痕。快哉，岂是一亭之名？更是作者努力追求的生活态度，也是其文带给后人的审美享受。

读孟尝君传

王安石

【题解】

王安石，字介甫，号半山，世称荆国公。北宋著名的政治家、文学家。本篇文章是王安石读《史记·孟尝君列传》后的笔记。孟尝君是齐国贵族，以门客众多闻名，受到世人的称赞。但王安石却认为其门下不过是些鸡鸣狗盗之徒，表达了对传统观念的质疑和自己对于人才的看法。

世皆称孟尝君能得士，士以故归之，而卒赖其力，以脱于虎豹之秦。嗟乎！孟尝君特鸡鸣狗盗之雄耳，岂足以言得士？不然，擅齐之强，得一士焉，宜可以南面而制秦，尚何取鸡鸣狗盗之力哉？夫鸡鸣狗盗之出其门，此士之所以不至也。

【译文】

世人都称孟尝君善于纳士，贤士因为这个缘故投奔他，孟尝君最终依靠他们的力量，从虎豹一样的秦国逃脱出来。唉！孟尝君只不过是一群鸡鸣狗盗之徒的首领罢了，哪里算得上善于养士呢？如果不是这样，孟尝君凭借齐国的强大，得到一个真正的谋士，就应当可以依靠国力南面称王，制服秦国，哪里用得着借助鸡鸣狗盗之徒的能力呢？鸡鸣狗盗之徒出入他的门下，这就是真正的谋士不能到他门下的原因。

王安石

【精彩赏析】

沈德潜评价此文“语语转，笔笔转，千秋绝调”。本文仅四句话，不足百字。但是却意蕴深刻，议论丰富，寥寥数语，尺幅千里，被历代文学家视为“文短气长”的代表作。

游褒禅山记

王安石

【题解】

本文是一篇说理游记，通过记叙游褒禅山的见闻和经历，说明人们要想成就事业，领略常人不能见的风光，就要有志气，能坚持，不避艰险，还要有外物相助。这也是变法中的王安石对自己和同僚的勉励，要不畏保守派的阻挠，排除万难，取得变法的最后胜利，成就功业。

褒禅山亦谓之华山，唐浮图慧褒始舍于其址①，而卒葬之。以故其后名之曰“褒禅”。今所谓慧空禅院者，褒之庐冢也②。距其院东五里，所谓华山洞者，以其乃华山之阳名之也。距洞百余步，有碑仆道③，其文漫灭，独其为文犹可识，曰“花山”。今言“华”如“华实”之“华”者，盖音谬也。

①浮图：本意是佛或佛教徒，这里指和尚。慧褒：唐代高僧。舍：建舍定居。②庐：屋舍。冢：坟墓。③仆道：倒在路旁。

【译文】

褒禅山也叫华山，唐代和尚慧褒最早在这里建屋居住，死后又葬在那里。因此从那之后人们把此山命名为褒禅山。现在人们所说的慧空禅院，就是慧褒和尚生前的房屋和坟墓。距离那禅院东边五里，所说的华山洞，因为它在华山南面而命名。距离山洞一百多步，有石碑倒在路旁，上面的文字已经磨灭难以辨识，只能从勉强能认得出的地方看出“花山”的字样。现在将“华”读为“华实”的“华”，大概是读音上的错误。

其下平旷，有泉侧出，而记游者甚众，所谓前洞也。由山以上五六里，有穴窈然，入之甚寒，问其深，则其好游者不能穷也，谓之后洞。余与四人拥火以入，入之愈深，其进愈难，而其见愈奇。有怠而欲出者，曰：“不出，火且尽。”遂与之俱出。盖余所至，比好游者尚不能十一，然视其左右，来而记之者已少。盖其又深，则其至又加少矣。方是时，余之力尚足以入，火尚足以明也。既其出，则或咎其欲出者，而余亦悔其随之，而不得极乎游之乐也。

【译文】

山下平坦空旷，有山泉从旁边流出，在这里游览、题记的人很多，这就是所说的“前洞”。顺着山路向上五六里，有个幽深的洞穴，进去后感到很寒冷，打听它的深度，即使是那些喜欢探险的人也未能走到尽头，这是所说的“后洞”。我与四个人打着火把走进去，进去越深，前行越困难，而所见到的景象越奇特。有个不想前进而想退出的同伴说：“再不出去，火把就要熄灭了。”于是，只好都跟他退出来。我们走进去的深度，比起那些喜欢探险的人来说，大概还不足十分之一，然而看看左右的石壁，来此而题记的人已经很少了。洞内更深的地方，大概去往的游人就更少了。当（决定从洞内退出）时，我的体力还足够前进，火把还能够继续照明。我们出洞以后，就有人埋怨那想要退出的人，我也后悔跟他出来，而没能享尽游玩的乐趣。

王安石塑像

于是予有叹焉。古人之观于天地、山川、草木、虫鱼、鸟兽，往往有得，以其求思之深而无不在也。夫夷以近①，则游者众；险以远，则至者少。而世之奇伟瑰怪、非常之观，常在于险远②，而人之所罕至焉，故非有志者不能至也。有志矣，不随以止也，然力不足者，亦不能至也。有志与力，而又不随以怠，至于幽暗昏惑而无物以相（xiàng）之③，亦不能至也。然力足以至焉，于人为可讥，而在己为有悔；尽吾志也而不能至者，可以无悔矣，其孰能讥之乎？此予之所得也！

①夫：表议论的发语词。夷：平坦。②而：可是。观：景象，景观。险远，形容词活用作名词，险远的地方。③至于：抵达、到达。幽暗昏惑：幽深昏暗，叫人迷乱（的地方）。相：帮助，辅助。

【译文】

于是，我便有所感慨。古人对于天地、山川、草木、虫鱼、鸟兽的观赏，大都能有所收获，是因为他们探究、思考问题深远而且全面。那些平坦、距离又近的地方，游览的人便多；艰险又偏远的地方，游览的人便少。但是世上奇妙雄伟、珍贵奇特、非同寻常的景观，常常在那危险、僻远、少有人至的地方，所以，没有意志的人是不能到达的。虽然有了意志，也不随从别人而停止，然而体力不足，也不能到达。有了志气与体力，也不盲从别人随意懈怠，但到了那幽深昏暗、叫

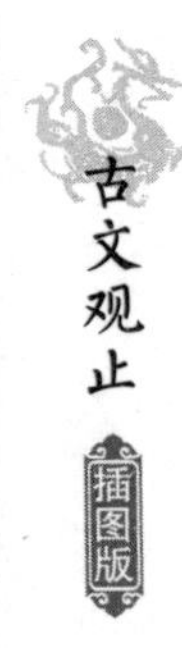

人迷乱的地方却没有外物来辅助，也不能到达。可是，力量足以到达却未能到达，在别人看来是可以讥笑的，在自己来说也是有悔恨的；尽了自己的心志而未能达到，便可以没什么悔恨了，难道谁能讥笑他吗？这就是我的所得了。

予于仆碑，又有悲夫古书之不存，后世之谬其传而莫能名者，何可胜道也哉！此所以学者不可以不深思而慎取之也。

【译文】

我对那倒在路上的石碑，又感叹古代文献不能留存，后世讹传而无人能说清真相的事，哪能说得完呢？这就是求学的人不可以不深入思考、谨慎取舍的原因了。

四人者：庐陵萧君圭君玉，长乐王回深父，予弟安国平父、安上纯父①。至和元年七月某日，临川王某记。

①庐陵：现在的江西吉安。萧君圭，字君玉。长乐：现在的福建长乐。王回，字深父。父：通“甫”。安国平父、安上纯父：王安国，字平父。王安上，字纯父。

【译文】

同游的四个人：庐陵人萧君圭，字君玉；长乐人王回，字深父；我的弟弟安国，字平父；安上，字纯父。至和元年七月某日，临川人氏王安石记。

【精彩赏析】

本文结构严谨，因事说理，叙议结合，相得益彰。由一次简单的出游思考人生的哲理，以小见大，给人以深刻的思考，并使得形式和内容完美结合，总结出“志、力、物”三个成功的要素。

司马季主论卜

刘基

【题解】

刘基，即明朝开国功勋刘伯温。他不仅在政治上闻名当世，同时在诗文方面也颇有成就，代表作就是寓言散文集《郁离子》，本文便选自这部散文集。本文采用对话的形式，来讲述事物的因果关系，对天命、鬼神和占卜提出了质疑。

东陵侯既废①，过司马季主而卜焉②。

①东陵侯：指邵平。秦朝时为东陵侯，秦朝灭亡后，为布衣。废：指秦亡后失侯爵。②过：拜访。司马季主：西汉时善于占卜的人。

【译文】

东陵侯被废黜之后，到司马季主那儿去占卜。

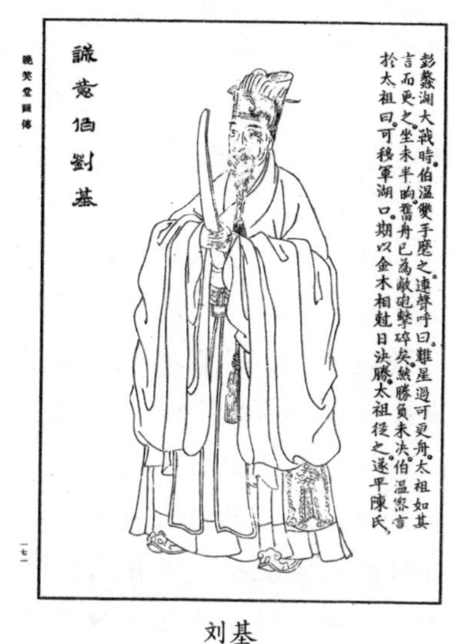

刘基

季主曰："君侯何卜也？"东陵侯曰："久卧者思起，久蛰者思启，久懑者思嚏①。吾闻之蓄极则泄，闷（bì）极则达②。热极则风，壅极则通③。一冬一春，靡屈不伸，一起一伏，无往不复。仆窃有疑，愿受教焉。"季主曰："若是，则君侯已喻之矣，又何卜为？"东陵侯曰："仆未究其奥也，愿先生卒教之。"

①懑：憋气。②闷：闭塞。③壅：堵塞。

【译文】

季主说："您要占卜什么事呢？"东陵侯说："躺的时间长了就想起来，冬眠久了就想出去，气闷久了就想打喷嚏。我听说积聚久了就要宣泄，烦闷之极就要通达，闷的太久就会通风，堵塞严重就要流畅。有冬就有春，没有只屈而不伸的；有起就有伏，没有只去不来的。我私下有所怀疑，希望得到你的指教。"季主说："既然如此，那么您已经领悟了，又何必要占卜呢？"东陵侯说："我未能深入理解其中的奥妙，希望先生能指点一二。"

季主乃言曰："呜呼！天道何亲？惟德之亲；鬼神何灵？因人而灵。夫蓍（shī）①，枯草也；龟，枯骨也，物也。人，灵于物者也，何不自听而听于物乎？且君侯何不思昔者也？有昔者必有今日，是故碎瓦颓垣，昔日之歌楼舞馆也；荒榛断梗②，昔日之琼蕤（ruí）玉树也③；露蛬（qióng）风蝉④，昔日之凤笙龙笛也；鬼磷萤火，昔日之金釭（gāng）华烛也⑤；秋荼春荠，昔日之象白驼峰也⑥；丹枫白荻，昔日之蜀锦齐纨也⑦。昔日之所无，今日有之不为过；昔日之所有，今日无之不为不足。是故一昼一夜，华开者谢；一秋一春，物故者新。激湍之下，必有深潭；高丘之下，必有浚谷。君侯亦知之矣，何以卜为？"

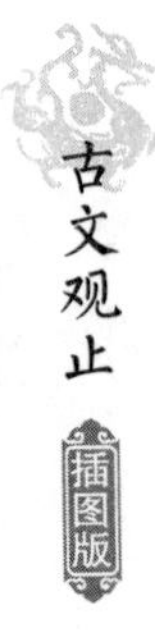

①蓍：多年生草本植物，古人用其茎来占卜。②荒榛：指灌木丛生。断梗：草木的断枝。③琼蕤玉树：指美好的花草树木。琼：美玉。蕤：草木的花下垂的样子。④蛬：同“蛩”，蟋蟀。⑤釭：灯。⑥象白驼峰：大象的脂肪和骆驼背上的肉峰，都是名贵食品。⑦齐纨：山东出产的白色细绢。

【译文】

季主于是说道：“唉！‘天道’和什么人亲？只亲近有德的人。鬼神怎么会灵？靠着不同的人才灵。蓍草不过是枯草，龟甲不过是朽骨，都是事物。人比物灵敏聪慧，为什么不相信自己却听命于物呢？而且，您为什么不想一下过去呢？有过去就必然有今天。所以，如今的断壁颓垣，就是昔日的歌楼舞馆；现在的荒棘断梗，就是往日玉树琼花；而今在风露中哀鸣的蟋蟀和蝉，就是过去演奏的凤笙龙笛；现在的鬼火萤光，就是过去的金灯华烛；现在，那些春秋的野菜，就是昔日的象脂驼峰；现在的红枫百草，就是过去的美锦细绢。过去没有的现在有了，不算过分；过去有过的现在没有了，也不算不足。所以白昼黑夜，花开花谢；春秋交替，吐故纳新。急流险湍之下，必有深潭；高山之下，必定有深谷。这些道理您也已经知道了，何必还要占卜呢？”

【精彩赏析】

文章善用比喻和排比，生动晓畅；骈散结合，富于音韵之美；对比衬托，说理深刻。同时，本文中物极必反、推究因果的警示对后世之人经世治国、修身齐家都具有较深刻的指导意义。

卖柑者言

刘基

【题解】

这篇寓言散文，脍炙人口，其中“金玉其外，败絮其中”更是妇孺皆知的警句。文章借卖柑者之口，对元末腐朽的社会现实进行了批判和讽刺。

杭有卖果者，善藏柑，涉寒暑不溃。出之烨（yè）然[①]，玉质而金色。置于市，贾十倍，人争鬻（yù）之。予贸得其一，剖之，如有烟扑口鼻，视其中，则干若败絮。予怪而问之曰："若所市于人者，将以实笾豆[②]，奉祭祀，供宾客乎？将衒外以惑愚瞽（gǔ）乎[③]？甚矣哉，为欺也！"

①烨然：光彩鲜明的样子。②笾豆：古代祭祀时盛祭品用的两种器具。笾，竹制的食器。豆，木制、陶制或铜制的食器。③衒：炫耀。瞽：盲人。

【译文】

杭州有个卖水果的人，擅长贮藏柑橘，经过冬夏也不腐烂，拿出它们的时候还是光彩新鲜，玉石一样的质地，金灿灿的颜色。拿到市场上卖，价格是普通柑橘的十倍，人们争相购买。我买了一个，切开它，像有股烟直扑口鼻，看它的里面，干得像破棉絮一样。我感到奇怪问他说："你卖给人们柑橘，是将要用来装在盛祭品的容器中，供奉神灵、招待宾客的吗？还是炫耀它的外表欺骗傻瓜和瞎子的呢？你这样欺骗人实在是太过分了。"

卖者笑曰："吾业是有年矣，吾赖是以食吾躯。吾售之，人取之，未尝有言，而独不足子所乎？世之为欺者不寡矣，而独我也乎？吾子未之思也。今夫佩虎符、坐皋（gāo）比（pí）者[①]，洸洸（guāng guāng）乎干城之具也[②]，果能授孙、吴之略耶？峨大冠、拖长绅者[③]，昂昂乎庙堂之器也，果能建伊、皋之业耶？盗起而不知御，民困而不知救，吏奸而不知禁，法斁（dù）而不知理[④]，坐糜廪粟而不知耻[⑤]。观其坐高堂，骑大马，醉醇醴而饫（yù）肥鲜者[⑥]，孰不巍巍乎可畏、赫赫乎可象也？又何往而不金玉其外、败絮其中也哉？今子是之不察，而以察吾柑！"

①皋比：虎皮，指将军的坐席。比，通"皮"，毛皮。②洸洸：威武的样子。干，盾牌，文中意为捍卫。具，将才。③峨：高高地，指高戴。拖长绅：拖着长长的腰带。绅，古代士大夫束在外衣上的带子。④斁：败坏。⑤坐：坐在高位的意思。糜：通"靡"，浪费。廪粟：国家发的俸米。⑥醉：醉饮。饫：饱食。

【译文】

卖柑橘的人笑着说："我从事这个行业已经好多年了。我依靠这个来养活自己。我卖它，别人买它，不曾有人说过什么，偏偏不能满足您的要求吗？世上骗人的人不少，难道只有我一个吗？您没考虑这些。如今那些佩戴虎符、坐在虎皮椅上的将军，威武神气，好像是捍卫国家的将才，他们果真能有孙武、吴起的谋略吗？那些戴着礼帽、拖着长带子的人，器宇轩昂像是朝廷的栋梁之材，他们果真能够建立伊尹、皋陶的功勋吗？盗贼四起却不懂得防治，百姓困苦却不懂得接济，官吏狡诈却不懂得惩罚，法度败坏却不懂得治理，白白地浪费国家粮食却不感到羞耻。看着那些坐在高堂上，骑着大马，喝足了美酒，吃惯了鱼肉的人，哪

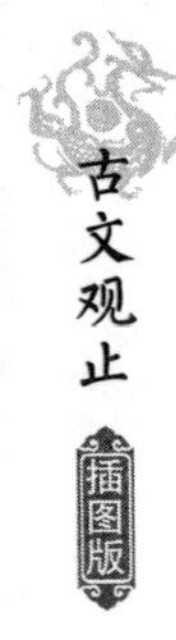

个不是外表高大，令人生畏，光明磊落，值得效仿？可是无论到哪里，又有谁不是外表光鲜、内心却像破絮呢？这些您看不到，却只看到我的柑橘！”

予默默无以应。退而思其言，类东方生滑稽之流。岂其忿世嫉邪者耶？而托于柑以讽耶？

【译文】

我默默地没有话用来回答。回来思考这卖柑人的话，他像是东方朔那样诙谐善辩的人。难道他是愤世嫉俗之人吗，借柑橘来讽刺世事吗？

【精彩赏析】

本文语言生动形象，比喻贴切，揭示了当时民不聊生、官僚腐败的社会现实，有力地讽刺了当时道貌岸然的达官贵人和伪君子，抒发了作者的激愤之情。

尊经阁记

王守仁

【题解】

王守仁，号阳明，是明代著名的理学家。他提出了“心外无物”的唯心主义学说，认为人才是世界的主宰，而六经要义自然不在书中，而在心里。本文就是这样一篇主张求知于心，而不诉诸外的文章。

王守仁

经，常道也。其在于天，谓之命；其赋于人，谓之性；其主于身，谓之心。心也，性也，命也，一也。通人物，达四海，塞天地，亘古今，无有乎弗具，无有乎弗同，无有乎或变者也，是常道也。其应乎感也，则为恻隐，为羞恶，为辞让，为是非；其见于事也，则为父子之亲，为君臣之义，为夫妇之别，为长幼之序，为朋友之信。是恻隐也，羞恶也，辞让也，是非也；是亲也，义也，序也，别也，信也，一也。皆所谓心也，性也，命也。通人物，达四海，塞天地，亘古今，无有乎弗具，无有乎弗同，无有乎或变者也，是常道也。

【译文】

经，是永恒不变的真理。它存在于天就叫作“命”，它依附于人就叫作“性”。它主宰人身就叫作“心”。心、性、命，是一致的。沟通人与自然，通达四海，充塞天地，贯穿古今，无处不在，无有不同，无法改变的，就是永恒不变的真理。它表现在情感上，便是恻隐之心，羞恶之心，谦让之心，是非之心；它表现在伦理上，便是父子之亲，是君臣之义，是夫妻之别，是长幼之序，是朋友之信。这恻隐心、羞恶心、谦让心、是非心，也就是父子之亲、君臣之义、长幼之序、夫妻之别、朋友之信，是一致的。都是所说的心、性、命。沟通人与自然，通达四海，充塞天地，贯穿古今，无处不在，无有不同，无法改变的存在，就是永恒不变的真理。

以言其阴阳消息之行焉，则谓之《易》；以言其纪纲政事之施焉，则谓之《书》；以言其歌咏性情之发焉，则谓之《诗》；以言其条理节文之著焉，则谓之《礼》；以言其欣喜和平之生焉，则谓之《乐》；以言其诚伪邪正之辨焉，则谓之《春秋》。是阴阳消息之行也，以至于诚伪邪正之辨也，一也，皆所谓心也，性也，命也。通人物，达四海，塞天地，亘古今，无有乎弗具，无有乎弗同，无有乎或变者也。夫是之谓六经。六经者非他，吾心之常道也。

【译文】

用来说明阴阳变化的运行，就是《易》；用以表明国家政事的施行，就是《书》；用以抒发情感，就是《诗》；用以讲述礼仪文化的产生，就是《礼》；用以表达情绪的喜怒变化，就是《乐》；用以区分真假善恶的标准，就是《春秋》。因此阴阳变化，以至辨真假区善恶，同样是一致的；都是心、性、命。沟通人与自然，通达四海，充塞天地，贯穿古今，无处不在，无有不同，无法改变的存在，就是永恒不变的真理，就叫作六经。六经不是别的什么东西，就是我们心中永恒不变的真理。

是故《易》也者，志吾心之阴阳消息者也；《书》也者，志吾心之纪纲政事者也；《诗》也者，志吾心之歌咏性情者也；《礼》也者，志吾心之条理节文者也；《乐》也者，志吾心之欣喜和平者也；《春秋》也者，志吾心之诚伪邪正者也。君子之于六经也，求之吾心之阴阳消息而时行焉，所以尊《易》也；求之吾心之纪纲政事而时施焉，所以尊《书》也；求之吾心之歌咏性情而时发焉，所以尊《诗》也；求之吾心之条理节文而时著焉，所以尊《礼》也；求之吾心之欣喜和平而时生焉，所以尊《乐》也；求之吾心之诚伪邪正而时辨焉，所以尊《春秋》也。

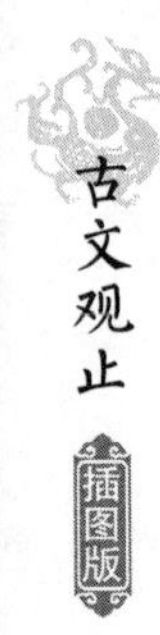

【译文】

因此《易》经，是记述我们内心阴阳变化的经；《书》经，是记录政事实施的经；《诗》经，是记录我们心中的情感抒发的经；《礼》经，是记我们心中的礼仪制度的经；《乐》经，是记录我们欢喜之音的经；《春秋》经，是记述我们心中的是非善恶的经。君子对待六经，清楚心中的阴阳变化而使之运行，这才是尊崇《易》；清楚心中的政事实施而使之时常施行，这才是尊重《书》；清楚心中的情感变化而时常抒发，这才是尊崇《诗》；省察心中的礼仪规范并时常传承，这才是尊重《礼》；清楚心中的欢乐之音而使之形成，这才是尊重《乐》；清楚心中的是非善恶而及时地辨明，这才是尊崇《春秋》。

盖昔圣人之扶人极①，忧后世，而述六经也，犹之富家者之父祖，虑其产业库藏之积，其子孙者，或至于遗亡散失，卒困穷而无以自全也，而记籍其家之所有以贻之，使之世守其产业库藏之积而享用焉，以免于困穷之患。故六经者，吾心之记籍也，而六经之实，则具于吾心。犹之产业库藏之实积，种种色色，具存于其家，其记籍者，特名状数目而已。而世之学者，不知求六经之实于吾心，而徒考索于影响之间，牵制于文义之末，硁硁（kēng kēng）然以为是六经矣②。是犹富家之子孙，不务守视、享用其产业库藏之实积，日遗亡散失，至为窭（jù）人丐夫③，而犹嚣嚣然指其记籍曰："斯吾产业库藏之积也！"何以异于是？

①人极：封建社会的道德准则。②硁硁：浅陋固执的样子。③窭人：贫穷的人。

【译文】

古代圣人建立社会准则，担忧后世，而著述六经，就像富家的上一辈，担心他们的产业和库藏中积累的财富，到子孙那里，就到了遗忘散失的地步，最后陷入穷困而无以保全自身，因而登记自家的所有财富而留给子孙，让他们能世代守护这些产业和收藏的财富而得以享用，以免除贫困的祸患。因此六经，是我们心中的账本，而六经的内容，则储存在我们内心，正如同产业和库藏积蓄，各类的物资，都存在家里。那账簿，不过记下它们的名称、类别、数目罢了。而世上学六经的人，不懂得从自己的内心去探求六经的实质，却徒劳地从传闻中探索，拘泥于文字训诂的细节，浅薄地以为那就是六经了，这正像富家子弟，不想方设法守护和享用家中的产业库藏财富，一天天散失，而最后变成穷人乞丐，却还要得意扬扬地指着账本，说道："这是我家的产业和财富！"世上学者的做法和这富家子的做法，有什么两样呢？

呜呼！六经之学，其不明于世，非一朝一夕之故矣。尚功利，崇邪说，是谓乱经；习训诂，传记诵，没溺于浅闻小见，以涂天下之耳目，是谓侮经；侈淫词，竞诡辩，饰奸心盗行，逐世垄断，而犹自以为通经，是谓贼经。若是者，是并其所谓记籍者，而割裂弃毁之矣，宁复知所以为尊经也乎？

【译文】

唉！六经的学说，不被明确地知晓于人世，不是一朝一夕的事了。崇尚功利，信奉谬论，这叫作混乱经义；学习训诂，教授背诵，沉溺纠结于浅薄和琐屑的见解，来遮蔽天下人的耳目，这叫作侮辱经文；铺张词藻，竞相诡辩，掩饰邪恶的内心和卑鄙行为，在世间争先恐后地自我彪炳，而还自认为通晓六经，这叫作残害经义。像这样的人，是连所说的账本都抛弃扔掉了，哪里还懂什么叫作尊重六经呢！

越城旧有稽山书院，在卧龙西冈，荒废久矣。郡守渭南南君大吉，既敷政于民，则慨然悼末学之支离①，将进之以圣贤之道，于是使山阴令吴君瀛拓书院而一新之②，又为尊经阁于其后，曰："经正则庶民兴；庶民兴，斯无邪慝矣③。"阁成，请予一言，以谂（shěn）多士④，予既不获辞，则为记之若是。呜呼！世之学者，得吾说而求诸其心焉，则亦庶乎知所以为尊经也已。

①悼：悲伤。②拓：开拓，扩大。③慝：邪恶的事情。④谂：劝谏。

【译文】

越城以前有稽山书院，在卧龙西岗，荒废已久了。郡守渭南人南大吉，在治理百姓的闲暇，又感慨学风的破败，想要使之重归于圣贤之道，于是命山阴县令吴瀛君扩大书院将其翻新，又建造一座尊经阁于书院之后，说道："经学被准确地理解则百姓就会向善，百姓向善就不会犯罪作恶了。"尊经阁落成，邀我写一篇记文，以告诫众多的读书人，我推辞不掉，便为他写了这篇记。唉！世上的读书人，看到我的文章而能向内心寻求真理，大致也就知道什么才是真正地尊重六经了。

【精彩赏析】

此文以其严密的逻辑推理取胜，语言也还算明白晓畅，但是，其理论层面的理解对今人来说还是有点难度。尤其是要人们在内心奉行六经，将六经要义熟记于心，并付之于行动，则过分地宣扬了六经的政教色彩，具有一定的局限性。

象祠记

王守仁

【题解】

象，传说中舜的弟弟，在父亲的指使下，多次谋害舜，而舜却让他做了有鼻国的国君。此文就苗民祭祀象和唐人捣毁象祠展开议论，得出了只要潜心向善，也同样会得到后世敬仰的结论，而圣贤更应该感化那些极恶之人，让其弃恶从善。

灵博之山①，有象祠焉。其下诸苗夷之居者②，咸神而祠之。宣尉安君因诸苗夷之请③，新其祠屋，而请记于予。予曰："毁之乎，其新之也？"曰："新之。""新之也，何居乎？"曰："斯祠之肇也④，盖莫知其原。然吾诸蛮夷之居是者，自吾父、吾祖溯曾高而上，皆尊奉而禋（yīn）祀焉⑤，举而不敢废也。"予曰："胡然乎？有鼻之祀，唐之人盖尝毁之。象之道，以为子则不孝，以为弟则傲。斥于唐，而犹存于今；坏于有鼻，而犹盛于兹土也，胡然乎？"

①灵博山：山名，在今贵州黔西县。②苗夷：苗族。③宣尉：宣尉使。④肇：初始。⑤禋祀：祭祀。

【译文】

虞舜孝感天地

灵博山有象的祠庙，住在山下的许多苗民，都把他当作神来祭祀。宣尉使安君，顺应苗民的请求，翻修他的祠庙，请我写一篇记文。我说："拆毁它，还是重新修整它呢？"宣尉使说："是重新修整它。"我说："为什么重新修整它？"宣尉使说："这座祠庙的来历，大概没有人知道了。然而居住在这里的苗民，从我的父亲、祖父，一直追溯到曾祖父、高祖父以前，都尊奉他，并虔诚地祭祀，不敢疏忽呢。"我说："为什么呢？有鼻那里的象祠，唐朝人曾经把它毁掉了。象的为人，作为儿子不孝，作为弟弟傲慢。对象的祭祀，在唐朝就废弃了，却还存留至今；他的祠庙在有鼻被拆毁，可是在这里却还兴旺。为什么呢？”

我知之矣：君子之爱若人也，推及于其屋之乌，而况于圣人之弟乎哉？然则祠者为舜，非为象也。意象之死，其在干羽既格之后乎？不然，古之骜桀者岂少哉？而象之祠独延于世，吾于是盖有以见舜德之至，入人之深，而流泽之远且久也。

【译文】

我知道了！君子爱人，便连他屋上的乌鸦都会喜爱，更何况是圣人的弟弟呢！既然这样那么祭祀是为了舜，而不是象啊！料想象的死去，大概是在舜用德政感化了苗族之后吧？不然的话，古代凶暴残忍的人难道还少吗？而象的祠庙却独独能流传今世，我由此大概看到舜的高尚品行的深入人心，和恩泽的流传久远了。

象之不仁，盖其始焉耳，又乌知其终之不见化于舜也？《书》不云乎：“克谐以孝，烝烝（zhēng）乂（yì）①，不格奸。”“瞽瞍（gǔ sǒu）亦允若②”，则已化而为慈父。象犹不弟，不可以为谐。进治于善，则不至于恶；不底于奸，则必入于善。信乎，象盖已化于舜矣！《孟子》曰：“天子使吏治其国。”象不得以有为也。斯盖舜爱象之深而虑之详，所以扶持辅导之者之周也。不然，周公之圣，而管、蔡不免焉。斯可以见象之见化于舜，故能任贤使能而安于其位，泽加于其民，既死而人怀之也。诸侯之卿，命于天子，盖《周官》之制，其殆仿于舜之封象欤？

①烝烝：淳厚的样子。乂：善良。②瞽瞍：舜父名。

【译文】

象的凶残，也许只是开始时那样，又怎知他后来没有被舜感化呢？《尚书》不是说：“能用孝道使家庭和谐，醇厚善良，不生奸佞。”瞽瞍也能听从，那么他已经转变成慈父了；如果象还不尊敬兄长，就说不上是家庭和睦了。努力向善，就不至于恶；不走邪路，就一定会向善。象确实已经被舜感化啦！《孟子》说：“天子派官吏治理象的国家，象不能够不尽力而为！”这大概是舜爱象之深所以为他考虑得周全，因此用来周到地扶持辅导他。否则，以周公的圣贤，而他的兄弟管叔、蔡叔却不免默默无名。从这里能够看到象已经被舜感化了，因此能够任用贤人，使他的位子安稳，恩泽施给百姓，因此死了以后，百姓都怀念他。诸侯的卿，由天子任命，大概是周代的制度；这大概是仿效舜封象的方式吧！

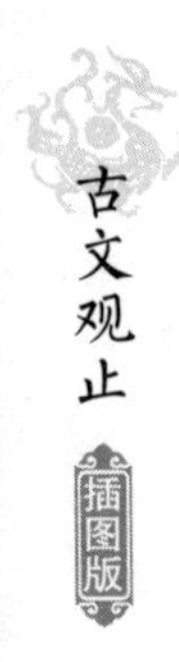

吾于是盖有以信人性之善，天下无不可化之人也。然则唐人之毁之也，据象之始也；今之诸夷之奉之也，承象之终也。斯义也，吾将以表于世，使知人之不善，虽若象焉，犹可以改；而君子之修德，及其至也，虽若象之不仁，而犹可以化之也。”

【译文】

我由此相信人性是善良的，天下没有不能够感化的人。既然这样那么唐朝人拆毁象的祠庙，是根据象早期的行为；现在苗民祭祀他，是信奉象后来的表现。这个道理，我将把它向人阐明。使不够善良的人，即使跟象一样，还能够改正；而君子修养品德，到达了极致之后，就算有人跟象一样凶暴，也还能够感化他。

【精彩赏析】

从议论散文的角度来看，这篇文章的思维逻辑的缜密性还是值得赞赏的。但是，本文中宣扬的做顺民的思想，恰恰适合了统治阶级的需求，最后沦为了思想统治的工具，还是具有一定的局限性。

瘗旅文

王守仁

【题解】

本文是作者为暴死路边的三个人做的悼文。虽素昧平生，但感情流露真挚，在深深的质疑中，表达了深深的同情和哀悼。生发出“同是天涯沦落人”的感慨。

维正德四年秋月三日，有吏目云自京来者，不知其名氏，携一子一仆，将之任，过龙场①，投宿土苗家。予从篱落间望见之，阴雨昏黑，欲就问讯北来事，不果。明早，遣人觇（chān）之②，已行矣。薄午，有人自蜈蚣坡来，云：“一老人死坡下，傍两人哭之哀。”予曰：“此必吏目死矣。伤哉！”薄暮，复有人来，云：“坡下死者二人，傍一人坐哭。”询其状，则其子又死矣。明日，复有人来，云：“见坡下积尸三焉。”则其仆又死矣。呜呼伤哉！

①龙场：龙场驿，在今贵州省修文县。②觇：窥视。

【译文】

大明正德四年秋季某月初三，有一名自称从北京来到这里的吏目，不知他姓甚名谁。身边带着一个儿子、一个仆人，将要上任，路过龙场，投宿在一户苗人家。我从篱笆中间望见他，当时阴雨昏黑，想靠近他打听北方的情况，没有问成。第二天早晨，派人去探视，他已经离开了。将近中午时，有人从蜈蚣坡那边来，说："有一个老人死在坡下，旁边两人哭得很伤心。"我说："这一定是吏目死了。可悲啊！"将近傍晚，又有人来说："坡下死了两个人，旁边一人坐着哭泣。"问明情状，是他的儿子又死了。第二天，又有人来说："看到坡下有三具尸体。"那是他的仆人又死了。唉，令人悲伤啊！

念其暴（pù）骨无主[①]，将二童子持畚（běn）、锸（chā）往瘗之[②]，二童子有难色然。予曰："噫！吾与尔犹彼也！"二童闵然涕下[③]，请往。就其傍山麓为三坎，埋之。又以只鸡、饭三盂，嗟吁涕洟（yí）而告之[④]，曰：呜呼伤哉！繄（yì）何人[⑤]？繄何人？吾龙场驿丞余姚王守仁也。吾与尔皆中土之产，吾不知尔郡邑，尔乌为乎来为兹山之鬼乎？古者重去其乡，游宦不逾千里。吾以窜逐而来此，宜也。尔亦何辜乎？闻尔官吏目耳，俸不能五斗，尔率妻子躬耕可有也。胡为乎以五斗而易尔七尺之躯？又不足，而益以尔子与仆乎？呜呼伤哉！

①暴：暴露。②将：携。畚：用草绳或竹篾编的容器。锸：铁锹。③闵然：忧伤的样子。④涕洟：目出为涕，鼻出为洟，即指眼泪鼻涕。⑤繄：发语词，表语气。

【译文】

想到他们尸骨暴露荒野，无人认领，于是我就带着两个童仆，拿着簸箕和铁锹，前去埋葬他们。两名童仆面露难色。我说："唉，我和你们也和他们一样啊。"两名童仆怜悯地流下眼泪，愿意同去。于是在山脚下挖了三个坑，把他们埋了。随即供上一只鸡、三碗饭，叹息流着眼泪，向死者祭告说：唉，悲哀啊！你是什么人，什么人呢？我是龙场驿丞、余姚王守仁呀。我和你都出生在中原地区，我不知你的家乡是哪里，你为什么要来做这座山上的鬼魂啊？古人不会轻率地离开家乡，出外做官也不超过千里。我是因为被放逐来到此地，是应该的。你又有什么罪过呢？听说你的官职，不过是一个小小的吏目。俸禄不过五斗米，你领着老婆孩子种田就能得到了。为什么竟因五斗米丢了你堂堂七尺之躯？又觉得不够，再加上你的儿子和仆人啊？唉！悲伤啊！

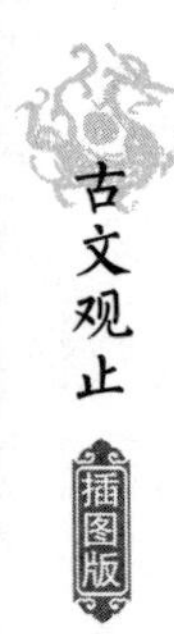

尔诚恋兹五斗而来，则宜欣然就道，胡为乎吾昨望见尔容，蹙然[①]盖不胜其忧者？夫冲冒雾露，扳援崖壁[②]，行万峰之顶，饥渴劳顿，筋骨疲惫，而又瘴疠侵其外[③]，忧郁攻其中，其能以无死乎？吾固知尔之必死，然不谓若是其速，又不谓尔子尔仆亦遽然奄忽也[④]！皆尔自取，谓之何哉！吾念尔三骨之无依而来瘗耳[⑤]，乃使吾有无穷之怆也。呜呼伤哉！纵不尔瘗，幽崖之狐成群，阴壑之虺（huǐ）如车轮[⑥]，亦必能葬尔于腹，不致久暴尔。尔既已无知，然吾何能为心乎？自吾去父母乡国而来此，三年矣，历瘴毒而苟能自全，以吾未尝一日之戚戚也。今悲伤若此，是吾为尔者重，而自为者轻也。吾不宜复为尔悲矣。吾为尔歌，尔听之。歌曰：连峰际天兮，飞鸟不通。游子怀乡兮，莫知西东。莫知西东兮，维天则同。异域殊方兮，环海之中。达观随寓兮莫必予宫。魂兮魂兮，无悲以恫。

①蹙然：忧愁的样子。②扳：攀登的意思。③瘴疠：南方山林中可致命的湿热之气。④奄忽：死亡。⑤瘗：埋葬。⑥虺：毒蛇，俗称土虺蛇，大者长八九尺。

【译文】

你若真是贪恋这五斗米，那就该欢欢喜喜地上路，为什么我昨天望见你皱着额头、面带愁容，好像不胜忧虑呢？一路上饱尝风霜，攀援悬崖峭壁，爬过山峰，饥渴劳累，身体疲惫，又加上瘴疠从外侵袭，忧郁折磨内心，能免于一死吗？我固然知道你会必死，可是没有想到会如此之快，更没有想到你的儿子、你的仆人也会很快地死去啊。都是你自己招来的祸患啊，还说什么呢？我不过是怜念你们三具尸骨无依才来埋葬罢了，却引起无穷的感伤。唉，痛心啊！即使不埋葬你们，那深山狐狸成群，阴谷中毒蛇和车轮一样粗，也一定能够把你们藏于腹中，不致于尸骨长久地暴露在外。你已经毫无知觉，但我又怎能安心呢？自从我离开父母之乡来到此地，已经三个年头。经历瘴气毒气勉强保全生命，是因为我不觉得忧伤。现在如此悲伤，是我为你想得太多，而为自身想得太少啊。我不应该再为你悲伤了！我来为你作歌，你请听着。我唱道：连绵的山峰高耸入云啊，飞鸟都不能通过。怀念家乡的游子啊，不知东西。不知东西啊，头上的苍天处处相同。无论异地他乡，都在四海之中。想得开的人儿四海为家，又何必守在自己的旧居中？魂灵啊，魂灵啊，不要悲伤，不要惊恐！

又歌以慰之曰：与尔皆乡土之离兮，蛮之人言语不相知兮。性命不可期，吾苟死于兹兮，率尔子仆，来从予兮。吾与尔遨以嬉兮，骖（cān）紫彪而乘文螭（chī）兮[①]，登望故乡而嘘唏兮。吾苟获生归兮，尔子尔仆，尚尔随兮，无以无侣悲兮！道傍之冢累累兮，多中土之流离兮，相与呼啸而徘徊兮。餐风饮露，无尔饥兮。朝友麋鹿，暮猿与栖兮。尔安尔居兮，无为厉于兹墟兮②！

①骖：古代一车驾三马叫骖。这里是驾驭的意思。彪：小虎。文螭：带有条纹的无角的龙。②厉：厉鬼。墟：村落。

【译文】

再唱一只歌来安慰你：我与你都远离家乡，谁也听不懂当地的语言，性命不保，前程无望。假使我也死在这里，请带着你子你仆紧相从。我们一起遨游嬉戏，其乐无穷。驾驭紫色虎啊，乘坐五彩的龙车，登高望故乡啊，放声叹息悲痛不已。假使我有幸能生还啊，你尚有儿子仆人在身后随从；不要以为无伴啊，就悲悲切切哀痛不已。道旁坟墓一个接一个啊，中原的游魂躺在其中，与他们一起呼啸，一起散步。餐风饮露啊，莫愁饥饿难果腹。将麋鹿作为朋友，到晚间再与猿猴栖息。安守本分居在墓中啊，可不要变成厉鬼在村寨逞凶！

【精彩赏析】

本文主要是以情动人，在反复的诘问背后，是深深的同情和哀伤，言辞恳切，将同情与感叹结合在一起。运用第一人称，增强亲近感，使人更深刻地体会到作者内心澎湃的感情。

《吴山图》记

归有光

【题解】

归有光，号震川先生，60岁才中进士，是明代著名的散文家。他的散文，质朴自然，不尚藻饰，善于以小见大，别具一格。本文是就一幅图，来讲述吴山县令和百姓的故事，进而表达了对贤能的父母官的称赞。

吴、长洲二县，在郡治所，分境而治。而郡西诸山，皆在吴县。其最高者，穹窿、阳山、邓尉、西脊、铜井。而灵岩，吴之故宫在焉，尚有西子之遗迹。若虎丘、剑池及天平、尚方、支硎（xíng），皆胜地也。而太湖汪洋三万六千顷，七十二峰沉浸其间，则海内之奇观矣。

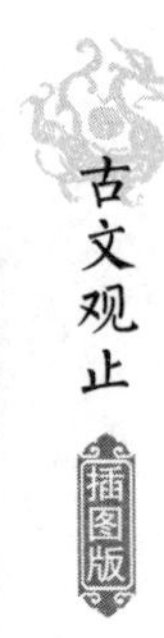

【译文】

吴县、长洲两县，在吴郡的郡治所在地，两县划界各自管理。郡城西面的众多山冈，都在吴县境内。其中最高的山峰，有穹窿、阳山、邓尉、西脊、铜井等。而灵岩山是春秋时吴国宫殿故址的所在，还有西施的遗迹。像虎丘、剑池以及天平、尚方、支硎，都是名胜。太湖浩荡，面积三万六千顷，七十二峰在湖中沉浮，真可谓海内奇观了。

余同年友魏君用晦为吴县，未及三年，以高第召入为给事中。君之为县，有惠爱，百姓扳留之，不能得，而君亦不忍于其民。由是好事者绘《吴山图》以为赠。

【译文】

我的同年好友魏用晦任吴县县令，未满三年，因考政绩卓著被调入京城担任给事中。魏君在任期间，关爱百姓，离任时，百姓设法挽留却未能成功，魏君也舍不得离开他的百姓。于是有热心人画了一幅《吴山图》送给他。

归有光

夫令之于民，诚重矣。令诚贤也，其地之山川草木，亦被其泽而有荣也；令诚不贤也，其地之山川草木，亦被其殃而有辱也。君于吴之山川，盖增重矣。异时吾民将择胜于岩峦之间，尸祝于浮屠、老子之宫也①，固宜。而君则亦既去矣，何复惓惓（quán）于此山哉②？昔苏子瞻称韩魏公去黄州四十余年而思之不忘，至以为《思黄州》诗，子瞻为黄人刻之于石。然后知贤者于其所至，不独使其人之不忍忘而已，亦不能自忘于其人也。

①尸祝：尸，代表鬼神受享祭的人；祝：传告鬼神言辞的人。浮图：梵语音译，此处指佛教寺院。老子之宫：道观。②惓惓：恳切、难以舍弃的样子。

【译文】

县令对于老百姓来说，的确是很重要的。如果县令确实是贤良的，那么当地的山川草木也为蒙受其恩泽欣欣向荣；如果县令不贤良，那么当地的山川草木也会遭受祸害耻辱。魏君对于吴县的山河，应该是增添光彩了。有朝一日，吴县的老百姓将会在青山秀岩间挑选一块宝地，在佛寺或道观里祭祀他，这完全是应该的。可是魏君既然已经离开了吴县，为什么还对这里的山川草木念念不忘呢？从前，苏东坡称赞韩琦离开了黄州四十多年，依旧眷恋黄州，甚至写下思念黄州的诗。苏东坡为黄州人把这诗刻在石碑上。由此后人才明白这个道理：贤士到一个地方，不只那儿的百姓不会忘记他，他自己也不会忘记那儿的百姓。

君今去县已三年矣。一日，与余同在内庭，出示此图，展玩太息，因命余记之，噫！君之于吾吴有情如此，如之何而使吾民能忘之也！

【译文】

如今魏君离开吴县已经三年了。一天，与我同在内庭，拿出这幅《吴山图》给我看，一边欣赏，一边叹息，就让我为此写篇文章。啊！魏君对吴县有如此深厚的感情，我们吴县百姓又怎么能忘记他呢！

【精彩赏析】

文章用笔精当，文字淡雅，将吴地山水和朋友的音容笑貌都传神地展现出来了。虽由吴地山水而起，但“醉翁之意不在酒”，通过引用典故，作者要表达的是官民和谐、缱绻情深。

沧浪亭记

归有光

【题解】

沧浪亭位于今江苏省苏州市，是宋代散文家苏舜钦所建，苏也著有同名散文。本文是作者应和尚文瑛之请所作，记述了亭子的兴衰过往，揭示了历史兴衰无常、贤者名士的精神却长存的历史规律。

浮图文瑛居大云庵①，环水，即苏子美沧浪亭之地也②。亟求余作《沧浪亭记》，曰：“昔子美之记，记亭之胜也。请子记吾所以为亭者。”

沧浪亭

①浮图：僧人。②苏子美：苏舜钦，字子美，被免官后隐居苏州，建沧浪亭。

【译文】

和尚文瑛居住在大云庵，那里四面环水，那就是苏子美建沧浪亭的地方。文

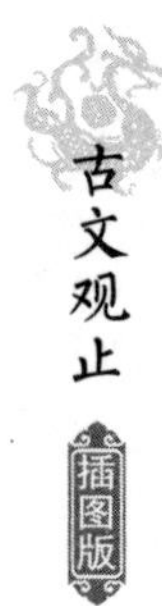

瑛曾多次请求我写篇《沧浪亭记》，说："当初苏子美的《沧浪亭记》，是写亭子的胜景。您就记述我修复这个亭子的原因吧。"

余曰：昔吴越有国时，广陵王镇吴中[①]，治南园于子城之西南；其外戚孙承佑[②]，亦治园于其偏。迨淮海纳土[③]，此园不废。苏子美始建沧浪亭，最后禅者居之：此沧浪亭为大云庵也。有庵以来二百年，文瑛寻古遗事，复子美之构于荒残灭没之余：此大云庵为沧浪亭也。

①广陵王：钱元瓘，字德辉，钱镠子。曾为苏州刺史。后封广陵郡王。②孙承佑：钱塘人，曾为中吴军节度使。③淮海纳土：指吴越国主钱俶献其地于宋。

【译文】

我说：从前吴越建国时，广陵王镇守吴中，曾在城西南修建了一个南园；他的外戚孙承佑，也在它的旁边修了园子。等到吴越灭亡时，这个园子还没有荒废。苏子美才在园中造了沧浪亭，最后住进了和尚，沧浪亭变成了大云庵。大云庵至今已有二百年了，文瑛寻访亭子的遗迹，在废墟之上修复了沧浪亭：这是从大云庵到沧浪亭的演变过程。

夫古今之变，朝市改易[①]。尝登姑苏之台，望五湖之渺茫，群山之苍翠，太伯、虞仲之所建，阖闾、夫差之所争，子胥、种、蠡之所经营，今皆无有矣。庵与亭何为者哉？虽然，钱镠因乱攘窃[②]，保有吴越，国富兵强，垂及四世。诸子姻戚，乘时奢僭，宫馆苑囿，极一时之盛。而子美之亭，乃为释子所钦重如此。可以见士之欲垂名于千载，不与澌（sī）然而俱尽者[③]，则有在矣。

①朝市：朝廷和集市。②钱镠：吴越国的建立者。③澌然：灭尽的样子。

【译文】

古今变迁，朝代更替。我曾经登上姑苏台，远望浩渺的五湖，苍翠的群山，那太伯、虞仲建立的，阖闾、夫差争夺的，子胥、文种、范蠡经营的事业，如今都已没有了踪影，大云庵和沧浪亭的兴废，又算得了什么呢？虽然如此，钱镠趁动乱窃据皇位，占有吴越，国富兵强，经过了四代。他的子孙亲戚，趁势奢侈挥霍，建筑宫馆园囿，极尽盛况。而子美的沧浪亭，却被和尚如此重视。可见士人要想千载留名，不与吴越一起消失殆尽，是有原因的。

文瑛读书喜诗，与吾徒游，呼之为沧浪僧云。

【译文】

文瑛好读书喜欢作诗，常与我们这些人交往，我们称他为沧浪僧。

【精彩赏析】

文章语言自然朴实，气韵流畅，用古朴的语言记述了沧浪亭的历史，进而揭示了“想要千古留名，就要依靠高尚的情操和品质”的道理，情理交融，意蕴深远。

蔺相如完璧归赵论

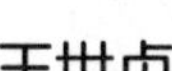

王世贞

【题解】

王世贞，明代文坛上“后七子”之一，主张“文必西汉，诗必盛唐”，在文坛掀起了一阵复古之风，著述颇丰。本文针对战国时期秦赵两国的外交故事，发表了对蔺相如完璧归赵的看法，认为这场外交上的胜利不过是天意。

蔺相如之完璧，人皆称之。予未敢以为信也。

【译文】

蔺相如完璧归赵，人人都称赞他。但我不敢认同这一看法。

王世贞

夫秦以十五城之空名，诈赵而胁其璧。是时言取璧者，情也，非欲以窥赵也。赵得其情则弗予，不得其情则予；得其情而畏之则予，得其情而弗畏之则弗予。此两言决耳，奈之何既畏而复挑其怒也！

【译文】

秦国假借十五座城池，欺诈赵国威胁他交出和氏璧。这时说它想得到和氏璧是实情，而不是想借机窥探赵国。赵国知此实情就不给，不知情就给；知晓实情惧怕秦国就给他，知道实情不怕秦国就不给。三言两语就解决了，怎么既惧怕秦国却又去激怒它呢？

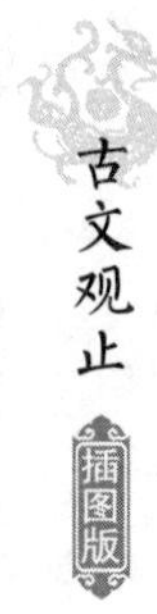

且夫秦欲璧，赵弗予璧，两无所曲直也[①]。入璧而秦弗予城，曲在秦；秦出城而璧归，曲在赵。欲使曲在秦，则莫如弃璧；畏弃璧，则莫如弗予。夫秦王既按图以予城，又设九宾，斋而受璧，其势不得不予城。璧入而城弗予，相如则前请曰："臣固知大王之弗予城也。夫璧非赵璧乎？而十五城秦宝也。今使大王以璧故，而亡其十五城，十五城之子弟，皆厚怨大王以弃我如草芥也。大王弗予城，而绐（dài）赵璧[②]，以一璧故，而失信于天下，臣请就死于国，以明大王之失信！"秦王未必不返璧也。今奈何使舍人怀而逃之，而归直于秦？是时秦意未欲与赵绝耳。令秦王怒而僇相如于市[③]，武安君十万众压邯郸，而责璧与信，一胜而相如族，再胜而璧终入秦矣。

①曲：不公正，不合理。②绐：欺骗，欺诈。③僇：通"戮"，杀。

【译文】

秦国想要和氏璧，赵国不给，双方都没有什么是非曲直。赵国送璧而秦国不给城池，是秦国理亏。秦国给城而赵国收回了玉璧，那么赵国理亏。要想使秦国理亏，则不如放弃玉璧；如果害怕失去玉璧，就不如不给它。秦王既然按照地图划了城池，又设九宾之礼，斋戒之后才接受玉璧，那样的情势下已是必须要给城池的了。如果秦王得到了璧却不给城，相如便可上前说："我本来就知道大王是不会给赵国城池的。这璧不就是赵国的一块玉吗？而十五座城池是秦国的宝贝。现在假如大王因为一块璧，而抛弃了十五座城池，那么十五城的百姓都会深深怨恨大王像丢弃草芥一样抛弃了他们。大王不给城，而骗去了赵国的璧玉，为了一块璧的缘故而失信天下，我请求死在这里，以证明大王的失信。"这样，秦王未必不归还玉璧。为什么还要派下属带着和氏璧逃离，从而使理直的一方归于秦国呢！当时秦国并不想与赵国断绝关系啊。假如秦王一气之下杀了相如示众，再派武安君率十万大军攻打邯郸，盘问璧的去向以及赵国的失信的罪责，一胜可使相如灭族，二胜还可将和氏璧收入囊中。

吾故曰：蔺相如之获全于璧也，天也。若其劲渑池[①]，柔廉颇[②]，则愈出而愈妙于用。所以能完赵者，天固曲全之哉！

①劲渑池：指蔺相如在渑池会上逼迫秦王为赵王击缶之事。②柔廉颇：指蔺相如对赵大将廉颇忍让，终使廉颇负荆请罪之事。

【译文】

所以我说，蔺相如之所以能保全和氏璧，那是天意。至于他在渑池与秦国的较量，以容忍使廉颇醒悟，是越来越显得高明了。而他能保全和氏璧，的确是上天偏爱他啊！

【精彩赏析】

本文观点独到，大胆质疑，认真索证，语言自然，气势通达，说理深刻，议论清晰，通过假设论证，有力地佐证了自己的观点。

徐文长传

袁宏道

【题解】

袁宏道，明代“公安派”的代表人物，反对当时“前后七子”的复古主张，认为为文该别具一格，反对用典和模仿。他的散文清新流畅，自然质朴，开一代之风气。本文是给徐渭所做的传，对徐渭在文学等方面的建树和才能给予充分的肯定和称赞，更表达了对这位世间之才坎坷命运的喟叹。

袁宏道

徐渭，字文长，为山阴诸生①，声名籍甚②。薛公蕙校越时，奇其才，有国士之目③。然数奇（jī）④，屡试辄蹶（jué）⑤。中丞胡公宗宪闻之，客诸幕。文长每见，则葛衣乌巾，纵谈天下事，胡公大喜。是时公督数边兵，威镇东南，介胄之士⑥，膝语蛇行⑦，不敢举头，而文长以部下一诸生傲之，议者方之刘真长、杜少陵云。会得白鹿，属文长作表，表上，永陵喜。公以是益奇之，一切疏计，皆出其手。文长自负才略，好奇计，谈兵多中，视一世士无可当意者。然竟不偶。

①诸生：明代经过省内各级考试，录取入府、州、县学者，也就是生员。②籍甚：盛大，很多。③国士之目：对杰出人物的评价。国士，国中才能出众的人。④数奇：命运坎坷，遭遇不顺。⑤辄蹶：总是失败。⑥胄之士：披甲戴盔之士，指将官们。⑦膝语蛇行：跪着说话，爬着走路，形容极其恭敬。

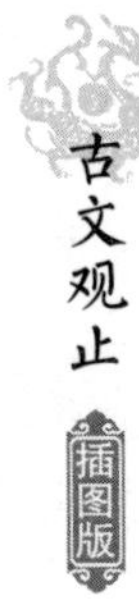

【译文】

徐渭，字文长，是山阴生员，名声很大，薛公蕙作浙江试官时，很是赏识他的才华，认为他是国家的栋梁之才。然而他命途多舛，屡屡落第。中丞胡公宗宪听说后，聘他作幕僚。文长每次参见胡公，总是葛布长衫，头戴乌巾，侃侃而谈天下大事，胡公听后十分赞赏。当时胡公统率着军队，威镇东南，部下将士在他面前，总是跪下回话，不敢仰视。而文长一介书生对胡公的态度却很高傲，好事者把他比作刘真长、杜少陵一样的人物。恰逢胡公猎得一头白鹿，以为祥瑞，嘱托文长写贺表，表文呈上后，世宗皇帝很满意。胡公因此更加器重文长，所有疏奏计簿都交他办理。文长自信才能过人，谋略出众，谈论军情往往切中肯綮。他觉得世间的事物没有合乎他的心意，然而却总是没有一展抱负的机会。

徐渭花鸟画

文长既已不得志于有司，遂乃放浪曲糵（niè）①，恣情山水，走齐、鲁、燕、赵之地，穷览朔漠。其所见山奔海立、沙起云行、雨鸣树偃②、幽谷大都、人物鱼鸟，一切可惊可愕之状，一一皆达之于诗。其胸中又有勃然不可磨灭之气，英雄失路、托足无门之悲，故其为诗，如嗔如笑，如水鸣峡，如种出土，如寡妇之夜哭、羁人之寒起。虽其体格时有卑者，然匠心独出，有王者气，非彼巾帼而事人者所敢望也。文有卓识，气沉而法严，不以摸拟损才，不以议论伤格，韩、曾之流亚也。文长既雅不与时调合，当时所谓骚坛主盟者，文长皆叱而奴之，故其名不出于越，悲夫！喜作书，笔意奔放如其诗，苍劲中姿媚跃出，欧阳公所谓“妖韶女，老自有余态”者也。间以其余，旁溢为花鸟，皆超逸有致。

①曲糵：酿酒的发酵物，后遂以之代指酒。②偃：倒。

【译文】

文长在官场不得意，于是就放浪形骸，纵情山水，走遍了齐鲁燕赵等地，又饱览了塞外大漠。他所见的山峦起伏、海浪壁立、胡沙满天和雷声震天的景象，风雨交加、树木倒伏、幽谷闹市、奇人异士、珍稀鱼鸟，一切令人惊讶的情状，他都一一化入了诗中。他胸中郁结着强烈的抗争精神和报国无门的悲凉，所以他的诗，嬉笑怒骂，如水奔流出峡谷，如春芽破土，像寡妇深夜的哭声，像逆旅行客迎寒启程。虽然他诗作的格调，有时不很高明，但是匠心独运，有王者之气。不是那种像以色事人的女子一般媚俗的诗作所能赶得上的。徐文长在文章写作上有真知灼见，他的文章气势沉着法度精严，他不压抑自己的才能，也不无节制地议论以致打破了文章的思路，真是韩愈、曾巩一流的文章家。徐文长志趣高雅，不与时俗苟合，当时的所谓文坛领袖，他也都加以抨击，所以他的文字只局限在浙江一带，令人为之悲哀！文长喜好书法，用笔奔放有如作诗，在苍劲豪迈中又使妩媚的姿态跃然纸上，正是欧阳公所谓的“美人迟暮”，另具韵味。他还善作花鸟画，也都超逸有情致。

卒以疑杀其继室，下狱论死。张太史元汴力解，乃得出。晚年愤益深，佯狂益甚，显者至门，或拒不纳。时携钱至酒肆，呼下隶与饮。或自持斧击破其头，血流被面，头骨皆折，揉之有声。或以利锥锥其两耳，深入寸余，竟不得死。周望言晚岁诗文益奇，无刻本，集藏于家。余同年有官越者，托以钞录，今未至。余所见者，《徐文长集》、《阙编》二种而已。

【译文】

后来，文长因疑忌杀了他的继室妻子，被判死罪。太史张元汴极力营救，才得以出狱。徐文长晚年更加愤世嫉俗，装疯卖傻，达官贵人登门拜访，常常拒而不见。时常带着钱到酒店，叫下人一起喝酒。有时拿斧头砍自己的头，血流满面，头骨破碎，用手揉搓碎骨咔咔有声。还曾用尖利的锥子锥入自己双耳，一寸多深，竟然没死。周望说文长的诗文到晚年愈加奇崛，没有刻本，诗稿都藏在家中。我有在浙江做官的同年，曾委托他们抄录文长的诗文，至今没有得到。我所见到的，只有《徐文长集》《徐文长集阙编》二种而已。

然文长竟以不得志于时，抱愤而卒。石公曰：先生数奇不已，遂为狂疾。狂疾不已，遂为囹圄（líng yǔ）①。古今文人牢骚困苦，未有若先生者也。虽然，胡公间世豪杰②，永陵英主，幕中礼数异等，是胡公知有先生矣；表上，人主悦，是人主知有先生矣，独身未贵耳。先生诗文崛起，一扫近代芜秽之习，百世而下，自有定论，胡为不遇哉？

①囹圄：监狱。这里指身陷囹圄。②间世：间隔几世。古称三十年为一世。

【译文】

而今徐文长竟因不合于时，抱恨长终。石公说：先生的命途多艰，致使他激愤疯狂，狂病发作，又被抓入狱。古今文人的牢骚和苦难，没有超过先生的了。尽管如此，仍有胡公这样百年难遇的豪杰、世宗这样英明的君主赏识他。在胡公幕府中受到特殊礼遇，这是胡公对先生的赏识；上奏表文博得皇帝的欢心，表明皇帝也赏识他，唯一遗憾的就是身份未能显贵。先生诗文的崛起，一扫近代文坛荒秽之气，百世之后，自会定论，怎么说他生不逢时呢？

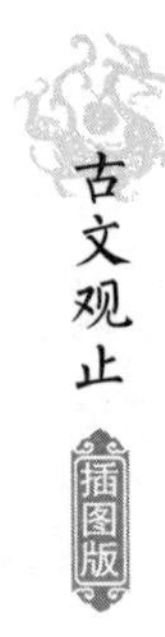

梅客生尝寄予书曰[①]："文长吾老友，病奇于人，人奇于诗。"余谓文长无之而不奇者也。无之而不奇，斯无之而不奇也。悲夫！

①梅客生：梅国桢，字客生。万历进士，官兵部右侍郎。

【译文】

梅客生曾经写信给我说："徐文长是我的老朋友，他的怪病比本人更要怪，而他的人又比他的诗更要奇。"我则认为徐文长没有一处不奇怪，这也就注定他到了哪里都不能得志。可悲啊！

【精彩赏析】

文章在评价传主的同时，也表达了自己的看法和理解，别具匠心，主要写传主的奇人、奇事、奇病，构思巧妙，结构紧凑，在展示一个奇人的人生历程的同时，也为后世读者呈现了一篇奇文。

五人墓碑记

张溥

【题解】

张溥，明代主张改良的团体"复社"的创始人，精通文史典籍，散文别具一格。本文记叙的是明末苏州百姓反对宦官魏忠贤、五位义士被害的故事，是张溥为五位义士所写的碑文，赞扬了五位义士"蹈死不顾"的一身正气。

张溥

五人者，盖当蓼（liǎo）洲周公之被逮[①]，激于义而死焉者也。至于今，郡之贤士大夫请于当道，即除魏阉废祠之址以葬之；且立石于其墓之门，以旌（jīng）其所为[②]。呜呼，亦盛矣哉！

①蓼洲周公：周顺昌，字景文，号蓼洲，今苏州人。②旌：表扬，赞扬。

【译文】

这五个人，是当周蓼洲先生被捕的时候，激于义愤被杀害的。到了现在，郡中的贤明的士大夫向当局请求，清理魏忠贤废除的生祠旧址来安葬他们；并且在他们的墓门之前立碑，来表彰他们的事迹。啊，也是件隆重的事了！

夫五人之死，去今之墓而葬焉，其为时止十有一月耳。夫十有一月之中，凡富贵之子，慷慨得志之徒，其疾病而死，死而湮没不足道者，亦已众矣；况草野之无闻者欤？独五人之皦皦（jiǎo）[①]，何也？

①皦皦：同“皎皎”，光洁，明亮。

【译文】

这五人的死，距离现在建墓安葬，只不过 11 个月罢了。在这 11 个月当中，大凡富贵子弟，志得意满的人，那些病死后不足称道的人，也太多了；何况乡野无名之人呢？唯独这五个人名声显扬，为什么呢？

予犹记周公之被逮，在丁卯三月之望。吾社之行为士先者，为之声义，敛资财以送其行，哭声震动天地。缇骑（tí jì）按剑而前[①]，问：“谁为哀者？”众不能堪，抶（chì）而仆之[②]。是时以大中丞抚吴者，为魏之私人毛一鹭，公之逮所由使也；吴之民方痛心焉，于是乘其厉声以呵，则噪而相逐。中丞匿于溷（hùn）藩以免[③]。既而以吴民之乱请于朝，按诛五人，曰颜佩韦、杨念如、马杰、沈扬、周文元，即今之傫（lěi）然在墓者也[④]。

五人墓之石碑

①缇骑：穿桔红色衣服的朝廷护卫马队，这里指抓人的官吏。②抶：击。仆，使仆倒。③溷藩：藏在厕所。溷，厕所。藩，篱、墙。④傫然：聚集的样子。

【译文】

我还记得周公被捕，是在丁卯年三月十五日。我们社里那些道德高尚的人，替他伸张正义，募集钱财送他上路，哭声震天动地。差役们按着剑柄上前喝问：“哪个为他悲痛？”大家不能再忍受了，把他们打倒在地。当时以大中丞作吴地巡抚的毛一鹭，是魏忠贤的心腹，周公被捕就是他主使的；苏州的老百姓正痛恨他，趁着差役呵骂的时候，就一齐喊着追赶他。这位大中丞藏在厕所里才得以逃脱。不久，他以苏州百姓暴乱的罪名，向朝廷请奏追究这件事，杀了五个人，他们是

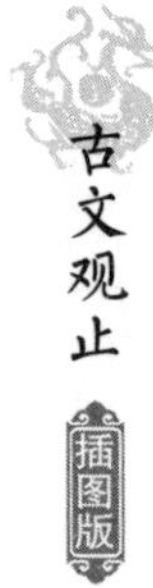

颜佩韦、杨念如、马杰、沈扬、周文元，就是现在一起埋在墓中的五个人。

然五人之当刑也，意气扬扬，呼中丞之名而詈（lì）之①，谈笑以死。断头置城上，颜色不少变②。有贤士大夫发五十金，买五人之脰而函之③，卒与尸合。故今之墓中全乎为五人也。

五人墓碑记

①詈：骂。②颜色：脸色。③函之：用木匣装。

【译文】

然而五个人临刑之时，意气慷慨，叫喊着中丞的名字骂他，谈笑着死去了。砍下的头放在城头上，脸色没有一点改变。有位贤士拿五十两银子，买下五个人的头用木匣装起来，最终与尸体合在一起。所以现在墓中是完完整整的五个人。

嗟乎！大阉之乱，缙绅而能不易其志者①，四海之大，有几人欤？而五人生于编伍之间②，素不闻诗书之训，激昂大义，蹈死不顾，亦曷故哉？且矫诏纷出③，钩党之捕遍于天下④，卒以吾郡之发愤一击，不敢复有株治⑤；大阉亦逡（qūn）巡畏义⑥，非常之谋难于猝发，待圣人之出而投缳道路，不可谓非五人之力也。

①缙绅：即士大夫。缙，同“搢”，插。绅，大带。②编伍：指平民。古代编制平民户口，五家为一“伍”。③矫诏：假托君命颁发的诏令。④钩党之捕：这里指搜捕东林党人。钩党，被指为有牵连的同党。⑤株治：株连惩治。⑥逡巡：欲进不进、迟疑不决的样子。

【译文】

唉！当魏忠贤作乱的时候，能够不改变自己气节的官员，中国之大，能有几个人呢？但这五个人出身平民，没受过诗书的教诲，却能见义勇为，踏上死地也不回头，为什么呢？况且当时假传的诏书纷纷下达，遍布天下追捕同党，终于因为我们苏州百姓的反抗，使阉党不敢再株连治罪；魏忠贤也害怕百姓的抗争而迟疑不决，篡夺帝位的阴谋暂时收敛。直到如今圣上即位，魏忠贤自缢身亡，不能不说是这五个人的功劳呀。

由是观之，则今之高爵显位，一旦抵罪，或脱身以逃，不能容于远近，而又有剪发杜门[①]，佯狂不知所之者，其辱人贱行，视五人之死，轻重固何如哉？是以蓼洲周公忠义暴于朝廷，赠谥褒美，显荣于身后；而五人亦得以加其土封，列其姓名于大堤之上，凡四方之士无有不过而拜且泣者，斯固百世之遇也。不然，令五人者保其首领，以老于户牖之下，则尽其天年，人皆得以隶使之，安能屈豪杰之流，扼腕墓道[②]，发其志士之悲哉？故予与同社诸君子，哀斯墓之徒有其石也，而为之记，亦以明死生之大，匹夫之有重于社稷也。

周顺昌石刻像

①剪发：剪发为僧。杜门：闭门不出。②扼腕墓道：用手握腕，表示情绪激动、振奋或惋惜。

【译文】

由此看来，那么如今的达官显贵，一旦获罪，有的脱身逃走，不能被远近各地收留；也有的剪发出家闭门不出，或假装疯狂不知逃到何处的，他们那可耻的人格，卑贱的行为，和这五个人相比，轻重的差别到底怎么样呢？因此周蓼洲先生的忠义显露在朝廷，赠予他美好的封号，在死后享受荣耀；而这五个人也得以修建一座大坟墓，在大堤之上刻上他们的姓名，四方的有志之士经过这里没有不凭吊流泪的，这的确是世间少有的待遇啊。不这样的话，假使让这五个人保全性命在家中终老，尽享天年，让人像奴仆一样使唤他们，又怎么能使豪杰屈身下拜，在墓前扼腕惋惜，抒发悲叹呢？所以我和我们同社的诸位君子，感慨这墓前石碑没有碑文，就为它写了这篇碑记，用以说明死生意义的重大，哪怕是一个普通百姓对于国家也有重要的贡献。

贤士大夫者，冏（jiǒng）卿因之吴公[①]，太史文起文公[②]、孟长姚公也[③]。

①冏卿：太仆卿，官职名。因之吴公：吴默，字因之。②太史：指翰林院修撰。文起文公：文震孟，字文起。③孟长姚公：姚希孟，字孟长。

【译文】

几位贤大夫是：太仆卿吴公因之，太史文公文起，姚公孟长。

【精彩赏析】

文章内容充实，风格质朴，夹叙夹议，感情饱满充沛，极具感染力。通过五人之死，来勉励天下义士勇往直前，不畏豪强，为社稷江山贡献力量。

参考文献

[1] 阴法鲁 . 古文观止译注 [M]. 长春：吉林人民出版社，1985.
[2] 任犀然 . 古文观止 [M]. 北京：中国和平出版社，2006.
[3] 顾易生 . 古文观止译注 [M]. 上海：上海古籍出版社，2010.
[4] 郭锡良 . 古代汉语 [M]. 天津：天津教育出版社，1991.
[5] 杨伯峻 . 春秋左传注 [M]. 北京：中华书局，2009.
[6] 沈玉成 . 左传译文 [M]. 北京：中华书局，1981.
[7] 刘向 . 战国策 [M]. 上海：上海古籍出版社，2011.
[8] 朱熹 . 楚辞集注 [M]. 上海：上海古籍出版社，2002.
[9] 司马迁 . 史记 [M]. 上海：上海古籍出版社，2011.
[10] 王伯祥 . 史记选 [M]. 北京：人民文学出版社，1982.
[11] 王先谦 . 汉书补注 [M]. 北京：中华书局，2012.
[12] 袁行霈 . 陶渊明集·附和陶诗六种 [M]. 北京：中华书局，2003.
[13] 瞿蜕园，朱金城 . 李白集校注 [M]. 上海：上海古籍出版社，2011.
[14] 徐柏荣，郑法清 . 韩愈散文选集 [M]. 天津：百花文艺出版社，2009.
[15] 柳宗元 . 柳宗元集 [M]. 北京：中华书局，2006.
[16] 欧阳修 . 欧阳修诗文集校笺 [M]. 上海：上海古籍出版社，2009.
[17] 苏轼 . 苏轼文集 [M]. 北京：中华书局，2015.
[18] 汤可敬 . 说文解字今释 [M]. 长沙：岳麓书社，1997.
[19] 王力 . 古代汉语 [M]. 北京：中华书局，1999.
[20] 袁行霈 . 中国文学史 [M]. 北京：中华书局，2006.
[21] 吕思勉 . 中国制度史 [M]. 北京：中国和平出版社，2014.
[22] 李学勤 . 十三经注疏 [M]. 北京：北京大学出版社，1999.